A Terra em Balanço

Al Gore

A Terra em Balanço

Ecologia e o Espírito Humano

São Paulo
2008

EDITORA
Gaia

Copyright © 1992 by Senator Al Gore.
Foreword copyright © 2000 by Vice President Al Gore.
Published by special arrangement with Houghton Mifflin Harcourt Publishing Company.

1ª edição, Editora Augustus, 1993
2ª edição, Editora Gaia, São Paulo 2008

Diretor Editorial
JEFFERSON L. ALVES

Diretor de Marketing
RICHARD A. ALVES

Gerente de Produção
FLÁVIO SAMUEL

Coordenadora Editorial
ANA PAULA RIBEIRO

Assistente Editorial
JOÃO REYNALDO DE PAIVA

Revisão
FERNANDA ALMEIDA UMILE
KEYLA R. BELO AMORIM
LUICY CAETANO

Foto de Capa
© CORBIS/LATINSTOCK

Capa e Projeto Gráfico
REVERSON R. DINIZ

Dados Internacionais de Catalogação na Publicação (CIP)
(Câmara Brasileira do Livro, SP, Brasil)

Gore, Al, 1948-
   A terra em balanço : ecologia e o espírito humano / Al Gore. – 2. ed. – São Paulo : Gaia, 2008.

   Título original: Earth in the balance : ecology and the human spirit.
   Vários tradutores.
   Bibliografia.
   ISBN 978-85-7555-174-5

   1. Ecologia humana 2. Política ambiental 3. Proteção ambiental I. Título.

08-08562   CDD-363.7

Índice para catálogo sistemático:

1. Política ambiental : Ecologia : Bem-estar social   363.7

Direitos Reservados
EDITORA GAIA LTDA.
(pertence ao grupo Global Editora
e Distribuidora Ltda.)

Rua Pirapitingui, 111-A – Liberdade
CEP 01508-020 – São Paulo – SP
Tel.: (11) 3277-7999 – Fax: (11) 3277-8141
e-mail: gaia@editoragaia.com.br
www.editoragaia.com.br

Colabore com a produção científica e cultural.
Proibida a reprodução total ou parcial desta obra
sem a autorização do editor.

Nº DE CATÁLOGO: **3030**

A minha irmã
Nancy LaFon Gore Hunger

23 de janeiro de 1938 – 11 de julho de 1984

Sumário

Prefácio à Edição Plume, 9
Introdução, 17

Parte 1 – O EQUILÍBRIO AMEAÇADO

1. Barcos no Deserto, 32
2. A Sombra que Paira sobre Nosso Futuro, 45
3. Clima e Civilização: Breve Histórico, 61
4. O Sopro de Buda, 80
5. E se o Poço Secar?, 96
6. À Flor da Pele, 109
7. As Sementes da Privação, 118
8. A Terra dos Rejeitos, 134

Parte 2 – A BUSCA DO EQUILÍBRIO

9. Administração Própria, 150
10. Eco-nomia – Verdades ou Consequências, 162
11. Somos Aquilo que Usamos, 174
12. A Civilização Disfuncional, 189
13. O Ambientalismo do Espírito, 206

Parte 3 – A OBTENÇÃO DO EQUILÍBRIO

14. Um Novo Objetivo Comum, 230
15. Um Plano Marshall Global, 251

Conclusão, 304
Agradecimentos, 313
Notas, 316
Bibliografia, 328
Índice, 335
Créditos, 352

Prefácio à Edição Plume

Muitas mudanças ocorreram nos Estados Unidos e no mundo todo durante os 12 meses desde a primeira publicação deste livro em capa dura, no início de 1992, mas nenhuma delas exigiu qualquer alteração no texto para esta nova edição. E, embora o livro tenha sido criticado algumas vezes – principalmente por adversários políticos que se opõem às drásticas mudanças nele recomendadas –, nenhum questionamento quanto à exatidão dos fatos ou à precisão das análises encontrou eco. Longe disso, senti-me gratificado pela torrente de manifestações de apoio recebidas, tanto da comunidade científica como dos leitores em geral. De qualquer forma, o objetivo deste prefácio à edição em brochura não é justificar o texto original, mas sim discutir vários acontecimentos que se verificaram desde que o livro foi escrito e que, a meu ver, têm especial significado em relação às ideias contidas no texto.

Em junho de 1992, os líderes de quase todas as nações do mundo reuniram-se no Rio de Janeiro para a Conferência das Nações Unidas sobre o Meio Ambiente e Desenvolvimento. Popularmente chamada de "Cúpula da Terra" ou "Eco-92", essa reunião foi criticada por muitos, por ter dado origem a acordos fracos e inexpressivos, com poucos compromissos significativos para mudar o comportamento das nações. Porém, apesar da decisão do governo Bush, de evitar qualquer acordo que contivesse um real compromisso, a Eco-92 constitui um marco decisivo na longa batalha para aumentar a conscientização internacional quanto à verdadeira natureza da crise do meio ambiente global. Graças a ela, o mundo deu um grande passo rumo à melhor compreensão de como e por que o futuro progresso econômico está indissoluvelmente ligado a políticas concretas de proteção do meio ambiente e à administração sensata de nossos recursos naturais.

De fato, não há dúvida de que uma valiosa experiência de aprendizagem ocorreu no Rio, quando líderes de todas as partes do mundo chegaram juntos à compreensão de que as preocupações específicas que os levaram a participar da conferência eram, na verdade, apenas expressões diferentes da mesma crise global subjacente. A queima e devastação das florestas tropicais, o acelerado ritmo de extinção de espécies vivas, a contaminação do ar e da água, o aquecimento da terra e a diminuição da camada de ozônio – todas essas e muitas outras tragédias foram reconhecidas como diferentes peças de um mesmo quebra-cabeça, ou, em outras palavras, diferentes consequências do choque entre a civilização mundial e o sistema ecológico da terra.

Esse choque ocorre principalmente devido a três amplas mudanças em nossa relação com a Terra: em primeiro lugar, a explosão demográfica hoje acrescenta à população o equivalente a uma China a cada dez anos; em segundo, a revolução científica e tecnológica aumentou nosso poder de manipular a natureza e nossa capacidade de causar um impacto sobre o mundo a nossa volta; em terceiro lugar, por razões discutidas na Parte II do livro, o modo de pensarmos sobre nossa relação com o meio ambiente mudou (infelizmente, não para melhor) à medida que cedemos às fortes pressões para recusar a responsabilidade pelas consequências futuras de nossos atos atuais.

Existem, porém, muitas razões para esperança. A Eco-92 lançou os alicerces para importantes mudanças nas políticas mundiais visando deter a destruição do sistema ecológico global. Embora os documentos assinados no Rio fossem pobres em conteúdo, a conferência deu origem ao reconhecimento amplo de uma expressiva mudança no pensamento, que hoje se processa tanto nos países industrializados como naqueles em desenvolvimento. Além disso, a maioria dos participantes e observadores concordou em que essa conferência deveria ser apenas a primeira de uma longa contínua de reuniões mundiais para discutir e implantar uma nova geração de tratados globais, com o objetivo de promover um progresso econômico sustentado e sanar os problemas da relação entre a civilização e o frágil sistema ecológico da terra.

Além das reuniões formais dos delegados, a Eco-92 apresentou inúmeras oportunidades de diálogo informal entre habitantes de todos os países da terra. De fato, todos os tesouros da criatividade humana estavam visivelmente expostos no Rio: havia uma gigantesca "Árvore da Vida", decorada com mensagens espontâneas de crianças do mundo todo, escritas a lápis de cera em folhas de papel; representantes de nações indígenas, como caiapós, ianomamis, inuits e penans apresentaram músicas, danças e veementes discursos em defesa das áreas selvagens que ainda restam, nas quais suas culturas milenares lutam para sobreviver; cientistas apresentaram sofisticadas e belíssimas imagens computadorizadas de cada polegada quadrada da terra – vista do espaço –, acompanhadas de grandes volumes de dados descrevendo os danos que ocorrem diariamente; artistas apresentaram lindas esculturas, pinturas, músicas, desenhos e filmes, sobre todos os aspectos abordados naqueles onze dias de reuniões. E todos eles tinham mais semelhanças que diferenças: o índio e o artista, o cientista e a criança, o turista e o diplomata. Todos pareciam compartilhar uma profunda compreensão – o reconhecimento de que somos parte de algo muito maior que nós mesmos, uma família que, mesmo sem laços de sangue, está intimamente ligada pelo compromisso com o futuro comum e com o meio ambiente global de que todos fazemos parte.

Esse reconhecimento talvez tenha sido o mais importante resultado da Eco-92. Da mesma forma que as primeiras fotos da Terra flutuando sobre o horizonte da Lua provocaram profunda mudança na maneira de visualizarmos nosso planeta, a Eco-92 começa a provocar uma mudança na forma pela qual as nações do mundo todo encaram sua relação e responsabilidade mútuas.

Entretanto, se a Eco-92 teve bons resultados para o mundo como um todo, para os Estados Unidos representou um sério contratempo. Em um momento crucial da história, em que o restante do mundo pedia e ansiosamente esperava a liderança – bem como a visão – americana, os Estados Unidos viram-se constrangidos e isolados no Rio. Embora com uma excelente delegação de negociadores (chefiada por William Reilly, administrador da Agência para Proteção do Meio Ambiente), o governo Bush insistiu em que a delegação tomasse tantas posições indefensáveis, que era praticamente certa a criação de um impasse.

Esse processo começou realmente durante as reuniões de negociação preparatórias, ao longo dos dois anos que precederam a realização da conferência. Por exemplo, muito tempo antes, praticamente um em cada dois países industrializados havia declarado estar disposto a estabelecer metas obrigatórias para a redução e estabilização das emissões de dióxido de carbono (CO_2). Mas o governo Bush ameaçou arruinar toda a Eco-92 a fim de evitar a adoção de metas e cronogramas para a redução de CO_2 – embora seus próprios estudos revelassem que poderíamos facilmente atingir a meta mais frequentemente discutida (estabilização, até o ano 2000, da emissão de CO_2 em níveis de 1990) apenas com medidas voluntárias, não coercitivas.

Logo de início, o Japão deu claros indícios de que, embora disposto a adotar metas e cronogramas, acompanharia a liderança americana nessa questão. De outro modo, vários países europeus – tendo à frente a Alemanha – tentaram pressionar e convencer os Estados Unidos a mudar de opinião. Embora, no final, a ameaça dos Estados Unidos de retirar-se da conferência tenha obrigado os outros países industrializados a secundar a posição de Bush, a maioria deles acabou assinando uma declaração separada, em que reafirmava o compromisso de reduzir as emissões de CO_2 aos níveis de 1990.

Lamentavelmente, em consequência da firme recusa norte-americana de assumir qualquer compromisso de redução das emissões de CO_2 em países industrializados, as nações em desenvolvimento abandonaram a disposição de negociar um tratado internacional para proteger as florestas tropicais e outros frágeis ecossistemas ameaçados em seus próprios territórios. Desde o início haviam-se irritado com a insistência do governo Bush de que apenas as florestas tropicais precisavam de proteção. Além disso, haviam insistido em um vínculo implícito entre a redução da emissão de CO_2 por parte dos países industrializados e a proteção das florestas nos países tropicais: em sua opinião, os recursos das florestas tropicais são o elemento vital da economia em muitos países em desenvolvimento, da mesma forma que o dióxido de carbono resultante da queima de combustíveis fósseis representa parte da respiração das economias industrializadas.

Naturalmente, pediam sacrifícios de ambas as partes e recusaram-se a aceitar a ideia de que deveriam aderir entusiasticamente a um esforço global para preservar as florestas tropicais, e ao mesmo tempo tolerar passivamente o rápido crescimento da emissão de dióxido de carbono no norte. Compreendiam aquilo que o governo Bush não conseguia ver: que sustentabilidade verdadeiramente global exige medidas tanto para a preservação das florestas como para a redução da emissão de gases causadores do efeito estufa. Assim, os Estados Unidos, ao obrigarem o mundo industrializado a abandonar qualquer compromisso relativo à estabilização das emissões de CO_2, eliminaram, ao mesmo tempo, qualquer possibilidade de acordo para a proteção das florestas tropicais.

Esses problemas poluíram a atmosfera do Rio, mesmo antes do início da conferência, mas restava, pelo menos, alguma esperança de um acordo separado para a preservação da "biodiversidade" – isto é, um conjunto de medidas destinadas a desacelerar o extraordinário e crescente ritmo de extinção das espécies em todo o mundo. Também neste caso, a intransigência do governo Bush durante as sessões preparatórias – principalmente na última, em Nairóbi, menos de um mês antes da Eco-92 – estabeleceu um tom negativo. Mas, assim que William Relly chegou ao Rio, alguns dias antes das cerimônias de abertura da conferência, descobriu uma forma de resolver os problemas pendentes sobre o Tratado da Biodiversidade e poupar os Estados Unidos (e o presidente Bush) de constrangimentos. Após discutir sua proposta de solução com o Departamento de Estado, o Departamento de Comércio e os demais membros da equipe de negociações, enviou um telegrama confidencial à Casa Branca, em que solicitava permissão para prosseguir com as negociações necessárias à conclusão do tratado. Porém, logo no início da Eco-92, a Casa Branca de Bush não só lhe negou permissão para prosseguir, mas como também o humilhou, deixando vazar para a imprensa o memorando, além de declarações de fontes não identificadas ridicularizando seus esforços. Toda essa sequência de fatos deu origem a uma avalanche de críticas às políticas norte-americanas e ao presidente Bush, causando o constrangimento que Reilly, com tanto empenho, havia tentado evitar. Tornamo-nos, assim, praticamente o único país do mundo a recusar-se assinar um dos mais importantes tratados da Eco-92.

Nosso isolamento no Rio foi particularmente lamentável porque a Eco-92 representou a primeira reunião de toda a comunidade mundial e marcou o surgimento do que, na Parte III deste livro, chamei de "princípio organizador central" do mundo pós-Guerra Fria – ou seja, a tarefa de proteger o meio ambiente da Terra e ao mesmo tempo fomentar o progresso econômico. Após o colapso do comunismo, os Estados Unidos estão naturalmente em posição de liderar a comunidade mundial: as grandes ideias que defendemos – liberdade política e econômica – estão em ascensão em todo o mundo, conquistamos a autoridade moral necessária para liderá-lo, nossa economia é ainda duas vezes maior que a de nosso concorrente mais próximo, o Japão e somos a única superpotência que resta no mundo.

Portanto, os outros países esperam, naturalmente, que os Estados Unidos ofereçam liderança – principalmente em uma conturbada época de transição como a que vivemos. Assim, a decepção no Rio foi grande, quando os Estados Unidos, além de não oferecerem liderança, lutaram decididamente contra o progresso na defesa do meio ambiente. O sentimento, porém, era de surpresa e pesar, mais que irritação – em parte, pelo menos, graças ao reconhecimento geral de que as opiniões da administração Bush não coincidiam com as do povo americano. E, de fato, todas as pesquisas de opinião pública que abordaram o assunto constataram que os americanos querem que nosso país lidere a comunidade mundial nessa questão mais que em qualquer outra. Em conversas por todo o país, confirmei que as pessoas estão decididas a fazer com que os Estados Unidos assumam a liderança na questão ambiental – com visão, coragem e um verdadeiro compromisso com o futuro – porque estão convencidas de que é o que lhes cabe fazer.

Os norte-americanos ainda esperam essa liderança de seu país por uma segunda razão: estão convictos de que é de nosso interesse econômico. Por esmagadora maioria, o povo norte-americano rejeita o argumento do governo Bush, de que devemos escolher entre a manutenção de empregos e o meio ambiente. Acreditam, ao contrário, que podemos prosperar liderando a revolução ambiental e criando para o mercado mundial os novos produtos e tecnologias que fomentam o progresso econômico sem a destruição do meio ambiente.

Acho que estão certos. De fato, muitos especialistas acreditam que podemos criar milhões de novos empregos liderando a revolução ambiental e acelerando nossos esforços para fabricar e vender produtos e tecnologias adequados ao meio ambiente. O Japão e a Alemanha, na verdade, já proclamaram abertamente que produtos novos e mais eficientes que minimizam os danos ao meio ambiente representam, hoje, o maior de todos os novos mercados na história dos negócios mundiais. Talvez meu argumento seja mais bem ilustrado por uma imagem do Brasil na época: enquanto se realizava a Eco-92, foi montada em São Paulo uma exposição paralela de novas tecnologias ambientais. Era gritante o contraste entre a diminuta mostra dos Estados Unidos – constituída por algumas pequenas empresas vendendo produtos como conectores de tubos e dosímetros – e a imensa e altamente sofisticada apresentação japonesa, com centenas de mostras de empresas representantes de todos os setores da economia do país, todas trabalhando juntas no contexto de um ambicioso "Plano de 100 Anos" para salvar o meio ambiente global, coordenado pelo MITI e o Keidanren.

É importante lembrar um nefasto precedente do desafio comercial que hoje enfrentamos por parte do Japão (e da Europa) no mercado de produtos e tecnologias favoráveis ao meio ambiente: aquilo que os empresários chamam hoje de "Revolução da Qualidade" também começou no Japão, no fim da década de 1960, época em que a maioria dos líderes da indústria norte-americana considerava que as forças predominantes no mercado haviam já estabelecido o nível adequado de qualidade dos produtos, e que não seria possível obter qualquer melhoria significativa de qualidade sem perda de produtividade, lucros e empregos.

Como resultado, renomados especialistas em melhoria de qualidade e produtividade, nos Estados Unidos – como o lendário dr. W. Edwards Deming –, acharam difícil conquistar um público em seu próprio país e levaram suas ideias para o Japão. O resto é história: as empresas japonesas provaram que as premissas norte-americanas sobre qualidade de produtos estavam simplesmente erradas. Reprojetando todo o processo de produção, com maior atenção a detalhes, e monitorando cuidadosamente a eficiência e desempenho, conseguiram obter índices incrivelmente mais elevados de qualidade, produtividade e lucratividade – todos ao mesmo tempo. E, antes que compreendêssemos totalmente o significado dessa façanha, já estávamos perdendo a posição de liderança em dezenas de setores de importância crítica, como televisores, semicondutores e aço, hoje dominados, no mundo todo, por firmas japonesas.

Alguns especialistas afirmam que a indústria japonesa está hoje em situação de repetir seu espantoso golpe na revolução da qualidade com uma série de conquistas semelhantes na revolução ambiental. Por exemplo, Stephan Schmidheiny, o bilionário industrial suíço, que dirigiu o Business Council na Eco-92, afirma que muitos dos mesmos empresários americanos que estavam errados a respeito de melhorias de qualidade estão agora cometendo o mesmo erro ao supor que as melhorias ambientais não são justificáveis economicamente; em outras palavras, que precisamos escolher entre empregos e meio ambiente.

Muitas empresas japonesas, ao contrário, estão novamente à procura de meios de reprojetar todo o processo de produção, desta vez visando eliminar a poluição desnecessária em cada etapa ao longo do percurso. Estão descobrindo que rejeito em forma de poluição é também rejeito econômico. Ao eliminar as ineficiências que geram poluição, descobriram que muitas vezes é possível aumentar, ao mesmo tempo, produtividade, lucros e eficiência ambiental.

Para usar uma analogia: se você está à caça de um urso, entra na floresta e não o vê, tenta encontrar seus rastros, ou usa um cachorro treinado para farejá-lo. De modo análogo, se é um industrial em busca de novas formas para eliminar ineficiências e não vê qualquer ineficiência na operação de sua fábrica, pode procurar seus rastros ou tentar farejá-la. É aqui que se cruzam a necessidade de eficiência e de proteção ambiental: descobre-se que a poluição é geralmente o melhor sinal que permite identificar e eliminar as ineficiências. A Northern Telecom, por exemplo, uma empresa de comunicações, com uma grande fábrica em Nashville, decidiu ser a primeira do setor a eliminar completamente os clorofluorcarbonos (CFCs), que ameaçam a camada de ozônio da estratosfera. Nesse processo, descobriram uma forma mais econômica e melhor de executar a mesma tarefa (produção de placas de circuito), com níveis de qualidade e produtividade mais elevados. De fato, há tantas histórias recentes de êxito para ilustrar esse fenômeno – tanto nos Estados Unidos como no Japão –, que muitos executivos de visão encontram hoje grandes oportunidades nessa nova maneira de pensar sobre eficiência.

É significante uma melhor lucratividade e igualmente importante é um frequente efeito secundário do esforço de conciliar lucratividade com o bem social maior. As empresas que adotam essa abordagem geralmente veem surgir um novo senso de objetivo comum, um sentimento, compartilhado por funcionários e gerentes, de que seu trabalho adquire nova dignidade, e sua vida, novo significado. Não estão apenas obtendo lucros e recebendo seus pagamentos, mas também participando na busca de uma meta mais elevada. Em visita a essas empresas, observei a determinação no rosto desses homens e mulheres que foram desafiados pelos empregadores a trabalhar e pensar de uma forma nova. Ouvi-os falar com orgulho sobre o papel que desempenham em uma missão digna de seus melhores esforços.

Observei e senti essa mesma determinação na Eco-92, e percebi todos os presentes imbuídos de um espírito de decisão unânime. A busca criativa de meios mais eficazes de conciliar a proteção do meio ambiente com os imperativos do progresso econômico proporcionou aos participantes um desafio que eles sabiam ser digno de seus melhores esforços. É por isso que se decepcionaram tanto com a atitude de Bush no Rio, pois ele não compreendeu esse grande desafio moral e mostrou-se surdo aos insistentes apelos por uma liderança norte-americana.

Esse desafio ainda está diante de nós – a espada continua cravada na rocha. Como responderemos – na qualidade de país e de civilização global? As circunstâncias do período após a Guerra Fria justificam tanto júbilo como desespero. Caiu o Muro de Berlim e o Leste Europeu se libertou, porém grassam sentimentos de ódio cruéis e execráveis e, mais uma vez, nossa consciência coletiva parece estar, de alguma forma, tolerando um morticínio étnico. O apartheid está-se desintegrando, mas a violência, o derramamento de sangue e o caos ameaçam fazer da esperança a próxima vítima. Com o privilégio de presenciar tão intensas demonstrações do rico potencial da humanidade na manifestação do que tem de melhor e de pior, não seremos capazes de responder à convocação para cultivar e defender aquilo que temos de melhor dentro de nós? Uma certeza temos: precisamos de liderança para proteger nosso legado e futuro comuns.

Ao escrever essas palavras, vejo, da janela de meu hotel, em Sioux Falls, South Dakota, surgirem os primeiros clarões da aurora. Estou em plena campanha para mudar a liderança do país e, embora ainda desconheça os resultados, sei que, quaisquer que sejam, a luta maior continuará. Antes de me envolver nesta campanha e pouco antes de participar da Eco-92, colaborei na organização de um encontro, em Washington, de líderes cientistas e religiosos, destinado a discutir a crise global. A declaração que resultou das discussões continha eloquentes verdades e, para concluir, citarei um trecho:

> Somos pessoas de fé e ciência, que percorremos, há séculos, caminhos diferentes. Nesta época de crise ambiental, constatamos que esses caminhos convergem. Como simboliza este encontro, nossas tradições, antigas e por vezes antagônicas, agora procuram se unir em um esforço para preservar nosso lar comum.

Aceitamos a responsabilidade de ajudar a divulgar, aos milhões de pessoas a quem servimos e ensinamos, o caráter e as consequências da crise ambiental e o que se faz necessário para superá-la.

Apesar da gravidade da crise, não nos falta esperança. Nós, seres humanos, não obstante nossas falhas, podemos mostrar-nos inteligentes, engenhosos, compassivos, prudentes e criativos. Podemos lançar mão de enormes reservas de coragem moral e espiritual. Começa a tomar forma em nós um compromisso com a saúde, segurança e futuro de nossos filhos. Compreendendo que o mundo não pertence a qualquer nação ou geração, e compartilhando um sentimento de extrema urgência, comprometemo-nos a agir com destemor para proteger e preservar o meio ambiente deste nosso lar planetário.

Al Gore
16 de setembro de 1992
Sioux Falls, South Dakota

Introdução

Escrever este livro foi parte de uma jornada pessoal que teve início há mais de 25 anos, jornada em busca de uma verdadeira compreensão da crise ecológica global e de como pode ser solucionada. Viajei para os locais de algumas das piores catástrofes ecológicas ocorridas no planeta, e conheci algumas pessoas extraordinárias, de diversas regiões do mundo, que dedicam sua vida à crescente luta para salvar o meio ambiente. Empreendi também uma pesquisa mais profunda, uma investigação da própria natureza de nossa civilização e de sua relação com o meio ambiente global.

A estrutura da civilização está-se tornando extremamente complexa, mas, conforme aumenta essa complexidade, sentimo-nos cada vez mais distantes de nossas raízes na terra. Em certo sentido, a própria civilização está em meio a uma jornada – de seus alicerces no mundo da natureza, rumo a um mundo cada vez mais planejado, controlado e manufaturado, com base em um projeto, às vezes arrogante, de nossa própria autoria. E, a meu ver, o preço tem sido alto. Em algum ponto desta jornada, perdemos nosso sentimento de integração com o restante da natureza. Hoje ousamos nos questionar: seríamos nós tão diferentes e poderosos a ponto de ficarmos essencialmente dissociados da Terra?

Muitos de nós agem – e pensam – como se a resposta fosse positiva. Tornou-se fácil demais encarar a Terra como um conjunto de "recursos", cujo valor intrínseco não é maior que sua utilidade no momento. Graças, em parte, à revolução científica, organizamos nosso conhecimento do mundo natural em segmentos cada vez menores e acreditamos que as ligações entre esses compartimentos estanques não são realmente importantes. Em nosso fascínio por partes da natureza, esquecemo-nos de ver o todo.

A perspectiva ecológica começa com uma visão do conjunto, uma compreensão de como as diversas partes da natureza interagem em padrões que tendem ao equilíbrio e persistem ao longo do tempo. Mas essa perspectiva não pode encarar a Terra como dissociada da civilização humana; somos parte do todo, e olhar para ele significa, em última análise, olhar para nós mesmos. E se não percebermos que a parte humana tem uma influência cada vez maior sobre o conjunto da natureza – que somos, de fato, uma força natural como os ventos e as marés – não conseguiremos perceber quão perigosamente estamos ameaçando colocar a Terra fora de equilíbrio.

Nossa perspectiva é míope também em outro aspecto. Quase nunca desejamos olhar mais longe para enxergar as consequências, para nossos filhos e netos, dos atos que praticamos hoje. Estou convicto de que muitos perderam a fé no futuro, pois, praticamente em todos os aspectos de nossa civilização, começamos a agir como se fosse tal a incerteza do futuro, que faz mais sentido nos concentrarmos apenas em nossas necessidades atuais e nos problemas a curto prazo. A crescente tendência de reduzir o valor dos investimentos a longo prazo – seja em termos de riqueza, trabalho ou prudência –, pode ter tido origem na compreensão de que as armas nucleares introduziram um novo potencial para o fim da civilização. Mas, qualquer que seja sua origem, a tendência a ignorar as consequências de nossos atos aliou-se à crença de que somos dissociados da natureza, provocando uma verdadeira crise em nossa relação com o mundo que nos cerca. Parecemos intuir algo do perigo que corremos, parecemos sentir uma inquietação que surge da perda da ligação com o mundo e com o futuro. Mas sentimos-nos impotentes, presos às antigas premissas e formas de pensar, que nos impedem de vislumbrar uma solução para nosso dilema.

Há muito essas questões me perturbam. As primeiras lições que recebi sobre preservação ambiental tratavam da prevenção da erosão do solo na fazenda da família, e ainda lembro perfeitamente como era importante impedir o aumento da menor fenda na terra, "antes que ela se abrisse para valer". Quando eu era criança, não faltavam exemplos, em nosso condado, do que acontecia quando um sulco na terra escapava ao controle e abria enormes buracos no pasto, destruindo a camada superficial do solo e enlameando o rio. Infelizmente, pouco mudou: ainda hoje, o equivalente a cerca de três hectares de terras aráveis é carregado, por hora, na altura de Memphis. O rio Mississippi arrasta milhões de toneladas de solo das fazendas da região central dos Estados Unidos, solo este perdido para sempre. Iowa, por exemplo, tinha em média quarenta centímetros de camada superficial do melhor solo cultivável do mundo. Hoje está reduzida a vinte centímetros – o restante encontra-se no fundo do Golfo do México.

Jamais entendi por que as famílias que viviam naquelas fazendas não ensinavam as crianças a impedir o aumento das fendas na terra antes que se expandissem. Hoje sei parte da resposta: as pessoas que arrendam a terra visando lucro a curto prazo geralmente não pensam no futuro. De uma cerca a outra, devastam o solo e mudam para outro lugar. E, mesmo para os proprietários de terra, é difícil concorrer a curto prazo com alguém que não se importa com as consequências a longo prazo.

A vida na fazenda ensinou-me muito sobre o funcionamento da natureza, mas as lições aprendidas à mesa do jantar foram igualmente importantes. Lembro-me de quanto minha mãe ficou abalada ao ler o livro de Rachel Carson, *Primavera silenciosa*, um clássico sobre DDT e uso indiscriminado de pesticidas, publicado em 1962. Minha mãe foi uma das muitas pessoas que leram as advertências de Carson e as transmitiram a outros. Ela nos fez ver, a mim e a minha irmã, que esse livro era diferente – e importante. Aquelas conversas me marcaram, em parte porque me fizeram pensar naquelas ameaças ao meio ambiente que são muito mais sérias do que sulcos causados pela erosão – porém mais difíceis de perceber.

Esse veneno quase invisível, que a princípio foi recebido como uma bênção, passou a ser para mim o símbolo de como nossa civilização podia prejudicar o mundo, quase sem se dar conta do próprio poder. Porém, mais tarde, durante a Guerra do Vietnã, descobri outro veneno ainda mais forte, que a princípio também foi bem recebido. Estive com o exército no Vietnã e lembro-me claramente de viajar por regiões que antes eram cobertas pela selva e agora pareciam a superfície da lua. Um herbicida chamado Agente Laranja acabara com a selva e, na época, ficamos satisfeitos com isso, pois significava que as pessoas que atiravam em nós tinham menos lugares para se esconder. Anos mais tarde, depois de saber que o Agente Laranja poderia ser o responsável por danos cromossômicos e defeitos de nascença nos filhos dos soldados, passei a encará-lo de outra maneira. De fato, assim como muitos outros, comecei a desconfiar de todos os produtos químicos que produzem efeitos extremamente fortes sobre o mundo que nos cerca. Como ter certeza de que um produto químico só tem aqueles efeitos que desejamos, e não outros indesejáveis? Estamos realmente despendendo tempo suficiente para descobrir seus efeitos a longo prazo? O Agente Laranja, afinal, é apenas um dos exemplos mais conhecidos de toda uma nova geração de potentes compostos químicos, criados pela revolução química, cujo desenvolvimento foi acelerado após a Segunda Guerra Mundial. Nos últimos cinquenta anos, herbicidas, pesticidas, fungicidas, clorofluorcarbonos (CFCs) e milhares de outros compostos têm saído de laboratórios e indústrias químicas a uma velocidade tal que se torna impossível saber quais e quantos são. Todos têm a finalidade de melhorar nossa vida, e centenas deles cumprem essa finalidade. Porém muitos têm deixado uma herança tóxica que representará problemas para muitas gerações.

Levei essas preocupações ao Congresso e, em 1978, recebi carta de uma família da região de Toone, no Tennessee, relatando o mal-estar que seus membros sentiam e diziam ser provocado por rejeitos de pesticidas despejados em uma área próxima a suas terras. Constatou-se que estavam certos: uma empresa de Memphis, 120 quilômetros a oeste, comprara a fazenda vizinha e estava despejando, em valas, milhões de litros de rejeitos nocivos, que se infiltravam nos poços de água em um raio de quilômetros. Assim, organizei no Congresso as primeiras audiências sobre lixo tóxico, concentrando-me em duas regiões: a pequena comunidade rural de Toone, no Tennessee, e outra zona de deposição de rejeitos, recentemente descoberta no norte do estado de Nova York, chamada Love Canal. Depois, é claro, Love Canal passou a ser sinônimo do problema de rejeitos químicos perigosos. O mesmo não aconteceu com Toone, mas a família recebeu uma das maiores indenizações já concedidas pela justiça por danos causados por lixo tóxico.

Mas a erosão da camada superficial do solo e a deposição de lixo químico perigoso – por prejudiciais que sejam – ainda representam essencialmente ameaças locais ao meio ambiente. São graves, porém de menor importância quando comparadas à ameaça global que ora enfrentamos.

A ideia de uma ameaça ambiental global foi-me apresentada na época em que eu ainda era um jovem estudante. Um de meus professores universitários foi a primeira pessoa a monitorar o dióxido de carbono (CO_2) na atmosfera. Roger Revelle, à custa de muita persistência, convencera a comunidade científica mundial a incluir no programa do Ano Geofísico Internacional (1957-58) seu plano de medições regulares por amostragem da concentração de CO_2 na atmosfera. Seu colega C. D. Keeling realmente fez as medições no topo do vulcão Mauna Loa, no Havaí. Em meados da década de 1960, Revelle divulgou aos alunos do curso de graduação sobre população os impressionantes resultados dos oito primeiros anos de medições: as concentrações de CO_2 aumentavam rapidamente a cada ano (ver ilustração).

OBSERVATÓRIO DE MAUNA LOA, HAVAÍ
Concentração média mensal de dióxido de carbono

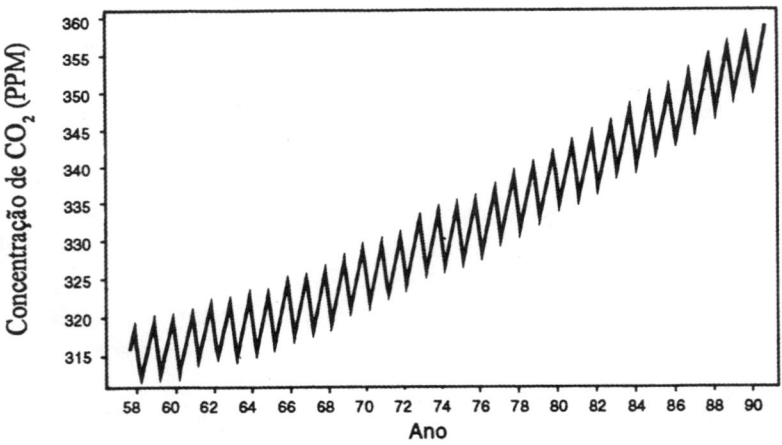

Concentrações de CO_2 na atmosfera, de abril de 1958 a junho de 1991. No verão a linha desce, à medida que a vegetação no hemisfério norte (onde se situa a maior parte da área terrestre do planeta) inspira enormes quantidades de CO_2. No inverno, após a queda das folhas, a linha volta a subir. A concentração máxima vem aumentando constantemente devido a atividades humanas como a queima de combustíveis fósseis e a destruição de florestas.

O professor Revelle explicou que níveis mais elevados de CO_2 dariam origem ao que chamava de efeito estufa, que provocaria o aquecimento da Terra. As implicações de suas palavras eram assustadoras: estávamos examinando apenas oito anos de informações, mas, se a tendência continuasse, a civilização estaria impondo uma mudança profunda e destrutiva a todo o clima global.

Desde aquela época, acompanho anualmente os relatórios de Mauna Loa e, de fato, o padrão não mudou – só que agora o aumento é mais rápido. Mesmo 25 anos atrás, as premissas básicas do efeito estufa nunca foram objeto de um estudo científico sério, embora a maioria das pessoas acreditasse na época, como algumas ainda acreditam hoje, que o sistema ecológico da Terra de alguma maneira resistiria a toda e qualquer agressão que lhe infligíssemos e nos salvaria de nós mesmos. Mas o estudo do professor Revelle ensinou-me que a natureza não é imune à nossa presença e que de fato podemos mudar fundamentalmente a composição de toda a atmosfera terrestre. Creio que essa compreensão foi chocante para mim, pois eu herdara uma crença que ainda é transmitida à maioria das crianças de hoje: a Terra é tão vasta e a natureza, tão poderosa, que nada que façamos pode ter algum efeito importante ou duradouro sobre o funcionamento normal dos sistemas naturais.

Doze anos mais tarde, como jovem congressista, convidei o professor Revelle para ser a principal testemunha na primeira audiência do Congresso sobre o aquecimento da Terra. Lembrando-me das implicações de sua advertência, supus que, se ele se limitasse a expor os fatos com a mesma clareza com que os expunha em nossas aulas na universidade, meus colegas e todos os presentes ficariam tão chocados como eu ficara – e, assim, seriam impelidos a tomar providências. No entanto, fui o único a me sentir chocado. Não com as provas, que eram ainda mais perturbadoras do que me recordava, mas com a reação de algumas pessoas inteligentes que, pensei, deveriam ser mais esclarecidas. Mas a queima indiscriminada de combustíveis fósseis baratos tem muitos defensores apaixonados, e esse foi meu primeiro embate, mas em hipótese alguma o último, com a vigorosa e determinada oposição à perigosa verdade sobre o que estamos fazendo com a Terra.

Nos anos que se seguiram, comecei a estudar seriamente o aquecimento da Terra e várias outras complexas questões ambientais. Organizei audiências, lutei por recursos para pesquisas e por legislação preventiva, li muitos livros e periódicos e conversei com pessoas de todo o país – tanto especialistas como cidadãos preocupados –, a respeito de que forma poderíamos resolver a crise. De certa maneira, a reação foi animadora. No fim da década de 1970, o assunto já despertava ao menos algum interesse em um largo segmento da população. Mas, apesar do acúmulo de provas de que o problema era realmente de âmbito global, poucos estavam dispostos a pensar no caráter abrangente da solução necessária.

Meus próprios esforços iniciais para divulgar o problema do aquecimento da Terra eram um exemplo. A maioria das pessoas ainda pensava no meio ambiente em termos locais ou regionais, portanto era impossível conseguir recursos suficientes para pesquisas sobre o aquecimento do globo terrestre. Tampouco havia consenso sobre a necessidade de providências imediatas. Até mesmo os principais grupos ambientalistas resistiam ao assunto: alguns chegaram a me dizer que tinham outras prioridades. Muitos assumiram uma posição cautelosa diante do que, na época, parecia ser insuficiência de provas, e poucos demostraram a devida sensibilidade a um problema político reconhecidamente complexo: se o aquecimento da Terra fosse encarado com seriedade e o mundo começasse a procurar substitutos para o carvão e o petróleo, a energia nuclear poderia receber grande impulso. Mesmo assim, uma conscientização da ameaça que representava o aquecimento da Terra começou a surgir, e fizemos progressos concretos em diversas outras frentes. Em dezembro de 1980, por exemplo, na sessão que antecedeu a posse de Reagan, finalmente consegui, com os congressistas Jim Florio, Tom Downey e outros, a promulgação da Lei "Superfund", para limpar os locais de despejo de lixo químico perigoso.

Ironicamente, minha compreensão sobre a crise ambiental global foi grandemente aumentada por meu envolvimento no que parecia ser um assunto muito diferente. A partir de janeiro de 1981, passei muitas horas por semana, durante mais de um ano, estudando intensivamente a corrida armamentista. No primeiro semestre de 1982, propus uma abordagem abrangente, diferente das anteriores, para resolver o problema em três aspectos importantes. Primeiro, ela situava a principal causa do impasse nuclear no relacionamento militar entre os arsenais, conforme a concepção de cada superpotência. Segundo, identificava as formas pelas quais as características de determinadas tecnologias armamentistas afetavam essas concepções e influenciavam o modo de pensar dos dois países sobre o relacionamento de seus arsenais. Terceiro, recomendava uma evolução específica, simultânea e gradativa, tanto nos armamentos quanto no controle armamentista, com o intuito de eliminar, de parte a parte, o medo de um primeiro ataque. Uma de minhas principais recomendações – proibir mísseis com ogivas múltiplas e, em seu lugar, adotar um novo ICBM de ogiva simples, mais estabilizável – foi aceita como elemento fundamental de nossa estratégia nuclear.

Meu estudo da corrida armamentista levou-me a pensar, de forma nova e mais produtiva, em outras questões, principalmente no meio ambiente global. Por exemplo, comecei a separar as partes da questão ambiental que eram de âmbito essencialmente local, como locais de deposição de rejeitos perigosos, daquelas que representavam ameaça para todo o globo terrestre. Ao me aprofundar, comecei a entender a importância de não me limitar às questões sobre o que estamos fazendo às diversas *partes* do meio ambiente: tornou-se evidente que devemos considerar o caráter complexo de nossa interação com *todo* o meio ambiente; mais especificamente, tomei como ponto de partida a importância básica de nosso modo de pensar sobre essa relação.

Passei a compreender melhor o fato mais aterrador de toda a nossa vida: a civilização já é capaz de se autodestruir. Meu trabalho no Congresso assumiu novo caráter de urgência e – em parte porque, como disse Samuel Johnson, a perspectiva de ser enforcado dentro de duas semanas provoca uma fantástica concentração da mente –, meu trabalho sobre o controle de armas nucleares ajudou-me a concentrar a mente em alguns objetivos maiores da política. E comecei a pensar em termos mais amplos sobre o rumo de nossa nação e nossa civilização, e a pensar no papel que eu poderia desempenhar para determinar esse rumo.

Em março de 1987 decidi candidatar-me à presidência. Não me cabe discutir aqui a campanha em detalhes, mas alguns comentários talvez sejam esclarecedores, pois aprendi muito sobre a forma como nosso país encara a crise ambiental. Na verdade, um dos principais motivos por que me candidatei foi chamar a atenção para a crise como questão política. No discurso de lançamento da candidatura concentrei-me no aquecimento da Terra, na diminuição da camada de ozônio e nas péssimas condições do meio ambiente global, declarando que esses problemas – bem como o controle de armamentos nucleares – constituiriam a tônica da campanha. Mal sabia, então, que até um candidato muito mais experiente e amadurecido encontraria enormes dificuldades para concentrar sua campanha em temas considerados, na melhor das hipóteses, exóticos, por profissionais da política e da pesquisa de opinião. O cronista George Will, por exemplo, descreveu minha candidatura como motivada por "um exagerado interesse em problemas que, para o eleitorado, são menos que secundários. São questões como o 'efeito estufa' e a rarefação da camada de ozônio".

Fato ainda mais sério, comecei a me perguntar se os temas sobre cuja importância tinha convicção eram, na verdade, secundários. Passei a questionar meu próprio julgamento político e comecei a perguntar a políticos e pesquisadores de opinião sobre o que, acreditavam, eu deveria falar. Como consequência, durante grande parte da campanha discuti o que todos discutiam e, com demasiada frequência, não passava de uma lista já conhecida daquilo que, no consenso dos especialistas, são "as questões". O povo norte-americano às vezes suspeita que as pautas de campanha vêm diretamente dos profissionais da política e da pesquisa de opinião – e essas suspeitas muitas vezes são fundamentadas.

Tenho a dizer, em minha própria defesa, que durante toda a campanha de fato procurei oportunidades de retomar o tema do meio ambiente global. E, embora tenha diminuído sua ênfase nos discursos de palanque, continuei a insistir nele durante as reuniões com conselhos editoriais em todo o país. Mas a imprensa nacional, espelhando o consenso da comunidade política, recusou-se obstinadamente a considerar o meio ambiente global um elemento importante da pauta de campanha. Por exemplo, no dia em que a comunidade científica confirmou que o preocupante buraco no céu acima da Antártica era provocado por CFCs, cancelei o roteiro de minha campanha e proferi importante discurso sugerindo uma proposta abrangente para proibir os CFCs, além de diversas outras medidas destinadas a enfrentar a crise da atmosfera global. Todos os participantes da campanha entraram em intensa atividade, alertando a imprensa, preparando o discurso, distribuindo cópias do texto, enfim, promovendo o evento. O resultado foi que nem um único jornal do país publicou uma só palavra sobre o discurso ou o problema – enquanto problema de campanha –, embora a descoberta científica, como eu previa, fosse manchete em todo o mundo.

Não quero deixar a impressão de que o desinteresse da mídia em concentrar-se no meio ambiente global tenha sido o único motivo pelo qual essa questão não suscitou sérios debates durante a campanha. A verdade é que, para a maioria dos eleitores, não era fundamental e não me saí muito bem nas tentativas de convencê-los do contrário. Durante um debate em Iowa, por exemplo, depois de discutir o efeito estufa detalhada e profundamente, um de meus correligionários zombou de meus comentários, dizendo que eu parecia estar me candidatando ao título de cientista da nação. A verdade mais cruel é que eu simplesmente não tinha energia para continuar a falar constantemente sobre a crise ambiental, estivesse ou não recebendo cobertura da imprensa.

George Will e outros analistas políticos estavam certos: a questão do meio ambiente global não me ajudaria a vencer a eleição. Porém, quando voltei ao Senado no fim de 1988, tive pelo menos a satisfação de ver o que pareciam ser alguns resultados das centenas de discussões que mantivera com conselhos editoriais em todo o país. E um número maior de pessoas estava começando a prestar atenção ao problema, pois, no verão daquele ano, as temperaturas haviam atingido máximas sem precedentes. Além disso, pela primeira vez, naquela que já era a década mais quente desde que as temperaturas começaram a ser registradas, as pessoas passaram a se perguntar em voz alta se o responsável era o aquecimento da Terra. Meses depois, o problema que eu tentara introduzir na campanha já estava sendo discutido em público pelos candidatos dos dois partidos. Por exemplo, George Bush declarou em um discurso que, se eleito, assumiria a liderança na questão do aquecimento da Terra e enfrentaria o "efeito estufa" com o "efeito Casa Branca".* Era, como sabemos agora, uma promessa vazia, mas pelo menos ninguém mais podia dizer que a questão do meio ambiente não era sequer secundária – tornara-se, agora, indiscutivelmente secundária!

Minha campanha proporcionou-me uma nova perspectiva sobre muitos assuntos, porém, especialmente útil foi a nova forma de encarar o papel que eu poderia desempenhar no Congresso. Lembro-me, por exemplo, de uma longa viagem de carro com Tim Wirth, meu colega do Colorado, durante a qual tivemos uma conversa excepcionalmente franca sobre a política do meio ambiente global no Senado. Havíamos trabalhado juntos, como amigos íntimos, em outras questões ou problemas, por mais de uma década, mas agora corríamos o risco de interferir na carreira um do outro, devido à semelhança das questões que cada um de nós abordava. Ambos estávamos cientes das rivalidades mesquinhas que prejudicavam a elaboração de políticas sólidas e ambos nos preocupávamos tanto com essa questão, que nos empenhamos em encontrar modos de evitar uma competição destrutiva. Foi uma conversa em que eu provavelmente não me teria sentido à vontade alguns anos antes, mas, na ocasião, pareceu totalmente natural. Tim e eu concordamos em trabalhar juntos sempre que isso se mostrasse produtivo e,

---

N.T. (*) Jogo de palavras, em inglês: "greenhouse" effect e "White House" effect.

desde aquela época, temos trabalhado em estreita colaboração e com diversas outras pessoas em uma variedade de novas abordagens à questão. Por exemplo, com outros senadores – John Chafee, Max Baucus, John Heinz, John Kerry e Rudy Boschwitz – organizamos, no primeiro semestre de 1990, a Primeira Conferência Interparlamentar sobre o Meio Ambiente Global, em Washington. Ali, parlamentares de 42 países chegaram a acordos sem precedentes sobre todos os tipos de ameaças que enfrenta o meio ambiente global. Trabalhamos com o líder da maioria, George Mitchell, e presidentes de comitês, como Fritz Hollings e Sam Nunn, além de diversos outros, para dar início a uma estratégia eficaz.

Todo processo de aprendizado é uma espécie de jornada interior, e meu estudo do meio ambiente global exigiu uma profunda reavaliação das formas pelas quais motivações políticas e políticas governamentais ajudaram a criar a crise e, agora, a frustrar as soluções de que precisamos. A ecologia é o estudo do equilíbrio e alguns dos mesmos princípios que regem o saudável equilíbrio do meio ambiente global aplicam-se também ao saudável equilíbrio das forças que constituem o sistema político. A meu ver, porém, nosso sistema está prestes a perder seu equilíbrio essencial. Não se trata tanto de fracassos políticos: muito mais preocupantes são a falta de franqueza, a fuga a responsabilidades e a estreiteza de visão que caracterizam muitos de nós no governo. Meu estudo sobre o meio ambiente levou-me a compreender principalmente o ponto até o qual nosso atual discurso político está voltado para os valores a mais curto prazo e concorre para que o povo americano, da mesma forma que nós, políticos, evite as questões mais importantes e adie as escolhas verdadeiramente difíceis.

Entretanto, os pontos fortes de nosso sistema político dependem, em última análise, dos pontos fortes de seus participantes e cada um de nós precisa atingir o próprio equilíbrio que, segundo nossa expectativa, será uma saudável integração de esperanças e medos, desejos e responsabilidades, necessidades e dedicação. Não posso deixar de lembrar uma nova forma de fotografia holística, que capta imagens tridimensionais de pessoas e objetos, chamadas hologramas. Uma das curiosidades dessa novidade científica, que a torna útil como metáfora, é que cada minúscula parcela da chapa fotográfica contém todas as informações visuais necessárias para recriar uma minúscula e tênue representação da imagem tridimensional como um todo. A imagem só se torna inteira e nítida quando todas as diminutas porções são vistas ao mesmo tempo. Desde que ouvi a descrição desse fenômeno, sinto muitas vezes que se assemelha à forma pela qual cada indivíduo, como uma pequena porção de uma chapa holográfica, reflete, ainda que esmaecidamente, a representação da soma total dos valores, escolhas e premissas que compõem a sociedade de que é parte.

Contudo, a civilização não é estática – está em constante movimento e se, individualmente, refletimos a sociedade mais ampla, estamos também contidos nela. Nossas formas de pensar e sentir, nossos desejos e atitudes, nossas ideologias e tradições – são todos herdados em grande parte de nossa civilização. Podemos às vezes ter a ilusão de que estamos seguindo um caminho próprio, mas é extremamente difícil romper padrões de pensamento e ação que constituem parte integrante de nossa cultura. Enquanto isso, a civilização avança desenfreadamente e até quem acredita estarmos em rota de colisão com o meio ambiente global terá dificuldade em dissociar seu rumo daquele da civilização como um todo. Como sempre, é mais fácil enxergar a necessidade de mudança no padrão mais amplo, do que reconhecê-la em nós mesmos. Não obstante, com empenho pessoal, todos os indivíduos poderão colaborar para que ocorram enormes mudanças.

Passei, portanto, a acreditar que o equilíbrio ecológico da Terra depende de algo mais que nossa simples capacidade de restaurar uma harmonia entre o insaciável apetite da civilização por recursos e o frágil equilíbrio ambiental. Depende de algo mais, até, que nossa capacidade de restaurar a harmonia entre nós mesmos, como indivíduos, e a civilização que desejamos criar e manter. Em última análise, cabe-nos restaurar o equilíbrio, em nosso íntimo, entre o que somos e o que estamos fazendo. Cabe a cada um de nós assumir uma responsabilidade maior por este meio ambiente global em franca deterioração. Cabe a cada um de nós examinar detidamente os hábitos de pensamento e ação que refletem – e engendram – esta séria crise.

É possível descrever a necessidade de equilíbrio pessoal de forma ainda mais simples. Quanto mais me aprofundo na procura das raízes da crise do meio ambiente global, mais me convenço tratar-se de uma manifestação externa de uma crise interior que é, na falta de palavra melhor, espiritual. Como político, estou perfeitamente cônscio do enorme risco de empregar a palavra "espiritual" para descrever um problema como esse. Para muitos, equivale a uma daquelas placas que advertem o motorista nas estradas: Curva Fechada, Experimente os Freios. Porém que outra palavra melhor descreve um conjunto de valores e premissas que nos determinam a compreensão básica de nosso lugar no Universo?

Este livro e a jornada que descreve representam, portanto, uma busca de formas de compreender – e enfrentar – o perigoso dilema com que se defronta nossa civilização. Ao procurar um mapa que me guiasse nessa jornada, concluí com relutância que precisava olhar para dentro de mim e fazer algumas perguntas difíceis e dolorosas sobre o que realmente procuro na vida e por quê. Fui criado em uma família eminentemente política, na qual cedo aprendi a ser sensível – talvez demasiado sensível –, ao que os outros estavam pensando, e a observar com atenção – talvez com demasiada atenção – as semelhanças e diferenças entre minha forma de pensar e a da sociedade a meu redor. Agora, já adulto, procuro em meio às camadas de conhecimento acumulado e de verdades intuídas, urdidas em minha existência, e não consigo deixar de perceber que também há camadas de falsidade e autenticidade permeando a civilização de que sou parte. É por isso que essa jornada levou-me até minha relação com o meio ambiente e as tragédias ambientais em todo o mundo, até minha própria relação com a política e as reuniões e debates políticos sobre o meio ambiente neste país e em todo o mundo.

De certo modo, portanto, a busca de verdades sobre essa crise atroz e de verdades a meu respeito tem sido uma só o tempo todo. A busca não é algo novo, nem em minha vida pessoal nem no tocante à crise ambiental. O que é novo, nos dois casos, é sua intensidade. E sei precisamente como e quando teve início, pois um único acontecimento horripilante desencadeou enorme mudança em meu modo de encarar minha relação com a própria vida. Em uma tarde de abril de 1989, ao sair de um estádio de beisebol, vi um carro atropelar meu filho Albert, então com seis anos, atirá-lo a uma altura de quase dez metros e arrastá-lo por cerca de seis metros, até parar no meio-fio. Corri para ele, segurei-o e chamei-o pelo nome, mas estava imóvel, hirto, com pulso e respiração imperceptíveis. Seus olhos estavam abertos com o olhar vazio da morte e nós dois oramos, ali no meio-fio, com apenas minha voz. Lenta e dolorosamente ele lutou contra o choque e o medo, guiando-se pelas palavras como que por um farol, para encontrar o caminho de volta à rua, onde muitas pessoas se apinhavam – inclusive duas enfermeiras que, graças a Deus, conheciam bastante de Medicina para mantê-lo vivo apesar das extensas lesões internas e externas. Quando a ambulância chegou, os paramédicos a muito custo conseguiram estabilizar seus sinais vitais para poder removê-lo do local. Finalmente dispararam rumo ao pronto-socorro e à etapa seguinte daquela que seria uma luta de dimensões épicas, de dezenas de homens e mulheres de extrema competência para salvar uma vida querida e preciosa.

Minha mulher, Tipper, e eu passamos o mês seguinte no hospital com nosso filho. Durante vários outros meses dedicamo-nos por completo à luta de curar seu corpo e mente. E, em mim, houve uma mudança radical. O fato de meu filho ter quase morrido não foi o único fator responsável por essa mudança, embora tenha sido um catalisador. Vale notar que eu acabara de perder uma eleição presidencial e completara, há pouco, quarenta anos, o que me tornava, em certo sentido, vulnerável à mudança que se configurou diante de mim na metade da vida e deu-me uma nova sensação de urgência em relação àquilo que me é mais caro.

Essa mudança deixou-me cada vez mais impaciente com o *status quo*, com a sabedoria convencional e com a premissa comodista de que sempre podemos ir levando... Tal acomodação deu margem ao surgimento e à proliferação de muitos problemas espinhosos, porém hoje, em face de um meio ambiente global em rápida deterioração, ameaça resultar em catástrofe total. Ninguém pode mais dar-se ao luxo de acreditar que o mundo, de alguma forma, resolverá seus próprios problemas. Precisamos todos cerrar fileiras no esforço corajoso para mudar as bases de nossa civilização.

Entretanto, acredito profundamente que a mudança autêntica só é possível quando começa no íntimo da pessoa que a propõe. Mahatma Gandhi disse-o bem: "Precisamos ser a mudança que desejamos ver no mundo". E uma história sobre Gandhi – contada por Craig Schindler e Gary Lapid – oferece um bom exemplo do quanto é difícil "ser a mudança". Segundo eles, Gandhi foi certo dia abordado por uma mulher preocupadíssima porque o filho comia muito açúcar. "Preocupo-me com a saúde dele", afirmou. "Ele tem grande respeito pelo senhor.

Por favor, diga-lhe que isso é prejudicial e que deve parar." Depois de refletir sobre o pedido que lhe fizera a mulher, Gandhi aquiesceu, mas pediu-lhe que voltasse com o filho depois de duas semanas – e só então. Ao final do prazo, quando retornaram, Gandhi falou com o menino e deu-lhe o conselho pedido pela mãe. O menino anuiu e a mulher ficou extremamente agradecida, mas perguntou a Gandhi por que insistia no prazo de duas semanas. "Porque", respondeu ele, "eu precisava de duas semanas para parar de comer açúcar."

Venho tentando superar em minha própria vida os mesmos hábitos perniciosos na forma de pensar e agir que procuro compreender e mudar em nossa civilização como um todo. Em nível pessoal, isso tem implicado uma análise de minha relação com o meio ambiente em diversas formas – em tudo, de tentar descobrir como minha vida espiritual pode tornar-se mais ligada ao mundo natural, a controlar cuidadosamente o consumo de energia, água e vários outros recursos em casa. Reconheço, inclusive, minha própria hipocrisia quando uso CFCs no ar-condicionado do carro, por exemplo, a caminho de um discurso sobre por que deveriam ser proibidos. Não pretendo fingir qualquer habilidade ou coragem especial como alguém em busca da verdade, mas uma certeza tenho: quem quer que despenda tempo procurando com empenho a verdade sobre qualquer coisa precisa tornar-se mais sensível às muitas distrações e distorções que interferem com a tarefa em questão – sejam obstáculos no campo de visão de quem empreende a busca, ou escondidos em seu íntimo. Um geólogo independente e extremamente bem-sucedido, famoso por encontrar reservas de combustíveis fósseis onde outros nada conseguiam, disse: "Para encontrar petróleo, é preciso ser honesto".

Em nível profissional, meu trabalho é a política e estou dedicando mais tempo que nunca ao esforço de sanar as condições do meio ambiente. Tenho discutido esse tema em centenas de reuniões municipais em todo o Tennessee, tenho apresentado inúmeras propostas de legislação no Congresso e tenho procurado por todas as oportunidades no país e no mundo para falar sobre a crise.

Mas talvez o mais importante seja que me tornei muito impaciente com minha própria tendência de verificar a direção dos ventos políticos e prosseguir com cautela. Sua voz sussurra aliciante ao ouvido de todos os políticos, muitas vezes com um bom motivo. Contudo, quando a cautela gera covardia, o bom político dá ouvidos a outras vozes. Para mim, a crise ambiental é um exemplo de importância crítica: agora, sempre que paro para pensar se me aventurei demais, examino os novos fatos que continuam a chover de todo o mundo e concluo que nem sequer me aventurei o bastante. A integridade do meio ambiente não constitui apenas mais uma questão a ser usada em jogos políticos por popularidade, votos ou atenção. E está mais do que na hora de assumir mais riscos políticos – e de sofrer mais críticas políticas – mediante a sugestão de soluções mais drásticas e eficazes e a árdua luta por sua concretização.

Acredito que essa foi a verdadeira razão que me levou a escrever este livro: pesquisar a fundo meu coração e mente sobre o desafio a que me sinto convocado – e, nesse processo, reunir a coragem de assumir um compromisso total e sem reservas de vencê-lo. Não foi assim que começou, mas, como observou David Halberstam na conclusão de *The Next Century*: "Um livro tem uma trajetória toda própria". E, embora não tivesse a intenção de usar este livro como oportunidade de oferecer uma série de propostas altamente controversas para a salvação do meio ambiente global, posso dizer que, concordem ou não com elas, os leitores encontrarão na Parte III as novas e drásticas propostas das quais havia-me esquivado – até agora.

Ao ter início a trajetória deste livro, quero que saibam que fiz o melhor possível para escrevê-lo com verdade e honestidade. A crise do meio ambiente global é, como dizemos no Tennessee, tão real quanto a chuva, e não suporto a ideia de deixar para meus filhos uma terra degradada e um futuro comprometido. Foi esse o principal motivo pelo qual busquei, com tanto empenho, formas de compreender essa crise e ajudar a solucioná-la; é também por esse motivo que estou tentando persuadir cada um de vocês a ser parte da imensa mudança que nossa civilização precisa agora sofrer. Estou lutando para ser, eu próprio, parte dessa mudança e tenho esperança de que os leitores se mostrem mental e emocionalmente receptivos às palavras e ideias que se seguem, pois representam, não apenas uma expressão de minhas crenças, mas também um profundo compromisso com elas. Espero que vocês assumam o compromisso de ajudar a trazer a Terra de volta ao equilíbrio, pois, nas palavras de W. H. Murray:

> Enquanto a pessoa não se compromete, sempre há hesitação, a possibilidade de recuar, a falta de resultados. No tocante a todas as iniciativas [...] existe uma verdade elementar, e desconhecê-la acarreta a morte de inúmeras ideias e planos esplêndidos: no momento em que a pessoa assume o compromisso definitivo, a Divina Providência se faz sentir.

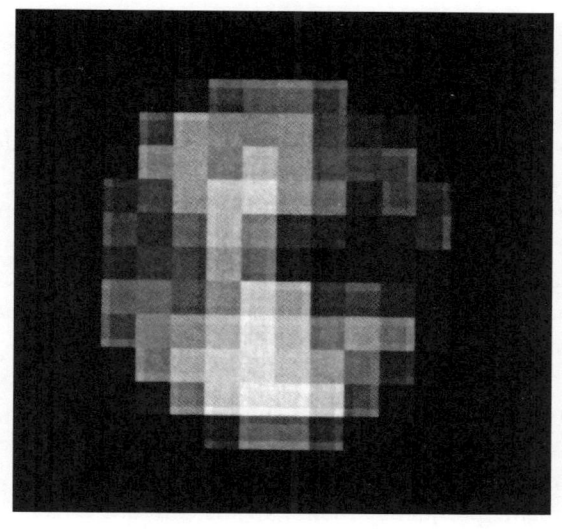

PARTE 1

O equilíbrio ameaçado

1 · Barcos no Deserto

Eu estava parado ao sol sobre o escaldante convés de aço de um barco pesqueiro com capacidade para processar cinquenta toneladas de pescado em um dia de pesca boa. Mas esse não era um bom dia. Estávamos ancorados em um local que havia sido a região de pesca mais produtiva da Ásia Central, mas, ao olhar para além da proa, as perspectivas de uma boa pesca me pareceram muito distantes. Onde deveria haver suaves ondas verde-azuladas batendo contra os cascos do barco, não havia senão areia quente e seca, até onde a vista alcançava, em todas as direções. Os outros barcos da frota também estavam ancorados na areia, espalhados pelas dunas que se estendiam até o horizonte.

Curiosamente, esse cenário me fez recordar a figura de um ovo frito que eu vira na televisão, na semana anterior, quando estava nos Estados Unidos. O ovo chiava e estalava como acontece com qualquer ovo em uma frigideira, só que estava no meio de uma calçada, no centro de Phoenix, Arizona. Acho que essa imagem me veio à mente porque, da mesma forma com que o navio, não havia nada errado com o ovo em si. O mundo sob ele é que havia se transformado de forma inesperada, fazendo-o parecer – não por sua culpa – fora de lugar. Aquele ovo estava sendo usado para ilustrar o fato de não ser aquele um bom dia no estado do Arizona porque, pelo segundo dia consecutivo, as temperaturas haviam atingido um pico de 44,5 graus centígrados.

Enquanto um camelo andava pelo leito morto do Mar de Aral, meus pensamentos se voltaram novamente para o inverossímil barco do deserto, no qual me encontrava e que, como o ovo, parecia dar um exemplo de que o mundo sob ele havia mudado com súbita crueldade. Dez anos atrás o Aral era o quarto maior mar interno do mundo, comparável ao maior dos Grandes Lagos da América do Norte. Hoje está desaparecendo, porque a água que o abastecia foi desviada para um sistema mal planejado de irrigação, para o cultivo de algodão no deserto. A nova faixa litorânea estava a quase quarenta quilômetros de distância, pela areia, do ponto em que a frota pesqueira se encontrava agora permanentemente ancorada. Enquanto isso, na cidade vizinha de Muynak, o pescado continuava a ser enlatado – trazido, não do Mar de Aral, mas do Oceano Pacífico, por via férrea através da Sibéria, a mais de 1.600 quilômetros de distância.

Eu visitara o Mar de Aral em agosto de 1990 para testemunhar *in loco* a destruição que estava ocorrendo qual maldição bíblica. Durante a viagem, entretanto, tomei conhecimento de outros fatos que também me deixaram alarmado. Por exemplo, no dia em que voltei de Muynak para Moscou, meu amigo Alexei Yablokov, provavelmente o mais importante líder ambientalista da União Soviética, retornava de uma expedição de emergência ao Mar Branco, onde havia investigado a morte misteriosa e sem precedentes de vários *milhões* de estrelas-do-mar, que se acumulavam em uma massa de cerca de meio metro de altura, estendendo-se por quilômetros de praia. Naquela noite, em seu apartamento, Alexei falou sobre o que sentiam os moradores da região ao abrir caminho, calçados com botas de cano longo, por entre as estrelas-do-mar, tentando explicar o motivo daquelas mortes.

Barcos pesqueiros encalhados em um deserto que pouco tempo atrás fazia parte do Mar de Aral. Outrora o quarto maior mar interno do mundo e a mais abundante fonte de pesca na Ásia Central Soviética, o Aral está secando completamente devido à intervenção do homem em seu equilíbrio ecológico. Quando as águas começaram a recuar, os pescadores abriram um canal, tentando desesperadamente alcançar o mar.

Investigações posteriores identificaram como provável causa dessa matança os rejeitos radioativos provenientes de instalações militares. Mas o que dizer de todas as outras misteriosas mortes em massa que hoje grassam por todas as praias do mundo? Cientistas franceses concluíram recentemente que a causa do crescente número da morte em massa de golfinhos ao longo da costa da Riviera era o estresse ambiental acumulado que, com o tempo, tornava os animais fracos demais para lutar contra os vírus. Esse mesmo fenômeno talvez possa explicar também o súbito aumento das mortes de golfinhos ao longo da Costa do Golfo, no Texas, assim como a morte misteriosa de 12 mil focas, cujos corpos se amontoaram nas praias do Mar do Norte no verão de 1988. Naturalmente, os corpos cobertos de óleo das lontras e aves marinhas do Estreito Prince William, um ano depois, representaram menos um mistério para a ciência e mais uma acusação à nossa civilização.

Assim que uma dessas imagens perturbadoras se esvai, outra toma seu lugar, provocando novas indagações. O que significa, por exemplo, o fato de as crianças que brincam nas ondas do mar precisarem se esquivar não apenas de algumas águas-vivas, mas também de agulhas hipodérmicas trazidas pelas ondas?

Agulhas, golfinhos mortos e aves encharcadas de óleo – seriam sinais de que as praias de nosso mundo conhecido estão sendo rapidamente destruídas e que agora nos encontramos em alguma praia desconhecida, enfrentando perigos além dos limites de nossa imaginação?

De costas voltadas para o nosso lugar de origem na natureza, sentimos uma maré desconhecida que se avoluma e nos envolve em um torvelinho, varrendo a areia de sob nossos pés. Cada vez que essa estranha maré se vai, deixa atrás de si os despojos de algum gigantesco naufrágio ocorrido em alto-mar, imagens assustadoras varridas para as areias de nosso tempo, cada uma delas uma nova advertência sobre os perigos ocultos que nos esperam se continuarmos a seguir o caminho que hoje estamos trilhando.

Minha busca pelas causas da crise ambiental tem-me levado a viajar pelo mundo para examinar e estudar várias imagens dessa destruição. No fim do outono de 1988, nos confins da terra, no alto das Montanhas Trans-antárticas, com o sol brilhando à meia-noite através de uma abertura no céu, estava eu, em meio a um frio indescritível, conversando com um cientista sobre o túnel que ele estava "cavando através do tempo". Afastando o capuz de sua parka e revelando um rosto profundamente crestado, ele apontou para as camadas de gelo acumuladas a cada ano sobre uma amostra desenterrada da geleira na qual nos encontrávamos. Movendo o dedo pelas camadas de gelo e recuando até um ponto correspondente a vinte anos atrás, disse: "Este é de quando o Congresso Americano aprovou a Lei do Ar Puro". Mesmo uma pequena redução na descarga de poluentes de um único país havia-se refletido no nível de poluição em uma região longínqua, a dois continentes de distância de Washington, D.C., no lugar mais remoto e inacessível do mundo!

Entretanto, sem dúvida, a mudança mais significativa ocorrida até hoje na atmosfera da Terra foi a que começou com a Revolução Industrial no início do século passado e vem-se acelerando a cada dia. A palavra indústria significava carvão e mais tarde petróleo, e o homem começou a queimá-los em grandes quantidades, aumentando os níveis de dióxido de carbono (CO_2), que tem a propriedade de causar maior retenção de calor na atmosfera e assim, lentamente, elevar a temperatura da Terra. A pouco menos de cem metros de distância do Polo Sul, além das pistas geladas, onde os motores dos aviões continuam ligados depois da aterrissagem para evitar que suas peças metálicas se congelem em um só bloco, os cientistas monitoram o ar várias vezes por dia, para mapear o curso dessa inexorável mudança. Durante minha visita, observei um dos cientistas anotando os resultados das medições daquele dia – prolongando a linha ascendente do gráfico, ainda mais para o alto. O cientista me explicou como era fácil, naquele fim de mundo, confirmar que a velocidade dessa enorme mudança na atmosfera ainda continuava acelerada.

Dois anos e meio mais tarde, dormia eu sob o sol da meia-noite no outro extremo do planeta, em uma pequena tenda armada sobre uma fatia de gelo de cerca de quatro metros de espessura, que flutuava nas águas geladas do Oceano Ártico. Depois de um café da manhã reforçado, meus companheiros e eu embarcamos em trenós motorizados e rodamos alguns quilômetros rumo ao norte até um ponto de encontro em que a camada de gelo era mais fina – pouco mais de um metro de espessura, onde um submarino nuclear pairava abaixo da superfície das águas. Depois que o submarino rompeu o gelo, recolheu os novos passageiros e voltou a submergir, fui conversar com os cientistas que estavam tentando medir com mais precisão a espessura da calota de gelo polar, que muitos acreditam estar-se tornando mais fina devido ao aquecimento da Terra. Eu havia acabado de negociar um acordo entre os cientistas que faziam pesquisas sobre o gelo e a Marinha Americana para assegurar a divulgação de dados, antes secretos, captados pelos sonares de submarinos, dados esses que poderiam ajudá-los a compreender o que estava acontecendo com a calota polar setentrional. Agora eu queria conhecer o Polo e, cerca de oito horas depois de encontrarmos o submarino, estávamos rompendo o gelo e emergindo; deparei-me então com uma paisagem de neve atemorizante e bela, de um branco cintilante, varrida por um vento impetuoso, com o horizonte definido por pequenas elevações de gelo ou "cristas de pressão", que são empurradas como pequenas cadeias de montanhas quando placas separadas se chocam. Entretanto, aqui também os níveis de CO_2 estão aumentando com a mesma rapidez, o que será, em última análise, acompanhado pela elevação da temperatura – na verdade, calcula-se que o aquecimento da terra causará a elevação da temperatura em ritmo muito mais acelerado nas regiões polares do que nas demais regiões do mundo. À medida que o ar polar se aquecer, a camada de gelo se tornará mais fina e, como a calota polar tem um papel extremamente importante no sistema climático, as consequências dessa diminuição de espessura poderão ser desastrosas.

Refletir sobre essas situações não é mera especulação. Seis meses depois de minha volta do Polo Norte, uma equipe de cientistas relatou a ocorrência de enormes mudanças no padrão de distribuição do gelo no Ártico; uma segunda equipe comunicou uma ainda controvertida suposição (que inúmeros dados atualmente confirmam) de que, de modo geral, apenas na década passada houve uma diminuição de 2 por cento na espessura da calota polar setentrional. Além disso, vários anos atrás foi confirmado pelos cientistas que, em muitas áreas das terras ao norte do Círculo Ártico, o degelo da primavera tem começado mais cedo a cada ano e que, mais abaixo, no interior da tundra, a temperatura da Terra vem elevando-se constantemente.

Algumas das imagens mais perturbadoras da destruição do meio ambiente podem ser encontradas exatamente a meio caminho entre os Polos Norte e Sul – precisamente na altura do Equador, no Brasil – onde nuvens enoveladas de fumaça com frequência escurecem o céu sobre a imensa Floresta Amazônica, hoje ameaçada. Hectare a hectare, essa floresta tropical está sendo queimada para a rápida criação de pastagens para gado de corte. Conforme tive conhecimento quando visitei a região amazônica em 1989, atualmente as queimadas são feitas cada vez mais cedo na época da seca – todos os anos são derrubadas e queimadas florestas em extensão comparável à área do estado do Tennessee. Segundo nosso guia, o biólogo Tom Lovejoy, há mais espécies diferentes de pássaros em cada quilômetro quadrado da Floresta Amazônica do que em toda a América do Norte – o que significa que estamos silenciando centenas de cantos que nem sequer chegamos a ouvir.

Porém, para a maioria de nós, a Amazônia é uma região muito distante e dificilmente percebemos o desaparecimento dessas e de outras espécies vulneráveis. Entretanto, ao deixar de tomar conhecimento dessas perdas, estamos nos colocando em risco. Elas são como os proverbiais canários das minas de carvão,* alarmes silenciosos cuja mensagem, neste caso, serve para nos advertir de que diversas espécies da flora e fauna estão desaparecendo da face da Terra *com uma rapidez mil vezes maior* do que ocorreu nos últimos 65 milhões de anos (ver ilustração).

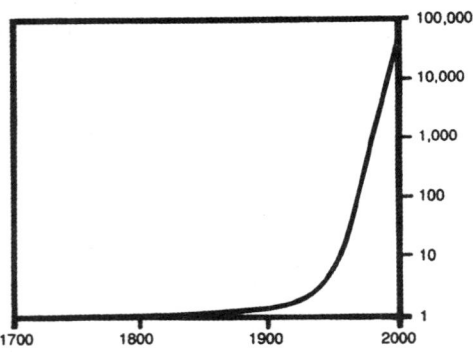

O gráfico acima representa a perda estimada de espécies vivas entre 1700 e 1992. A taxa normal de extinção permaneceu basicamente a mesma nos últimos 65 milhões de anos – desde o desaparecimento dos dinossauros e, com estes, de outras incontáveis espécies, no período Cretáceo, até o presente século.

É verdade que a morte de animais de espécies de porte maior e mais espetacular, atualmente ameaçadas de extinção, chama ocasionalmente nossa atenção. Visitei outro lugar na altura do Equador, o leste da África, onde me deparei com a horrível e grotesca imagem de um elefante morto, a cabeça mutilada pelos caçadores clandestinos que haviam serrado suas valiosas presas. Está claro que precisamos mudar nossa maneira puramente estética de encarar o marfim, visto que sua fonte está hoje ameaçada. Para mim, a brancura translúcida do marfim parece agora diferente, como prova da presença fantasmagórica de um espírito aflito, uma aparição bela, porém enregelante, inspirando ao mesmo tempo espanto e medo.

N.T. (*) Alusão aos canários que eram levados ao interior das minas e cuja morte indicava a presença de gás.

Imagem semelhante é encontrada também abaixo da superfície do oceano: muitas vezes, ao praticar mergulho no Caribe, tenho visto e tocado os esqueletos brancos de um recife de coral morto. Por toda parte, os recifes de coral começaram subitamente a "desbotar", pois as temperaturas mais elevadas dos oceanos exercem uma pressão fora do comum sobre os microrganismos que normalmente vivem na película do coral e dão ao recife sua coloração natural. Quando esses microrganismos, apelidados de "zooks", deixam a membrana do coral, este se torna transparente, permitindo que seu esqueleto calcário seja visto através dessa membrana – é por esse motivo que o recife adquire uma aparência esbranquiçada. No passado, esse desbotamento era quase sempre um fenômeno raro e temporário, mas a repetição desses episódios pode exaurir o coral. Nos últimos anos, os cientistas têm-se alarmado com a súbita ocorrência de casos de desbotamento verificados em várias partes do mundo, e é cada vez maior a quantidade de recifes que não conseguem se recuperar. Embora mortos, brilham mais do que antes, assombrados talvez pelo mesmo fantasma que dá uma luz espectral às presas do elefante.

Porém não é preciso viajar pelo mundo para constatar a agressão a que o ser humano está submetendo a Terra. Imagens que mostram o sofrimento infligido ao nosso meio ambiente estão espalhadas por quase toda parte. A alguns quilômetros do Capitólio, por exemplo, deparei-me com outra imagem estarrecedora da natureza fora de lugar. Dirigindo por Arlington, Virgínia, onde minha família e eu residimos durante o período de funcionamento do Senado, precisei frear bruscamente para não atingir um grande faisão que andava pela rua. A ave voou espavorida por entre os carros estacionados, atravessou a calçada e entrou em um quintal das imediações, desaparecendo em seguida. Essa imagem, entretanto, persistiu em minha mente como um quebra-cabeça: por que um faisão – e ainda mais um espécime tão grande e magnífico – estaria passeando por nosso bairro? Será que aquele era um lugar muito mais selvagem do que eu imaginava? Será que os faisões, como aconteceu com os leitõezinhos vietnamitas, estavam-se tornando a última moda em animais de estimação exóticos? Só consegui desvendar o mistério semanas mais tarde, quando lembrei que, a cerca de cinco quilômetros de distância, ao longo das margens do rio, as árvores dos últimos 50 hectares de floresta virgem em toda a região estavam sendo derrubadas para a construção de um loteamento. À medida que as árvores tombavam para dar lugar a mais concreto, mais construções, estacionamentos e ruas, os animais silvestres que ali viviam eram obrigados a fugir. A maior parte dos cervos foi atropelada pelos carros; outros animais, como o faisão que voou para o quintal de meu vizinho, conseguiram ir um pouco mais longe.

Ingenuamente, antes de compreender o mistério, senti-me vagamente reconfortado ao imaginar que talvez esse ambiente urbano, tão parecido com aquele em que muitos americanos vivem, não fosse afinal tão hostil aos animais silvestres. Imaginei por um momento que, como os espertos quatis, gambás, esquilos e pombos, todos adaptados à vida nos bairros afastados, também os animais silvestres, como o faisão, talvez tivessem uma chance de lutar. Agora, quando levo meus filhos ao zoológico, a lembrança daquele faisão me vem à mente sempre que vejo um elefante ou um rinoceronte. Esses animais também inspiram dúvida e tristeza. Eles ainda me fazem lembrar que estamos criando um mundo hostil à vida silvestre, um mundo que parece preferir paisagens de concreto a paisagens naturais. Estamos encontrando esses animais silvestres em um caminho que pavimentamos – um caminho que acabará por levá-los à extinção.

Em determinadas noites, nas altas latitudes setentrionais, o céu oferece outra imagem fantasmagórica, sinal de que o desequilíbrio ecológico já começou. Se o céu estiver claro após o pôr-do-sol e você o estiver observando de um lugar onde a poluição ainda não obscureceu completamente a visão noturna do firmamento, às vezes poderá ver um estranho tipo de nuvem, a uma grande altura. Essas "nuvens luminescentes" aparecem ocasionalmente durante os primeiros momentos em que o manto da noite envolve a terra; brilhando sobre nossa cabeça com uma brancura translúcida, não parecem naturais; de fato: as nuvens luminescentes começaram a aparecer com mais frequência devido a uma enorme concentração de gás metano na atmosfera. (Também chamado de gás natural, o metano se desprende de aterros, minas de carvão, plantações de arroz, de bilhões de cupins que enxameiam nas áreas de florestas recém-derrubadas, da queima de biomassa e de inúmeras outras atividades humanas.) Embora no passado algumas nuvens luminescentes fossem observadas de tempos em tempos, toda essa quantidade adicional de metano transporta um volume maior de vapor de água para a alta atmosfera, onde ele se condensa em altitudes muito maiores, formando mais nuvens sobre as quais os raios do sol continuam a incidir muito depois que o anoitecer se estende pela superfície da Terra, bem abaixo dessas nuvens.

O que deveríamos sentir em relação a esses fantasmas no céu? Simples admiração, ou o mesmo misto de emoções que experimentamos ao visitar o zoológico? Talvez devêssemos nos assustar com nosso próprio poder: assim como os homens arrancam as presas dos elefantes em tal quantidade que ameaça de extinção esses animais, estamos arrancando a matéria de seu lugar original em tal volume que ameaçamos o equilíbrio entre a luz do dia e a escuridão. Nesse processo, estamos uma vez mais contribuindo para a ameaça que representa o aquecimento da Terra, pois o metano é um dos maiores responsáveis pelo efeito estufa, atrás apenas do dióxido de carbono e do vapor de água em volume total, alterando a química da alta atmosfera. Todavia, mesmo sem levar em conta essa ameaça, não deveríamos ficar assustados com o fato de que colocamos no céu essas nuvens que brilham com uma luz espectral? Ou será que nossos olhos já estão tão acostumados às luzes brilhantes da civilização que não conseguem enxergar nessas nuvens o que elas representam, ou seja, uma manifestação física do violento choque entre a civilização humana e a terra?

Embora às vezes seja difícil compreender seu significado, todos já tomamos conhecimento de experiências surpreendentes que nos advertem sobre o perigo que representa nossa agressão ao meio ambiente – seja a nova frequência de dias em que a temperatura ultrapassa 38 graus centígrados, seja a nova rapidez com que o sol queima nossa pele ou a frequência atual dos debates públicos sobre o que fazer com as crescentes montanhas de rejeitos. Porém nossa reação diante desses sinais é intrigante. Por que não empreendemos esforços maciços para salvar o meio ambiente? Colocando a pergunta de outra forma: por que algumas imagens nos despertam imediatamente para a ação e nos levam a pensar na busca de providências eficazes, enquanto outras imagens, igualmente dramáticas, provocam uma espécie de paralisia e nos fazem desviar a atenção para coisas mais amenas e não tão dolorosas?

De forma indireta, a visita ao Polo Norte me fez refletir a respeito dessas perguntas sob um ângulo diferente e lhes conferiu uma nova urgência. No submarino, eu tivera muitas oportunidades de observar através do periscópio o fundo translúcido da banquisa de gelo do Polo Norte. A imagem não tinha nada de claustrofóbica, mas a certa altura pensei subitamente nas três baleias que haviam ficado presas sob o gelo do Mar de Beaufort alguns anos atrás. Redes de televisão dos quatro continentes afluíram ao local para registrar a comovente luta dessas baleias para respirar e, durante as transmissões, exageraram de tal modo as emoções experimentadas no mundo todo, que em pouco tempo cientistas e equipes de resgate acorreram à cena. Após o fracasso de vários e complexos esquemas, um enorme quebra-gelo da União Soviética abriu caminho através do gelo para as duas baleias sobreviventes. Como milhões de pessoas, senti imensa alegria ao ver as baleias livres, mas, no submarino, ocorreu-me que, se a cada dia estamos provocando 100 extinções – e muitos cientistas afirmam que esse número é real – cerca de 2 mil espécies vivas haviam desaparecido da face da Terra durante a penosa experiência das baleias. Essas espécies desapareceram para sempre, sem que ninguém se desse conta.

Em outra ocasião, em que uma garota chamada Jessica McClure caiu dentro de um poço no Texas, sua terrível experiência e seu resgate por uma legião de heroicos homens e mulheres atraiu centenas de câmeras de televisão e de jornalistas, que colocaram a história dentro da casa e da mente de centenas de milhões de pessoas. Também neste caso nossa reação parece distorcida: durante os três dias de sofrimento de Jessica, mais de 100 mil crianças da mesma idade ou ainda menores morreram por motivos que poderiam ter sido evitados – em geral fome ou diarreia – devido a problemas tanto nas safras como na política. Em sua luta pela vida, nenhuma dessas crianças olhou para uma câmera de TV, tentando mandar um recado sobre sua angustiante situação para um mundo em expectativa. A morte dessas crianças passou praticamente despercebida. Por quê?

Talvez parte da resposta possa ser encontrada no fato de sabermos que é difícil chegar a uma solução eficaz. Se achamos que a solução para o problema retratado na imagem envolveria mais esforços e sacrifícios do que podemos conceber, ou ainda, se achamos que nem mesmo um esforço supremo da parte de qualquer indivíduo seria suficiente para evitar a tragédia, sentimo-nos tentados a romper a ligação entre o estímulo e a reação moral. Então, como julgamos impossível qualquer reação, a imagem, que por um instante, levou-nos a pensar em reagir, torna-se não apenas assustadora mas também penosa. Nesse momento, começamos a reagir, não à imagem mas à dor que ela agora provoca, rompendo assim um vínculo ainda mais vital em nossa relação com o mundo: o vínculo entre sentidos e emoções. Nossa vista fica embaciada e nosso coração se fecha. Olhamos, mas não enxergamos. Ouvimos, mas nos recusamos a escutar.

Contudo, existem tantas imagens contristadoras da destruição ambiental, que às vezes parece impossível saber como absorvê-las ou compreendê-las. Antes de analisar as ameaças em si, talvez seja interessante classificá-las e então começar a organizar nossos pensamentos e sentimentos para que possamos reagir de modo apropriado.

Um critério interessante é adotado pelo exército, que geralmente classifica uma batalha em uma entre três categorias diferentes, dependendo do local em que ocorre. Existem escaramuças "locais", batalhas "regionais" e conflitos "estratégicos". A terceira categoria é reservada a conflitos que podem ameaçar a sobrevivência de uma nação e devem ser compreendidos em um contexto global.

As ameaças ao meio ambiente podem ser encaradas de maneira semelhante. Por exemplo, muitos casos de poluição da água, poluição do ar e deposição ilegal de rejeitos são, em essência, problemas locais. Problemas como a chuva ácida, a contaminação de lençóis freáticos e o derramamento de grandes quantidades de óleo são ameaças basicamente regionais. Em ambas as categorias poderá haver tantos casos semelhantes de determinados problemas locais ou regionais ocorrendo simultaneamente em todo o mundo, que o padrão poderá parecer mundial, mas os problemas em si não são ainda verdadeiramente estratégicos, porque o funcionamento do meio ambiente como um todo não foi afetado e a sobrevivência da civilização não está ameaçada.

Porém há uma nova categoria de problemas ambientais que realmente afeta o sistema ecológico mundial e essas ameaças são fundamentalmente estratégicas. O aumento de 600 por cento no volume de cloro na atmosfera durante os últimos quarenta anos aconteceu não apenas nos países que produzem os clorofluorcarbonetos responsáveis por esse aumento, mas também na atmosfera de todos os países e ainda sobre a Antártica, o Polo Norte e o Oceano Pacífico – da superfície da terra até o alto do céu. Os níveis elevados de cloro rompem o processo global pelo qual a terra regula a quantidade de radiação solar ultravioleta que deve atravessar a atmosfera e incidir na superfície. Se permitirmos que os níveis de cloro continuem a aumentar, os níveis de radiação também aumentarão, até o ponto em que toda a vida animal e vegetal do planeta enfrentará uma nova ameaça à sobrevivência.

O aquecimento da terra também representa uma ameaça estratégica. A concentração de dióxido de carbono e de outras moléculas que absorvem calor aumentou em quase 25 por cento desde a Segunda Grande Guerra, representando uma ameaça mundial à capacidade da terra de regular a quantidade de calor solar retida na atmosfera. Essa elevação da temperatura ameaça seriamente o equilíbrio climático mundial que determina o padrão dos ventos e das chuvas, as temperaturas da superfície, as correntes marítimas e o nível dos mares. Esses elementos, por sua vez, determinam a distribuição da vida vegetal e animal na terra e no mar e têm grande influência na localização e nos padrões das sociedades humanas.

Em outras palavras, toda a relação entre a humanidade e a terra vem-se transformando, porque nossa civilização de repente se tornou capaz de afetar o meio ambiente de todo o globo terrestre e não apenas de uma determinada área. Todos sabemos que a civilização humana sempre provocou enorme impacto no meio ambiente; para mencionar apenas um exemplo, há provas de que, mesmo nos tempos pré-históricos, os homens às vezes queimavam enormes áreas propositalmente, em busca de alimento. Em nossa própria época, mudamos o aspecto de grande parte da superfície da Terra – nas cidades, com a introdução do concreto e nas zonas rurais, com a criação de pastagens e o esmerado trato de culturas de arroz, trigo e muitas outras. Contudo, essas mudanças, embora às vezes possam parecer generalizadas, têm sido, até recentemente, fatores relativamente triviais em termos do sistema ecológico mundial. Na verdade, até hoje tem sido sempre cômodo acreditar que nada que tivéssemos feito ou viéssemos a fazer teria qualquer efeito duradouro no meio ambiente global. Porém, é exatamente essa suposição que precisa ser descartada, para que possamos pensar estrategicamente sobre nossa nova relação com o meio ambiente.

A civilização humana é hoje a causa preponderante das mudanças ocorridas no meio ambiente global. Mas relutamos em aceitar essa verdade e achamos difícil imaginar que nossa influência sobre a Terra deve agora ser medida com a mesma régua usada para calcular a influência da gravidade da Lua sobre as marés e a força dos ventos contra as montanhas. E, se somos agora capazes de mudar algo tão básico como a relação entre a Terra e o Sol, precisamos reconhecer nossa nova responsabilidade, fazendo uso desse poder com sensatez e o devido controle. Até agora, porém, parecemos inconscientes da fragilidade dos sistemas naturais de nosso planeta.

Este século está testemunhando mudanças drásticas em dois fatores fundamentais que definem a realidade física de nossa relação com a Terra: um súbito e assustador crescimento da população humana – que aumenta, a cada 10 anos, o equivalente à população da China – e uma súbita aceleração da revolução científica e tecnológica, o que aumenta de forma quase inacreditável nosso poder de afetar o mundo que nos cerca, queimando, derrubando, escavando, mudando de lugar e transformando a matéria física da qual a terra é constituída.

O aumento desenfreado da população é não só uma das causas da mudança de nossa relação com a Terra, mas também um dos mais eloquentes exemplos de como é assutadora essa mudança, principalmente quando analisada dentro de um contexto histórico. Desde o aparecimento da raça humana, há 200.000 anos, até a época de Júlio César, menos de 250 milhões de pessoas haviam caminhado sobre a face da Terra. Quando Cristóvão Colombo partiu para o Novo Mundo, 1.500 anos mais tarde, a Terra tinha aproximadamente 500 milhões de habitantes. Na época em que Thomas Jefferson escreveu a Declaração da Independência, em 1776, esse número havia dobrado novamente, alcançando um bilhão. Mais ou menos na metade deste século, ao final da Segunda Guerra Mundial, a população da Terra estava um pouco acima de 2 bilhões de habitantes.

Em outras palavras, desde o surgimento da raça humana até 1945, mais de dez mil gerações passaram pela Terra, até que a população mundial atingisse 2 bilhões de pessoas. Agora, no decorrer de apenas uma geração – a minha – a população mundial deverá aumentar de 2 para mais de 9 bilhões e hoje já alcançou mais da metade desse número (ver gráfico da p. 44).

Como a explosão populacional, a revolução científica e tecnológica começou a ganhar velocidade lentamente durante o século XVIII. A revolução hoje em andamento também foi acelerada exponencialmente. Por exemplo, em muitos campos científicos é hoje um axioma o fato de que houve um número muito maior de descobertas importantes nos últimos dez anos do que em todo o período anterior da história da ciência. Embora nenhuma descoberta tenha provocado qualquer efeito em nossa relação com a Terra que possa ser comparado ao das armas nucleares em nossa relação com a guerra, é entretanto verdade que, juntas, elas transformaram completamente nossa capacidade cumulativa de explorar a Terra para nosso sustento; isso faz com que as consequências da exploração sem controle sejam tão inimagináveis como as consequências de uma guerra nuclear sem controle.

Agora que nossa relação com a Terra mudou tão profundamente, precisamos reconhecer essa mudança e compreender suas implicações. Nosso desafio no momento é reconhecer que as impressionantes imagens da destruição do meio ambiente, que podem ser constatadas hoje em todo o mundo, têm muito mais em comum do que apenas a capacidade de nos chocar e nos alertar: são sintomas de um problema latente cujo âmbito é muito mais amplo e mais sério do que o de qualquer outro problema que já enfrentamos. O aquecimento da Terra, a destruição da camada de ozônio, a destruição de várias espécies, a devastação das florestas, todos esses fatores têm uma causa comum: a nova relação entre a civilização humana e o equilíbrio natural da Terra.

Há na verdade dois aspectos nesse desafio. O primeiro é entendermos que nosso poder de causar danos à Terra pode realmente ter efeitos em escala mundial, inclusive permanentes. O segundo é nos conscientizarmos de que a única maneira de compreender nosso novo papel como co-arquitetos da natureza é nos considerarmos parte de um complexo sistema que não funciona de acordo com as mesmas regras simples de causa e efeito a que estamos acostumados. O problema não é tanto o efeito que causamos *sobre* o meio ambiente, mas sim nossa relação *com* ele. Assim, qualquer solução para o problema exigirá uma cuidadosa avaliação dessa relação, bem como do complexo inter-relacionamento entre os fatores da civilização e entre esses fatores e os principais componentes naturais do sistema ecológico terrestre.

Há apenas um precedente para esse tipo de desafio ao nosso raciocínio, que, mais uma vez está ligado à área militar. A invenção das armas nucleares e o subsequente desenvolvimento pelos Estados Unidos e pela União Soviética de milhares de armas nucleares estratégicas forçaram o lento e penoso reconhecimento de que o novo poder assim adquirido mudara para sempre – não apenas a relação entre as duas superpotências, como também a relação da humanidade com a própria instituição da guerra. As consequências que poderiam advir de conflitos entre nações equipadas com armas nucleares passaram de repente a incluir a possibilidade de destruição completa e simultânea de ambas. Essa grave constatação levou a uma cuidadosa reavaliação de cada aspecto de nossas relações, diante da perspectiva de uma guerra desse tipo. Já em 1946, um estrategista concluíra que o bombardeamento estratégico com mísseis "pode muito bem rasgar o véu de ilusão que por tanto tempo escondeu a realidade da mudança na guerra – o que antes era uma luta passou a ser um processo de destruição".

Entretanto, durante os primeiros estágios da corrida armamentista nuclear, cada uma das superpotências supunha que suas ações teriam um efeito simples e direto sobre a maneira de pensar da outra. Por várias décadas, cada novo progresso em armas nucleares era imediatamente adotado por um dos lados, com o objetivo de inspirar medo no outro. Mas isso provocava um esforço do outro lado para suplantar o primeiro com a adoção de algo ainda mais avançado. Aos poucos ficou óbvio que o problema da corrida armamentista nuclear não é causado primordialmente pela tecnologia. É verdade que a tecnologia o torna mais complicado, mas ele tem origem na relação entre as superpotências e é baseado em uma visão obsoleta do significado da guerra.

A solução final para a corrida armamentista será encontrada, não na criação de uma nova e invencível arma por uma das superpotências, nem tampouco na decisão de qualquer uma delas de proceder a um desarmamento unilateral, mas sim em um novo entendimento e na transformação das próprias relações. Essa transformação envolverá mudanças na tecnologia de armamentos e também a recusa, por parte da tecnologia nuclear, de aniquilar países. As mudanças mais importantes, porém, serão relativas à nossa maneira de pensar sobre a guerra como instituição e sobre a relação entre os países.

A natureza estratégica da ameaça apresentada *pela* civilização humana ao meio ambiente mundial e a natureza estratégica da ameaça *à* civilização humana agora apresentada pelas mudanças no meio ambiente global colocam-nos diante de um conjunto semelhante de desafios e falsas esperanças. Algumas pessoas afirmam que uma tecnologia nova e mais avançada, seja em energia nuclear, seja em engenharia genética, resolverá o problema. Outras afirmam que somente uma redução drástica em nossa dependência da tecnologia poderá melhorar as condições de vida – conceito, no mínimo, simplista. A verdadeira solução, porém, só será encontrada quando a relação entre a civilização e a Terra for reformulada e estiver finalmente sedimentada. Isso só poderá ser conseguido através de uma cuidadosa reavaliação de todos os fatores que levaram à mudança drástica e relativamente recente nessa relação. A mudança no modo como nos relacionamos com a Terra envolverá sem dúvida novas tecnologias, mas as principais mudanças envolverão um novo conceito da própria relação.

População mundial (em bilhões)

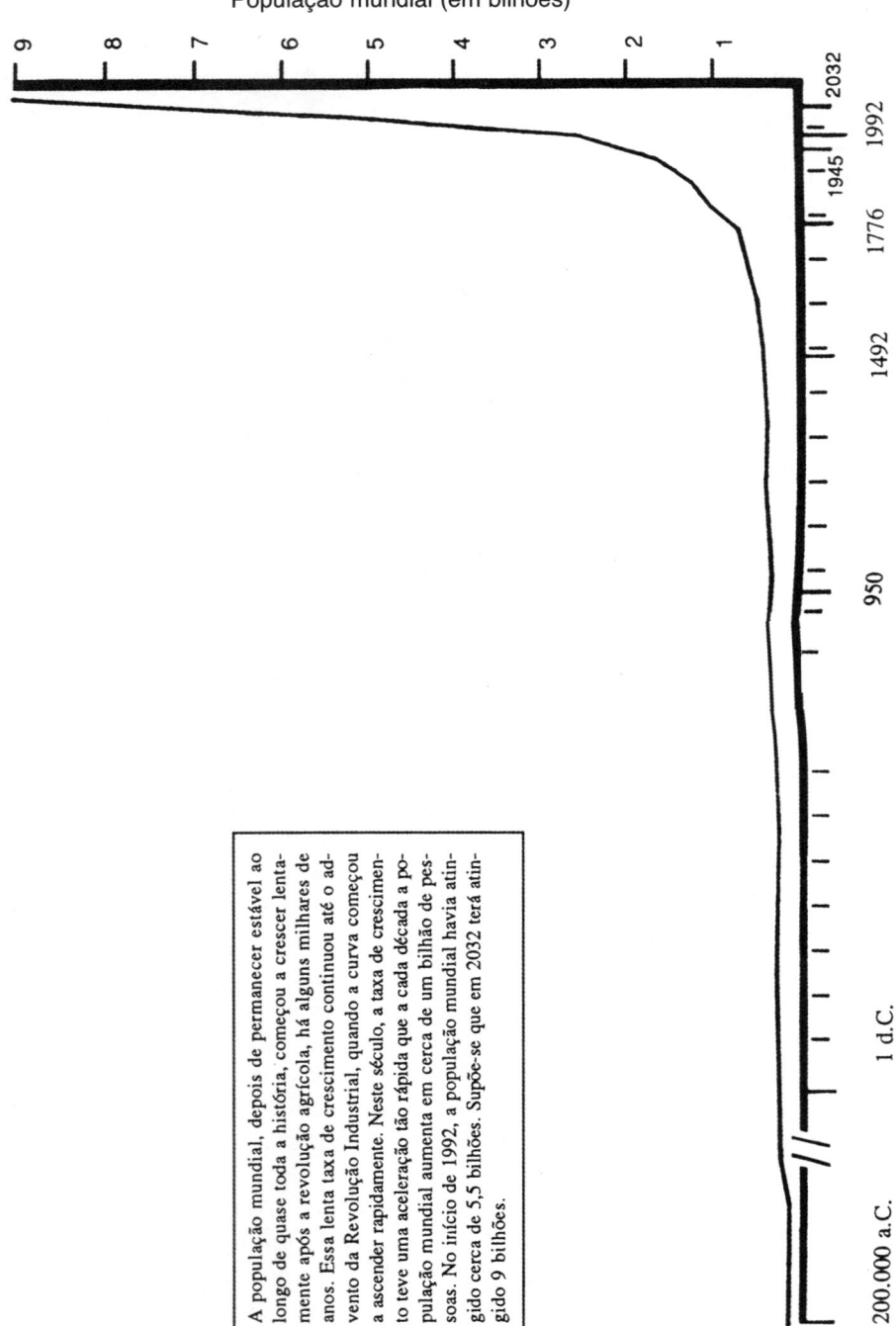

A população mundial, depois de permanecer estável ao longo de quase toda a história, começou a crescer lentamente após a revolução agrícola, há alguns milhares de anos. Essa lenta taxa de crescimento continuou até o advento da Revolução Industrial, quando a curva começou a ascender rapidamente. Neste século, a taxa de crescimento teve uma aceleração tão rápida que a cada década a população mundial aumenta em cerca de um bilhão de pessoas. No início de 1992, a população mundial havia atingido cerca de 5,5 bilhões. Supõe-se que em 2032 terá atingido 9 bilhões.

2 · A Sombra Que Paira Sobre Nosso Futuro

A ameaça mais perigosa ao meio ambiente de nosso planeta talvez não seja representada pelas ameaças estratégicas propriamente ditas, mas por nossa percepção dessas ameaças, pois a maioria ainda não aceita o fato de que a crise que enfrentamos é extremamente grave. Naturalmente, sempre existe um certo grau de incerteza sobre assuntos complexos, e são sempre necessários estudos cuidadosos, porém é muito fácil exagerar essas incertezas e estudar o problema em demasia – há quem faça exatamente isso – a fim de evitar uma conclusão que incomoda. Contudo, existem pessoas que estão genuinamente preocupadas com o fato de que, embora saibamos muito a respeito da crise do meio ambiente, ainda há muito que desconhecemos.

Algumas das perguntas que precisam ser respondidas pelos cientistas são enganosamente simples: onde chove? Quando e quanto? Essas perguntas, facilmente respondidas quando se referem a lugares perto de nós, são um mistério para a ciência quando feitas em escala mundial. Onde estão as nuvens? De que modo a superfície da Terra está mudando? Quão seco ou úmido está o solo? Essas são perguntas extremamente importantes porque as respostas têm um significado diretamente relacionado com o grau de nossa preocupação com a ameaça latente. Analisemos, por exemplo, a pergunta sobre as nuvens. Um reduzido número de cientistas afirma que não precisamos nos preocupar com o aquecimento da Terra porque, quando os gases que provocam o efeito estufa causarem uma maior retenção do calor do Sol na atmosfera, a Terra automaticamente produzirá mais nuvens, o que, por sua vez, funcionará como um termostato para regular a temperatura. Vejamos ainda a pergunta sobre o solo e as precipitações atmosféricas. Aqui, também, alguns cientistas afirmam que não precisamos nos preocupar com as mudanças climáticas que provocam estiagens em vastas áreas das massas de terras continentais, porque a evaporação mais rápida da umidade do solo em uma atmosfera mais quente será contrabalançada pelas mudanças nos regimes pluviométricos.

Perguntas mais extravagantes, cujas respostas são mais difíceis, também exigem atenção. O que está acontecendo com a camada de gelo na Antártica Ocidental? Qual é a quantidade de gelo que está-se derretendo no Oceano Ártico? Conforme observado no primeiro capítulo, a Marinha está atualmente ajudando a responder à última pergunta, divulgando para os cientistas dados obtidos das medições. Entretanto, sempre haverá mais perguntas do que respostas. Como então acreditar que poderemos agir a tempo de combater essa crise iminente, se ainda há tanto a aprender?

Depois de anos de debates e esforços para convencer os céticos de que o tempo de espera já se esgotou, devo render-me à ideia de que, embora já saibamos mais do que o suficiente, precisamos também investigar cuidadosamente qualquer dúvida científica relevante que interfira em nossa disposição de nos unirmos no combate a essa crise. O conhecimento assim adquirido servirá não apenas para invalidar algumas desculpas apresentadas pelos céticos para adiar o problema, mas nos ajudará também a escolher estratégias para reagir à crise, identificar as soluções mais econômicas e eficazes e consolidar o apoio público para a implantação das mudanças cada vez mais abrangentes que se farão necessárias.

Contudo, pesquisar em lugar de agir é uma atitude irresponsável. Aqueles que afirmam que não devemos tomar qualquer providência enquanto não se concluírem muitas pesquisas adicionais estão tentando livrar-se do ônus da prova, mesmo em face do aprofundamento da crise. Esse ponto é decisivo: *optar por "não fazer nada" como resposta às provas que se acumulam é, na verdade, optar por manter e até mesmo acelerar a temerária destruição do meio ambiente, que está fermentando uma catástrofe iminente.*

Para que possamos compreender por que a espera mais longa é uma atitude extremamente errada, é importante deixar claro o que ainda não está bem definido e o que já está estabelecido como fato. Por exemplo, ainda não se calcularam precisamente os danos que a duplicação da concentração de dióxido de carbono (CO_2) na atmosfera poderá causar nas próximas décadas. Entretanto, está claro que essa dupla concentração de CO_2 certamente elevará a temperatura da Terra e que, nesse meio tempo, estaremos expostos ao risco de mudanças catastróficas nos padrões climáticos globais. O ritmo dessas mudanças potenciais deve também ser motivo de grande preocupação, porque o sistema ecológico tem dificuldade em se adaptar a mudanças súbitas.

Precisamos agir imediatamente, com base nos conhecimentos já adquiridos. Alguns cientistas acreditam que estamos correndo o risco de ultrapassar um ponto sem retorno, após o qual teremos perdido a última oportunidade de resolver o problema, antes que escape ao nosso controle. Se optarmos por não agir, esse ponto será de fato ultrapassado?

No Tennessee há um velho ditado: "Quando você se vê dentro de um buraco, pare de cavar". Em outras palavras, a abordagem mais racional ao problema do aquecimento da Terra seria, por exemplo, parar de contribuir para o espessamento da camada de gases que provocam o efeito estufa e tentar evitar maiores danos, enquanto estudamos as possíveis opções.

Entretanto, a produção anual de CO_2 e de outros gases que provocam o efeito estufa já é tão grande e está aumentando tão rapidamente que, apenas para estabilizar a quantidade existente na atmosfera, seriam necessárias mudanças significativas, tanto na tecnologia usada hoje como em nosso modo de vida. A meu ver, muitos defensores da ideia de que devemos correr esses riscos – nada mudar no padrão atual – estão na verdade confessando que simplesmente não querem pensar nos transtornos que adviriam de qualquer esforço sério para combater o problema. Nossa vulnerabilidade a essa forma de procrastinação aumenta quando se trata de ameaças estratégicas ao meio ambiente, pois estas parecem tão grandes que desafiam nossa imaginação. Além disso, como a crise ainda precisa ser descrita em uma linguagem científica, somos também vulneráveis a falsas afirmações feitas por um exíguo grupo dentro da comunidade científica, segundo as quais tais ameaças não existem. Alguns cientistas, por exemplo, acreditam que o aquecimento da Terra é, de acordo com as palavras do professor Richard Lindzen, do MIT, "em grande parte um problema político, sem base científica". Às vezes os pontos de vista desses cientistas têm um peso considerável!

Os meios de comunicação precisam assumir uma parcela da responsabilidade com relação a essas incertezas, pois apresentam assuntos científicos do mesmo modo como apresentam assuntos políticos: preferem dar ênfase às controvérsias e divergências. Essa abordagem pode até ser positiva, pois sabemos que a verdade muitas vezes vem à tona através de uma intensa troca de opiniões entre pessoas que defendem pontos de vista divergentes. Porém há uma diferença entre incertezas científicas e incertezas políticas. Enquanto na ciência o desconhecido conduz a maiores avanços, na política, ele frequentemente age como fator paralisante. Entretanto, o diálogo entre a ciência e a política ainda não levou em conta essa diferença. Nesse caso, quando 98 por cento dos cientistas de determinada área compartilham um ponto de vista e 2 por cento dele discordam, ambos os pontos de vista são às vezes apresentados de uma forma que os faz parecer igualmente dignos de crédito.

Isto não quer dizer que os 2 por cento estejam errados e não devam ser ouvidos. Porém suas teorias não deveriam ter o mesmo peso, dado o consenso que está atualmente se firmando entre a comunidade científica sobre a gravidade do perigo que enfrentamos. Se, quando as incertezas ainda existentes sobre o problema do meio ambiente, ao serem debatidas publicamente, forem apresentadas como sinais de que a crise talvez não seja real, serão abalados os esforços para a construção de uma sólida base de apoio público para as difíceis providências que em breve teremos de tomar.

Na verdade, às vezes esse resquício de incerteza é cinicamente usado por partidários do *status quo* com o claro propósito de evitar a aglutinação do apoio público para a ação. Em 1990, por exemplo, à véspera do Dia da Terra, a Casa Branca (do governo Bush) distribuiu entre seus porta-vozes diplomáticos um memorando confidencial propondo os mais persuasivos argumentos a serem usados na tentativa de convencer o povo a não apoiar as ações de protesto contra o aquecimento da Terra. Esse memorando, que vazou para a imprensa, sugeria que, em vez de afirmar diretamente a inexistência de qualquer problema, "a abordagem mais adequada seria dar ênfase às muitas incertezas". E assim ficou a promessa de Bush, de enfrentar o "efeito estufa" com o "efeito Casa Branca".

Para refutar essa abordagem cínica, precisamos colocar em perspectiva todas as incógnitas que continuarão a atormentar as discussões sobre a crise ambiental. Deveríamos começar pelo debate sobre o aumento da temperatura da Terra, pois, embora essa seja apenas uma entre as muitas ameaças estratégicas, tornou-se não só um símbolo da crise maior, como também um ponto de convergência para o debate público sobre a existência ou não de uma crise. Na verdade, alguns parecem esperar que, se a gravidade do aumento da temperatura da Terra puder ser desmentida, não mais precisarão se preocupar com qualquer outra crise relacionada ao meio ambiente.

Porém a teoria do aumento da temperatura da Terra não será desmentida, e os céticos são agora muito menos numerosos do que o contingente de antigos céticos que hoje aceitam o peso esmagador das provas acumuladas. Em um esforço para fornecer aos líderes mundiais um consenso sobre o problema de aquecimento da Terra, as Nações Unidas organizaram, em 1989, um Painel Intergovernamental sobre Mudanças Climáticas, sob cujos auspícios um grupo de renomados cientistas realizou profunda análise das provas. Concluíram – quase por unanimidade –, que o aumento da temperatura da Terra é real, e que é preciso tomar providências imediatas.

A insistência na necessidade de detalhes completos sobre o aumento da temperatura da Terra – a mais séria ameaça com que já nos deparamos – é de fato uma tentativa de fugir à terrível e incômoda realidade: a verdade é que precisamos agir com coragem e determinação, de forma ampla e rápida, mesmo antes de termos conhecimento de cada detalhe da crise. Aqueles que continuam a afirmar que o certo seria apenas prosseguir com as pesquisas estão simplesmente tentando camuflar sua covardia ou proteger seus interesses no *status quo*.

Aqueles que se negam a enxergar as ameaças estratégicas frequentemente alegam falta de informações completas e de um perfeito conhecimento da crise. É preciso admitir que jamais teremos informações completas e, ainda assim, precisamos tomar decisões – fazemos isso constantemente. E uma forma de tirar conclusões a partir de informações incompletas é reconhecer os padrões.

Já está claro que nossas informações sobre a crise ambiental enquadram-se em um padrão perceptível. Para muitos, tal padrão já se tornou dolorosamente óbvio; para outros, entretanto, continua invisível. Por quê? A resposta, em minha opinião, é medo: frequentemente não nos permitimos enxergar um padrão por temermos suas implicações e, de fato, às vezes essas implicações indicam a necessidade de mudanças drásticas em nosso modo de vida. E, obviamente, aqueles que fizeram grandes investimentos no *status quo* – econômicos, políticos, intelectuais ou emocionais – frequentemente opõem feroz resistência ao novo padrão, indiferentes às provas.

Galileu foi acusado de subversão por ter descrito um padrão que observou no firmamento. Uma das implicações inquietantes desse padrão era o fato de a Terra não ser o centro do Universo. Porém, para seus juízes, o aspecto mais preocupante dessa teoria era que a Terra, já desconcertantemente redonda, de fato se movia. Durante o julgamento, Galileu admitiu a conotação subversiva de suas ideias, alegando não acreditar realmente nas implicações de suas descobertas – apenas apresentara um sagaz desafio à ordem existente como forma de aumentar a satisfação e a convicção com que essa ordem seria aceita depois de triunfar sobre seu modelo impertinente e audacioso. Até mesmo Galileu teve de curvar-se às convenções da época.

O pressuposto de que as coisas importantes permanecem imutáveis e imóveis é uma fonte constante de oposição a ideias novas que incomodam. Lembro-me de um colega do sexto ano examinando um mapa-múndi e percorrendo com o dedo o contorno da costa leste da América do Sul, na região em que se projetava para o Atlântico Sul. Atravessando para a África, traçou, então, o contorno da costa oeste desse continente, cujo recorte parecia encaixar-se perfeitamente nos contornos do Brasil, tendo como divisor o oceano.

"Será que algum dia eles fizeram parte de um mesmo continente?", perguntou.

"Não", contestou o professor. "Essa sua ideia é ridícula."

Embora os contornos realmente se encaixassem, e embora essa separação continental seja há muito aceita como fato científico, é interessante lembrar que até 1970, alguns dos geólogos mais renomados do mundo descartavam essa teoria, com expressões que faziam eco à resposta categórica e escarninha de meu professor, em 1959. Por quê? Porque partiam de um pressuposto sobre o mundo: os continentes não se movem – o que parecia fazer sentido, mas que na verdade estava errado. E recusavam-se a contestar esse pressuposto. Nas palavras imortais de Yogi Berra: "O que nos confunde não é o que não sabemos – são as coisas que tomamos como certas, e que na verdade não o são".

Os cientistas que ridicularizavam a ideia da separação dos continentes estavam equivocados quanto à quantidade de mudanças que podem ocorrer na Terra. De modo análogo, ao decidirem como avaliar as ameaças estratégicas que pairam sobre o meio ambiente, muitos céticos baseiam sua relutância em agir no pressuposto sobre a quantidade de mudanças que seriam possíveis. Acreditam que a Terra é tão grande e a natureza, tão poderosa que é impossível exercer sobre elas qualquer influência profunda e duradoura. Em outras palavras, tomam como certo que o equilíbrio natural do meio ambiente simplesmente não pode mudar. Na verdade, isso não é certo – já foi, porém não é mais.

O que pode ser feito para mudar essa suposição errônea e perigosa? Antes de mais nada, temos de enfrentar as limitações impostas por nossa perspectiva, que muitas vezes está rigidamente limitada no tempo e no espaço. Em primeiro lugar, estamos acostumados a pensar em mudanças tendo em mente um período muito curto – uma semana, um mês, um ano ou, na melhor das hipóteses, um século. Portanto, uma mudança que é na verdade muito rápida em termos de tempo geológico, pode parecer muito lenta quando examinada dentro do contexto de vida de um ser humano. É preciso usar a imaginação para acelerar ou desacelerar um processo de mudança do meio ambiente de modo que consigamos enxergar essa mudança dentro de um conceito mais conhecido, e assim apreender seu significado.

Às vezes um comercial de televisão é filmado em câmera lenta, mostrando um automóvel, em alta velocidade, espatifando-se contra um muro. A rapidez da colisão em tempo real dá a impressão de que o carro inteiro tornou-se, instantaneamente, uma massa de metal retorcido. Mas em câmera lenta vemos um processo de mudança no qual as várias partes do carro são amassadas lentamente, uma a uma, chocando-se umas com as outras e com os ocupantes do veículo, de forma aparentemente previsível e lógica. A coluna da direção, por exemplo, pode ser impelida pelo motor, perfurando um boneco, enquanto um segundo boneco lentamente estilhaça o pára-brisa com sua cabeça de madeira.

O que está acontecendo hoje com o meio ambiente pode ser visto em termos semelhantes. O sistema ecológico está-se desmantelando à medida que se choca violentamente com as superfícies insensíveis de uma civilização que investe a toda brida sobre ele. Os danos são extremamente súbitos e extensos dentro do contexto do longo período de estabilidade do meio ambiente antes dos danos, porém assistimos a essa destruição em câmera lenta. Por exemplo, quando o Mar de Aral seca e todos os peixes morrem, é como se esse frágil ecossistema estivesse gradualmente se desmantelando devido à força de seu choque com a civilização. Quando vastas áreas da Floresta Amazônica são devastadas e sua fauna, extinta, é como se a floresta estivesse sendo destruída em câmera lenta devido ao choque com a civilização. E quando um país superpovoado esgota suas pastagens, perdendo a capacidade de fornecer alimentos no ano seguinte, é como se a força do choque com a natureza tivesse empurrado esse país abruptamente para trás com um golpe esmagador, como um paralama ao atingir a testa de uma criança.

Entretanto, a maioria age como se não percebesse qualquer colisão, em parte porque todos os esmagamentos, estilhaçamentos e destruições acontecem em um período de tempo mais longo do que aquele que associamos a uma colisão violenta. Não somos diferentes daquele sapo de laboratório que, quando jogado dentro de uma panela de água fervendo, pula fora imediatamente, mas, quando colocado em água morna, que passa a ser lentamente aquecida, fica dentro da panela até que alguém venha resgatá-lo.

O significado de muitos padrões é transmitido pelos contrastes, e não pelas semelhanças. As semelhanças e as mudanças graduais geralmente embotam os sentidos, pois obscurecem o perigo na mente, que reserva sua agudeza para os contrastes marcantes. Se um indivíduo ou um país contemplam o futuro pensando em um ano de cada vez e veem o passado no contexto de uma única geração, muitos grandes padrões permanecem ocultos. Quando se considera a relação do ser humano com a Terra, muitas mudanças ocorridas em um único ano, em um único país, não são visíveis. Contudo, quando se considera o padrão dessa relação por inteiro, desde o surgimento do ser humano até os dias atuais, um nítido e marcante contraste, iniciado em um passado bastante recente, mostra claros sinais de mudanças drásticas, às quais hoje precisamos reagir.

Outro fator limitante é nossa perspectiva espacial costumeira. Seria interessante colocarmo-nos a uma certa distância de qualquer grande padrão que tentamos compreender. Isso, porém, torna-se difícil quando estamos no centro desse padrão. Como disse Ralph Waldo Emerson: "Um campo não pode ser visto claramente de dentro do próprio campo", e ainda "as árvores não permitem uma visão da floresta".

No Peru antigo, artistas desenhavam grandes figuras no solo, que só podem ser reconhecidas quando vistas de um avião. Se os artistas não possuíam aviões, como conseguiram desenhar essas figuras? Deixando de lado qualquer teoria extravagante, tudo que os artistas precisavam era de imaginação suficiente para mudar sua perspectiva e situar-se mentalmente a uma distância geográfica do ponto em que se encontravam. Precisamos, no momento, fazer algo semelhante para poder enxergar o que está acontecendo conosco e com a Terra.

Centenas de anos atrás, aqueles que acreditavam que a Terra era plana podiam apontar diretamente para o horizonte de qualquer ponto onde estivessem e encontrar provas convincentes a partir de sua perspectiva limitada. Quem quer que se opusesse a essa ideia predominante teria de transcender, de alguma forma, suas limitações geográficas a fim de imaginar um padrão global muito mais amplo do que aquele que seus sentidos podiam observar diretamente.

Hoje nos defrontamos com o mesmo desafio, quando tentamos compreender o que estamos fazendo com a Terra. Embora o padrão de nossa relação com o meio ambiente tenha sofrido uma profunda transformação, a maioria ainda não consegue enxergar o novo padrão, em parte porque ele é global, e não estamos acostumados a uma perspectiva espacial tão ampla. Os cenários e sons relativos a esse padrão estão espalhados por uma área extensa demais para que possam ser percebidos. A única maneira de compreendê-los é imaginá-los a partir de uma perspectiva nova e distante, de modo semelhante ao adotado pelo primeiro indivíduo que percebeu que a Terra é redonda, e não plana.

Especialistas em artes gráficas certa vez realizaram um estudo para descobrir a exata quantidade de informações visuais a serem incluídas em um mosaico para que as pessoas que o examinam possam reconhecer o padrão ali contido. Escolheram uma foto de Abraham Lincoln e, com o uso de um computador, fragmentaram as informações visuais em um padrão de quadrados, como um tabuleiro de xadrez. Cada quadrado tinha um tom diferente de cinza, que representava a intensidade média da luz naquela área da foto. Começando com inúmeros quadrados pequenos, que no todo preservavam naturalmente a nitidez da foto original, foram aumentando gradualmente o tamanho de cada quadrado, até que restassem somente algumas dezenas de grandes quadrados em diferentes tons de cinza, cada um refletindo o tom de cinza médio da área da foto original. Conforme previsto, o mosaico resultante parecia nada mais que um quadriculado em tons de cinza, um padrão aparentemente aleatório, até que fosse visto a uma determinada distância, quando então a imagem original de Lincoln ficava imediatamente nítida.

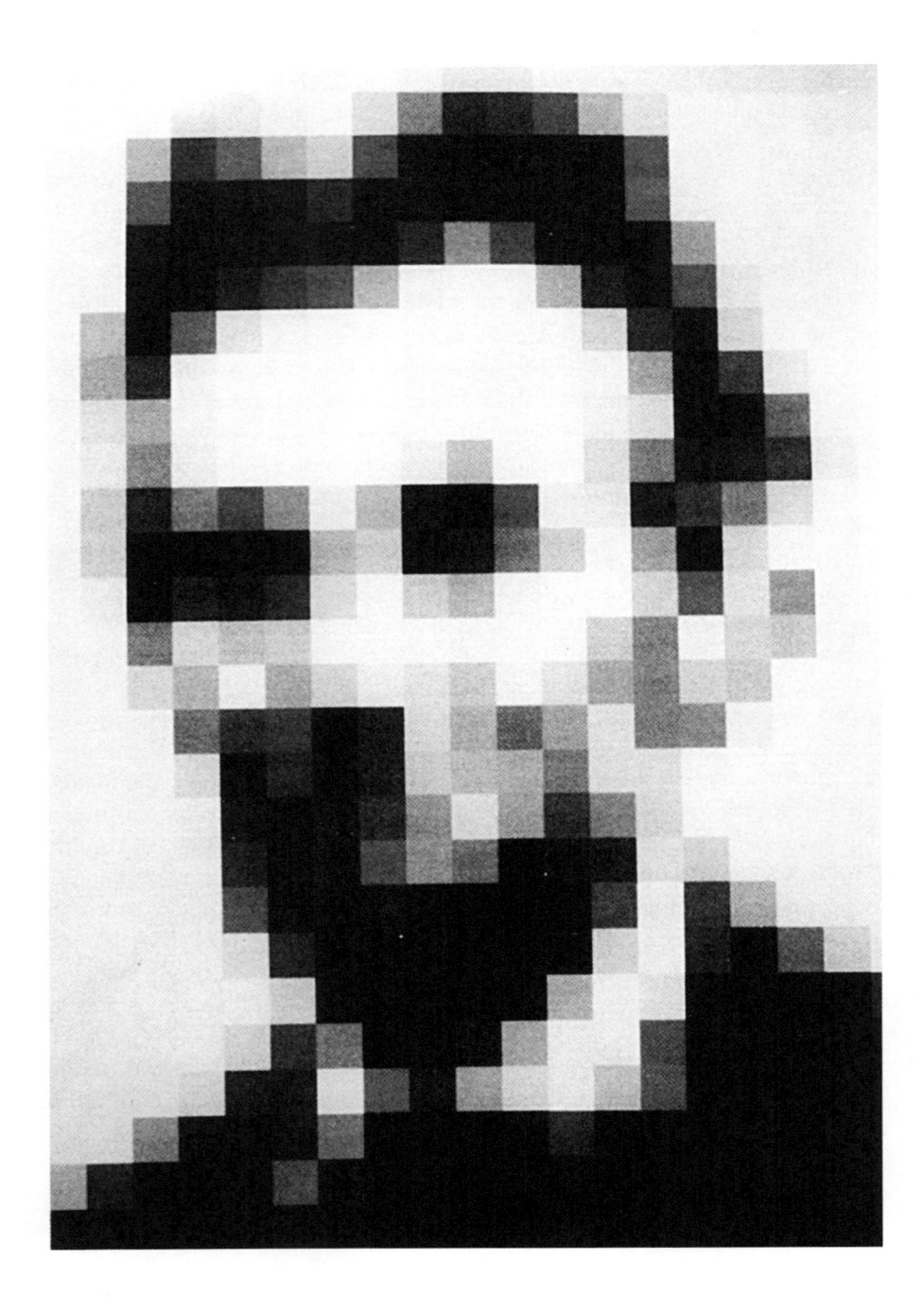

Quando visto a uma curta distância, este mosaico gerado por computador parece uma miscelânea confusa de quadrados claros e escuros. Visto à distância de meio metro, ou mais, o rosto de Abraham Lincoln torna-se claramente reconhecível.

Quando examinamos o padrão da degradação mundial do meio ambiente, às vezes achamos difícil conseguir uma perspectiva suficientemente distante, a partir da qual a confusa miscelânea de informações passe a fazer sentido. Aqueles que procuram por respostas em preto e branco, veem apenas variados tons de cinza e acreditam que não existe qualquer padrão. Por exemplo, se examinarmos um mapa sobre as mudanças de temperatura no mundo, veremos uma miscelânea de grandes quadrados representando a temperatura média em vastas áreas quadriculadas da superfície da Terra. O padrão desse tabuleiro é tão obscuro quanto o da foto de Lincoln vista a curta distância.

As primeiras fotos impressionantes tiradas pelos astronautas da Apolo, que mostravam a Terra flutuando na escuridão do espaço cósmico, eram emocionantes porque nos permitiam ver nosso planeta de uma nova perspectiva, a partir da qual sua beleza frágil e preciosa revelava-se subitamente. Arquimedes, o inventor da alavanca, teria dito que, se dispusesse de "um ponto de apoio" a suficiente distância, poderia levantar o mundo. Nossa capacidade de enxergar padrões amplos é uma ferramenta ainda mais poderosa do que a alavanca, porém, como na alavanca, essa capacidade aumenta proporcionalmente a distância em que nos encontramos – tanto no tempo como no espaço – do padrão que desejamos compreender. Essa é a razão pela qual os historiadores têm mais condições de explicar o significado de um padrão relativo a eventos que envolvem o ser humano do que os observadores que descrevem esses eventos à medida que ocorrem.

A fim de reconhecer o padrão de destruição, temos de observá-lo a distância, tanto no tempo como no espaço. Como o padrão é de fato global, precisamos visualizar, em nossa mente, o mundo como um todo. Se focalizarmos apenas uma pequena área da Terra, o padrão permanecerá invisível. (Nesse aspecto, convém lembrar que a totalidade dos Estados Unidos cobre menos de 3 por cento da superfície terrestre). Além disso, como esse padrão está-se expandindo com o tempo, precisamos encontrar uma maneira de perceber os contrastes surpreendentes entre as mudanças incrivelmente rápidas hoje em andamento e o ritmo geralmente lento das mudanças no meio ambiente através da história.

Na verdade, chegam a ocorrer mudanças sistêmicas em nosso modo de enxergar o mundo. Ficamos quase sempre surpresos ao reconhecer mudanças profundas, talvez por estarmos tão acostumados às mudanças lentas e graduais que normalmente acompanham o ritmo de nossa vida. Achamos difícil imaginar, e mais ainda prever, uma mudança súbita e sistêmica que abale o chão sob nossos pés e nos faça passar de um equilíbrio para outro completamente diferente, embora essa mudança possa às vezes ser prevista, se conseguirmos identificar um limiar significativo além do qual um padrão obviamente diferente deve prevalecer. Em nossa vida pessoal, por exemplo, o início da puberdade ou o nascimento de um filho estão entre os limiares de mudanças sistêmicas previsíveis.

Porém esse processo é completamente diferente quando uma civilização passa por mudanças sistêmicas. Naturalmente, parece mais fácil nem mesmo pensar em tais mudanças, principalmente quando podemos argumentar que não ocorrerão tão cedo. Uma das razões pelas quais os líderes mundiais têm dificuldade em reagir à crise do meio ambiente é que os efeitos mais sérios previstos parecem estar ainda muito distantes e são tão extraordinários que parecem desafiar nosso bom senso. Afinal, exatamente neste momento, milhões de pessoas estão sofrendo na miséria e morrendo vítimas da fome, guerras e doenças de possível prevenção. São problemas urgentes que requerem atenção imediata; como seria possível, dentro desse quadro, tomar conhecimento de um problema que parece, em seu todo, ainda tão remoto, e enfrentá-lo? Felizmente, muitos estão começando a enxergar mais longe, e existe uma crescente compreensão de que a crise ambiental precisa ser encarada de forma diferente. Ivan Illich, um dos filósofos do movimento ambientalista, explicou a origem do ativismo em defesa do meio ambiente, dizendo: "A diferença hoje é que nosso bom senso começa a procurar uma linguagem para falar sobre a sombra que paira sobre nosso futuro".

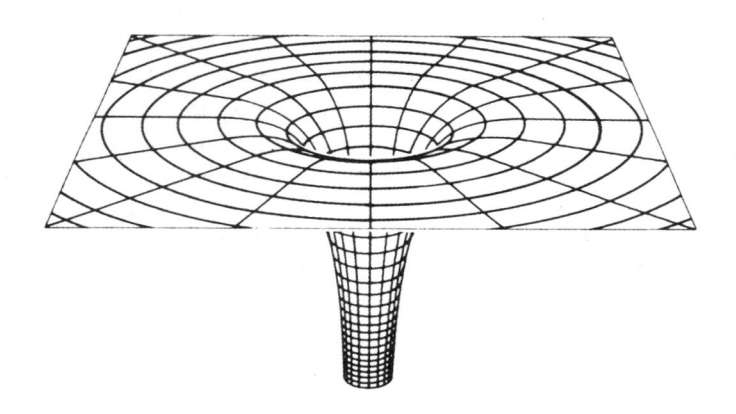

Um buraco negro, conforme retratado pelos físicos, que explicam que o contínuo de espaço e tempo representado pelo reticulado plano, inclina-se e é sugado (pela densa massa do buraco negro) para dentro de um profundo poço de espaço e tempo. Os grandes eventos históricos moldam nossa consciência política de modo muito semelhantes.

Onde poderemos encontrar essa linguagem? Há dois modelos na ciência que podem ajudar-nos a prever o que acontecerá e a indicar onde estamos. O primeiro é a nova teoria científica da mudança, a Teoria do Caos, que está revolucionando nosso modo de compreender muitas mudanças que ocorrem no mundo físico. Não muito depois de a física newtoniana provocar uma revolução em nossa forma de compreender os fenômenos de causa e efeito, o modelo do mundo sugerido pela ciência de Newton foi adotado em larga escala pela política, economia e a sociedade em geral. Muitos acreditam hoje que, de modo semelhante, os *insights* da Teoria do Caos serão em breve absorvidos pela ciência política e pela análise social.

A Teoria do Caos descreve como muitos sistemas naturais apresentam mudanças significativas na maneira como funcionam, mesmo enquanto permanecem dentro do mesmo padrão global ("equilíbrio dinâmico"). De acordo com essa teoria, certas fronteiras críticas definem esse padrão global e não podem ser transpostas sem que seu equilíbrio seja ameaçado. Quando grandes mudanças forçam um padrão além de seus limites, o sistema subitamente muda para um equilíbrio inteiramente novo – adota um novo padrão, com novas fronteiras. Sob certos aspectos, as ideias fundamentais da Teoria do Caos não são de todo novas. Os aficionados de música sinfônica, por exemplo, reconhecem um crescendo como o ponto de instabilidade máxima em uma peça musical, a partir do qual a música flui para um novo equilíbrio, com determinação e harmonia. Brevemente aprenderemos a reconhecer mais facilmente os crescendos nos problemas humanos, e veremos que frequentemente indicam o começo de mudanças sistêmicas e caóticas de uma forma de equilíbrio para outra. Esse crescendo parece agora evidente nos clamores incessantes que anunciam ondas de desgraça nos quatro cantos do mundo. A relação entre a civilização humana e a Terra encontra-se agora em um estado que os estudiosos das mudanças descreveriam como desequilíbrio.

No despertar da era nuclear, Einstein dizia que "tudo mudou, exceto nosso modo de pensar". Hoje, no despertar da era ambiental, o mesmo permanece válido.

Nosso desafio é acelerar a mudança que se faz necessária na maneira de encararmos nossa relação com o meio ambiente, a fim de mudar o padrão de nossa civilização para um novo equilíbrio – antes que todo o sistema ecológico perca o atual equilíbrio. Essa mudança na maneira de pensar também seguirá o padrão descrito na Teoria do Caos, com poucas mudanças evidentes até que seja ultrapassado um limiar e então, à medida que os pressupostos básicos forem se modificando, uma torrente de mudanças drásticas subitamente ocorrerá.

Porém onde está o limiar dessas mudanças drásticas em nossa relação com o meio ambiente, e como podemos reconhecer o novo padrão a tempo de mudar nosso conceito sobre como devemos nos relacionar com o mundo? Um segundo modelo científico que pode nos ajudar é a Teoria da Relatividade, de Einstein. Raciocinemos juntos: embora complicada, ela pode ser facilmente explicada com a ajuda de uma figura mostrando como a massa pode moldar o tempo e o espaço. Uma massa particularmente densa, como um "buraco negro", é mostrada como um poço profundo, com o espaço e o tempo dispostos à sua volta em um reticulado que é sugado para baixo, em direção ao centro.

Frequentemente parece que nossa consciência política é moldada exatamente como esse reticulado, dentro do qual um evento histórico de suma importância – por exemplo a Segunda Guerra Mundial – é como a densa massa que exerce uma poderosa atração gravitacional sobre todas as ideias ou outros eventos próximos, no tempo ou no espaço. De modo análogo, o Holocausto molda cada uma de nossas ideias a respeito da natureza humana. Eventos menos importantes, com menor "massa" histórica, também exercem sua própria "atração gravitacional" sobre nossa forma de pensar, principalmente em nossas ideias sobre assuntos que estão muito próximos a esses eventos e têm mais ou menos a mesma massa. Vários pequenos eventos agrupados no tempo e no espaço podem exercer uma influência gravitacional suficiente para nos compelir a procurar uma tendência ou explicação natural para a forma como nosso conhecimento da história foi alterado pela massa acumulada desses eventos. Por exemplo, cada um dos governos comunistas do Leste Europeu caiu separadamente durante o segundo semestre de 1991, porém o impacto global desses eventos na história foi extremamente violento.

Mesmo acontecimentos futuros podem exercer uma atração gravitacional em nossa forma de pensar. Em outras palavras, o tempo é tão relativo na política quanto na física. Por exemplo, a vontade política que levou aos protestos populares desencadeados durante o início dos anos 1980 contra a corrida armamentista nuclear nasceu da consciência popular de que nossa civilização parecia estar sendo puxada em direção a um forte declive que nos conduziria a uma futura catástrofe – a guerra nuclear – que mergulharia a história da humanidade para sempre em um buraco negro. Hoje temos motivos para acreditar que realmente mudamos nosso rumo o suficiente para evitar essa catástrofe, embora ainda tenhamos de lutar contra a atração gravitacional. Se conseguirmos evitar um holocausto nuclear, nosso êxito poderá ser atribuído em grande parte à capacidade de reconhecer um padrão amplo e de fazer ajustes em nossa forma de pensar e em nossa conduta coletiva, a tempo de evitar o pior.

Isso não difere do desafio que enfrentamos hoje na crise do meio ambiente global. A catástrofe futura é ainda uma ameaça potencial, mas o declive que nos puxa para baixo está-se tornando nitidamente mais íngreme a cada ano que passa. O que nos espera é uma corrida contra o tempo. Cedo ou tarde, ao despencarmos abruptamente pela curva desse declive, atingiremos um ponto sem retorno. Contudo, à medida que a curva torna-se mais íngreme e a força de atração da catástrofe, mais violenta, aumenta muito nossa capacidade de reconhecer o padrão dessa atração. A probabilidade de conseguirmos discernir a essência de nosso drama aumenta muito à medida que nos aproximamos do limiar da história – o ponto de onde podemos olhar para o centro do buraco negro.

Testemunhamos, no mundo todo, o despertar de uma nova vontade política de diminuir a velocidade com que rumamos para a catástrofe ambiental. Nosso desafio agora é difundir o reconhecimento desse padrão e nos organizar para mudar o rumo atual, antes de sermos arrastados para um ponto além do qual um colapso ecológico seria inevitável.

Ao distinguirmos entre o que é ainda incerto e o que é certo sobre a crise, é importante deixar claro algo de que temos absoluta certeza: a natureza revela um padrão repetitivo de interdependência das várias partes do sistema ecológico. Podemos afirmar, com grande segurança, que, se de alguma forma perturbarmos o equilíbrio ecológico da Terra, os reflexos se farão sentir em todo o sistema. Assim, embora uma determinada conduta possa, em princípio, parecer inofensiva na parte do meio ambiente que podemos observar, provavelmente não temos conhecimento suficiente dos efeitos do que estamos fazendo, para prever as consequências nas outras partes do sistema – exatamente porque todas as partes funcionam dentro de um delicado equilíbrio de interdependência.

Esse fenômeno de interdependência é, provavelmente, mais bem ilustrado pelo que os cientistas chamam de ciclos de realimentação positiva, que ampliam a força com a qual ocorrem as mudanças. De fato, praticamente em todas as partes do sistema ecológico, os mecanismos naturais tendem a acelerar o ritmo das mudanças, uma vez desencadeadas. Essa é uma das razões por que nossa agressão ao meio ambiente é tão temerária. Como estamos interferindo no funcionamento de sistemas complexos, as regras relativamente simples de causa e efeito lineares não podem explicar, e muito menos prever, as consequências de nossa interferência.

Os princípios básicos por trás dos ciclos de realimentação positiva são de fácil compreensão. Todos estamos bastante familiarizados com os sistemas chamados não-lineares, que podem ampliar os resultados de simples ações repetitivas. Consideremos, por exemplo, a lei de juros compostos e seu efeito sobre nossas decisões quanto às finanças pessoais. Se eu usar meu cartão de crédito para tomar emprestada uma determinada quantia e no mês seguinte usá-lo novamente para tomar emprestada a mesma quantia, além de um valor adicional para pagar os juros relativos ao primeiro empréstimo, esse procedimento poderia, se adotado indefinidamente, realimentar-se e desestabilizar minhas finanças. Até que ponto eu teria condições de continuar com esse esquema antes de ir à falência, dependeria da quantia emprestada a cada mês, comparada a meus rendimentos e despesas mensais.

A lei dos juros compostos pode também ampliar as mudanças de forma positiva. Se todos os meses eu pusesse a mesma quantia na poupança e não retirasse os juros correspondentes a cada mês, o valor total poupado certamente cresceria a uma taxa não-linear, e a própria taxa cresceria mais rapidamente a cada mês, ainda que a quantia mensal depositada fosse sempre a mesma.

O mesmo tipo de ciclo de realimentação positiva ocorre na natureza e precisa ser levado em conta quando tentamos calcular os prejuízos que podem resultar de um determinado padrão em nossa relação com o meio ambiente. Alguns desses ciclos são bastante complexos, ao passo que outros são relativamente simples.

Ao sobrevoar a Floresta Amazônica em um pequeno avião, fiquei impressionado com o que aconteceu imediatamente após uma tempestade cair sobre determinada área da floresta: assim que a chuva passou, nuvens de umidade começaram a desprender-se das árvores, formando novas nuvens de chuva que, levadas pelo vento, moveram-se para oeste, onde forneceram água para uma nova tempestade.

Qualquer interrupção desse processo natural pode ter um efeito ampliado. Quando se queimam grandes áreas de uma floresta tropical, a quantidade de chuva reciclada para as áreas adjacentes é grandemente reduzida, privando-as da chuva necessária à manutenção de suas boas condições. Se a área desmatada for muito grande, a quantidade de chuva que faltará às áreas adjacentes será suficiente para causar um ciclo de seca persistente, que aos poucos mata mais árvores, assim reduzindo ainda mais a reciclagem das chuvas, o que por sua vez acelera a morte da floresta. E, quando o dossel de folhas é destruído, o súbito aquecimento do solo da floresta provoca a liberação de grandes quantidades de metano e de CO_2, na medida em que ocorre um tipo de "queimada" biológica. O aumento maciço do número de troncos e galhos de árvores mortas resulta numa explosão na população de cupins, que também produzem enormes quantidades de metano. Assim, a destruição das florestas aumenta a tendência de aquecimento global de vários modos diferentes – alguns simples, outros complexos – dos quais poucos são levados em consideração quando as florestas são destruídas.

O uso excessivo de pesticidas apresenta um risco semelhante, também devido a um ciclo de realimentação. Muitas vezes, os pesticidas não eliminam as pragas mais resistentes – só as mais vulneráveis. Assim, quando as pragas resistentes se multiplicam para ocupar o lugar deixado vago por suas "primas" mortas, usam-se grandes quantidades de pesticida na tentativa de eliminá-las, e o processo se repete. Não tarda muito e enormes quantidades de pesticida estão sendo espalhadas nas lavouras para matar exatamente o mesmo número de pragas existente no início do processo. Só que agora as pragas estão ainda mais resistentes. E, enquanto isso, a quantidade de pesticidas a que nos expomos continua a aumentar.

Os exemplos do uso excessivo de pesticidas e de técnicas deficientes de irrigação ilustram problemas que, embora generalizados, normalmente causam efeitos isolados. Entretanto, às vezes são afetadas regiões inteiras. A catástrofe regional do Mar de Aral, por exemplo, aconteceu principalmente devido a um ciclo de realimentação não-previsto, que ampliou o impacto de uma estratégia de irrigação deficiente. Da mesma forma, embora os efeitos da devastação das florestas sejam geralmente locais, ciclos de realimentação positiva, como aqueles que ocorrem na região amazônica, podem ampliar o impacto de casos extremos, conferindo-lhes contornos de tragédias regionais ou até mesmo mundiais.

Outros problemas começam como questões regionais e são então ampliados por ciclos de realimentação, transformando-se em sérias ameaças para todo o planeta. Consideremos, por exemplo, a controvérsia sobre o impacto regional do aumento da temperatura da Terra sobre as imensidões geladas da tundra siberiana. Alguns afirmam que isso terá um efeito positivo, talvez até mesmo abrindo vastas áreas da Sibéria para o cultivo de alimentos. Usando-se um modelo linear simples e calculando-se um efeito único provocado por uma causa única, poderíamos concluir tratar-se realmente de um benefício. Poderíamos também concluir que esse pretenso benefício teria o dom de contrabalançar quaisquer consequências indesejáveis provenientes do aquecimento global da Terra. É, de fato, com base nesses cálculos que os céticos mais radicais concluem que o aumento da temperatura da Terra pode ser algo positivo.

Entretanto, quando examinamos mais atentamente os efeitos não-lineares do degelo da tundra, novos e grandes riscos devem ser acrescentados a esses cálculos: à medida que a tundra derreter, enormes quantidades de metano serão produzidas e liberadas na atmosfera. Nos últimos anos, o ritmo de crescimento da concentração de metano vem diminuindo; porém, como uma molécula de metano tem um efeito 20 vezes maior que uma molécula de CO_2 na produção do efeito estufa, se essas grandes quantidades de metano forem liberadas com o degelo da tundra, haverá um aumento considerável na concentração total dos gases que provocam o efeito estufa, o que irá acelerar o aquecimento da Terra. Assim, o ciclo se repetirá: maior degelo da tundra, liberando ainda mais metano na atmosfera. (Convém lembrar também que por outros motivos, relacionados à concentração de gelo sob as camadas superiores da tundra, essas terras dificilmente viriam a ser cultiváveis, mesmo após o degelo.)

Infelizmente, esse problema não é meramente hipotético. A Sibéria é uma das regiões do planeta que parece estar-se aquecendo mais rapidamente. Isso não é surpresa, pois todos os modelos já haviam previsto esse fato, com base no ciclo de realimentação positiva que amplia o efeito da neve derretida e o consequente aumento da absorção da luz solar na superfície. Porém é espantosa a velocidade do aquecimento verificada em recentes períodos de avaliação. Por exemplo, em março de 1990, a temperatura média registrada em toda a Sibéria foi de assustadores 10 °C acima de qualquer valor já registrado durante o mesmo mês. Para o mundo em geral, o ano de 1990 foi, é claro, simplesmente "o ano mais quente já registrado".

Há ainda outros ciclos de realimentação que são claras ameaças estratégicas. Consideremos, por exemplo, a maneira como as duas crises mais conhecidas – o aumento da temperatura do planeta e a destruição da camada de ozônio – reforçam-se mutuamente em um complexo ciclo de realimentação positiva. O aquecimento global aumenta a quantidade de vapor de água na atmosfera e aprisiona raios infravermelhos na parte inferior do céu, que, em outras condições, seriam irradiados de volta para o espaço, passando através da estratosfera. Como resultado, a estratosfera se resfria à medida que a temperatura da atmosfera inferior aumenta. Uma estratosfera mais fria, com maior quantidade de vapor de água, significa maior quantidade de cristais de gelo na camada de ozônio, principalmente nas regiões polares, onde os clorofluorcarbonos (CFCs) misturam-se ao ozônio na presença do gelo, destruindo o ozônio com maior rapidez. Quanto mais fina a camada de ozônio, maior a incidência de raios ultravioleta na superfície da Terra e em todos os organismos vivos. As radiações ultravioleta atingem a vegetação, que normalmente absorve enormes quantidades de CO_2 através da fotossíntese, e prejudicam seriamente o desenrolar desse processo.

Como a vegetação absorve menor quantidade de CO_2, fica acumulada na atmosfera uma quantidade maior desse gás, provocando um aquecimento ainda maior da Terra – e consequentemente um resfriamento ainda maior da estratosfera. Esse ciclo ganha força e é ampliado – ele próprio se realimenta.

Alguns dos mais fortes e ameaçadores ciclos de realimentação relacionados aos oceanos constituem ainda assunto de profundas pesquisas científicas. Por exemplo, há indícios de que, conforme os oceanos se aquecerem, deixarão de absorver CO_2 às taxas atuais. Essa possibilidade é motivo de grande preocupação, pois a quantidade de CO_2 nos oceanos é cinquenta vezes maior que a quantidade presente na atmosfera hoje. Se apenas 2 por cento de CO_2 deixasse de ser absorvido pelos oceanos, a quantidade desse gás na atmosfera seria duplicada – e nesse processo aqueceria os oceanos ainda mais. Além disso, alguns afirmam que o aquecimento das águas pouco profundas do Oceano Ártico provocará o aparecimento de uma quantidade de metano na atmosfera equivalente àquela gerada pelo aquecimento da tundra.

Fenômenos semelhantes são também perpetuados pelo ser humano. Quando a economia entra em cena, o meio ambiente pode ser ameaçado por novos tipos de ciclos de realimentação, tão complexos e perigosos quanto alguns encontrados na natureza. Por exemplo, países subdesenvolvidos e empobrecidos tomam grandes quantias de empréstimo de bancos de países mais ricos. A fim de pagar os juros na moeda do país credor, precisam vender artigos que tenham valor no mercado exportador. Muito frequentemente, isso significa transformar vastas áreas de terras de fazendas e pomares, onde antes se plantavam alimentos básicos para a região, em plantações dedicadas a um único tipo de cultivo comercial para exportação. O abandono do plantio de alimentos básicos diminui sua oferta e aumenta o preço, empobrecendo ainda mais o povo. Quando os preços dos alimentos são controlados, os subsídios governamentais aumentam, empobrecendo o governo. Ao mesmo tempo, o aumento da oferta de gêneros de cultivo comercial, pela maior parte dos países em desenvolvimento, pressiona para baixo os preços das mercadorias e reduz os ganhos com exportação, que esses países poderiam obter se o sistema fosse diferente. O dinheiro proveniente do cultivo comercial vai geralmente para as mãos de um exíguo número de grandes latifundiários (e de funcionários públicos corruptos) que, em vez de o gastarem na economia local, remetem-no para contas bancárias no exterior, geralmente nos mesmos bancos que concederam os empréstimos originais ao país. À medida que o país se afunda cada vez na dívida, pede mais dinheiro emprestado para pagar os juros e aumenta o cultivo comercial – e o ciclo continua, embora todos admitam que a dívida jamais será paga.

Em 1985, o fluxo de moeda forte dos países em desenvolvimento para as nações desenvolvidas era maior do que todo o fluxo na direção oposta, quer na forma de empréstimos, de ajuda externa ou de pagamentos por exportações. Ademais, devido a esse complicado ciclo de realimentação, essa defasagem não para de crescer, ano após ano. É, nas palavras inesquecíveis de Robert McNamara, "como uma transfusão de sangue do doente para o são".

Em todos esses ciclos de realimentação, o fator humano é essencial à salvação de nosso meio ambiente. Precisamos de um ciclo de realimentação positiva que alimente a si próprio de forma correta e acelere o ritmo das mudanças positivas, tão necessárias no momento. Isso só poderá acontecer quando adotarmos uma perspectiva nova e global a longo prazo e aceitarmos a responsabilidade de encarar o problema de frente. E, depois de avaliarmos o quanto já sabemos a respeito do problema, estaremos mais capacitados a reconhecer o novo padrão de mudanças sistêmicas sem precedentes.

Entretanto, devemos admitir que é mais difícil reconhecer padrões amplos, quando estes forem totalmente novos: é difícil conseguir uma perspectiva histórica sobre um evento completamente diferente de qualquer outro que já tenhamos presenciado. Na verdade, alguns céticos negam a importância da crise do meio ambiente devido exatamente à falta de pontos de referência históricos. Porém eles existem: talvez seja necessária uma certa extrapolação, mas esses pontos de referência podem ser encontrados na história das comunidades humanas e de como elas reagiam no passado à ocorrência de mudanças climáticas muito menores do que as que enfrentamos atualmente.

3 · Clima e Civilização: Breve Histórico

Iniciada em 1816 – "o ano sem verão" –, a perda generalizada de safras agrícolas provocou tumultos por falta de alimentos em quase todos os países da Europa, gerando um fervor revolucionário que, por três anos, dominou o continente. Na França, por exemplo, causou a queda do gabinete e o Duque de Richelieu, político conservador, foi incumbido de organizar outro. Todos os governos lutavam por manter a ordem social, enquanto grassava nas cidades uma epidemia de crimes sem precedentes. Os suíços estavam perplexos com a onda de atividades criminosas. Até os suicídios aumentaram assustadoramente, bem como a execução de mulheres, por infanticídio.

Os historiadores descrevem "hordas de mendigos" obstruindo as estradas e pedindo esmolas aos transeuntes. Segundo o típico relato de um viajante que, em 1817, passava pela Borgonha, "os mendigos, muito numerosos ontem, aumentaram ainda mais; em cada etapa da viagem, uma multidão de mulheres, crianças e velhos aglomerava-se ao redor da carruagem". Outro observador, proveniente das Ilhas Britânicas, também em visita à Borgonha, acrescentou que o número, embora grande, "de forma alguma se igualava ao daqueles que, na Irlanda, assediavam o viajante". Na Suíça, testemunhas afirmavam que os grupos de pedintes apinhados nas estradas eram tão grandes que pareciam exércitos. Traziam o desespero nos olhos e, nas palavras de Ruprecht Zollikofer, historiador local, "na face, a palidez da morte".

Enquanto o medo de uma revolução aumentava em vários países, o exército reprimia os contingentes cada vez maiores que clamavam por alimentos. Quase todo o continente começou a ser assolado por uma onda sem igual de incêndios criminosos. Os primeiros distúrbios antissemitas da história da moderna Alemanha irromperam sinistramente na cidade bávara de Wurzburg, em 1819 e, depois de a fome e o fervor revolucionário exacerbarem tensões e ressentimentos, propagaram-se com rapidez por todo o país e até bem para o norte, chegando a Amsterdã e Copenhague.

A Europa ainda se recuperava das guerras napoleônicas e passava por muitas mudanças. Porém, embora ninguém percebesse na época, a causa imediata de tanto sofrimento e insatisfação social foi uma alteração na composição da atmosfera global, após uma série inusitadamente grande de erupções do vulcão Tambor, na Ilha de Sumbawa, na Indonésia, em 1815. Os cientistas calculam que 10.000 pessoas morreram na erupção inicial e, nos meses seguintes, cerca de outras 82.000, de fome e doenças. Contudo, os piores efeitos sobre o restante do mundo só se fizeram sentir um ano depois, quando as cinzas lançadas ao céu já se haviam espalhado por toda a atmosfera e começado a reduzir drasticamente a quantidade de luz solar que chegava à superfície terrestre, provocando também queda nas temperaturas.

Em quase toda a Nova Inglaterra, nevou em junho de 1816 e geou em todo o verão. O *Old Farmer's Almanac* tornou-se muito popular quando, por um erro tipográfico, nele se publicou a previsão de neve em julho de 1816 – e ela realmente caiu. Da Irlanda, atravessando a Inglaterra até os Bálticos, choveu quase ininterruptamente de maio a outubro. A ruptura dos padrões climáticos confiáveis refletiu-se nitidamente nos problemas sociais: colheitas fracas, disputas por alimentos e o virtual colapso da sociedade em todas as Ilhas Britânicas e na Europa. O historiador John D. Post denominou-a "a última grande crise de subsistência do mundo ocidental".

As mudanças climáticas que a precipitaram parecem ter durado menos de três anos, talvez porque muito do que os vulcões lançam na atmosfera ali permaneça por um período relativamente curto. É por essa razão que os efeitos das erupções vulcânicas – mesmo das maiores – embora muitas vezes globais, raramente duram mais de um ou dois anos. A erupção do Monte Pinatubo, nas Filipinas, em 1991, por exemplo, teve impacto global significativo, mas de pouca duração, resfriando a Terra e mascarando por algum tempo o aquecimento bem mais intenso causado pela civilização e acelerando, temporariamente, a rarefação da camada de ozônio.

Contudo, as grandes erupções vulcânicas registradas na história esclarecem as alterações que abrangem períodos mais longos, por três razões importantes. Primeiro, demonstram o quanto nossa civilização depende de condições climáticas estáveis, como aquelas que desfrutamos na maior parte dos últimos 10.000 anos. Segundo, mostram como as tragédias em uma região do mundo podem ser causadas por alterações climáticas originadas em outra, totalmente diversa. E, terceiro, indicam as devastadoras consequências de uma mudança relativamente repentina e ampla produzida pelo homem no padrão climático global.

Como os antigos pouco conheciam do mundo além das fronteiras de seus países, não tinham como compreender as relações de causa e efeito entre os vulcões do outro lado do mundo e as profundas mudanças climáticas nas regiões que habitavam. Recentemente, porém, registros detalhados sobre condições climáticas, obtidos a partir dos blocos de gelo da Groenlândia e Antártica, determinaram as datas das principais erupções vulcânicas ocorridas na antiguidade. Os cientistas correlacionaram esses registros, bem como indícios provenientes de anéis de árvores da geologia e arqueologia, com uma análise meticulosa de documentos sobre as civilizações antigas, referentes à história das transformações climáticas. Os chineses destacam-se por terem preservado registros que remontam a 36 séculos.

Assim, os registros obtidos a partir de anéis de árvores e blocos de gelo e os documentos deixados por historiadores chineses foram agora reunidos para descrever os devastadores efeitos de uma das maiores erupções vulcânicas da história: por volta de 1.600 a.C., no Santorini, 112 quilômetros ao norte de Creta, houve uma explosão com força cem vezes superior à da célebre erupção do Krakatoa, em 1883. Os efeitos climáticos do Santorini muito provavelmente contribuíram para o rápido desaparecimento, pouco depois, da civilização minoica que dominara o Mediterrâneo oriental por mil anos, durante a Idade do Bronze. (Alguns historiadores acreditam que o fim dessa civilização serviu de base para a descrição de Platão do desaparecimento, em um único dia, da lendária Atlântida.)

Cinco séculos mais tarde – entre 1150 e 1136 a.C. – o vulcão Hekla 3, na Islândia, lançou na atmosfera milhões de toneladas de cinzas e partículas. Na mesma época, de acordo com um primitivo manuscrito chinês, preservado em hastes secas de bambu, "em Po choveu cinza". Segundo outro escritor chinês, "por dez dias choveu cinzas do céu. A chuva era cinzenta". E ainda, nas palavras de um terceiro, "nevava pelo sexto mês e a camada de neve chegou a quase 30 centímetros de espessura [...] a geada queimou as cinco culturas de cereais... os cereais fibrosos não amadureceram [...] e a chuva caía torrencialmente". Nesse caso, os arqueólogos encontraram sinais da devastação também no hemisfério ocidental. Arqueólogos escoceses afirmaram que, no mesmo período, 90 por cento da população da Escócia e do norte da Inglaterra desapareceu. Além disso, uma análise de amostras do solo indica que precipitações extremamente violentas e temperaturas gélidas forçaram a suspensão temporária do cultivo do solo.

Por volta de 209 a.C., houve violenta erupção, aparentemente de um vulcão na Islândia, que deixou suas marcas nas profundezas das camadas de neve e gelo que todo ano cobrem a Groenlândia e, na Irlanda, nos anéis de carvalhos, danificados pelas geadas. Dois anos mais tarde, de acordo com o historiador chinês Szu-ma Ch'ien, "perdeu-se a colheita" por razões jamais entendidas. Dois anos depois, o historiador chinês Pan Ku escreveu no *Han shu* que "uma fome devastadora" matara mais da metade da população. "Pessoas se entredevoravam". O imperador, acrescentou ele, suspendeu a proibição legal da venda de crianças. Segundo a *Tabela de Registros Dinásticos* chinesa, foi nesse período, em 208 a.C., que "as estrelas ficaram invisíveis por três meses".

Poetas romanos narraram a famosa erupção do Monte Etna, na Sicília, em 42 a.C., mas só há pouco historiadores, ao estudarem os textos recém-traduzidos, relacionaram-na às mudanças climáticas catastróficas que afetaram a China. Conforme descreveu Pan Ku, o sol "ficou encoberto e indistinto" e, como as colheitas foram fracas, o preço dos grãos aumentou mais de 1.000 por cento. Mencionou um édito, lançado no verão, em que se declarava: "O povo trabalha muito, arando e plantando, sem resultados. Está faminto e não há qualquer meio de salvá-lo".

Surpreendentemente, pequenas variações climáticas causadas por erupções vulcânicas podem ter tido importante papel em um dos acontecimentos embrionários da era contemporânea – a Revolução Francesa. Em seu pioneiro trabalho sobre a história dos climas, *Tempos de fartura, Tempos de fome*, Emmanuel Le Roy Ladurie descreve, com minúcias, os problemas seríssimos enfrentados pela França com safras e colheitas, durante os seis anos que precederam a Revolução de 1789, culminando com o rigoroso inverno de 1788-1789 e com um dos mais frios meses de maio da história, antes da queda da Bastilha. Naquele ano, a safra de vinho foi "um fracasso absoluto".

Curiosamente, um dos melhores relatos existentes sobre o clima da época é de Benjamin Franklin, que se encontrava na França desde dezembro de 1776. Em maio de 1784, escreveu:

> Durante vários meses, no verão de 1783, quando a ação dos raios solares no aquecimento da Terra deveria ter sido intensa nestas regiões setentrionais, perdurou uma névoa sobre toda a Europa e áreas da América do Norte. Era seca, e não se dissipava; os raios solares pareciam não conseguir dissipá-la, quando o fazem tão facilmente com a névoa úmida que se eleva da água. Na verdade, tornavam-se tão fracos ao atravessá-la que, mesmo se concentrados por uma lente sobre uma folha de papel, mal a chamuscariam. Naturalmente, sua ação no reaquecer a Terra no verão tornou-se muitíssimo reduzida. Assim, a superfície ficou quase congelada. Assim, a neve sobre ela não derretia e acumulava-se... Talvez o inverno de 1783-1784 tenha sido mais rigoroso que qualquer outro em muitos anos.

Franklin teorizou, com perspicácia, que "a causa dessa névoa universal não foi ainda determinada... Não se concluiu se foi a enorme quantidade de fumaça emitida continuamente pelo Hekla na Islândia, desafiando o verão e por outro vulcão [Skaptar Jokul] que se elevou do mar nas proximidades da ilha, fumaça essa que vários ventos talvez espalhassem". Porém ele não podia saber que, além das erupções na Islândia, meses depois, naquele mesmo ano registrou-se uma das mais violentas erupções da história, no vulcão Asama, no Japão. É quase certo que tenha sido a principal responsável pelos anos excepcionalmente frios de meados da década de 1780, contribuindo para a perda da colheita e para a insatisfação social anterior à Revolução Francesa, que, indubitavelmente, mudou os rumos do mundo moderno.

A função do clima na determinação da história da humanidade é, naturalmente, muito complexa e, com frequência, climatologistas discutem até que ponto se deve atribuir a ele um papel determinante. Apesar de sempre interagir com os fatores sociais, políticos e econômicos que condicionam nossa abordagem tradicional da história, algumas transformações climáticas parecem – segundo provas circunstanciais –, ser extremamente significativas e até preponderantes na definição de estados de espírito e atitudes populares que precedem convulsões políticas. Assim como o enorme sofrimento causado pelo clima de 1816 a 1819 evidentemente contribuiu para a concomitante insatisfação política na Europa, parece claro que o sofrimento provocado pelo clima na França, de 1783 a 1789, também concorreu muito para a deterioração da atmosfera política em que ocorreu a Revolução Francesa. Contudo, parece também evidente que as mudanças climáticas foram apenas uma das muitas causas desses acontecimentos. Além disso, só porque o clima foi, em grande parte, ignorado nos livros tradicionais de história, não significa que deve receber, repentinamente, papel elucidativo exclusivo.

Não obstante, as transformações climáticas têm profundos efeitos sobre a estabilidade política e social da civilização. E, ao considerarmos a possibilidade de a humanidade estar mudando o clima de todo o globo muito mais drástica e rapidamente do que em toda a sua história, é importante examinarmos algumas das lições da natureza.

Além de contribuir com a fome e com a instabilidade política, uma das consequências mais impressionantes das mudanças climáticas para a civilização têm sido as migrações maciças de um área geográfica para outra. De fato, uma das maiores migrações da história – aquela que levou seres humanos à América do Norte e, depois à América do Sul – resultou diretamente de uma mudança climática. Durante a última Era Glacial, há aproximadamente 20.000 anos, quando se congelaram grandes volumes de água do mar, o nível do mar era cerca de 9 quilômetros mais baixo que o atual. Extensas áreas do fundo do oceano, que denominamos plataforma continental, encontravam-se emersas e secas. Estreitos oceânicos rasos, como o Estreito de Bering e o Golfo de Carpentaria, formavam pontes de terra. Essas pontes serviram como rotas migratórias para os povos atualmente chamados aborígines, na Austrália, e para os nômades asiáticos, hoje conhecidos na América do Norte como americanos nativos e, na América do Sul, como índios ou indígenas. Há cerca de 10.000 anos, com o recuo das geleiras, o nível do mar subiu novamente, fixando os americanos nativos e aborígines em seus novos continentes. Na mesma época, as temperaturas subiram e o clima global acomodou-se ao padrão que tem quase sempre mantido até hoje.

De fato, a Era Glacial, que tão profundamente afetou as Américas, forjou as bases de toda a civilização. As pinturas nas cavernas, que representam a primeira forma de comunicação gráfica dos seres humanos, foram feitas há 17.000 anos, quando os homens procuravam abrigo e calor durante os milênios piores e mais frios.

Na verdade, a maioria dos historiadores acredita que, de um milhão a 40.000 anos atrás, a sucessão de glaciações e períodos interglaciais quentes estimulou o surgimento de organizações sociais rudimentares. Como indicam os registros arqueológicos e antropológicos, cada vez que o gelo recuava, os povos primitivos da área eurasiana tornavam-se mais populosos e sua cultura, mais avançada.

De 8.000 a 7.000 a.C., quando prevaleceram condições climáticas favoráveis, conforme as geleiras derretiam e recuavam até o ponto em que estão, na área hoje conhecida como Mesopotâmia, iniciou-se, na agricultura, uma época de excedentes. Acredita-se que seu comércio foi o responsável pela invenção da moeda, pelas primeiras construções com tijolo e pedra e pelo desenvolvimento de uma ampla gama de artesanato. Jericó, por exemplo, a mais antiga cidade conhecida, foi fundada nesse período, quando a Europa começava a recuperar-se da Era Glacial.

Posteriormente, flutuações climáticas menores, porém significativas, continuaram a determinar o surgimento de estruturas sociais mais complexas. Para alguns historiadores, o aparecimento das primeiras sociedades altamente organizadas nos vales férteis dos rios Tigre, Eufrates e Nilo foi estimulado por uma grande transição no clima, há cerca de 3.000 anos. Um novo padrão climático – caracterizado por secas durante quase todos os meses e inundações anuais – obrigou as comunidades a se agruparem nos vales dos rios. O desafio de represar e distribuir as águas de inundações para a irrigação, de armazenar as colheitas anuais e de distribuir alimentos resultou na implantação de muitos dos mecanismos básicos da civilização. Na Bíblia, a advertência de José ao Faraó, de preparar-se para sete anos de escassez, seguidos de sete anos de fartura, reflete a nova consciência da humanidade de sua vulnerabilidade às mudanças nos padrões climáticos. O Faraó, por sua vez, ao designar José, que interpretou o significado ecológico de seu sonho para supervisionar os preparativos necessários aos anos de escassez, reflete, nessa escolha, a afirmação da humanidade quanto à importância de prever flutuações climáticas e preparar-se para enfrentá-las.

Hoje, porém, está-se tornando evidente que o clima é de fundamental importância ao progresso da humanidade. Antropólogos, biólogos evolucionistas e climatologistas – inclusive Elisabeth S. Vrba, Frederik E. Grine, Richard G. Klein e David Pilbeam – recentemente associaram a história das transformações climáticas a indícios antropológicos para criar um novo consenso – o de que, nos últimos 6 milhões de anos, a própria evolução humana foi moldada por grandes transições nos padrões climáticos globais. O autor científico William K. Stevens menciona "uma avalanche de análises" e afirma que "os cientistas estão delineando os influentes papéis do clima e da ecologia no traçar dos rumos da evolução humana".

O principal período de resfriamento global, que ocorreu gradativamente há mais de 5 milhões de anos, corresponde ao aparecimento dos primeiros hominídeos, os *Australopithecus*. Surgiram porque – do ponto de vista de muitos cientistas – pelo menos uma espécie de macaco que vivia em árvores conseguiu adaptar-se ao desaparecimento de seu hábitat na floresta, aprendendo a procurar alimentos na terra e a usar os membros inferiores para andar, deixando as mãos – que haviam evoluído para agarrar os ramos das árvores – livres para segurar e transportar alimentos e objetos. Alguns destes depois se tornaram ferramentas.

Um segundo período de resfriamento global há cerca de 2,5 milhões de anos, mais severo e abrupto, explica – ainda desse ponto de vista –, a "tendência" ou estímulo evolucionário que deu origem a um gênero mais avançado do robusto *Australopithecus*. Este terminou por ser superado pela espécie *Homo*, que apareceu há cerca de 100.000 anos, após quatro glaciações relativamente curtas (em termos geológicos), mas rigorosas – imediatamente antes da última Era Glacial. Esse período de inacreditáveis transformações ecológicas estimulou os cérebros maiores, necessários à adaptação às condições climáticas que mudavam rapidamente. As novas descobertas que as relacionaram ao surgimento do *Homo sapiens* desvendaram um dos mistérios da história da humanidade, fornecendo, pelo menos em termos ecológicos, o elo perdido da história da evolução. Depois, há 40.000 anos, a chamada explosão cultural de ferramentas e adornos com pedras pode ter coincidido com um milênio excepcionalmente quente na Europa.

Porém, dentro desse padrão glacial e interglacial mais amplo, houve flutuações significativas. Apesar de bastante pequenas, se comparadas a uma glaciação ou ao período de aquecimento provocado pelo homem, que agora parece iminente, foram suficientemente grandes para ter consequências notáveis sobre a civilização.

Por exemplo, uma mudança climática conhecida como a deterioração subatlântica, de 500 a 400 a.C., ocasionou uma mudança na distribuição dos ventos e umidade, bem como a diminuição das temperaturas na Europa – fatores geralmente considerados responsáveis pelo fim da Idade do Bronze no norte, e pelo incitamento das invasões germânicas no sudeste europeu, a partir da Escandinávia. Decorrido menos de um século – na que talvez seja mais que uma coincidente continuação do impulso de migração para o sudeste – os macedônios conquistaram a Grécia. Foi na geração seguinte, quando o clima global começou a se aquecer, aproximadamente 300 a.C., que Alexandre o Grande conquistou o "mundo conhecido" e difundiu a civilização grega por todo o Mediterrâneo e para além dele.

Esse mesmo período de relativo calor abriu os passos alpinos entre a Itália e o restante da Europa e assistiu ao despertar da ambição imperial de Roma. Nele também se formaram os desfiladeiros nas montanhas na Ásia, permitindo a expansão da civilização chinesa e a abertura da Rota da Seda. Quase 750 anos depois, o término desse período correspondeu aos anos finais do Império Romano. Às várias explicações para a queda de Roma, os climatologistas acrescentam a rápida mudança nos padrões climáticos globais entre 450 e 500 d.C., responsável por um período prolongado de gélida seca na Europa central que, segundo creem, pode ter incentivado o início das migrações maciças que acabaram conhecidas como invasões bárbaras.

No século XVI, a grandiosa cidade de Fatehpur Sikri, na Índia, foi totalmente abandonada logo após sua conclusão, quando uma repentina mudança no regime de monções deixou-a sem água. A população que ali planejara viver foi obrigada a ir para outro lugar, simplesmente repetindo um padrão já estabelecido no subcontinente indiano. De fato, cerca de vinte e quatro séculos antes, ruíra um dos primeiros impérios devido a mudanças climáticas, algumas centenas de quilômetros a oeste de Fatehpur Sikri. Por milhares de anos, antes de 1900 a.C., a grande civilização hindu floresceu na região onde hoje se situam o noroeste da Índia e o Paquistão. Depois, repentinamente, em uma época em que, segundo os historiadores, houve expansão de ar polar para o sul, até o norte do Canadá, os padrões climáticos mudaram e aquelas que haviam sido grandes cidades terminaram soterradas nas dunas do Deserto de Rajputana, forçando a população a deslocar-se para outras áreas. Também o declínio da civilização mali na África Ocidental, no século XIV, inclui-se entre aqueles que os climatologistas hoje supõem terem sido causados por repentinas mudanças nos padrões climáticos.

E há, ainda, o mistério de Micenas, complexa civilização originada da cultura minóica, e pátria do Rei Agamenão nos poemas épicos de Homero. Após dominar o Egeu por mais de dois séculos, ela desapareceu abruptamente logo depois de 1200 a.C. Historiadores e arqueólogos aventaram a hipótese de uma invasão de povos do extremo norte. Há indícios de que muitos micênicos fugiram para o sul e leste, mas a rapidez de seu desaparecimento permanece um enigma. Contudo, recentes análises climáticas forneceram uma prova instigante: pouco antes do fim dessa civilização, uma mudança drástica nos padrões de ventos e umidade predominantes em toda a Europa, no Mediterrâneo, África do Norte e Oriente Médio desviara as chuvas regulares de que Micenas sempre dependera. O novo padrão continuava a levar umidade do oeste, pelo Mediterrâneo, mas vinda mais do sul e em altitudes tão baixas que a chuva caía no lado ocidental das montanhas, na orla da península Peloponesiana. Isso provocou uma estiada prolongada e implacável em Micenas, no lado oriental das montanhas, secando poços e cursos de água, destruindo as plantações e terminando por obrigar o povo a abandonar a região.

Alguns climatologistas acreditam também que o mesmo conjunto de mudanças nos padrões climáticos do Mediterrâneo foi, em grande parte, responsável pelas enchentes catastróficas nas planícies húngaras que, por sua vez, resultaram na evasão de povos da Idade do Bronze pelo Bósforo, a partir dos Bálcãs. O êxodo dos frígios e de outros povos da atual Armênia causou o fim da civilização hitita da Ásia Menor, cerca de 1200 a.C., desencadeando migrações maciças, política e militarmente desagregadoras, através de Chipre, Síria, Palestina e Egito. Encontram-se alusões a elas em todo o Velho Testamento. De fato, a mesma migração iniciada na planície húngara deslocou outro povo para o sudoeste, pelos passos montanhosos até a Itália, onde ficou conhecido como etrusco e lançou as sementes daquela que se tornou a civilização romana.

No hemisfério ocidental, uma nova análise dos registros climáticos globais pode esclarecer a misteriosa ascensão e queda da civilização maia, que começou a florescer por volta de 250-300 d.C. na atual Iucatã, no sul do México e na América Central. Por razões ainda obscuras, que provocam discussões acirradas entre arqueólogos e historiadores, essa cultura entrou em rápido declínio por volta de 950. Os maias construíram cidades fantásticas, com reservatórios subterrâneos aperfeiçoados, bem como estruturas gigantescas, tão grandes quanto qualquer outra existente no mundo da época. Incluíam complexos observatórios, de onde os astrônomos calculavam a duração precisa do ano solar e do mês lunar. Conheciam a órbita exata do planeta Vênus e conseguiram até prever eclipses. Os matemáticos descobriram, independentemente, o conceito do zero. Entretanto, essa cultura avançadíssima desapareceu inexplicavelmente. As cidades foram misteriosamente abandonadas, não destruídas. Em apenas cinquenta ou cem anos, cessaram a manufatura de cerâmica e esculturas, a construção de monumentos e templos, a produção de registros, calendários e escritos e ocorreu o rápido despovoamento dos campos e centros de rituais. Os cientistas formularam várias teorias – que incluem da violência fratricida e destruição da sociedade a uma invasão desconhecida, de furacões e terremotos à exaustão do solo, falta de água, disputa pela grama das savanas e superpovoamento.

O que nenhuma pesquisa aventou foi a hipótese de uma mudança no padrão climático poder explicar o desaparecimento dos maias. Contudo, o registro climático histórico do hemisfério ocidental indica que, por volta de 950 d.C., as temperaturas subiram e o clima mudou. Exatamente na mesma época da decadência maia, bem para o norte, Leif Eriksson zarpou das novas colônias de seu pai, Eric, o Vermelho, na Groenlândia e, depois de atravessar o Mar Labrador, chegou à América do Norte, tornando-se o primeiro europeu a pisar a terra que chamou Vinlândia.

Assim começou a mudança climática global, conhecida como a época quente medieval. Embora seja considerada um fenômeno europeu, foi, ao que tudo indica, uma mudança no padrão climático mundial registrada na América do Norte pelos primeiros europeus que ali estiveram. Na verdade, só conseguiram chegar àquele continente graças a essa mudança. Até cerca de 900, todas as rotas do Atlântico Norte – da Escandinávia e Islândia às novas comunidades na Groenlândia – estavam completamente congeladas e intransitáveis. E, ao final da época quente, por volta de 1300, as temperaturas começaram a cair e o gelo dos mares novamente as bloqueou. As viagens esporádicas a Vinlândia já haviam sido interrompidas; pouco depois, as embarcações já não conseguiam retornar da Groenlândia à Islândia, transportando suprimentos. Uma geração mais tarde, os últimos colonizadores morreram congelados e a viagem de Leif Eriksson foi eclipsada na história pela de um europeu do sul, Colombo.

Todavia, o que aconteceu ao clima de Iucatã por volta de 950? Se um novo padrão climático permitiu a colonização da Groenlândia e – por mais breve que fosse –, da América do Norte, poderia ele ter tornado a civilização maia, na América Central, repentinamente incapaz de manter-se, à medida que flora e fauna modificavam-se, que pragas migravam do Equador para o norte, que se alteravam os regimes pluviométricos e que o forte sol tropical castigava uma sociedade que se desenvolvera em um clima ligeiramente mais ameno e mais hospitaleiro? Essa pode representar ao menos parte da solução para o mistério do desaparecimento desse povo.

Após a época quente, as temperaturas caíram novamente, no início do século XIV, causando sérios problemas na Europa e Ásia. A transição começou por desencadear ondas sucessivas de umidade, que varreram do Atlântico Norte, as Ilhas Britânicas e extensas áreas do continente. Por quase dez anos, colheitas deterioradas e rios inundados condenaram os povos da Europa ocidental a vários períodos de escassez de alimentos, que culminaram com a Grande Fome de 1315-1317. Em 1315, Guillaume de Nangis relatou, de Rouen e Chartres, que multidões de homens e mulheres miseráveis, macilentos e amedrontados chegavam às igrejas para orar pelo fim das chuvas implacáveis. "Vimos numerosas pessoas de ambos os sexos, de locais próximos e regiões distantes até cinco léguas, descalças e muitas – com exceção das mulheres – completamente nuas", narrou ele, "em procissão, com seus sacerdotes, até a Igreja dos Mártires Santos". Naquele ano e no ano seguinte, as safras de grãos na Europa foram completamente destruídas. Segundo Le Roy Ladurie, o verão de 1316 "foi tão úmido que não permitiu nem mesmo que se tosquiassem as ovelhas". Os sucessivos períodos de fome resultaram em um número de mortes nunca visto; mas o pior estava por vir, trinta anos depois, com a peste negra.

Pouco antes dela, quatro anos de mau tempo e colheitas ruins causaram desnutrição generalizada e aumento da suscetibilidade a doenças, fazendo com que alguns temessem uma repetição da Grande Fome. Esses temores estimularam a importação de grãos da Ásia Menor, entre outros lugares, que levaram ratos contaminados a Constantinopla e, depois, aos portos de Messina e Marselha. A partir desses locais, os roedores e a peste que transmitiam propagaram-se em apenas dois anos, dizimando um terço da população da Europa ocidental.

A peste propriamente dita originou-se na China, onde as primeiras mortes reconhecidas oficialmente ocorreram em 1333. Um ano antes, devido às mesmas mudanças climáticas globais que fizeram cair chuvas constantes na Europa, precipitações excepcionalmente fortes na China causaram as repetidas enchentes do Rio Amarelo que, a partir de 1327, foram ficando cada vez piores. Culminaram com a maior enchente da Idade Média, em 1332, em que, segundo consta, pereceram 7 milhões de chineses.

"Há poucas dúvidas de que as águas haviam deslocado núcleos humanos e hábitats de seres selvagens – inclusive aqueles dos roedores portadores da peste", escreve o climatologista Hubert H. Lamb. E conclui: "Talvez não seja coincidência que a epidemia da peste bubônica, que terminou por assolar o mundo como a peste negra, tenha surgido na China, em 1333" – o ano seguinte ao da grande enchente, em áreas onde fora muito grande o número de corpos humanos em decomposição.

Uma das mais importantes e bem documentadas variações climáticas é conhecida como a Pequena Era Glacial (1550-1850) que foi associada a significativas mudanças sociais em toda a Europa. As pessoas permaneciam mais tempo em casa, aquecendo-se ao redor das lareiras, que repentinamente ficaram muito populares e, em parte como consequência disso, evoluíram novos modelos de relações sociais. Intensificou-se a troca de ideias sobre assuntos como a ciência. Os ideais românticos adquiriram novo significado nas artes, assim como ocorreu com o conceito de indivíduo na política. Contudo, lá fora, as novas realidades climáticas foram cruéis para alguns povos da Europa setentrional.

Pode-se imaginar o assombro dos moradores de Aberdeen, na Escócia, em 1690, quando um esquimó apareceu em seu caiaque, no Rio Don. A migração européia rumo à Groenlândia há muito fora interrompida, mas o hábitat preferido dos esquimós estava-se estendendo para o sul, até as Ilhas Órcadas e a Escócia setentrional.

Os escoceses, em face da reduzida pesca do bacalhau e da perda de colheitas, suportaram repetidos períodos de fome e começaram a deixar a terra natal. Em cerca de 1691, 100.000 deles, um décimo da população, já se fixara na região irlandesa mais próxima da Escócia, Ulster (hoje chamada Irlanda do

Norte), deslocando e expulsando o povo nativo e desencadeando os problemas imensos e a violência aparentemente insolúvel que até hoje persistem.

Nos anos seguintes à migração escocesa, a população de toda a Irlanda continuou a crescer. Os historiadores em geral concordam em que o país tornou-se um centro de desordem social e política; o domínio inglês resultou em várias decisões descabidas, das quais a do Rei James VI, de facilitar a migração escocesa, foi apenas a primeira. Regras arcaicas sobre a propriedade da terra contribuíram para criar uma cultura de pobreza. Esta, por sua vez, incentivou casamentos precoces e, posteriormente, o aumento da população que, de 1779 a 1841, cresceu cerca de 172 por cento. Assim, a Irlanda tornou-se, segundo cálculos de Disraeli, o país europeu mais densamente povoado. A decisão fatídica de apoiar a subsistência quase exclusivamente em uma cultura – batatas – preparou o palco para a terrível tragédia conhecida como a Grande Fome de Batatas.

Conforme a Pequena Era Glacial chegava ao fim, as temperaturas médias aumentaram um pouco, o suficiente para criar as condições de umidade e calor favoráveis ao aparecimento de pragas nas batatas. Como demonstram modernas pesquisas de laboratório, aquela que atingiu a Irlanda, *Phytophthora infestans*, exige um período de, no mínimo, doze horas com umidade relativa do ar a 90 por cento ou mais e temperaturas a 10 °C ou mais altas, e água corrente nas folhas das batatas durante, no mínimo, outras quatro horas. A possibilidade de ocorrência simultânea dessas condições era bem menor durante a Pequena Era Glacial, quando a Irlanda começou a depender da batata; em meados da década de 1940, com a nova tendência de calor, os riscos haviam aumentado.

A praga parece ter-se originado em uma variedade nova de batatas, proveniente do Peru. Apareceu primeiramente no nordeste dos Estados Unidos, em 1843, e, no ano seguinte, em Flandres. Em meados de 1845, os esporos já se haviam espalhado pela Irlanda. O inverno daquele ano foi um dos mais quentes de que se recordavam os irlandeses e a primavera também foi quente. Em junho as temperaturas ultrapassaram em três a quatro graus a média de cem anos, resultando no segundo verão mais quente do século XIX. Além disso, houve sessenta e quatro dias de chuva em julho, agosto e setembro – vinte e quatro só em agosto.

A praga devastou furiosamente a cultura que determinava a vida ou a morte no país. Em poucos anos, mais de um milhão de irlandeses morreu de fome e doenças causadas pela desnutrição. Os horrendos relatos dos sobreviventes nos dão alguma ideia do que a fome significa em termos humanos. Em dezembro de 1846, no condado de Cork, o pai de duas crianças pequenas morreu de inanição (a mãe também morrera). De acordo com o inquérito judicial: "Só se soube de seu falecimento quando as duas crianças entraram cambaleantes na vila de Schull. Choravam de fome, queixando-se de que o pai há quatro dias não falava com elas; contaram que estava 'gelado como uma laje'. A investigação sobre duas outras mortes – de mãe e filho, por inanição – revelou que seus restos mortais haviam sido roídos por ratos".

Um jornal contemporâneo publicou o depoimento típico de uma testemunha da época: "Em uma horta de repolhos, vi os corpos de Kate Barry e de seus dois filhos, mal cobertos por terra, mãos e pernas projetando-se de seu corpo intumescido, completamente expostas, a carne toda dilacerada por cães; a poucos metros do crânio jaziam o couro cabeludo e os cabelos que, ao olhar pela primeira vez, julguei serem parte de uma cauda de cavalo... não me cabe fazer nenhum comentário a esse respeito, mas pergunto, *vivemos nós em uma parte do Reino Unido?*".

A prática de plantar uma só cultura em grandes áreas, em vez de um variedade de plantas, chama-se monocultura. Seu problema está no risco de vulnerabilidade a uma doença ou a uma praga resistente que destrua rapidamente toda a plantação. Essa vulnerabilidade aumenta quando se planta só uma variedade de uma única cultura. Os irlandeses vieram a depender de apenas uma variedade de batatas, considerando-a praticamente a única fonte de alimento, variedade essa que tivera os maiores rendimentos nas condições climáticas predominantes nos 300 anos anteriores. A história dessa fome constitui uma lição que nos ensina como modificações artificiais em nossa relação com a natureza – como a monocultura –, que não levam em conta os caprichos das variações climáticas naturais, podem tornar mais vulnerável uma sociedade que tenta alimentar seus membros. Mostra também como um aquecimento rápido pode causar verdadeiras catástrofes.

No curso da história, as tragédias climáticas, como aquela que resultou na fome de batatas, causaram migrações maciças para países mais ricos, especialmente para os Estados Unidos. Três décadas antes, a grande crise de subsistência de 1816-1817 também estimulara uma corrente migratória, tanto da Europa para os Estados Unidos, como dentro destes, pois os efeitos da mudança climática fizeram-se sentir muito além do continente europeu. Segundo relatos históricos da migração do Maine para o Oeste, por exemplo, após as primaveras "extraordinariamente frias e desfavoráveis" de 1816 e 1817, um terrível medo da fome tornou "ainda mais intenso o fascínio exercido pela emigração. Centenas de pessoas venderam suas casas, por preços baixos, e não perderam tempo em partir para um país distante". Dados estatísticos tendem a reforçar a ligação entre a migração do Maine e os desvios nos padrões climáticos, como aquele causado em 1816-1817 pelo vulcão Tambor, pois demonstram que, com o fim desses desvios, em 1818, (quando as cinzas do vulcão saíram da atmosfera), o crescimento populacional no Maine voltou a ser constante. Registrou-se idêntico fenômeno em New Hampshire, Vermont, Connecticut e nas Carolinas. Uma testemunha da época escreveu que "houve uma espécie de debandada... durante o verão de 1817".

Talvez a maior migração forçada na história da América tenha sido o êxodo de Kansas, Oklahoma, Texas, regiões do Novo México, Colorado, Nebraska e de outros estados das planícies, no período inicial da década de 1930, chamados os anos "Dust Bowl" (Tempestade de Areia). Assim como a Grande Fome de Batatas, o "Dust Bowl" resultou do mau aproveitamento da terra, que aumentou sua vulnerabilidade e a de seus habitantes às súbitas mudanças climáticas. Nos anos 1920, houve uma revolução na agricultura em todos os estados das Planícies Centrais. A mecanização permitiu o desenvolvimento do trator, da máquina combinada, do arado de uma única direção e do caminhão. Estes, por sua vez, causaram a "grande aração" do fim da década de 1920. Os agrônomos acreditavam, erroneamente, que a aração repetida da terra, até deixá-la plana e pulverizada, aumentaria sua capacidade de absorver e reter a água da chuva. Em pesquisas agronômicas, voltadas para diferentes modos de aumentar a absorção de água, ignorou-se por completo o problema da erosão eólica, que se tornou uma ameaça muito mais séria, exatamente devido a essas mudanças nos métodos agrícolas.

Por alguns anos, houve safras recordes e não se deu atenção aos primeiros sinais de perigo da erosão eólica. Mesmo durante os períodos de pousio, os agricultores continuaram a arar a terra, como forma de desestimular o crescimento de ervas-daninhas e, mais uma vez, de aumentar a absorção de umidade, a fim de assegurar, desde o início, boas condições para o plantio do trigo.

No outono de 1930, primavera e verão de 1931, houve chuvas torrenciais e grande penúria e, apesar disso, outra safra recorde. Após um inverno sem chuvas, em março de 1932, ventos fortes começaram a soprar e a carregar parte da camada superficial do solo. As chuvas de primavera foram esparsas e insuficientes e, no início do verão, inundações provocadas por chuvas torrenciais causaram a erosão do solo, intercalando-se a uma seca que resultara em um verão excepcionalmente seco por toda a parte. O outono também foi bem seco e no início do inverno, muitos campos haviam sido abandonados.

As grandes tempestades de areia começaram em janeiro de 1933 e continuaram intermitentemente por mais de quatro anos, devastando as culturas, deprimindo as pessoas e criando condições de pesadelo, levando muitas a partir para a Califórnia ou para a costa leste. Em 1934, o Ministro do Interior, Harold Ickes, aconselhou a população do "panhandle" de Oklahoma a simplesmente abandonar seus lares. Naquele ano houve colheita só em 15 por cento das terras entre Texas e Oklahoma.

Aqueles que ficaram – na verdade a maioria – também sofreram. No Colorado, o editor de *Morton Country Farmer* escreveu na primavera de 1935:

> Nada vemos pelas janelas, a não ser pó; toda vez que juntamos os dentes, sentimos o pó e seu gosto; nada ouço há muitas horas, meus ouvidos estão cheios, não consigo sentir o cheiro de nada, meu nariz está cheio, não consigo andar, meus sapatos estão cheios, mas não de pés... estamos tendo uma tempestade de areia já faz algum tempo. A vida deixou de ser real nestes dois dias. Tudo está coberto com um pouco do Velho México ou do Texas ou do Colorado ou do quer que seja... A terra parece dura e estéril – todos têm o rosto sujo, até os credores mal nos reconhecem. Mas não há saída – nem mesmo pela porta da frente. Vivemos em um abrigo subterrâneo e deslizamos agora pelos degraus. Emergir pela janela torna-se divertido, depois que nos acostumamos.

Montaram-se hospitais de emergência para atender aos muitos casos de "pneumonia da poeira", um conjunto de doenças dos brônquios e outras moléstias respiratórias causadas e agravadas pela inalação constante de poeira. O pó e a sujeira provenientes das tempestades contínuas eram carregados até o Oceano Atlântico. Só em 1937 as condições finalmente se estabilizaram.

Evidentemente, a história das mudanças climáticas é também a história da adaptação humana a elas. Durante a crise de subsistência de 1816-1817, por exemplo, aumentaram muito as tendências burocráticas e administrativas do Estado moderno. Em praticamente todos os países europeus, governos centrais organizaram e distribuíram os escassos suprimentos de alimentos e importaram outros estoques de Odessa, Constantinopla, Alexandria e América do Norte. Pela primeira vez, instituíram-se frentes de trabalho em grande escala, visando principalmente à criação de empregos, na esperança de evitar os distúrbios populares e as disputas por alimentos que se seguiram àquela crise. Na década de 1930, o "Dust Bowl" estava entre os muitos problemas sociais e econômicos desagregadores que resultaram em um modelo ainda mais complexo da máquina administrativa – o "New Deal" de Franklin Roosevelt.

Todas essas mudanças nos padrões climáticos ocorreram durante variações de temperaturas de apenas 1 a 2ºC. Contudo, hoje, quase no final do século XX, estamos elevando três ou quatro vezes mais as temperaturas globais e causando mudanças nos padrões climáticos, que provavelmente produzirão enorme impacto sobre toda a civilização. Entre os efeitos mais sérios, se pudermos nos orientar pela história, estarão as migrações maciças de grupos procedentes de áreas onde a sociedade se desagregou para outras regiões onde esperam encontrar meios de sobrevivência e melhores condições de vida – com consequências imprevisíveis para essas regiões.

Nas próximas décadas, cerca de 10 milhões de habitantes de Bangladesh perderão suas casas e meios de sustento com a elevação do nível do mar, decorrente do aquecimento global. Para onde irão essas pessoas? A quem deslocarão? Que conflitos políticos resultarão disso? Esse é apenas um exemplo. Segundo algumas previsões, pouco depois da catástrofe em Bangladesh, até 60 por cento da atual população da Flórida talvez tenha de deixar o Estado. Para onde irão essas pessoas?

A Flórida já suportou o impacto de uma das maiores migrações ecologicamente induzidas do século: cerca de um milhão de haitianos emigraram para os Estados Unidos na última década – não só devido à opressão política, mas também ao maior desmatamento e à pior erosão do solo do mundo, que inviabilizaram a agricultura de subsistência. Embora alguns haitianos tenham sido absorvidos, a maioria não foi – mas todos têm sofrido muito, enfrentando o risco das viagens e a incerteza do futuro.

Sir Crispin Tickell, eminente diplomata e ambientalista britânico, observou, em discurso proferido na Sociedade Real de Londres, em 1989, que "hoje há uma concentração maciça de pessoas em áreas litorâneas baixas ao longo dos grandes sistemas fluviais do mundo. Quase um terço da humanidade vive dentro da faixa litorânea de sessenta quilômetros. Uma elevação de apenas vinte e cinco centímetros no nível médio do mar teria consequências desastrosas... problema esse de uma ordem de grandeza que ninguém ainda teve de enfrentar... praticamente em todos os países, os números crescentes de refugiados representaria sombria e gigantesca ameaça".

No mundo desenvolvido, temos agora condições de poupar a maioria do sofrimento, das doenças, fome e migração forçada que, no mundo antigo, geralmente se seguiam às flutuações do equilíbrio climático global e às consequentes rupturas dos padrões climáticos dos quais tanto dependiam aquelas frágeis civilizações. Porém só nos poupamos queimando ainda mais combustíveis fósseis e gerando ainda mais dióxido de carbono (CO_2). E, conforme continuamos a ocupar todos os nichos ecológicos concebíveis, torna-se mais evidente a fragilidade de nossa própria civilização. Além disso, com o aumento da população mundial, está diminuindo nossa resistência à variabilidade climática. Sejam quais forem as variações que produzimos no clima, ao modificarmos a atmosfera, provavelmente sobrepujarão por completo aquelas que causaram a grande crise de subsistência de 1816-1819, por exemplo, ou aquelas que prepararam o palco para a peste negra.

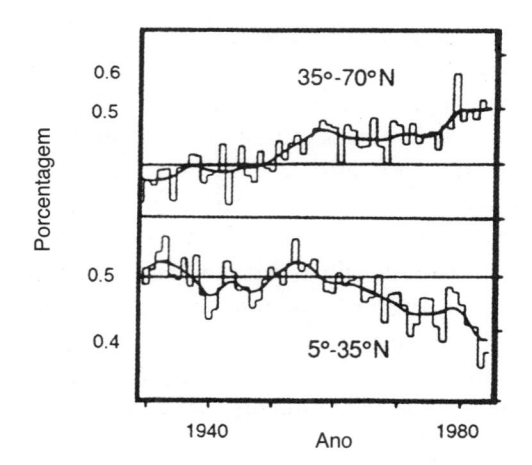

A linha horizontal inferior mostra a diminuição constante das chuvas nas latitudes da África, onde, nos últimos anos, sucessivas secas e períodos de fome dizimaram dezenas de milhões de pessoas. A linha horizontal superior mostra o aumento especular nas precipitações, durante o mesmo período, nas latitudes que incluem a Europa.

No espaço de uma única geração, corremos o risco de mudar a estrutura da atmosfera muito mais drasticamente do que qualquer erupção vulcânica da história, e os efeitos dessa mudança talvez persistam por séculos. As variações de temperatura global pelas quais somos responsáveis serão provavelmente cinco vezes superiores às flutuações que resultaram na Pequena Era Glacial, por exemplo, ou à variação climática global que causou a Grande Fome de 1315-1317.

À medida que o aumento das radiações ultravioleta enfraquece o sistema imunológico dos seres humanos, principalmente dos que vivem nos trópicos, e que a urbanização e o crescimento populacional explosivos continuam a romper padrões culturais tradicionais, centenas de milhões de pessoas podem tornar-se ainda mais suscetíveis a doenças que se propagam, quando populações de pragas, germes e vírus migram com as variações dos padrões climáticos.

Nossa invasão cada vez mais agressiva do mundo natural e os consequentes danos aos sistemas ecológicos da Terra diminuíram a resistência do próprio meio ambiente, ameaçando até sua capacidade de manter o equilíbrio.

E como reagirá o mundo? Durante a fome, na Irlanda, a adoção irracional da economia do *laissez-faire* aliou-se à fria indiferença ao sofrimento, ao racismo anti-irlandês e à intolerância anticatólica, para contribuir com o trágico fracasso do Reino Unido em reagir humanitariamente. Com todos os avanços da civilização desde aquela época, torna-se difícil imaginar que tal horror fosse tolerado atualmente. Contudo, a média diária de crianças que morre de inanição no mundo atual é mais de quarenta vezes superior à média diária que morria no auge da fome. As cenas que se desenrolam bem diante de nossos olhos são tão horrendas quanto aquelas descritas em 1846. E, neste exato momento, a irracional adoção de atitudes do *laissez-faire* alia-se à incompetência política nos países afetados, à paralisia que mesmo uma pequena dose de racismo pode causar e à deliberada cegueira em relação à realidade para contribuir com a continuação de nossa própria grande fome. Não seria nada surpreendente ouvir um habitante da Etiópia ou do Sudão fazer eco à testemunha das vítimas da fome e perguntar: "Vivemos nós no mesmo planeta em que se situam Estados Unidos, Europa e Japão?".

Na verdade, novas análises climáticas provaram conclusivamente que o impressionante aumento dos períodos de fome naquelas regiões da África, que incluem Etiópia, Sudão e Somália, coincide com uma grande mudança nos regimes pluviométricos. "Houve pequena tendência de precipitações até a década de 1950 quando, após um período relativamente úmido, as precipitações [na África Setentrional e Oriente Médio] diminuíram drasticamente" – declínio que vem persistindo e se acelerando nos últimos quarenta anos, com "aumentos correspondentes significativos nas precipitações [europeias]". Foi o que relatou uma equipe de pesquisadores, na revista *Science*, em 1987, após uma extensa série de mensurações climáticas, que abrangeram um século e meio, ter identificado grandes mudanças nos regimes pluviométricos nas últimas décadas. Nessa pesquisa descobriram que, enquanto as precipitações pluviométricas *diminuíam* cada vez mais em Sahel, África e Oriente Médio, *aumentavam* cada vez mais, proporcionalmente, na Europa.

Esses pesquisadores receiam que a tendência desses quarenta anos – um dos muitos fatores responsáveis por períodos de fome repetidos e prolongados – já seja uma consequência do aquecimento global. Nesse caso, pode indicar mudanças ainda mais desagregadoras nos padrões climáticos, à medida que o aquecimento continuar. Outro climatologista, Hubert Lamb, assim escreveu sobre a tendência dos últimos quarenta anos em Sahel e a fome e imigrações em massa que dela decorreram: "Toda a extensão do território de algumas nações pode, a longo prazo, tornar-se mais ou menos desabitada, se essa tendência continuar e intensificar-se ainda mais". No entanto, apesar das provas circunstanciais, os climatologistas ainda relutam em relacionar definitivamente o aquecimento global a essas variações catastróficas, devido à enorme complexidade dos fenômenos envolvidos.

Entretanto, é possível tirar algumas conclusões inevitáveis a partir dessas observações. Existe uma certeza: sociedades pobres, no seio de uma civilização rica e desenvolvida, estão sendo submetidas a enorme sofrimento, em parte como consequência de um desvio dos padrões climáticos, seja qual for a causa desse desvio. Enquanto isso, o restante do mundo não se tem mostrado capaz de oferecer mais do que soluções temporárias para tal sofrimento.

Além disso, mesmo após advertências da comunidade científica mundial – amplamente divulgadas – de que o modelo atual de nossa civilização está provocando grandes transformações nos padrões climáticos globais, provavelmente bem maiores do que qualquer outra dos últimos 10.000 anos, praticamente nada fazemos para concentrar as atenções nas principais causas dessa catástrofe em potencial. Sabemos, pela história das mudanças climáticas, que podem causar convulsões sociais e políticas nunca vistas, em especial nas sociedades precárias, densamente povoadas. Ironicamente, estamos ignorando as lições da fome irlandesa e tornando padrões agrícolas globais mais do que nunca dependentes da monocultura.

Também as lições do "Dust Bowl" estão sendo ignoradas. Mudanças abrangentes nas formas de uso da terra, que se revelam desastrosamente inadequadas, são muito mais comuns hoje do que na década anterior ao "Dust Bowl". A devastação maciça das florestas tropicais úmidas é, sem dúvida, uma catástrofe ecológica de primeira grandeza e, comparado a ela, o "Dust Bowl" torna-se insignificante – neste caso, o solo conseguiu ao menos recuperar-se em algumas gerações, enquanto os danos causados pela devastação podem durar dezenas de milhões de anos. A repentina irrigação das grandes áreas desérticas ao redor do Mar de Aral, na Ásia Central Soviética, constitui outro erro trágico, cuja reparação talvez seja muito difícil, se é que chega a ser possível.

Às vezes, são mais sutis os danos decorrentes do uso inadequado das terras. Na Califórnia, por exemplo, pareceu boa ideia aproveitar grandes volumes de água do norte do estado para irrigar plantações de arroz nas áreas do sul recuperadas do deserto – até um novo ciclo de secas começar a castigar o oeste, no fim da década de 1980. Durante a última seca, quase tão grave quanto a anterior (no final dos anos 1930), a Califórnia tinha 18 milhões de habitantes e mostrou-se suficientemente resistente para suportar o rigor climático. Em 1991, com 32 milhões de habitantes, a Califórnia pode ter mostrado idêntica resistência, mas menos de 80 mil agricultores usam 85 por cento da água do estado. Como resultado disso, os efeitos das secas têm sido extremamente desagregadores.

Neste período de extraordinário crescimento populacional, acostumamo-nos à ideia de que a pressão da população sobre o meio ambiente representa algo novo. Trata-se, porém, de um tema que permeia a história das mudanças ambientais. Climatologistas teorizaram, por exemplo, que um padrão semelhante de expansão, além da capacidade do meio ambiente, pode fornecer uma explicação para o misterioso desaparecimento, por volta de 1280, da civilização anasazi, no sudoeste do Colorado, que vivia nas impressionantes moradias cavadas nas rochas, em Mesa Verde. Segundo indícios bastante confiáveis, seu desaparecimento correspondeu a uma seca que, embora severa, não foi diferente de outras a que havia sobrevivido. Contudo, de acordo com registros arqueológicos, neste caso houve uma diferença básica: pouco antes de desaparecer, a população anasazi aumentara consideravelmente.

As lições dessa experiência são de uma obviedade quase insuportável. Nossa civilização, que após os milhares de gerações até o final da Segunda Guerra Mundial atingira uma população de pouco menos de 2,5 bilhões de habitantes, pode – caso se quadruplique no espaço de uma geração – aumentar muitíssimo nossa vulnerabilidade às transformações climáticas radicais que agora engendramos.

Os sinais de aumento dessa vulnerabilidade já são evidentes, não só em Sahel, no Amazonas e no Mar de Aral, mas também na Califórnia, Flórida e nos estados das Planícies Centrais que hoje estão esgotando seus aquíferos submersos, com a mesma determinação com que os habitantes do Kansas pulverizaram a camada superficial do solo até destruí-la. A pressão exercida pela população nos sopés do Himalaia causou, nas últimas décadas, desmatamentos tão extensos que as chuvas agora se precipitam livremente pelos declives, atravessando Bangladesh e o leste da Índia, arrastando toneladas da camada superficial do solo que obstruem o sistema do Rio Ganges e aumentam as enchentes. O solo da Baía de Bengala tornou-se praticamente marrom, por estar coberto de terra que deveria estar sendo cultivada. Em meu próprio estado, o Tennessee, ocorre o mesmo fenômeno, de forma diferente: novos loteamentos retiram dos declives a vegetação que antes absorvia a chuva, os riachos e rios ficam obstruídos e, em alguns distritos, aquela que era chamada a enchente dos cem anos hoje ocorre com apenas alguns anos de intervalo.

É evidente agora que a relação entre a humanidade e as transformações climáticas inverteu-se: outrora a civilização temia os caprichos da natureza, hoje a Terra deve temer os nossos – embora possamos ainda reaprender um saudável temor de perturbar o equilíbrio da natureza.

É interessante notar que a relação entre a humanidade e a evolução começou, também, a inverter-se. A "era" em que vivemos é descrita pelos geólogos como Cenozoica. Iniciada há 65 milhões de anos, com o desaparecimento dos dinossauros, a era Cenozoica tem-se caracterizado pelo desenvolvimento de um número de formas mais variadas de vida, superior ao de qualquer era da história da Terra, que se estende por 4 ou 6 bilhões de anos. Hoje, como observa o teólogo Thomas Berry, esta geração, por estar destruindo até metade de todas as espécies que vivem na Terra, está na verdade causando o fim da era Cenozoica ainda nesta geração.

O que nos reserva o futuro? O "ano sem verão" resultou em fome generalizada e contribuiu para estimular o surgimento da máquina administrativa. O que produzirá o aquecimento terrestre – uma nova burocracia mundial para administrar os incalculáveis problemas causados por convulsões sociais e políticas, migrações maciças e danos contínuos ao meio ambiente pela própria civilização? É isso que almejamos? Não seria melhor evitarmos o caos, em vez de lutar desordenadamente para enfrentá-lo, depois de instaurado?

A história da humanidade e nossa relação com a Terra podem ser vistas como uma interminável aventura ou uma tragédia envolta em mistério. Cabe a nós fazer essa escolha. Com o "ano sem verão" aprendemos o quanto a civilização é vulnerável a pequenas transformações climáticas. Ainda durante nossa vida podemos ter um "ano sem inverno". Porém, ao contrário das transformações temporárias decorrentes de erupções vulcânicas, estamos, irresponsavelmente, iniciando alterações climáticas que talvez durem centenas ou até mesmo milhares de anos. As antigas civilizações, desaparecidas durante grandes mudanças climáticas naturais, têm muito a nos ensinar, o que, parece, não queremos aprender. O que acontecerá se nossos filhos, em consequência de nossos atos, vierem a enfrentar não apenas um ano sem inverno, mas uma década sem inverno? Será esse nosso legado mais importante? A resposta a essas perguntas pode muito bem depender de assimilarmos ou não as lições deixadas por culturas antigas que desapareceram.

Se não o fizermos e, ao contrário, continuarmos a ignorar teimosamente as enormes mudanças que estamos provocando, poderemos acabar deixando pouco mais que um mistério para alguma nova comunidade humana em um futuro longínquo; essa comunidade ficará intrigada, tentando compreender o que aconteceu à antiga civilização perdida, que ergueu tantas grandiosas construções de concreto, aço e plástico, muito tempo atrás...

4 · O Sopro de Buda

A extensão das mudanças que estamos impondo ao padrão climático da Terra torna-se óbvia a partir de uma perspectiva histórica, porém, em um determinado ano, é provável que nossa atenção se volte para o turbilhão de eventos contemporâneos e para problemas específicos relativos à poluição, particularmente a poluição atmosférica. Em 1989, mal se assentara a poeira política da revolução da Europa Oriental contra o comunismo, e o mundo, horrorizado, tomava conhecimento dos inacreditáveis níveis de poluição – principalmente a atmosférica – observados em todo o mundo comunista. Ficamos sabendo, por exemplo, que em algumas regiões da Polônia as crianças são muitas vezes levadas para o subsolo de minas profundas para se verem livres por algum tempo do acúmulo de gases e de todo tipo de poluição do ar. Podemos quase imaginar os professores trazendo canários de dentro da mina, para avisar as crianças quando se torna perigosa a permanência ao ar livre.

Um visitante de Copsa Mica, a "cidade negra" da Romênia, observou que "as árvores e a grama ficam tão manchadas de fuligem que parecem ter sido mergulhadas em tinta". Um médico local afirmou que até os cavalos só podem permanecer nessa cidade por dois anos. "Depois disso, eles têm que ser levados embora, do contrário morrerão."

Nas regiões setentrionais da República Tcheca e Eslováquia o ar é tão poluído que o governo instituiu um prêmio para qualquer pessoa que ali residir por mais de dez anos. Aqueles que o pleiteiam chamam esse prêmio de "pé na cova". Mais a leste, apenas na Ucrânia, o número de partículas poluentes lançadas anualmente na atmosfera é oito vezes maior que em todos os Estados Unidos da América.

Pesadelos semelhantes ocorrem hoje em todos os países em desenvolvimento, em todos os continentes. Em Ulan Bator, na Mongólia, a bebida local – leite de égua coalhado – precisa ser protegida para não ficar coberta pelas partículas negras em suspensão no ar. Dia após dia, a Cidade do México continua sendo o centro urbano mais poluído do mundo. Às vezes ocorrem tragédias, como a liberação acidental de gás venenoso na cidade de Bopal, na Índia, que chamou a atenção do mundo todo. Entretanto, os constantes e letais níveis de poluição do ar em cidades dos países em desenvolvimento não chamam a atenção do mundo, embora, em um dia "normal", sejam responsáveis pela morte de maior número de pessoas do que aquele acidente de Bopal.

É claro que os países desenvolvidos, inclusive os Estados Unidos e o Japão, têm seus problemas com a poluição do ar em cidades como Los Angeles e Tóquio, mas não podemos deixar de reconhecer os grandes avanços que essas nações já fizeram no combate à poluição. Pittsburgh, no passado famosa por seu ar denso e enevoado, é hoje uma das cidades com os mais baixos níveis de poluição atmosférica do mundo. A maioria dos moradores de Nashville nem sabe que sua cidade era antigamente chamada de Smokey Joe (João Fumaça). Londres ainda tem sérios problemas, porém nada que se compare aos "smogs assassinos" dos anos 1950. Além disso, como o Tratado de Suspensão dos Testes Nucleares na Atmosfera proibiu, nos anos 1960, a maioria das explosões nucleares acima do solo, os teores letais de estrôncio 90 no ar diminuíram drasticamente.

Contudo, algumas das tentativas bem-sucedidas no controle da qualidade do ar acarretaram novos problemas. Por exemplo, o uso de altas chaminés para reduzir a poluição do ar local contribuiu para agravar os problemas regionais, como a chuva ácida. Quanto mais altos na atmosfera estiverem os poluentes, maiores as distâncias que percorrerão. Alguns dos poluentes que contribuíam para o ar enfumaçado de Pittsburgh estão hoje incorporados à neve ácida do Labrador, e alguns dos poluentes, parte do smog que os londrinos tanto amaldiçoavam, hoje queimam as folhas de árvores na Escandinávia.

Embora muitas medidas de controle da poluição atmosférica local e regional ajudem também a reduzir a ameaça global, outras, na verdade, contribuem para aumentar essa ameaça. Por exemplo, depuradores que consomem energia, usados para controlar a chuva ácida, causam a liberação de uma quantidade ainda maior de dióxido de carbono (CO_2) na atmosfera. Uma usina elétrica equipada com depuradores produz, para cada BTU de energia gerada, cerca de 6 por cento a mais de poluição global, na forma de CO_2. Além disso, a emissão de enxofre das usinas a carvão contrabalança em parte – e mascara temporariamente – os efeitos regionais do aquecimento global, para o qual essas mesmas usinas contribuem no mundo todo.

É esse problema – a poluição global – que representa a verdadeira ameaça estratégica que precisamos enfrentar. As batalhas políticas contra a poluição do ar local são as mais fáceis de organizar, pois os efeitos diretos dessa poluição sobre a saúde humana podem ser vistos nitidamente nos céus pardacentos e enfumaçados, e ouvidos claramente na tosse e no pigarro das pessoas afetadas. Já as batalhas para o controle da poluição regional são mais complexas, porque as pessoas mais afetadas geralmente moram em uma região diferente, um pouco afastada daquelas onde estão os grandes responsáveis pela poluição. Felizmente, esse problema está sendo finalmente abordado, embora ainda persistam acaloradas discussões sobre causa e efeito.

Entretanto, a batalha política para controlar a poluição atmosférica em nível mundial mal começou. Cada um de nós é parte da causa, o que torna difícil organizar uma reação eficaz. Porém cada um de nós também sofre as consequências dessa poluição, o que torna imprescindível encontrar uma solução eficaz, uma vez que o padrão mundial da poluição seja amplamente reconhecido.

Um conceito que precisa ser reformulado antes que possamos reconhecer o padrão mundial é a ideia predominante de que o céu é ilimitado. Algumas fotos do espaço, tiradas por astronautas, mostram que a atmosfera é de fato uma camada azul translúcida e muito fina que recobre o planeta. O diâmetro da Terra é mil vezes maior que a espessura da atmosfera translúcida que a envolve; na verdade, a distância do solo ao topo do céu não é maior que o percurso de uma hora em uma corrida *cross-country*. O volume total de ar no mundo é na verdade bastante pequeno, se comparado à imensidão do planeta, e nós estamos entulhando esse ar, mudando profundamente sua composição, a cada hora, a cada dia, por toda parte.

Seria bom se pudéssemos não acreditar, mas o fato é que, no Polo Norte, longe de qualquer fábrica ou autoestrada, a poluição, conhecida como névoa ártica, alcança atualmente – durante o inverno e a primavera – níveis comparáveis aos de muitas grandes cidades industriais. Análises científicas indicam que grande parte da névoa ártica origina-se na Europa setentrional, o que caracteriza essa névoa como um exemplo particularmente amplo de poluição regional. Esse exemplo serve, entretanto, para ilustrar o fato de que a poluição do ar atinge hoje todas as partes do mundo – amostras do ar da Antártica confirmam o mesmo fato.

Porém as ameaças estratégicas mais sérias representadas pela poluição atmosférica são as que se encontram por toda a parte e têm características uniformes em todo o mundo. Ironicamente, essas ameaças provavelmente não causarão danos pessoais diretos e imediatos e, por conseguinte, não são encaradas como maléficas. Contudo, representam as mudanças que deverão causar danos mais sérios e permanentes ao equilíbrio ecológico da própria Terra.

As moléculas do ar existem em um estado de equilíbrio; de modo semelhante, a atmosfera existe em um estado de equilíbrio dinâmico consigo mesma e com as formas de vida do planeta. Mudanças drásticas nesse equilíbrio, em apenas algumas décadas, podem ameaçar o papel estabilizador representado pela atmosfera dentro do sistema ecológico global.

A maioria das coisas na Terra vem-se ajustando, através das eras, a um equilíbrio de intrigante persistência e estabilidade para a constituição da atmosfera do planeta. O número relativamente pequeno de moléculas de ar na atmosfera tem sido continuamente reciclado por meio de animais e plantas, desde que o oxigênio foi produzido pela primeira vez em grande volume, por microrganismos fotossintéticos, há cerca de 3 bilhões de anos. Esses animais e plantas vêm-se adaptando, por longos períodos, à combinação exata das moléculas presentes no ar durante quase toda a evolução e têm, por sua vez, afetado a composição da atmosfera.

Cada vez que inspiramos, enchemos nossos pulmões com uma amostra homogênea do mesmo ar – trilhões de moléculas – que contém pelo menos algumas moléculas do ar também respirado por Buda, em algum momento de sua vida, e um número semelhante de moléculas do ar respirado por Jesus, Moisés, Maomé – assim como Hitler, Stalin e Gengis Khan. Mas o ar que respiramos é totalmente diferente daquele respirado por essas pessoas, em primeiro lugar porque, misturados às moléculas de ar, há inúmeros poluentes, que variam conforme a região em que vivemos. O mais importante, porém, é que a concentração de alguns compostos naturais foi modificada artificialmente em todas as partes da Terra. Por exemplo, a cada inspiração, o ser humano hoje inala uma quantidade de átomos de cloro 600 por cento maior que no tempo de Moisés ou Maomé. As substâncias químicas responsáveis por esse excesso de cloro – hoje presente no ar de toda a terra – começaram a ser usadas comercialmente no mundo há menos de 60 anos. Pelo que sabemos, esse excesso de cloro não afeta diretamente a saúde humana, mas tem um efeito estratégico perigoso e debilitante sobre as condições da atmosfera. Como um ácido, o cloro corrói o escudo de ozônio acima da Antártica e essa destruição se alastra por toda a camada de ozônio do planeta.

A destruição da camada de ozônio é, na verdade, a primeira de três ameaças de caráter estratégico – e não local ou regional –, relativas à poluição atmosférica. As outras duas ameaças são a menor oxidação da atmosfera (pouco conhecida, mas séria ameaça potencial) e o aquecimento da Terra. Todas as três têm a capacidade de mudar a constituição da atmosfera da Terra e, nesse processo, afetar o importantíssimo papel estabilizador da atmosfera no sistema ecológico global. A destruição da camada de ozônio altera a capacidade da atmosfera de proteger a superfície da Terra de quantidades nocivas de radiações de pequeno comprimento de onda (raios ultravioleta). Um menor potencial de oxidação diminui a capacidade da atmosfera de livrar-se continuamente de poluentes, como o metano. O aquecimento da Terra aumenta a quantidade de radiações de grande comprimento de onda (raios infravermelhos) retidas na atmosfera inferior e, com isso, diminui a capacidade da atmosfera de manter as temperaturas da Terra dentro de uma faixa relativamente constante, que proporciona estabilidade para o atual sistema climático do planeta. Nos três casos, as mudanças estão acontecendo por toda parte e de forma persistente. Analisemos essas mudanças uma a uma.

Uma camada de ozônio mais fina permite maior incidência de raios ultravioleta sobre a superfície da terra e sobre todos os seres que vivem na superfície ou próximos a ela. Muitas formas de vida são vulneráveis a grandes aumentos dessa radiação, inclusive muitas plantas, que normalmente extraem grandes quantidades de CO_2 da atmosfera através da fotossíntese. Todavia, provas científicas hoje indicam que essas plantas, quando expostas a uma maior quantidade de radiações ultravioleta, não mais conseguem processar a fotossíntese às taxas normais, elevando assim os níveis de CO_2 na atmosfera.

O ser humano também é afetado pelo excesso de raios ultravioleta. As consequências mais conhecidas incluem câncer de pele e catarata, que são a cada dia mais comuns, principalmente nas regiões do hemisfério sul, como Austrália, Nova Zelândia, África do Sul e Patagônia. Em Queensland, no nordeste da Austrália, por exemplo, mais de 75 por cento dos cidadãos acima de 65 anos apresentam alguma forma de câncer de pele; a lei obriga as crianças a usarem grandes chapéus e cachecóis quando vão à escola, para se protegerem das radiações ultravioleta. Na Patagônia, consta que têm sido encontrados coelhos e salmões cegos.

Os efeitos das radiações ultravioleta sobre o funcionamento do sistema imunológico humano não são ainda bem conhecidos. Embora os efeitos específicos estejam ainda sendo investigados e debatidos, está-se tornando claro que níveis elevados de radiação podem de fato destruir o sistema imunológico e, consequentemente, aumentar nossa vulnerabilidade, acelerando o aparecimento de várias novas doenças imunológicas.

Todos os anos, nos meses de setembro e outubro, aparece um enorme buraco na camada de ozônio da estratosfera sobre a Antártica e o Oceano Glacial Antártico; pelos menos uma cidade na Terra – Ushuaia, na Argentina, na região da Patagônia – está dentro dos limites do famoso buraco de ozônio. As substâncias químicas que causam a destruição da camada de ozônio, como os clorofluorcarbonos (CFCs), têm maior impacto na camada de ozônio da Antártica por três motivos: primeiro, como o ar sobre a Antártica é muito mais frio que em qualquer outro lugar da Terra, as nuvens se formam a altitudes muito maiores, lançando na estratosfera, onde se localiza a camada de ozônio, minúsculas partículas de gelo composto de ácido nítrico e água. O cloro dos CFCs consegue destruir as moléculas de ozônio muito mais facilmente na presença desses cristais de gelo do que no ar frio livre.

Segundo, sobre a Antártica, fortes ventos formam uma espécie de vórtice, como o redemoinho formado pela água escoando pelo ralo de uma banheira. Esse vórtice mantém firme no lugar a mistura química gelada de cloro, bromo, ozônio e cristais de gelo, como que dentro de uma taça, até o sol surgir.

Terceiro, quando o sol finalmente surge, põe fim à escuridão de seis meses da noite antártica, o que produz, no mês de setembro – imediatamente antes dos seis meses do dia antártico – as mais baixas temperaturas, a formação de nuvens nas altitudes mais elevadas e as mais fortes rajadas de ventos circulares. Quando os primeiros raios da tão aguardada aurora incidem sobre a taça de ozônio e cloro, provocam uma reação em cadeia de destruição do ozônio, até que praticamente todo o ozônio contido na taça seja consumido pelo cloro e bromo. É quando aparece o "buraco" na camada de ozônio. Gradualmente, à medida que os raios solares aquecem o ar, os ventos tornam-se mais brandos e a taça começa a se desfazer, pois o ar vindo de todas as outras regiões da Terra despeja-se pelas bordas da taça, preenchendo o buraco. Nesse processo, a concentração de ozônio no ar do restante da Terra é diluída pelo ar pobre em ozônio que sai da taça e se mistura ao ar de fora dela, rico em ozônio.

Praticamente todos os anos, desde que foi descoberto, o buraco de ozônio vem-se tornando cada vez profundo e hoje cobre uma área três vezes mais extensa que a área total dos 48 estados contíguos que compõem os Estados Unidos. Como prenúncio de mau agouro, os cientistas descobriram o início de um problema semelhante sobre o Ártico, muito mais perto de áreas povoadas, embora o redemoinho de ventos sobre o Polo Norte seja menos compacto e o ar seja aquecido pelas tempestades provenientes do sul antes mesmo que os primeiros raios de sol surjam no horizonte. Enquanto a Antártica é formada por terra rodeada pelo oceano, o Ártico é um oceano rodeado por terra, que transporta correntes de ar mais quentes na direção norte, antes do amanhecer. Entretanto, alguns cientistas salientam que, a cada cinco anos em média, o vórtice de vento permanece mais frio por um período de tempo mais prolongado. Se essa constatação for comprovada e se a concentração de cloro e bromo continuar a aumentar, os cientistas acreditam que é apenas uma questão de tempo antes que uma grande destruição da camada de ozônio ocorra no hemisfério norte.

Todos os anos, em meados de novembro, quando irrompe o buraco de ozônio sobre a Antártica, grandes partes dele soltam-se como bolhas e flutuam para o norte, acarretando sérios riscos para as regiões populosas do hemisfério sul. Se um buraco de ozônio começasse a aparecer no Ártico, esse tipo de bolha ameaçaria um número muito maior de pessoas. Mesmo sem a existência de um buraco de ozônio na região setentrional do planeta, em apenas quatro décadas a camada de ozônio da estratosfera já se mostra destruída ou rarefeita em cerca de 10 por cento, pelo menos durante o inverno e o início da primavera. A cada diminuição de 1 por cento na quantidade de ozônio corresponde um aumento de 2 por cento na quantidade de raios ultravioleta que incidem sobre nossa pele e um aumento de 4 por cento na incidência de câncer de pele. No outono de 1991, alguns cientistas divulgaram novas provas alarmantes, informando que a camada de ozônio sobre os Estados Unidos está-se tornando mais fina no verão – quando os raios solares são muito mais perigosos – e não apenas no inverno, quando são menos prejudiciais. Devido a esses fatos, fazem-se necessárias mudanças significativas no comportamento das pessoas. Recomenda-se, principalmente às crianças, que se exponham menos ao sol.

Ironicamente, à medida que a quantidade de ozônio na estratosfera diminui, o excesso de raios ultravioleta que atravessam a atmosfera também interage com a poluição do ar local sobre as cidades e aumenta a quantidade de smog – aumentando também os níveis de ozônio no ar. Se por um lado o ozônio na estratosfera nos protege, absorvendo as radiações ultravioleta antes que atinjam a superfície, o ozônio no nível do solo é um poluente nocivo, que irrita os pulmões.

Embora outras substâncias químicas tenham contribuído para o problema da destruição do ozônio, os danos mais sérios têm sido causados pelos CFCs. O fato de que os CFCs, produzidos há menos de sessenta anos, já tenham causado um impacto tão avassalador na atmosfera, leva-nos a refletir sobre quantos entre os 20 mil compostos químicos introduzidos pelas indústrias a cada ano podem, quando produzidos em massa, causar outras mudanças significativas no meio ambiente. Pouquíssimos desses produtos são devidamente testados quanto aos efeitos sobre o meio ambiente, antes de serem colocados em uso. Ironicamente, porém, esses testes foram feitos com os CFCs. Foi sua boa estabilidade química na atmosfera inferior que permitiu que os CFCs flutuassem lenta e livremente para o topo do céu, onde os raios ultravioleta finalmente os talharam em fatias corrosivas.

O que significa redefinir nossa relação com o céu? Como nossos filhos verão o mundo, se tivermos de ensiná-los a ter medo de olhar para cima? Os moradores de Ushuaia, cidade abrangida pelo buraco de ozônio, já foram alertados pelo Ministério da Saúde da Argentina a permanecer dentro de casa o maior tempo possível nos meses de setembro e outubro. Sherwood Rowland observa que, por suprema ironia, o segundo maior empregador da cidade é uma companhia que fabrica CFCs!

Nossa tendência a ignorar os efeitos de quaisquer mudanças químicas na atmosfera já configurou a segunda ameaça estratégica. Normalmente, a atmosfera elimina gases e partículas que interferem em seu bom funcionamento. Através de um processo chamado oxidação, substâncias como o metano e o monóxido de carbono reagem quimicamente com um "detergente" natural, chamado hidroxila. Mas o homem está lançando quantidades tão grandes de monóxido de carbono na atmosfera superior – em grande parte provenientes da queima de combustíveis fósseis e florestas – , que a pequena quantidade de hidroxila existente já não é suficiente. E, como a atmosfera usa o suprimento de hidroxila em primeiro lugar para eliminar o monóxido de carbono e só depois para eliminar o metano, a hidroxila está-se esgotando antes que o metano possa ser eliminado. É em parte devido a esse fato que a concentração de metano na atmosfera vem aumentando rapidamente. O metano ocupa hoje o terceiro lugar entre os gases responsáveis pelo efeito estufa (precedido pelo CO_2 e pelo vapor de água).

Muitos cientistas acreditam, hoje, que a perda dessa capacidade de limpeza da atmosfera é uma ameaça estratégica que poderá, em última análise, tornar-se tão séria quanto a destruição da camada de ozônio, pois ataca o que é, de certo modo, o sistema autoimune da própria atmosfera. Entretanto, a terceira ameaça estratégica – o aquecimento da Terra – é a mais perigosa de todas.

Temos certeza de que o mecanismo básico chamado "efeito estufa", que provoca o aquecimento da Terra, está agora perfeitamente compreendido. Muito antes que a civilização começasse a interferir, a fina camada de gases que envolve a Terra conseguia reter uma pequena parcela do calor do sol, conservando-o perto da superfície para que o ar ficasse aquecido apenas o suficiente para impedir as temperaturas de caírem drasticamente todas as noites – o que, sem dúvida, é exatamente o que acontece na Lua e nos planetas como Marte, cuja atmosfera é muito rarefeita. Na Terra, por outro lado, o Sol irradia energia em forma de ondas de luz que atravessam facilmente a atmosfera em direção à superfície, onde são absorvidas pela terra, água e seres vivos. (Conforme observado anteriormente, a atmosfera superior filtra uma grande quantidade de raios ultravioleta do espectro da luz e, conforme já discutido, as nuvens na atmosfera inferior refletem e espalham parte da luz irradiada pelo sol antes que atinja a superfície, embora a atmosfera seja ainda levemente aquecida nesse processo.) Grande parte do calor absorvido durante o dia é irradiado de volta para o espaço, na forma de ondas infravermelhas, que são mais longas e têm menos energia, portanto não atravessam a atmosfera com a mesma facilidade que a luz solar. Como resultado, algumas dessas ondas não conseguem atravessar a camada de gases, e o calor fica aprisionado na atmosfera.

O problema é que a civilização está acrescentando à atmosfera uma enorme quantidade de gases que provocam o efeito estufa e tornam a "fina camada" muito mais espessa. Como consequência, essa camada aprisiona maior quantidade de calor, que, de outra forma, seria liberada.

Não resta qualquer dúvida sobre esses mecanismos básicos. O ponto discutível – se é que ainda existe, entre cientistas respeitáveis –, é sobre três afirmativas não comprovadas daqueles que tentam justificar sua decisão de nada fazer.

Primeiro, os céticos argumentam que alguma característica do sistema climático global pode funcionar como uma espécie de termostato para regular as temperaturas e mantê-las dentro da pequena variação à qual estamos acostumados – apesar de nossa evidente disposição de permitir que se torne mais espessa a camada de gases que provocam o efeito estufa. Segundo, argumentam que, mesmo se as temperaturas se elevarem, provavelmente serão apenas alguns poucos graus, e isso não faria muita diferença, podendo ser até benéfico, principalmente nas regiões do mundo que hoje consideramos frias demais. Terceiro, argumentam que, mesmo se as mudanças que estamos provocando forem significativas, devemos esperar até que ocorram e então nos adaptar a elas, em vez de nos mobilizarmos agora para evitar consequências mais sérias, suspendendo ou modificando as atividades que causam essas mudanças.

Nenhum desses argumentos justifica a acomodação daqueles que os propõem. Com relação ao primeiro, acho que essa vã esperança quanto a um termostato mágico origina-se na relutância em reconhecer a nova relação entre o ser humano e a Terra – o fato de que agora podemos realmente afetar todo o meio ambiente global. E, até agora, a busca por um termostato com tal capacidade mostrou-se infrutífera. Por exemplo, já foi derrubada a ideia de que as nuvens poderiam, de alguma forma, neutralizar os efeitos do excesso de gases que provocam o efeito estufa. É verdade que o vapor de água contido nas nuvens tanto contribui para o efeito estufa – através da absorção da energia radiante – como atua como fator de refrigeração, dispersando parte da luz de volta para o espaço; assim, qualquer mudança na quantidade e distribuição das nuvens causaria um tremendo impacto. Entretanto, todos os indícios, até hoje, levam à conclusão de que, infelizmente, o vapor de água parece aumentar a tendência ao aquecimento, pois retém uma quantidade ainda maior do calor proveniente dos raios infravermelhos, que, de outra forma, poderia sair da atmosfera. Embora restem ainda muitas dúvidas com relação às nuvens em si, a maior parte do vapor de água está fora das nuvens e estas também podem aumentar o aquecimento em vez de diminuí-lo. Na verdade, Richard Lindzen, o maior defensor da ideia de que o vapor de água atua como termostato resfriador, retratou-se publicamente, em 1991.

Outros candidatos ao papel de termostato mágico parecem ter sido impingidos ao público por razões políticas. Por exemplo, três cientistas ligados ao Instituto Marshall conjeturaram que, em um futuro próximo, o Sol esfriará repentinamente, na medida exata para compensar o aquecimento da Terra. Infelizmente, nem as medições das radiações solares, nem o que já foi comprovado pela física solar emprestam qualquer crédito a essa especulação.

A busca por desculpas cada vez mais engenhosas para não fazer nada continua, porém, até o momento, as provas já reunidas indicam que o único termostato capaz de neutralizar as mudanças irresponsáveis que estão ocorrendo no meio ambiente é aquele que existe em nossa mente e nosso coração – e está sob nosso controle.

Quanto à afirmação de que o aquecimento da Terra poderá revelar-se positivo, as provas indicam, acima de tudo, que mesmo pequenas mudanças na média das temperaturas da Terra podem ter efeitos profundos sobre os padrões climáticos. Qualquer interferência nesses padrões pode afetar enormemente o regime pluviométrico, a intensidade das tempestades e das secas, a direção dos ventos e das correntes oceânicas, provocando ainda o surgimento de padrões erráticos, quando as temperaturas poderão atingir extremos tanto de calor como de frio.

Nós, que vivemos em latitudes temperadas, estamos acostumados a mudanças anuais de temperatura, que proporcionam verões quentes e invernos frios. Assim, é difícil nos impressionarmos com uma mudança na temperatura global que, mesmo segundo as previsões mais radicais, é menor que as mudanças a que nos adaptamos todos os anos, de uma estação para outra. Mas uma mudança na temperatura média da Terra é algo muito diferente. A primeira vez que comecei a pensar de forma diversa sobre o aquecimento da Terra foi após a afirmação de Roger Revelle, de que as grandes transformações do sistema climático da Terra, a que chamamos glaciações, ocorreram depois que a temperatura global média caiu apenas alguns graus. O que hoje é a Cidade de Nova York era uma área coberta por uma camada de gelo de um quilômetro, embora as temperaturas da Terra fossem naquela época apenas 6 °C mais baixas do que são hoje. Se uma mudança tão pequena com relação ao frio motivou a ocorrência das glaciações, o que podemos esperar de uma mudança equivalente com relação ao calor? Além disso, embora essas mudanças tenham ocorrido ao longo de milhares de anos, as que hoje estão previstas podem ocorrer no curto espaço de uma geração. Conforme mencionado no capítulo anterior, mesmo a diferença de um único grau na temperatura média da Terra – caso ocorra rapidamente –, poderá causar danos inacreditáveis à civilização. Uma vez mais, o ônus da prova cabe àqueles que alegam que o resultado mais provável desse aquecimento será benéfico para a humanidade.

Finalmente, o argumento de que seria mais lógico nos adaptarmos às mudanças em vez de tentar evitá-las não leva em consideração a dura realidade: se continuarmos a desafiar a sorte, as mudanças no padrão climático poderão ocorrer tão rapidamente que uma adaptação talvez se torne impossível. Além disso, quanto mais esperarmos, mais difíceis serão nossas opções. Estamos acostumados a nos adaptar, porém jamais na história da civilização o homem teve de se adaptar a algo que tivesse a mais remota semelhança com o que o futuro pode estar-nos reservando, se continuarmos a destruir o meio ambiente.

89

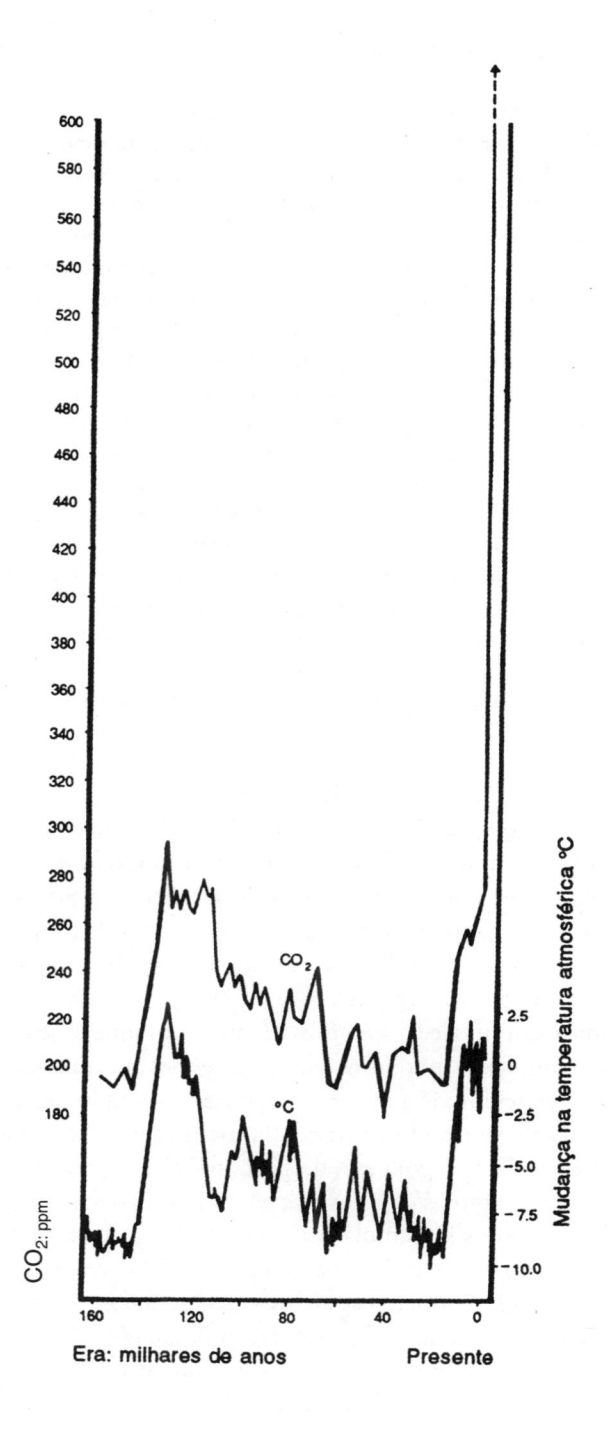

O gráfico da p. 89 foi elaborado a partir de informações contidas em amostras de gelo provenientes de escavações na Antártica. Escavando até uma profundidade de cerca de 3.000 metros, cientistas puderam analisar as minúsculas bolhas de ar aprisionadas a cada ano nas camadas de gelo, durante os últimos 160.000 anos. A linha inferior mostra as oscilações da temperatura atmosférica global desde a penúltima Era Glacial (no canto inferior esquerdo), passando pelo período de intenso aquecimento entre as duas últimas glaciações, há cerca de 17.000 anos (canto inferior direito). As temperaturas globais elevaram-se a níveis que permaneceram relativamente constantes durante os últimos milhares de anos. A linha superior mostra concentrações de CO_2 na atmosfera global, que passaram de menos de 200 ppm (extremo esquerdo do gráfico) – durante a penúltima Era Glacial, para 300 ppm durante o período de aquecimento entre as duas glaciações. Os níveis de CO_2 voltaram então a cair durante toda a última Era Glacial, que terminou cerca de 15.000 anos atrás, quando então esses níveis começaram novamente a se elevar. Neste século, as atividades humanas estão acrescentando tanto CO_2 à atmosfera que, em menos de 40 anos, a concentração de CO_2 deverá alcançar 600 ppm. No início de 1992 esses níveis já atingiam 355 ppm. Os fatos aqui apresentados não estão sendo questionados, mais sim suas implicações. Sabemos que, durante todo o período mencionado, as mudanças nos níveis de CO_2 foram acompanhadas por mudanças de temperatura. Significaria isso que as drásticas mudanças que já ocorrem nos níveis de CO_2 (representadas pela linha ascendente no lado direito do gráfico) levarão a um aumento rápido da temperatura, da mesma dimensão que, no caso do frio, resultou nas glaciações?

Na verdade, estamos conduzindo um experimento muito abrangente e sem precedentes, que na opinião de alguns é antiético. Ao refletirmos sobre a opção de nos adaptarmos às mudanças que estamos provocando ou evitar que ocorram, devemos ter em mente que nossa escolha envolverá não apenas a nossa geração, mas também a de nossos netos e bisnetos. Está claro também que muitas dessas mudanças – como, por exemplo, a extinção prevista de metade dos seres que vivem na Terra – seriam irreversíveis.

A dinâmica química e a dinâmica térmica do aquecimento da Terra são extremamente complexas, porém os cientistas estão examinando com cuidado especial o papel representado por uma molécula: o dióxido de carbono (CO_2). Desde o início da Revolução Industrial, o homem vem produzindo quantidades cada vez maiores de CO_2 e agora está despejando vastas quantidades desse gás na atmosfera da Terra. Como os compostos de CFC, o CO_2 foi estudado profundamente e hoje seus efeitos são amplamente conhecidos. Ao contrário dos CFCs, porém, o CO_2 já fazia parte da atmosfera. Contudo, como porcentagem da atmosfera total, o CO_2 representa somente cerca de 0,03 por cento das moléculas que compõem o ar, ou seja, 355 partes por milhão. Mesmo assim, o CO_2 sempre representou papel importantíssimo como um dos gases responsáveis pelo efeito estufa, pois libera calor suficiente para aumentar a quantidade de vapor de água que evapora dos oceanos para a atmosfera. Esse excesso de vapor de água, por sua vez, retém cerca de 90 por cento dos raios infravermelhos irradiados da superfície da Terra de volta para o espaço, retendo-os por tempo suficiente para manter a temperatura da Terra em um certo equilíbrio.

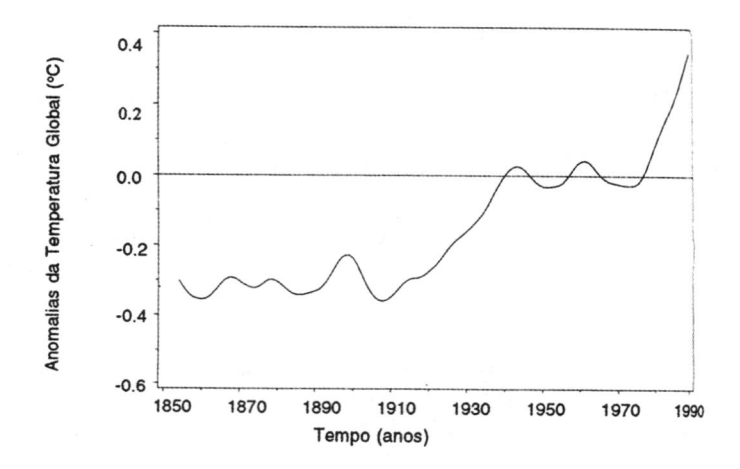

Nos últimos 100 anos, houve um aumento aproximado de um grau centígrado nas temperaturas da atmosfera global. O padrão de oscilações a curto prazo pode estar ligado a variações na intensidade solar, mas a tendência geral de elevação parece estar-se acelerando à medida que as concentrações de CO_2 aumentam.

A correlação entre os níveis de CO_2 e os níveis de temperatura através dos tempos já está devidamente estabelecida. O efeito estufa é, afinal, um fenômeno natural que já foi compreendido há mais de um século. O planeta Vênus, cuja atmosfera tem um volume muito maior de CO_2, retém uma quantidade muito maior de calor solar perto da superfície e é muito mais quente que a Terra.

A quantidade de CO_2 na atmosfera terrestre teve flutuações significativas através dos tempos, em ciclos que duraram dezenas de milhares de anos. As glaciações, por exemplo, correspondem a períodos em que as concentrações de CO_2 eram relativamente mais baixas do que foram nos últimos 15.000 anos. Alguns anos atrás, cientistas da União Soviética e da França conduziram uma análise minuciosa das minúsculas bolhas de ar aprisionadas pelo gelo, em um buraco que escavaram na Antártica, com cerca de 3.000 metros de profundidade, através de camadas de gelo com 160.000 anos de existência. Depois de aprenderem a ler o gelo da mesma forma que os guardas florestais leem os anéis das árvores, os cientistas descobriram uma surpreendente correlação entre as oscilações dos níveis de CO_2 e os níveis de temperatura durante todo esse período. Conforme pode ser visto no gráfico, os níveis de CO_2 flutuaram entre 200 partes por milhão (ppm), nas duas últimas glaciações, e 300 ppm no período grande aquecimento entre elas. No gráfico, a temperatura média global sobe e desce ao longo de uma linha que parece acompanhar a linha de medição dos níveis de CO_2.

Surpreendentemente, entretanto, essa flutuação natural dá-se dentro de uma faixa bastante pequena, se comparada às mudanças causadas pela civilização humana. Estamos elevando a quantidade de CO_2 de um nível de 300 ppm para além de 600 ppm, e grande parte dessa mudança ocorreu a partir da Segunda Guerra Mundial. Em menos de cinquenta anos, a quantidade de CO_2 que havia na atmosfera no início deste século terá duplicado, pois não apenas estamos lançando enormes quantidades desse gás na atmosfera, como também estamos interferindo na maneira natural como o CO_2 é eliminado dela.

O pulmão humano inspira oxigênio e expira dióxido de carbono; na verdade, as máquinas modernas automatizaram o processo de respirar. A madeira que alimenta nossas lareiras, o carvão, o óleo e o gás natural que alimentam os fornos de nossas indústrias, a gasolina que abastece nossos carros, todos esses elementos transformam o oxigênio em CO_2 – enormes quantidades desse gás. É como se o CO_2 tivesse se tornado o sopro de toda a civilização industrial. As árvores e outras plantas retiram CO_2 da atmosfera e o substituem por oxigênio, transformando o carbono em madeira, entre outras coisas. Ao destruirmos rapidamente as florestas da Terra, estamos prejudicando o processo de remoção do excesso de CO_2.

Existe uma teoria otimista, segundo a qual os oceanos poderiam funcionar como um termostato, absorvendo maior volume de CO_2 à medida que sua quantidade na atmosfera aumentasse. Mas não há provas concretas que confirmem essa teoria. É verdade que o ritmo lento com que os oceanos normalmente reagem a mudanças atmosféricas cria uma defasagem no sistema climático, porém infelizmente as provas indicam que, à medida que as temperaturas aumentarem, os oceanos poderão passar a absorver um menor volume de CO_2. De forma análoga, alguns céticos sugerem que as plantas e árvores poderiam representar o papel do termostato mágico, absorvendo o excesso de CO_2. Mas as plantas não conseguem se desenvolver mais rapidamente sem uma maior quantidade de nutrientes e de luz solar, independentemente da quantidade de CO_2 presente no ar. Além disso, há provas de que, como as temperaturas mais elevadas aceleram a decomposição da matéria orgânica e a respiração das plantas, na verdade resultarão em um aumento no volume do CO_2 atmosférico que, caso contrário, poderia ser absorvido durante o crescimento das plantas.

Diz-se que a Terra tem dois pulmões: a floresta e o oceano. Ambos estão hoje seriamente ameaçados, portanto a capacidade da Terra de "respirar" também está ameaçada. As flutuações anuais dos níveis de CO_2 dão a impressão de que a Terra inteira inspira e expira uma vez por ano (ver ilustração p. 20). Como três quartos das terras do globo estão situados ao norte do Equador, aproximadamente três quartos da vegetação da Terra encontram-se no hemisfério norte. Quando o hemisfério norte se inclina na direção do Sol durante a primavera e o verão, o volume de CO_2 na atmosfera cai significativamente.

Quando o mesmo hemisfério se inclina, afastando-se do Sol durante o outono e o inverno, as plantas decíduas perdem as folhas e deixam de absorver CO_2, enviando as concentrações desse gás de volta para a atmosfera. Mas a cada inverno o nível máximo de CO_2 medido na atmosfera é maior; além disso, o ritmo desse aumento também está se acelerando.

Em face da evidente correlação existente no passado entre os níveis de CO_2 e as temperaturas, a suposição de que talvez não esteja errado continuar a aumentar a concentração de CO_2 parece carecer tanto de lógica como de ética. Na verdade, temos quase certeza de que essa atitude *não* está correta. Não seria lógico supor que essa mudança rápida e antinatural na composição do fator-chave do equilíbrio ambiental poderia ter efeitos súbitos e desastrosos? De fato, o aumento dos níveis de CO_2 poderá muito bem nos proporcionar uma desagradável surpresa, como a que tivemos com o súbito aparecimento do buraco de ozônio, depois de um rápido e antinatural aumento na concentração de cloro na atmosfera.

O fato de a atmosfera global funcionar como um complexo sistema torna difícil prever a natureza exata das mudanças que muito provavelmente causaremos. Na verdade, ainda não conseguimos nem mesmo determinar uma das partes mais importantes do ciclo do carbono. Isso entretanto não significa a improbabilidade de mudanças; ao contrário, as mudanças podem muito bem ocorrer de forma súbita e sistêmica. E como nossa civilização é configurada em tão perfeita sintonia com os contornos do meio ambiente global, como o conhecemos – um sistema que vem-se mantendo relativamente estável em toda a história da civilização – qualquer mudança repentina nos padrões globais teria efeitos destruidores e potencialmente catastróficos sobre a civilização humana.

Na verdade, o perigo real que o aquecimento da Terra representa não é o fato de que a temperatura se elevará em alguns graus, é que provavelmente o funcionamento do sistema climático como um todo ficará descontrolado. Estamos de tal modo acostumados a encarar o clima da Terra de forma natural, que nos esquecemos de que ele opera em um estado de equilíbrio dinâmico. Determinado dia pode estar frio, o seguinte quente, uma estação pode ser chuvosa e a seguinte seca, mas o clima da Terra segue um padrão relativamente previsível, na medida em que, mesmo que ocorram constantes mudanças, elas sempre se enquadram nos limites do mesmo padrão geral. Esse equilíbrio reflete uma relação até certo ponto constante entre vários elementos importantes do sistema climático. Por exemplo, as quantidades de luz e calor provenientes do Sol variam um pouco no decorrer do tempo – mas não muito. A órbita da Terra ao redor do Sol, a velocidade de rotação da Terra e a inclinação do eixo terrestre mudam através dos tempos – mas não muito.

Dentro da atmosfera, o sistema climático da Terra opera como uma máquina. Através de correntes aéreas e oceânicas, até a corrente de ventos fortes a grandes alturas e a Corrente do Golfo, e através da evaporação e das precipitações, o clima da Terra transfere calor da região do Equador para os polos e frio dos polos para o Equador. Assim como a inclinação do eixo da Terra, em direção ao Sol ou para longe deste, determina a chegada do verão ou do inverno, a medida da diferença de temperatura entre os polos e o Equador determina a quantidade de energia necessária para transferir calor em uma direção e frio na outra. Isso significa que a razão entre as temperaturas dos polos e do Equador é uma das principais colunas de sustentação do atual equilíbrio climático. Se eliminarmos essa coluna – e, depois de um certo ponto, os níveis mais altos de CO_2 podem fazer exatamente isso –, ultrapassaremos um importante limiar de mudança e todo o padrão de nosso sistema climático poderá mudar de um equilíbrio para outro.

Entretanto, à medida que as temperaturas globais aumentam, o aquecimento não ocorre de maneira uniforme em toda a Terra. Algumas regiões absorvem mais calor solar e outras, menos, dependendo do ângulo de incidência dos raios solares sobre a superfície. Os trópicos, de ambos os lados do Equador, recebem mais calor, porque os raios solares os atingem diretamente, vindos do meio do céu. As regiões polares recebem menos calor, porque os raios solares apenas resvalam pela superfície e espalham-se, rarefeitos, sobre uma área mais ampla da Terra. Há ainda outro fator importante, que determina a quantidade de calor absorvido pelas diferentes regiões da Terra: a medida pela qual a superfície reflete os raios solares de volta ao espaço. O gelo e a neve funcionam quase como espelhos para a luz solar, refletindo mais de 95 por cento do calor e luz que os atingem. Ao contrário, a água verde-azulada e semitransparente do oceano absorve mais de 85 por cento do calor e luz que recebe do Sol.

Essa marcante diferença entre reflexão e absorção da luz e calor pelas superfícies tem enorme impacto sobre o clima nos dois polos. O ponto de congelamento é um limiar de mudança que marca a fronteira entre dois diferentes estados de equilíbrio para o H_2O: água acima e gelo abaixo. Na extremidade da região polar, nos limites da superfície coberta de gelo, há outro limiar de mudança. Quando a temperatura sobe além do ponto de congelamento e as extremidades do gelo começam a derreter, essa pequena mudança transforma a relação entre essa parte da superfície terrestre e a luz solar, que é agora absorvida pela Terra em vez de ser refletida de volta ao espaço. Conforme absorve mais calor, a extremidade do gelo é forçada, pelo calor acumulado, a derreter-se mais rapidamente. Embora as nuvens consigam atenuar esse efeito, o processo tende a se realimentar, levando a um aumento de temperatura mais rápido nos polos que no Equador, onde a propriedade de absorção da luz solar pela superfície praticamente não é afetada pela elevação da temperatura.

Conforme os polos se aquecem a uma velocidade maior que o Equador, diminui a diferença de temperatura entre eles, bem como a quantidade de calor a ser transferido. Como resultado, o aquecimento global artificial que estamos provocando constitui uma ameaça bem maior que simplesmente alguns graus a mais na temperatura média: a ameaça de destruição do equilíbrio climático que conhecemos durante toda a história da civilização. À medida que o padrão climático começa a mudar, mudam também os movimentos de ventos e chuvas, as inundações e secas, os prados e desertos, os insetos e ervas, as farturas e carestias, as épocas de paz e de guerra.

5 · E Se o Poço Secar?

Considerada um todo, nossa civilização adaptou-se nos últimos 9.000 anos ao padrão característico – e relativamente constante – pelo qual a Terra recicla continuamente a água entre os oceanos e continentes, através da evaporação e escoamento, em seguida a distribui na forma de precipitações, rios, riachos e mananciais e depois a acumula e armazena em lagos, brejos, pântanos, aquíferos subterrâneos, geleiras, nuvens, florestas – na verdade, em todas as formas de vida. A água doce, em particular, e em grandes volumes, tem sido essencial à viabilidade e ao êxito de todas as civilizações. As primeiras redes de irrigação ao longo do Nilo, há mais de 5.000 anos, os aquedutos romanos, as cisternas de Masada e a rede monumental de galerias que diariamente transporta água para a cidade de Nova York revelam a excepcional engenhosidade da civilização em assegurar o abastecimento necessário de água.

Os seres humanos são constituídos principalmente de água, em porcentagem quase igual à da água em relação à superfície da Terra. Nossos tecidos e membranas, cérebro e coração, suor e lágrimas – todos refletem a mesma fórmula de vida que aproveita, com eficácia, ingredientes existentes na superfície terrestre. Somos 23 por cento carbono, 2,6 por cento nitrogênio, 1,4 por cento cálcio, 1,1 por cento fósforo, e pequeninas quantidades de aproximadamente trinta outros elementos. Porém somos, acima de tudo, oxigênio (61 por cento) e hidrogênio (10 por cento), reunidos em incomparável combinação molecular, chamada água, que constitui 71 por cento de nosso corpo.

Assim, a afirmação dos ecologistas de que somos, em última análise, parte da Terra, não é mero floreio retórico. Até nosso sangue contém, aproximadamente, a mesma porcentagem de sal que o oceano, onde evoluíram as primeiras formas de vida. Depois trouxeram para a Terra uma reserva própria de água marinha, à qual ainda estamos ligados química e biologicamente. Não é sem razão que a água possui grande valor espiritual na maioria das religiões – da água do batismo cristão à sagrada água da vida do hinduísmo.

Dependemos principalmente da água doce, que representa apenas 2,5 por cento do total de água na Terra. A maior parte dela está retida no gelo da Antártica e, em menor quantidade, na Groenlândia, na calota polar setentrional e nas geleiras das montanhas. Os lençóis freáticos completam o restante, deixando menos de 0,01 por cento para todos os lagos, riachos, rios e precipitações pluviais. Embora ainda sobre água mais que suficiente para atender a nossas necessidades hoje e em um futuro próximo, encontra-se distribuída irregularmente no mundo inteiro. Assim, a civilização tem sido limitada mais ou menos ao mesmo padrão geográfico que segue a distribuição de água doce em todo o globo.

Qualquer alteração duradoura nesse padrão configura, portanto, uma ameaça estratégica à civilização, como a conhecemos.

Infelizmente, as enormes mudanças em nossa relação com a Terra desde a Revolução Industrial – e em especial neste século – já estão causando profundos danos ao sistema hídrico do planeta. Como a saúde deste depende de mantermos um equilíbrio complexo de sistemas inter-relacionados, não é de surpreender que a alteração por nós produzida na atmosfera esteja modificando o modo de transferência da água dos oceanos para a terra e de volta a eles. As temperaturas mais altas aceleram tanto a evaporação como a precipitação – e todo o ciclo. O maior aquecimento aumenta a quantidade de vapor na atmosfera, ampliando o efeito estufa e acelerando o processo ainda mais.

Além disso, por elevar a temperatura das regiões polares mais rapidamente do que a dos trópicos, o aquecimento global também pode estar mudando o modo de a Terra conseguir o equilíbrio entre o calor e o frio. O oceano ajuda a manter o equilíbrio global, ao promover constantemente uma distribuição mais uniforme de temperaturas. Em um padrão característico e relativamente estável, o oceano transfere calor do Equador para os polos em correntes gigantes próximas à superfície, como a Corrente do Golfo. À medida que a água aquecida do oceano vai-se deslocando dos trópicos para o norte, parte dela se evapora. Quando encontra os frios ventos polares entre a Groenlândia e Islândia, a evaporação acelera-se, deixando a água do mar muito mais salgada, mais densa e pesada. Essa água que se esfria rapidamente afunda à velocidade de um milhão e trezentos mil litros por segundo, formando uma corrente profunda, tão forte quanto a do Golfo – apesar de menos conhecida –, que flui para o sul, próxima do fundo do oceano, abaixo da Corrente do Golfo. Nesse processo, transfere o frio proveniente dos polos de volta para o Equador.

Muitos cientistas temem que, como as regiões polares se aquecem mais depressa do que os trópicos e se reduzem as diferenças de temperaturas entre ambos, as correntes oceânicas, que são impelidas em grande parte por essas diferenças, possam desacelerar-se ou procurar um novo equilíbrio. Se isso mudar, mudará também o padrão climático: algumas regiões receberão mais chuvas, outras menos; algumas áreas ficarão mais quentes, outras mais frias.

Em 1991, Peter Schlosser, cientista do Observatório Geológico Lamont-Doherty de Columbia, e seus colaboradores anunciaram que, durante a década de 1980, um componente básico da "bomba oceânica de calor" que impele a Corrente do Golfo e a corrente mais fria e mais profunda desacelerou abrupta e inexplicavelmente em quase 80 por cento, chegando a uma velocidade "não muito maior que a de... uma massa de água estagnada". Schlosser acredita que, de alguma forma, as águas do nordeste da Islândia tornaram-se menos salgadas e, consequentemente, afundaram com menor rapidez. Embora seja impossível afirmar que o aquecimento global tenha causado essa drástica mudança ou que constituirá mais do que um fenômeno temporário, é compatível com os efeitos prognosticados com temperaturas globais mais elevadas. Schlosser chegou a declarar que "a causa é desconhecida, mas seja qual for, é útil para mostrar como é frágil o equilíbrio do sistema".

Os cientistas estão particularmente interessados nos possíveis efeitos das mudanças climáticas sobre a bomba oceânica de calor entre Groenlândia e Islândia por saberem que, há cerca de 10.800 anos, uma rápida diminuição na velocidade dessa bomba causou uma das mais abruptas e radicais mudanças na história dos climas.

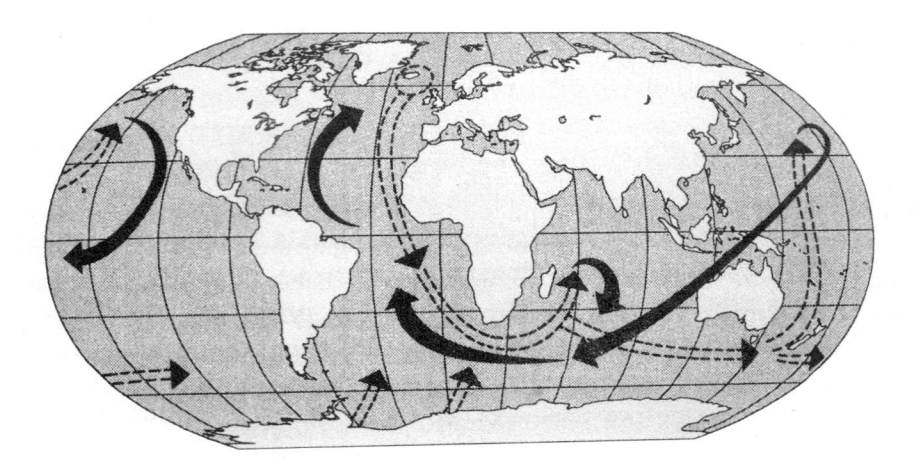

Segundo os cientistas, as principais correntes oceânicas formam uma "esteira transportadora" que começa com as correntes quentes do Atlântico, das quais faz parte a do Golfo (representada aqui por uma seta contínua, como as outras correntes quentes), que colide com as correntes de ar frio do Polo Norte, perto da Groenlândia e Islândia. A evaporação daí resultante produz uma concentração de sal muito maior na fria água densa que afunda rapidamente para formar uma corrente fria profunda que volta para o sul (representada por uma seta tracejada, como as outras correntes frias).

Wallace Broecker, geoquímico do Lamont-Doherty, realizou o trabalho que levou a essa conclusão. Quando o visitei, explicou-me que, por volta de 8750 a.C., quando terminava a última glaciação mundial, uma grande quantidade de água doce, derretida pelo recuo das geleiras, formou um enorme mar interno no Canadá central, onde ficou represado em parte por um enorme dique de gelo que atravessava o atual Lago Superior. Contudo, as temperaturas continuaram a subir, o dique repentinamente se rompeu, lançando no Atlântico Norte grandes quantidades de água doce através do atual Rio São Lourenço. Como, de repente, as águas entre a Groenlândia e Islândia deixaram de ser salgadas o suficiente para afundar, a bomba oceânica subitamente parou de funcionar.

O que aconteceu em seguida deve lembrar-nos de que as principais mudanças climáticas nem sempre ocorrem ao longo de milhares de anos. Neste caso, em apenas algumas décadas, o padrão climático global mudou assombrosamente. O Atlântico Norte, ao deixar de ser aquecido pela Corrente do Golfo, congelou-se por completo e o continente europeu, onde terminara a glaciação, foi atingido por outra extensa onda fria – retornando, de fato, às condições glaciais, enquanto o restante do mundo continuava a se aquecer. Em seguida, abruptamente, a bomba oceânica voltou a funcionar e a tendência de aquecimento na Europa reiniciou-se, com um salto de 5,5 °C. Naquela época, já haviam aparecido os primeiros sinais de civilização organizada, as cidades – não na Europa, onde o congelamento era bastante recente, mas bem mais ao sul, na Mesopotâmia e no Levante, onde por vários séculos as condições climáticas haviam sido ideais para a descoberta e o desenvolvimento da agricultura. Seria possível que os primeiros grupos de seres humanos, fugindo da súbita inversão das tendências climáticas favoráveis na Europa, tivessem migrado para o sul e combinado suas ideias de vida com aquelas de outros que já se achavam lá, chegando a uma síntese que culminou com as primeiras comunidades humanas organizadas? As datas coincidem, mas pouco se sabe sobre os grupos que fugiram quando a glaciação apresentou-se em inesperado bis, antes de deixar o palco europeu.

Às vezes, subestimamos a vulnerabilidade de nossa civilização a mudanças mesmo pequenas nos padrões climáticos – como aquelas que, no passado, seguiam-se às pequeninas alterações nas temperaturas globais médias –, e mais ainda nossa vulnerabilidade às grandes mudanças que agora estamos provocando. Por exemplo, a Califórnia depende, para abastecer-se de água, de uma nevada forte nas montanhas durante o inverno. Se uma pequena mudança no padrão climático empurrar a neve para mais alto nas montanhas e a umidade, que chegava à terra em forma de neve, cair como chuva, todo o sistema de distribuição de água será alterado. Nos últimos anos, quando as temperaturas globais atingiram níveis altos recordes, a Califórnia sofreu, de fato, uma queda brusca na quantidade de nevadas. Em 1990-91, a massa de neve tinha menos de 15 por cento de seu volume normal. Assim, não é de surpreender que a Califórnia encontre-se no meio de uma rigorosa seca.

É claro que essas mudanças recentes talvez não estejam relacionadas ao aquecimento global, mas seu impacto sobre a Califórnia é uma indicação das rupturas que podem acompanhar as tendências de aquecimento maiores e a mais longo prazo. De fato, pesquisas realizadas por Charles Stockton e William Boggess sobre um aumento de 20 °C e uma diminuição de 10 por cento nas precipitações mostram que esses efeitos podem incluir – em consequência da diminuição de neve nas montanhas – redução de 40 a 76 por cento nas reservas de água em todas as bacias fluviais do oeste dos Estados Unidos. Em geral se consideram especulativas essas previsões regionais, mas as temperaturas mais altas têm sido, nos últimos anos, associadas a períodos de extrema escassez de água no oeste e a efeitos colaterais como o aumento de incêndios florestais causados pelas condições de maior seca. Os incêndios destrutivos também se tornaram mais frequentes e extensos nos Everglades da Flórida, decorrentes das condições de maior seca e calor que, a cada ano, vêm antecipando o início da época de incêndios.

* * *

Se a primeira ameaça estratégica ao sistema hídrico global é a redistribuição das reservas de água doce, a segunda – e talvez a mais amplamente reconhecida – é a elevação do nível dos mares e a perda de áreas litorâneas baixas. Como um terço da humanidade vive dentro da faixa litorânea de 60 quilômetros, provavelmente haverá um número sem precedentes de refugiados dessas áreas.

Embora o nível do mar tenha subido e baixado no decorrer dos diversos períodos geológicos, nunca a variação foi tão rápida como aquela que se prevê em decorrência do aquecimento terrestre. Países como Bangladesh, Índia, Egito, Gâmbia, Indonésia, Moçambique, Paquistão, Senegal, Suriname, Tailândia e China, bem como nações insulares como as Maldivas e Vanuatu (antes chamadas Novas Hébridas) serão devastados, caso se confirmem as projeções que estão sendo feitas pelos cientistas. Além disso, especialistas observam que todos os países costeiros sofrerão efeitos adversos. Assim como a Holanda tem conseguido deter o Mar do Norte com uma rede complexa e onerosa de diques, algumas nações ricas terão mais condições que outras para enfrentar as consequências da elevação do nível do mar e da rápida mudança nos padrões de acesso à água. Contudo, os países pobres, mais ameaçados, talvez vejam milhões de seus cidadãos se tornarem refugiados, partindo para nações mais ricas.

O aquecimento da Terra eleva o nível do mar de várias formas. As temperaturas médias mais altas provocam o derretimento das geleiras, a descarga de gelo nos oceanos, provenientes das calotas polares da Antártica e Groenlândia e a expansão térmica do volume do mar quando suas águas se aquecem.

O nível do mar não será afetado pelo derretimento do gelo como aquele que cobre o Oceano Ártico ou dos *icebergs* no Atlântico Norte, pois sua massa já desloca um volume equivalente de água do mar (assim como um único cubo de gelo, ao se derreter em um copo de água, não muda o nível desta). Porém um cubo de gelo empilhado em cima de outros, com a massa apoiada neles em vez de flutuar na água, elevará seu nível, ao derreter, às vezes fazendo transbordar o copo. De modo análogo, quando se derrete o gelo na Terra, o nível do mar sobe. Quase todo o gelo da Terra está na Antártica, apoiado sobre uma massa de terra ou – no caso da gigantesca placa de gelo da Antártica Ocidental – no topo de várias ilhas. Acredita-se que essa maciça placa de gelo quebrou-se e deslizou para o oceano durante um período interglacial de aquecimento há 125.000 anos, provocando uma elevação de cerca de 7 metros no nível dos mares. Os cientistas têm-se mostrado propensos a descartar a possibilidade da repetição dessa catástrofe nos próximos 200 ou 300 anos, mas, em 1991, um dos maiores especialistas em Antártica Ocidental, o dr. Robert Bindschaller, da Nasa, testemunhou perante meu comitê que ficara surpreso ao descobrir que novas amostras do fundo da placa de gelo já apresentavam mudanças dinâmicas e perigosas. Isso o levou a reduzir a estimativa que fizera sobre o prazo em que ela se quebrará, se as temperaturas continuarem a subir.

A maior parte do gelo remanescente no mundo está também sobre a Terra: na Groenlândia, onde a segunda maior placa de gelo existente exerce grande influência sobre o equilíbrio climático do hemisfério norte, e nas geleiras das montanhas no mundo todo. Dois entre outros importantes especialistas em geleiras, Lonnie e Ellen Thompson, do Centro de Pesquisas Byrd Polar, da Universidade Estadual de Ohio, relataram, no início de 1992, que todas as geleiras das montanhas em latitudes médias e baixas estão agora se derretendo e recuando – algumas com bastante rapidez – e que o registro do gelo nelas contido mostra que os últimos 50 anos foram muito mais quentes do que qualquer outro período igual a esse em 12.000 anos. Tal declaração foi corroborada em 1991, com a descoberta, nos Alpes, do "homem de quatro mil anos", quando o gelo recuou pela primeira vez desde sua morte.

O resultado concreto de todo o aquecimento e derretimento é a elevação constante do nível dos mares – quase 2,5 centímetros a cada década – com efeitos colaterais, como a invasão dos aquíferos de água doce por água salgada, nas áreas litorâneas e a perda de áreas costeiras pantanosas. Estudei uma delas no Estado da Luisiana em 1989, Bayou Jean Lafitte, onde uma faixa de terra que, em determinados pontos, não ultrapassa 60 centímetros de altura e 1,5 metro de largura, separa a água salgada do oceano – que se eleva – da água doce, em um dos maiores viveiros naturais dos Estados Unidos. A próxima investida de uma tempestade pode romper a barreira e destruir o ecossistema de água doce do local. As tempestades, em conjunto com a elevação do nível do mar, causaram uma erosão que se agrava cada vez mais, em praticamente todas as áreas costeiras.

Em algumas cidades litorâneas, como Miami, o aquífero de água doce, de onde se retira a água potável, na verdade flutua sobre água salgada; portanto, a elevação dos mares empurraria o lençol de água para cima – em alguns casos, até a superfície. Segundo recente pesquisa do WorldWatch Institute, sobre a elevação do nível dos oceanos, Bancoc, Nova Orleans, Taipei e Veneza também são cidades importantes que enfrentam problemas semelhantes. Outras grandes cidades como Xangai, Calcutá, Dacca, Hanoi e Karachi, situadas nas partes mais baixas das margens dos rios, estarão entre as primeiras áreas densamente povoadas a sofrer inundações.

O aquecimento dos oceanos provavelmente aumentará a violência dos furacões, segundo os cientistas, porque a profundidade e o calor da camada oceânica superior constituem o fator isolado mais importante na determinação da velocidade dos ventos de um furacão. Tempestades mais frequentes e fortes vindas do oceano para a terra agravariam, por sua vez, os danos causados pela elevação do nível dos mares, pois é durante a turbulência das tempestades que as águas avançam cada vez mais para o interior.

Uma terceira ameaça estratégica ao sistema hídrico mundial decorreu de mudanças nos padrões de uso da terra, principalmente os extensos desmatamentos.

A destruição de uma floresta afeta o ciclo hidrológico (o sistema natural de distribuição de água) em uma determinada área, exatamente como faz o desaparecimento de um grande mar interno. As florestas da Terra – especialmente as florestas tropicais úmidas – armazenam mais água do que os lagos. As próprias florestas produzem nimbos, em parte pela evapotranspiração (transpiração é o equivalente ao suor nas plantas; a ela se soma a evaporação de superfícies, como as de folhas largas). Na verdade, quase imediatamente depois de chover nas florestas tropicais úmidas, uma névoa fina começa a flutuar de volta para o céu, aumentando a umidade do ar e a probabilidade de mais chuva. As florestas também podem atrair a chuva pela produção de gases chamados terpenos e de pequenas quantidades de um composto chamado sulfeto de dimetila, que flutuam na atmosfera como um gás, sofrem oxidação e são transformadas em borrifos de partículas de sulfato que depois se apresentam como minúsculos "grãos", em redor dos quais se formam as gotas de chuvas – do mesmo modo que se formam pérolas nas ostras, em volta de um minúsculo grão de areia.

Embora ainda tenhamos muito a aprender sobre a simbiose entre as florestas e os nimbos, sabemos que, com a destruição das florestas, as chuvas acabam ficando mais fracas e trazendo menos umidade. Ironicamente, chuvas fortes continuam a cair por algum tempo onde antes havia florestas, destruindo a camada superficial do solo, que deixou de ser protegida pelas copas das árvores ou mantida pelo sistema de raízes. As áreas vizinhas são às vezes inundadas pelas enxurradas, que a floresta antes absorvia e, nos rios das proximidades, em geral se depositam sedimentos da camada retirada, tornando-os gradativamente obstruídos e mais rasos, reduzindo sua capacidade de drenar grandes volumes de água e aumentando ainda mais as inundações em suas margens.

A Etiópia constitui um trágico exemplo de perda de florestas e em seguida de água. Nos últimos quarenta anos, a área de terras arborizadas diminuiu de 40 para 1 por cento. Concomitantemente, a quantidade de chuvas reduziu-se tanto, que o país está-se tornando um deserto. Os efeitos da seca prolongada aliaram-se à incompetência governamental para desencadear uma tragédia de dimensões épicas: fome, guerra civil e o caos econômico destruíram uma nação antiga e, em outros tempos, altiva.

Na América do Sul, algumas pessoas agora receiam que a queima contínua de grandes extensões da floresta tropical Amazônica interrompa o ciclo hidrológico ou que leve as chuvas para o oeste através da Bacia Amazônica e em direção ao Peru, Equador, Colômbia e Bolívia, o que resultará, no futuro, em secas nas regiões desmatadas.

A quarta ameaça estratégica ao sistema hídrico global é a contaminação de todas as reservas de água pelos poluentes químicos produzidos pela civilização industrial. Ao contrário da atmosfera, que constitui um único reservatório gigantesco de ar, constante e completamente "misturado", formando um todo homogêneo, o sistema hídrico global inclui uma variedade de grandes reservatórios e depósitos, que nem sempre se misturam por completo ao restante da água na terra. Como as moléculas circulam livremente por toda a atmosfera, poluentes como clorofluorcarbonos (CFCs), que se decompõem em átomos de cloro, podem tornar-se presentes em qualquer parte dela. Isso não ocorre com o suprimento global de água.

No entanto, vários poluentes perigosos estão extremamente disseminados em muitas reservas hídricas do mundo. Por exemplo, partículas radioativas resultantes das explosões nucleares do Programa de Testes Atmosféricos acham-se amplamente distribuídas na maioria dos recursos hídricos do mundo – embora normalmente em quantidades minúsculas. Essas partículas ainda não caracterizam uma ameaça, mas alguns poluentes que têm sido largamente dispersados em certas áreas – como PCBs e DDT – podem ser ecologicamente perigosos, mesmo em quantidades mínimas. O grande ambientalista russo Alexei Yablokov mostrou que alguns pesticidas fortes podem – até em concentrações extremamente baixas – causar mudanças de comportamento em animais. Ele menciona, por exemplo: "um pesticida chamado *sevin* [que] mesmo na concentração infinitesimal de um bilionésimo pode mudar o comportamento de grandes cardumes de peixes, tornando seus movimentos desordenados. Essa concentração tóxica cria, na biosfera, um segundo plano químico".

Um dos contaminadores mais visíveis nos oceanos e em algumas bacias fluviais internas é o óleo derramado. Apesar de vazamentos excepcionalmente grandes, como aquele causado intencionalmente por Saddam Hussein no Golfo Pérsico ou aquele provocado por negligência pelo *Exxon Valdez*, no Estreito Prince William, chamarem nossa atenção, os vazamentos pequenos, muito mais numerosos, que nos passam despercebidos, provavelmente causam mais danos cumulativos aos oceanos. Jacques Cousteau, seu explorador, afirma que a poluição oceânica está danificando a membrana ultrafina da superfície – chamada *neuston* – que desempenha papel crucial na captura e estabilização do suprimento de alimentos para o menor organismo marinho – o fitoplâncton – que realmente forma o *neuston* e inicia a cadeia alimentar. Ainda não se conhecem os danos, mas o fitoplâncton é extremamente importante na ecologia do oceano e na ligação deste com a atmosfera. A poluição constitui grave ameaça a outros seres vivos do oceano, os recifes de coral, pois também ajudam a manter o equilíbrio ecológico.

Assim como a atmosfera, o sistema hídrico global tem mecanismos naturais pelos quais elimina regularmente os poluentes. Porém massas de água diferentes purificam-se a velocidades diferentes. As águas turbulentas e abertas, como o Mar do Norte, muito poluído, renovam-se com rapidez e, nesse processo, podem ser parcialmente limpas. Contudo, as águas de movimento lento, em geral de mares fechados, lagos e aquíferos renovam-se muito devagar – o Mar Báltico, por exemplo, é reabastecido apenas uma vez a cada oito anos. Como resultado, a poluição nele despejada pelos czares ainda se mistura às enormes quantidades de resíduos tóxicos nele despejadas pelos comunistas e nele permanecerá muito mais tempo após a queda *desse* regime. Da mesma forma, enquanto rios de fluxos rápidos carregam a maioria dos poluentes com bastante rapidez a jusante, alguns grandes aquíferos subterrâneos fluem apenas alguns metros por ano. Torna-se, portanto, quase impossível eliminar os contaminadores depois que poluem esses reservatórios.

No mundo industrial tem havido, nos últimos anos, consideráveis progressos em relação à limpeza da água. Nos Estados Unidos, por exemplo, a Lei da Água Pura, de 1972, reduziu acentuadamente os níveis de poluição. Há 25 anos, o Rio Cuyahoga, em Cleveland, ficou tão poluído que chegou a incendiar-se. Hoje, embora continue poluído, deixou de ser inflamável. Na União Soviética, onde não houve praticamente progresso algum, rios ainda se incendeiam. Em julho de 1989, quando Vasili Primka, um agricultor da Ucrânia, apanhava cogumelos na margem do Rio Noren, jogou na água um toco de cigarro. O rio explodiu e queimou por cinco horas, em parte porque nele ocorrera, recentemente, um derramamento de óleo. A poluição da água na Europa Oriental atingiu a mesma gravidade; no Rio Vístula, na Polônia, há tantos poluentes venenosos e corrosivos gorgolejando até Gdansk que não se pode aproveitar quase nada de sua água, nem para resfriar a maquinaria de fábricas.

Na Europa Ocidental, como nos Estados Unidos, houve alguns progressos depois de enérgicos protestos públicos, principalmente contra incidentes atrozes, como o derramamento maciço, em 1986, de metais tóxicos, tintas e fertilizantes no Reno, por uma empresa, e de herbicidas, por outra indústria. Em Londres também não existem mais vermes na água potável como existiam há trinta anos. E, no Japão, os terríveis efeitos do mercúrio despejado na água em Minimata, mostrados nas comoventes fotografias tiradas por W. Eugene Smith, ajudaram a acelerar a adoção de normas mais rígidas para controle da poluição.

Em geral, porém, a poluição dos recursos hídricos globais piora contínua e inexoravelmente. Apesar dos inúmeros progressos do mundo industrial, ainda restam muitos problemas: das altas concentrações de chumbo na água potável de certas cidades ao costume comum na maioria das cidades norte-americanas mais antigas de misturar águas usadas às águas drenadas dos esgotos, sempre que chove torrencialmente. Elas então forçam uma passagem secundária nas estações de tratamento de esgotos, que não conseguem processar o volume misturado. Assim, a água da chuva e o esgoto são despejados sem tratamento em riachos, nos rios e no oceano. De acordo com um estudo da Agência para a Proteção do Meio Ambiente, quase metade dos rios, lagos e riachos dos Estados Unidos ainda estão prejudicados ou ameaçados pela poluição.

Contudo, é no Terceiro Mundo que seus efeitos são sentidos mais intensa e tragicamente, nos altos índices de mortalidade por cólera, tifo, disenteria e diarreias causadas por vírus e bactérias. Falta, a mais de 1 bilhão e 700 milhões de pessoas, um suprimento suficiente e limpo de água potável. Faltam condições sanitárias adequadas a mais de 3 bilhões de pessoas, que correm, portanto, o risco de consumir água contaminada. Na Índia, por exemplo, em 114 cidades, grandes e pequenas, despejam-se dejetos humanos e outros, sem tratamento, diretamente no Ganges.

No Peru, a epidemia de cólera em 1991 foi um exemplo de fenômeno semelhante, que está se tornando cada vez mais frequente no Terceiro Mundo. De acordo com um estudo realizado pelo Programa das Nações Unidas para o Meio Ambiente: "Quatro entre cinco doenças comuns nos países em desenvolvimento são causadas por água poluída ou por falta de saneamento básico e tais doenças provocam, nesses países, em média 25 mil mortes por dia". Além disso, o lixo industrial, que, no mundo desenvolvido, geralmente é regulamentado e supervisionado, quase sempre é tratado com maior negligência nos países subdesenvolvidos ansiosos, como Fausto, por fazer acordos com os poluidores, que às vezes se mostram, eles próprios, ansiosos por transferir-se para regiões com controles menos rígidos. O Rio Novo por exemplo, que corre do norte do México para o sul da Califórnia, antes de chegar ao Pacífico, é geralmente considerado o mais poluído da América do Norte, devido à aplicação descuidada dos padrões ambientais pelo México.

A pressão do rápido aumento da população, principalmente no Terceiro Mundo, representa a quinta grande ameaça estratégica ao sistema hídrico global. Em muitas regiões do mundo, retira-se água dos aquíferos subterrâneos a um ritmo que em muito ultrapassa a capacidade da natureza de recompô-la, ou recarregá-la. Contudo, como esses reservatórios subterrâneos estão longe dos olhos, ficarão longe de nossas preocupações – até que comecem a secar ou que a terra sobre eles comece a afundar ou a "assentar-se". O delta do Rio Sacramento na Califórnia, que leva metade da água para a rede de canais conhecida como Aqueduto da Califórnia, está afundando cerca de 8 centímetros por ano, talvez por estar recebendo menos sedimentos. Consequentemente, essa área – que já precisara ser protegida por uma rede de diques para não ser inundada pelo oceano – está-se tornando muito mais vulnerável à ação destruidora de terremotos, comuns na área vizinha.

O Aquífero de Ogallala, nos estados das Planícies Centrais, está sendo drenado tão rapidamente que milhares e milhares de agricultores em breve correrão o risco de ficar sem trabalho. E, no vizinho Iowa, a água saturada de nitrato, que escoa de plantações, contaminou tantos poços que as áreas rurais do estado tornaram-se mais vulneráveis durante os períodos secos. Em 1988, convocou-se a Guarda Nacional de Iowa para distribuir água durante a seca.

Na Cidade do México, o nível da água do aquífero principal está agora baixando 3,30 metros por ano e, em Beijing, o lençol de água diminui até 2 metros a cada ano. Na Faixa de Gaza, em Israel, onde vivem 750 mil palestinos, está ocorrendo uma "catástrofe" de água, de acordo com o diretor responsável pelo sistema de distribuição de água do país, Zemah Ishai. O Egito, com 55 milhões de habitantes, dependendo quase exclusivamente no Nilo para obter água potável, terá, segundo cálculos conservadores, uma população de no mínimo cem milhões daqui a 35 anos. Contudo, o Nilo não terá mais água do que tinha quando Moisés foi encontrado nos juncos – de fato, terá menos, pois a Etiópia e o Sudão estão a montante e têm índices ainda maiores de crescimento populacional.

Em quase todo o mundo, a pressão do crescimento populacional sobre o sistema hídrico é também exacerbada pelo aumento do consumo *per capita*. Uma das principais razões disso é o maior uso da irrigação na agricultura para alimentar as populações maiores. De toda a água potável consumida pelos seres humanos no mundo inteiro, usam-se quase três quartos (73 por cento) para a irrigação. E, tragicamente, perdem-se três quintos de toda a água usada na irrigação, devido a técnicas ineficazes e nocivas ao meio ambiente. A despeito das grandes esperanças que alicerçaram sua construção, muitas das grandes represas, como a de Assuã, no Egito, tiveram consequências funestas sobre o sistema hidrológico da área, destruindo nichos ecológicos valiosos, interrompendo o fluxo de aquíferos e prejudicando seriamente o equilíbrio de nutrientes e sedimentos.

Porém, de todas as atividades humanas que interferem com os sistemas de distribuição de água, a irrigação é, sem dúvida, a mais comum e agressiva. Só neste século, aumentou em 500 por cento a quantidade de regiões agrícolas irrigadas no mundo. A irrigação correta é extremamente eficaz no aumento da produtividade agrícola. Por exemplo, embora apenas 15 por cento das terras cultivadas no mundo sejam irrigadas, 33 por cento de todas as colheitas vêm dessas terras. Infelizmente, porém, grande parte da população mundial recorre a um método chamado irrigação de valas abertas, que não só perde 70 a 80 por cento da água pela evaporação e infiltração através das valas geralmente desalinhadas, mas que também pode ocasionar o acúmulo de grandes quantidades de sal nas áreas irrigadas. Esse processo – a salinização – ocorre porque os sais se concentram após o líquido que os contém ser reduzido pela evaporação. Nos países que adotam esse método, abandonaram-se extensas áreas, antes produtivas, devido ao acúmulo de sal. A região do Mar de Aral na União Soviética é um exemplo: ao sobrevoá-la em um pequeno avião, notei, antes de mais nada, a intensa brancura dos campos que pareciam ter sido salpicados por um gigantesco saleiro.

A irrigação com valas abertas geralmente ocasiona, ainda, o encharcamento da "zona da raiz", logo abaixo da superfície, o que, paradoxalmente, priva a planta de oxigênio e prejudica seu crescimento. Sandra Postel, autoridade em irrigação do WorldWatch Institute, declara que, além da região do Mar de Aral, outras áreas gravemente afetadas pela salinização incluem Afeganistão, Turquia, as bacias dos rios Tigre e Eufrates na Síria e Iraque, 20 milhões de hectares na Índia (além de outros 7 milhões que tiveram de ser abandonados devido ao sal), 7 milhões de hectares na China e 3,2 milhões no Paquistão. No Egito, houve uma redução de cerca de 50 por cento nas culturas, causada pela salinização; o problema também é sério no México.

Os métodos de irrigação causam alguns conflitos políticos quando os consumidores de água a montante a esbanjam, usando mais do que sua cota e privando de água suficiente os consumidores a jusante. O impulso de aproveitar bem a água disponível é, naturalmente, tão antigo quanto a própria irrigação. No século XII, Parakrama BahuI, rei de Sri Lanka, declarou: "Que nenhuma gota de água que cai na terra chegue ao mar sem ter servido aos seres humanos". Conforme as populações continuam a crescer, a necessidade de água tende a gerar conflitos, já que grande variedade de povos e comunidades exploram inadequadamente os mananciais.

Os residentes de Los Angeles, na Califórnia, vivem na extremidade de uma rede maciça de distribuição de água do norte, mais úmido, para o sul, mais seco. Durante a prolongada seca de 1991, começaram a questionar a justiça de um grupo relativamente pequeno de agricultores usar quase toda a água do estado, que tem 32 milhões de habitantes. Essa disputa que se intensifica não é muito diferente do conflito entre o Colorado e seus vizinhos a jusante, que se sentem privados da água que, de outro modo, acabaria esvaziando as bacias do Colorado. O problema dos habitantes dessa área – aquelas comunidades que ficam a jusante, bem distantes das cabeceiras do sistema de distribuição de água – está se agravando, especialmente onde é mais rápido o aumento da população. Nos Estados Unidos, essas e outras questões semelhantes serão resolvidas por meio de diálogos políticos e batalhas judiciais – apesar de ter sido abalada nossa antiga crença de que a água potável é gratuita e existe em quantidades ilimitadas. A súbita compreensão da necessidade de levar em conta o valor econômico da água e controlar seu uso está sendo interpretada como um sinal de escassez no futuro.

Contudo, em algumas regiões instáveis do mundo, esses conflitos talvez não tenham solução pacífica e podem até resultar em guerras. Em 1989, copatrocinei, com Joyce Starr, especialista em água, uma série de seminários internacionais, a fim de analisar possíveis soluções para tais conflitos. Durante a crise do Golfo Pérsico de 1990-1991, especulou-se abertamente sobre a possibilidade de a Turquia cortar o fluxo do Tigre para o Iraque, como arma de guerra. E o Iraque tentou sujar o encanamento que levava água potável até as usinas de dessalinização na Arábia Saudita, causando enorme derramamento de óleo no golfo. Em tom mais promissor, Israel e Jordânia estão procurando, a despeito dos problemas políticos quase insolúveis, encontrar meios de evitar conflitos pela água do Rio Jordão, já que a população continua a crescer rapidamente em ambos os países. Nesse ínterim, o mesmo conflito aumenta entre Índia e Bangladesh.

Tais conflitos geopolíticos gerados pela água muito se agravarão se as mudanças climáticas alterarem o padrão de distribuição de água ao qual as nações têm-se ajustado cuidadosa e penosamente. Pode ser assombroso o custo financeiro da modificação dos sistemas de irrigação para que se adaptem aos novos padrões climáticos – especialmente para países tão onerados por dívidas que mal conseguem arcar com as despesas de educação e treinamento, destinados a garantir o bom funcionamento dos sistemas já existentes. Os serviços da dívida impelem muitos a derrubar as florestas remanescentes em seu território para conseguir dinheiro com a venda de madeira, e a plantar culturas rentáveis – e, com isso, a escassez de água aumenta ainda mais.

Algumas pessoas têm esperança de que o custo das usinas de dessalinização algum dia se reduza o suficiente para que possam fornecer água aos países pobres que dela mais necessitam. Entretanto, é pouco provável que essa tecnologia, como os esquemas para laçar icebergs e arrastá-los das regiões polares até os trópicos populosos, resolva o problema subjacente em virtude do enorme custo de energia – e CO_2 – envolvido.

Precisamos, em vez disso, colocar em ação nosso bom senso. As chuvas nos trazem árvores e flores; as secas abrem fendas enormes no solo. Os lagos e rios nos sustentam; fluem pelos veios da terra e para as nossas próprias veias. Porém devemos cuidar para deixá-los fluir de volta tão puros quanto vieram – e não envenená-los e desperdiçá-los sem pensar no futuro.

6 · À Flor da Pele

A superfície da Terra é, em certo sentido, como uma pele. É uma camada pouco espessa, porém fundamental, que protege o planeta por ela coberto. Muito mais que um simples limite, ela interage de modo complexo com a atmosfera volátil acima e com a terra que envolve. Pode parecer difícil imaginá-la como elemento básico do equilíbrio ecológico, mas, na verdade, a saúde da superfície da Terra é vital para a saúde de todo o meio ambiente.

Mantendo a analogia com a nossa pele, podemos ficar surpresos quando os anatomistas a descrevem como o maior órgão do corpo. A pele parece, à primeira vista, ser apenas o limite de nosso ser físico, além de excessivamente fina e frágil para ser classificada como algo tão complexo quanto um órgão. Na realidade, ela se renova constantemente e desempenha complexas funções de proteção, evitando muitos males que nos afligiriam, causados pelo mundo que nos circunda. Sem ela até o ar poderia corroer nossos órgãos internos.

Da mesma forma, a superfície da Terra – apesar de parecer uma simples camada de solo e pedra, florestas e desertos, neve e gelo, água e seres vivos – funciona como uma pele protetora vital. Logo abaixo da superfície, as raízes retiram seus nutrientes do solo e, ao mesmo tempo, o mantêm firme no lugar, permitindo que absorva umidade e evitando que o vento e a chuva o arrastem em direção ao mar. Na parte superior, as características da superfície determinam a quantidade de luz que é absorvida ou refletida, estabelecendo em parte a relação do planeta com o Sol.

As áreas da Terra cobertas por florestas têm um papel fundamental na manutenção de sua capacidade de absorver dióxido de carbono (CO_2) da atmosfera, função básica para estabilizar o equilíbrio do clima em todo o globo. Como já vimos no capítulo anterior, as florestas são fundamentais para a regulagem do ciclo hidrológico. Também estabilizam e conservam o solo, reciclam os nutrientes através da queda da folhagem e das sementes (e dos troncos, quando morrem) além de constituírem os hábitats onde há mais alimentos para os seres vivos. Quando destruímos florestas, destruímos também esses hábitats e os seres que deles dependem para viver. A controvérsia que foi levantada sobre a destruição e perda das terras úmidas, que também são hábitats insubstituíveis para muitas espécies, é motivada pela mesma preocupação: a extinção de muitas espécies vulneráveis em pouco tempo, após o desaparecimento das terras úmidas.

A forma mais perniciosa de desmatamento é a destruição das florestas tropicais, principalmente daquelas situadas em torno da linha do Equador. Elas são a fonte mais importante de diversidade biológica na Terra e o ecossistema mais vulnerável, que hoje sofrem os efeitos de nossa constante agressão. Na realidade, metade dos seres vivos de todo o planeta – alguns especialistas chegam a afirmar que mais de 90 por cento de todas as espécies vivas – habitam as florestas tropicais e não conseguem sobreviver em qualquer outro meio ambiente. Essa é a razão pela qual a maioria dos biólogos acredita que a destruição rápida das florestas tropicais e a perda irrecuperável desses seres vivos representa atualmente o maior dano à natureza. Enquanto alguns dos outros danos que estão sendo causados ao sistema ecológico global podem ser sanados nas centenas de milhares de anos que virão, a aniquilação completa de tantas espécies, em um momento tão angustiante da história geológica, representa uma ferida mortal na intrincada cadeia de seres vivos, ferida tão duradoura que muitos cientistas avaliam que seriam necessários *cem milhões de anos para sua recuperação*.

Os ecossistemas das florestas tropicais e o das florestas temperadas decíduas são completamente diferentes. Todas as florestas temperadas situam-se em áreas que passaram por muitas eras glaciais e por longos períodos em que vastas camadas de gelo, de quilômetros de altura, avançaram pelas latitudes setentrionais, cobrindo cadeias de montanhas do norte e sul dos Andes aos Alpes e Pirineus, ao Himalaia e Pamir, enquanto lençóis de gelo menores soltavam-se das montanhas, localizadas no centro da África Oriental, sudeste da Austrália e Nova Zelândia, e eram espalhados pelo vento. Essas geleiras enormes destruíram intermitentemente as florestas localizadas nas latitudes setentrionais, mas, à medida que arrasavam a terra, depositavam ricos minerais no solo. O resultado disso é que as florestas temperadas retêm cerca de 95 por cento de seus nutrientes no solo e somente 5 por cento na própria floresta, o que permite que se regenerem com bastante rapidez.

Esse processo é totalmente oposto ao que ocorre nas florestas tropicais. Elas ficaram praticamente intocadas pelos lençóis de gelo e sua fantástica diversidade no que se refere a plantas e animais parece ser o resultado de uma co-evolução ininterrupta de milhões de espécies durante dezenas de milhões de anos. As florestas tropicais, porém, desenvolvem-se sempre em solos de pouca espessura e pobres em nutrientes. Sem contar com as geleiras para revolvê-las e fertilizá-las, somente 5 por cento de seus nutrientes encontram-se no solo, enquanto cerca de 95 por cento deles estão na própria floresta. (A Floresta Amazônica é um caso à parte, pois em 1990 alguns cientistas descobriram que ela recebe regularmente minerais fertilizantes carregados pelo Oceano Atlântico por correntes de vento repletas de areia proveniente das dunas do Saara. São "funis de vento" situados bem alto sobre a Floresta Amazônica que parecem atrair essa areia, afastando-a da corrente de vento e encaminhando-a para o solo da floresta; o volume é de 110 quilos por hectare a cada ano.) Não é nenhuma surpresa, portanto, que, enquanto as florestas temperadas dão vida a comunidades de flora e fauna que prosperam sempre, as florestas tropicais contem com uma desordenada profusão de seres vivos, um incontável e vasto número de espécies que parecem brotar de todos os seus nichos e poros.

Há três grandes áreas de florestas tropicais que ainda sobrevivem no mundo. A Floresta Amazônica, sem dúvida a maior, a floresta centro-africana que se encontra no Zaire e países vizinhos, e aquelas do sudeste da Ásia, que agora estão concentradas principalmente na Nova Guiné, Malásia e Indonésia. Encontram-se ainda importantes remanescentes de florestas tropicais na América Central, ao longo da costa atlântica brasileira, na região subsaariana da África, na costa leste de Madagáscar, em áreas do subcontinente indiano e na península da Indochina, nas Filipinas e no nordeste da Austrália. Existem remanescentes ainda menores em ilhas entre Porto Rico e o Havaí, e até Sri Lanka.

Quando a floresta tropical é destruída por derrubadas ou queimadas, o solo pouco espesso torna-se rapidamente vulnerável à erosão. Essa área próxima a Manaus ilustra essas sérias conseqüências.

Onde quer que se encontrem, as florestas tropicais estão sitiadas. Estão sendo queimadas para dar lugar a pastagens, inundadas para que hidrelétricas gerem energia e suas árvores estão sendo serradas para a obtenção de madeira. Estão desaparecendo da face da terra a um ritmo de 0,5 hectare por segundo, dia e noite, todos os dias do ano. E, por várias razões, esse ritmo de destruição ainda se acelera. O rápido crescimento populacional nos países tropicais está produzindo uma pressão sem trégua para a ocupação de áreas marginais. A escassez de combustíveis, que atinge cerca de 1 bilhão de habitantes do Terceiro Mundo, leva muitas pessoas a destruir as florestas que as cercam. As quantias sempre crescentes que as nações em desenvolvimento devem aos países industrializados estimulam a exploração de todos os recursos naturais disponíveis, em um esforço para obter dinheiro a curto prazo. Grandes projetos mal-orientados, inadequados para países tropicais, estão violando regiões antes inacessíveis ao mundo civilizado. A criação de animais, com sua insaciável necessidade de áreas para pastagem, aumenta a cada ano que passa. A lista dessas razões é longa e complexa, mas a questão fundamental é simples: na batalha diária entre uma civilização crescente e faminta e um ecossistema antigo, o ecossistema está em franca desvantagem.

O mesmo acontece com as culturas indígenas, que também dependem da floresta. À medida que as florestas estão desaparecendo, também estamos perdendo os últimos representantes de sociedades antigas – calculadas em cerca de 50 milhões de pessoas que ainda vivem em comunidades tribais nas florestas tropicais – cujas culturas, em alguns casos, permaneciam inalteradas desde a Idade da Pedra.

A continuar o atual ritmo de desmatamento, praticamente todas as florestas tropicais terão desaparecido em meados do próximo século. Se permitirmos que essa destruição ocorra, o mundo perderá o maior celeiro de informações genéticas do planeta e, com elas, a possível cura de muitas doenças que nos afligem. Na realidade, várias centenas de medicamentos importantes muito utilizados atualmente são produzidas com plantas e animais de florestas tropicais. Quando o presidente Reagan tentava sobreviver à bala disparada contra ele em um atentado, um dos principais remédios utilizados para estabilizar suas condições de saúde foi um medicamento que controla a pressão sanguínea, remédio derivado de uma "víbora do mato" amazonense.

A maioria das espécies que habita somente as florestas tropicais está em perigo iminente, em parte porque não há ninguém para defendê-las. No entanto, houve recentemente grande controvérsia sobre o teixo, árvore que cresce nas florestas temperadas. Somente uma variedade de teixo sobrevive hoje na região noroeste do Pacífico. Essa árvore produz o taxol, um potente medicamento que parece ser capaz de curar algumas formas de câncer dos ovários, dos pulmões e do seio em pacientes que, sem esse remédio, morreriam rapidamente. Parece uma escolha simples, a de sacrificar uma árvore para salvar uma vida humana. O problema fica mais difícil, porém, quando descobrimos que são necessárias três árvores para cada paciente e que somente espécies com mais de cem anos contêm a droga em sua casca. Além disso só um número pequeno de espécimes do teixo ainda sobrevive. Subitamente somos obrigados a enfrentar questões complexas. Qual a importância das necessidades médicas das futuras gerações? Será que nós, que estamos vivos hoje, podemos matar todos os teixos para prolongar a vida de alguns de nós, eliminando possivelmente essa árvore da face da Terra para sempre, impossibilitando que salve vidas no futuro? O noticiário sobre o teixo e suas propriedades especiais provocou um debate positivo, mas quem vai discutir a perda das espécies que só são encontradas nas florestas tropicais? Os cientistas ainda estão longe de identificar todas as espécies de plantas e animais das florestas tropicais, e muito menos de descobrir sua eventual utilização na medicina, na agricultura e em outras áreas. Assim, ao destruirmos grandes áreas de florestas tropicais todos os dias, acabamos com milhares de espécies que podem ser tão valiosas quanto o vulnerável teixo.

Não há como avaliar a importância das florestas tropicais, tão ricas e complexas, para as futuras gerações. José Lutzenberger, ministro do Meio Ambiente no Brasil, enfoca a questão da destruição da floresta tropical para a venda de madeira a preços atuais – matéria-prima que é frequentemente utilizada para confeccionar os pauzinhos com que comem os orientais ou móveis baratos. Isso, disse ele é "como leiloar a Mona Lisa para uma plateia de engraxates: muitos candidatos, como aqueles das futuras gerações, não estarão em condições de dar um lance".

Com o desaparecimento das florestas tropicais, o fino solo no qual elas se erguiam como gigantescas catedrais vivas torna-se árido e extremamente vulnerável à chuva e ao vento. Segundo estudo realizado pelo Centro Ecológico Wadebridge, do Reino Unido, alguns cientistas que pesquisavam a área do sub-Saara africano, na Costa do Marfim, registraram diferenças significativas entre as taxas de erosão anteriores e posteriores ao desmatamento. Mesmo em terrenos íngremes, a taxa de erosão em áreas com florestas atinge somente 0,03 toneladas por hectare por ano. Depois do desmatamento, porém, a taxa dispara para 90 toneladas por hectare. A Índia, por exemplo, perde atualmente 6 bilhões de toneladas da camada superficial do solo a cada ano, grande parte em consequência do desmatamento. Essa destruição também devasta os ciclos hidrológicos, causando uma grande queda no volume de água de chuva nas áreas em que antes existiam florestas e nas áreas adjacentes logo abaixo, na direção do vento. Isso resulta em inundação e erosão do solo e, mais tarde, em uma grande diminuição dos índices pluviométricos.

Em alguns países, após o desmatamento, os habitantes da região emigram para uma área adjacente onde ainda existem florestas, para reiniciar o ciclo de destruição. A migração continua. Às vezes essas populações chegam a atravessar fronteiras nacionais. Essa migração forçada pode ajudar a sensibilizar as nações industrializadas do norte. No hemisfério ocidental, por exemplo, foi o desmatamento do Haiti – talvez tanto quanto a repressão do regime de Duvalier –, que levou um milhão de haitianos para o sudeste dos Estados Unidos.

As nações desenvolvidas, no entanto, também têm grandes problemas de desmatamento. A poluição do ar devastou florestas europeias, como a decantada Floresta Negra alemã. *Waldsterben* é o nome que os alemães dão a esse fenômeno que se alastra, e que é ainda pior na poluída Alemanha Oriental. Nos Estados Unidos, principalmente em áreas onde há muita atividade madeireira, como no noroeste do Pacífico e no Alasca, estão ocorrendo novas agressões a trechos das florestas temperadas, tão importantes para nós. As estatísticas sobre as florestas, porém, também podem ser enganosas. Apesar de os Estados Unidos possuírem hoje, como muitas outras nações desenvolvidas, mais florestas do que há 100 anos, muitas das grandes extensões onde havia plantas diversificadas foram derrubadas e agora se transformaram em monocultura de coníferas, isto é, áreas que não abrigam mais as espécies que antes floresciam nessas regiões. Nas florestas nacionais de todo o país estão sendo construídas estradas para facilitar a extração mais rápida, e até total, em terras públicas, sob contratos que exigem a venda das árvores a preços bem abaixo daqueles de mercado. Esse enorme subsídio obtido à custa dos contribuintes, que está sendo utilizado para o desmatamento de terras de propriedade pública, contribui para o déficit interno e para a tragédia ecológica.

Foi em parte por esse motivo que muitas pessoas não se preocuparam em proteger uma espécie ameaçada – a coruja pintada, no Oregon e em Washington. Liderei a batalha vitoriosa para evitar que fossem revogadas as leis de proteção dessa espécie. No acalorado debate sobre esse assunto, no Senado, ficou evidente que a questão não era a coruja, mas a própria floresta. A coruja pintada é a chamada espécie basilar, cujo desaparecimento significaria a perda de todo um ecossistema e, portanto, de muitas outras espécies dependentes dele. Ironicamente, se aqueles que queriam continuar a cortar árvores tivessem ganho a causa, teriam perdido o emprego no momento em que os 10 por cento de floresta remanescente tivesse desaparecido. Na realidade, a questão se limitava a resolver se deveriam mudar para novas atividades antes ou depois que o último remanescente de floresta fosse destruído.

Nos trópicos, assim como nas zonas temperadas, as florestas representam o fator mais importante de estabilização da superfície da Terra. Elas nos protegem dos piores efeitos da crise do meio ambiente, principalmente daqueles ligados ao aquecimento da Terra. Problemas locais e regionais, porém, também contribuem para as ameaças estratégicas resultantes da destruição do meio ambiente. Muitas florestas, por exemplo, agora absorvem CO_2 e isso não mais será possível se forem destruídas. A queimada contínua de florestas tropicais também tem contribuído para aumentar, todos os anos, o nível de CO_2 na atmosfera. O solo nu, no lugar da antiga floresta transforma-se em fonte de metano, outro gás importante que contribui para o efeito estufa. De fato, as florestas que estão morrendo são como espécies basilares gigantes, pois muito depende de sua saúde, e se todas forem cortadas e queimadas, o futuro de nossa própria espécie estará em perigo.

As florestas que estão desaparecendo, porém, não representam nossa única preocupação. Os problemas decorrentes do avanço do deserto, a degradação e contaminação dos solos aráveis, a destruição de terras úmidas e secas, e a resultante perda desses hábitats são todos aspectos diferentes do processo sistemático de ameaça à face da Terra.

Quem visita a costa do Maine fica impressionado pela força com que as geleiras devastaram a terra rochosa, mas não se pode compará-la ao efeito do poder cumulativo de nossa civilização industrial sobre todo o globo. Alguns pesquisadores afirmam que hoje exploramos a superfície da Terra de forma tão completa que chegamos a consumir – direta ou indiretamente – 40 por cento da energia fotossintética, energia que resulta da luz do Sol que chega ao planeta. É bom ser eficiente, mas neste caso, a eficiência está exagerada. Nossas pretensões estão em desequilíbrio com as necessidades do restante da superfície da Terra. E os resultados estão atingindo dimensões catastróficas em muitos lugares.

Depois do desmatamento, o problema mais visível para a superfície do globo é a agressão às terras secas, especialmente aquelas próximas a desertos, criando um ciclo que muitas vezes intensifica o avanço do deserto – processo que alguns denominam de desertificação. Apesar de os desertos sempre se moverem

– dois passos à frente e um passo atrás –, as últimas décadas caracterizaram-se por um aumento geral na quantidade de terras cobertas por deserto. E, em algumas áreas, os desertos estão avançando quase tão rapidamente quanto as geleiras antes se moviam pelo solo. Nas suas extremidades, populações nômades empobrecidas e sempre crescentes cortam madeira e seus míseros rebanhos de carneiros, cabritos e vacas pastam, contribuindo para desnudar ainda mais a região, e fazendo com que o deserto avance mais rapidamente, em especial nos anos em que chove pouco.

Na Mauritânia, por exemplo, na década de 1980, esse avanço foi tão rápido que residências e prédios de escritórios foram literalmente enterrados pela areia das dunas que rolavam em direção ao sul à velocidade de vários quilômetros por ano. Isso ocorreu durante alguns anos. Apesar de o Saara avançar e recuar regularmente, na última metade deste século os avanços superaram de longe os recuos e o deserto ficou consideravelmente maior. Agora, devido aos persistentes anos secos e quentes, o grande Saara – a maior extensão de areia do mundo – está avançando em direção à Europa, especialmente para a Espanha e Itália. (Os europeus não encaram essa área como a fronteira norte do Saara, mas as fotos de satélites o demonstram.) Independentemente disso, a Comunidade Econômica Europeia alocou, em 1990, 8,8 bilhões de dólares para combater a ampliação do deserto. Além disso, apareceu agora o primeiro deserto da Europa Oriental, na região do Cáucaso, na União Soviética. Ele é resultado, em parte, da pastagem de enormes rebanhos que eram mantidos escondidos de Moscou até que fotos de satélites os revelaram aos surpresos planejadores centrais do Kremlin.

Uma mudança persistente nos padrões climáticos, causadora de longos períodos de seca em uma área geográfica ampla, pode ter efeitos devastadores. É importante notar que, há 6 mil anos, em um período de clima equilibrado que aumentava regularmente o grau de umidade na região norte da África, o gado pastava na área que hoje denominamos Saara.

As terras secas, que cobrem 18 por cento da área dos países em desenvolvimento (e 25 por cento na África), são as que se encontram sob o maior risco de desertificação. Embora a densidade populacional seja em geral mais baixa nessas áreas, elas abrigam mais de 300 milhões de pessoas – número que está aumentando rapidamente. À medida que essa população cresce, cresce também a pressão sobre as terras secas, pois o cultivo, a pastagem e a necessidade da utilização de madeira para a obtenção de combustível estão degradando grandes áreas. Segundo um estudo conjunto realizado pelo World Resources Institute, pelo International Institute for Environment and Development e pelo United Nations Environment Programme, as regiões secas do Terceiro Mundo estão se aproximando de uma crise aguda. Cerca de 60 por cento das terras cultivadas e de 80 por cento das terras secas estão produzindo muito menos em consequência da superexploração.

Um estudo realizado por Amadou Mamadou, economista especializado em agricultura, em Níger, descreve o Sahel, uma área que vai do Mar Vermelho ao

Oceano Atlântico, cortando a África de leste a oeste, como "a interface entre o grande deserto africano, o Saara, e as zonas tropicais úmidas... um ecossistema frágil e instável, onde somente uma vegetação adequada conseguirá manter a fertilidade do solo através da reciclagem de nutrientes". Ele diz ainda que o Sahel é uma rede de "ecossistemas áridos onde períodos de seca, que eram esporádicos, aparecem agora a intervalos cada vez menores". Processo semelhante está ocorrendo na América Central, região onde as terras secas representam 28 por cento de toda a área, assim como em regiões da América do Sul e da Ásia Central, locais onde as populações também estão se expandindo rapidamente.

Outro tipo de solo especialmente vulnerável à degradação é o encontrado nas áreas montanhosas dos países em desenvolvimento. Também ali, populações em expansão ameaçam a vegetação frágil, porém vital que, durante milhares de anos, protegeu esse solo pouco espesso da devastação. A absorção de água pluvial pela vegetação é fundamental nessas áreas, pois, quando não é absorvida, pode ganhar velocidade e ímpeto rapidamente e correr desimpedida por terrenos longos e íngremes, cavando sulcos profundos arrastando a frágil superfície do solo. Como nas terras secas, a densidade populacional nessas áreas marginais tende a ser um pouco mais baixa que em outras regiões. Porém o elevado índice de natalidade em todo o mundo em desenvolvimento provoca a migração forçada de um número cada vez maior de pessoas para essas terras menos produtivas que, como consequência, tornam-se altamente vulneráveis à erosão. Alguns dos maiores danos estão ocorrendo na região do Himalaia: no Nepal, Butão e no Tibete, e também em regiões da Índia que incluem Sikkim e Caxemira. Esses solos montanhosos, com espetaculares cenários, reputados entre os mais belos do mundo, estão sendo destruídos para poder atender rapidamente às necessidades de uma única geração. Essa degradação, porém, terá efeitos duradouros. Os enormes rios que carregam a neve derretida e a água da chuva do Himalaia estão recebendo muitos sedimentos e, consequentemente, perdendo sua capacidade de dar vazão aos mesmos volumes de água que antes transportavam com facilidade para a Baía de Bengala e para o Mar do Sul da China. Por não serem mais drenadas, essas áreas estão agora constantemente sujeitas a terríveis inundações, como a que recentemente causou a morte de centenas de milhares de pessoas em Bangladesh.

A destruição da superfície da Terra, porém, não se limita ao Terceiro Mundo. Nos Estados Unidos, de fato, a produtividade de algumas das melhores terras vem sendo regularmente ameaçada pela atividade de pessoas que não têm escrúpulos em maximizar ganhos a curto prazo em lugar de atividades sustentadas, não-agressivas, que permitiriam uma utilização prolongada da região. A consequente degradação das terras de cultivo acontece de diferentes formas. A irrigação imprópria, por exemplo, associada a uma drenagem insuficiente, traz, no mínimo, três problemas. Em primeiro lugar, causa a inundação das raízes das plantas, o que as afoga e destrói a capacidade de "respiração" das raízes. Muitas vezes, embora nem sempre, ocorre a salinização. Depois da evaporação das águas irrigadas, o sal – fatal para as plantas – permanece na superfície e em volta das raízes. (Essa concentração excessiva de sal está ocorrendo em mais de 30 por cento das terras potencialmente aráveis de todo o mundo.) Um terceiro problema, a alcalinização, fecha os "poros" do solo em uma reação química causada pela concentração de partículas de sódio, cuja presença é, às vezes, comum na água utilizada para irrigação, prejudicando ou impedindo totalmente o crescimento das lavouras. Outros problemas, alguns dos quais abordarei no próximo capítulo, causam uma maior exaustão dos nutrientes vitais e contribuem para o declínio constante da capacidade produtiva.

Felizmente, há também algumas boas notícias. Essas terras que foram degradadas são as que frequentemente oferecem algumas das melhores possibilidades de restauração do meio ambiente, em um processo que não somente interrompe a destruição, mas também a reverte, dando início ao processo de recuperação. Mais especificamente, certos programas de reflorestamento oferecem as estratégias mais acessíveis e eficazes para a eliminação de dióxido de carbono do meio ambiente, freando a erosão do solo e restaurando os hábitats para as espécies vivas. Da mesma maneira, problemas como a salinização também podem ser revertidos com técnicas apropriadas (como a hidroponia) e uma cuidadosa atenção ao longo do tempo.

No entanto, o segredo para reverter o atual padrão de destruição e dar início ao processo de restauração e recuperação está na radical mudança de atitudes e na remoção das constantes pressões decorrentes do crescimento populacional, ganância, ideias imediatistas e projetos de desenvolvimento mal orientados.

7 · As Sementes da Privação

Não existe elo mais forte entre nós e a Terra – os rios, solos e as épocas de fartura – do que o alimento. Lembra-nos, todos os dias, de nossa participação no milagre da vida. Não é de surpreender, portanto, que a maioria das religiões exija que seja consagrado antes de transformar-se em elemento vital de nosso corpo.

Quantos, porém, ainda sentem essa ligação com o alimento? Quase todos nós deixamos de produzi-lo para consumo próprio, pois contamos com uma enorme e complexa estrutura que coloca uma variedade inacreditável de opções, dos quatro cantos do mundo, nas prateleiras dos supermercados.

A luta para conseguir alimentos suficientes da terra sempre foi uma das preocupações básicas do homem. Na verdade, muitos historiadores acreditam que as mais antigas e primitivas civilizações, organizaram-se em torno de uma nova estratégia para obtê-los, hoje denominada agricultura. Mesmo antes de sua invenção, algumas das primeiras formas de comunicação conhecidas, como as pinturas das cavernas de Lascaux parecem ter por tema o alimento – mais especificamente, como consegui-lo por meio de caçadas comunitárias.

Ninguém sabe ao certo como nem por que ocorreu a transição da caça e coleta para a agricultura organizada. Uma teoria, com larga aceitação no momento, destaca o fato de as primeiras sementes plantadas intencionalmente terem sido encontradas perto de Jericó, na área em torno do Mar Morto, e datarem de mais ou menos 12 mil anos. Esse período coincide com uma mudança climática, responsável por tornar o vale do Rio Jordão muito mais seco e quente – o que, por sua vez, pode ter incentivado o cultivo de lavouras como alternativa à caça e coleta. Quer tenha surgido como consequência de uma mudança climática, da caça ou coleta excessivas, do crescimento populacional, ou simplesmente da lenta evolução do conhecimento sobre sementes e do paulatino acúmulo de experiências adquiridas por tentativa e erro, no cultivo de plantas silvestres, a agricultura indiscutivelmente tornou-se o método preferido para a obtenção de alimentos da natureza. E, desde o início, como veremos, o segredo do êxito sempre residiu no profundo conhecimento sobre sementes.

A história da agricultura está interligada à da humanidade. A cada aumento no tamanho das comunidades humanas, seguiu-se um aperfeiçoamento no esforço conjunto de produzir, guardar e distribuir quantidades sempre maiores de alimentos. Novas tecnologias, como o arado e a irrigação com valas abertas produziram maior fartura, e também novos problemas, como a erosão e o acúmulo de sal no solo. O progresso era lento, porém constante. Através dos séculos, manteve-se relativamente estável a proporção entre o tamanho da população e a oferta de alimentos – ambos crescendo a um ritmo mais ou menos igual. Entretanto, com o advento da revolução científica nos séculos XVII e XVIII, a população humana começou a aumentar muito e, pela primeira vez, surgiu a possibilidade de que logo superasse a capacidade da natureza de produzir alimentos suficientes. Esse medo foi publicamente expresso no início do século XIX pelo economista inglês Thomas Malthus. O fato de suas previsões não se concretizarem foi consequência de uma série de fantásticas invenções na área da produção agrícola científica. Malthus estava certo ao prever que o crescimento da população seria geométrico, mas não previu que nossa capacidade de criação na tecnologia da agricultura também o seria. Mesmo nos dias atuais, em que populações de diversos países passam tanta fome, restam poucas dúvidas de que a decisão de utilizar mais áreas para o cultivo e métodos agrícolas mais novos aumentaria imensamente a quantidade de alimentos produzida no mundo. O problema com que nos defrontamos hoje é, portanto, mais complexo do que aquele identificado por Malthus. Teoricamente, a oferta de alimentos pode ser suficiente para atender ainda por muito tempo a população. Na prática, porém, optamos por evitar o dilema de Malthus mediante uma série de perigosas barganhas com o futuro, que nada ficam a dever às do Doutor Fausto, lenda do universo teatral, que rondou os primórdios da revolução científica.

Algumas dessas barganhas já foram reveladas e começamos a compreender que muitas das técnicas modernas mais comumente utilizadas na obtenção de maior quantidade de alimentos nas colheitas têm atingido esse objetivo à custa da produtividade no futuro. Por exemplo, os métodos usados no Centro-Oeste norte-americano, que visam ao máximo rendimento, muitas vezes deixam o solo mais solto e, com o tempo, tão pulverizado que, a cada chuva, a camada superficial do solo é levada pelas águas. Assim, reduz-se drasticamente a possibilidade de futuras gerações cultivarem quantidades equivalentes de alimentos no mesmo terreno. O uso difundido de técnicas de irrigação inadequadas com frequência ocasiona tal acúmulo de sal no solo, que o torna inaproveitável e estéril. E as imensas quantidades de fertilizantes e pesticidas, hoje usadas rotineiramente pelos agricultores, muitas vezes se infiltram na terra, misturando-se às águas que se encontram sob o campo cultivado, contaminando-as por muitos séculos.

Trata-se, no entanto, de problemas regionais e locais, que poderão ser solucionados se mudarmos os métodos agrícolas. Neste momento, porém, o sistema global que proporciona as enormes colheitas ora necessárias enfrenta uma verdadeira ameaça estratégica. Malthus preocupou-se com as reservas de alimentos. Hoje, deveríamos nos preocupar mais ainda com as reservas de sementes. Cada semente (assim como cada muda) encerra algo que os cientistas denominam material genético. Este contém, além dos genes, todas as características especiais que controlam a hereditariedade, definem o funcionamento dos genes e determinam os padrões pelos quais eles se combinam e expressam suas características – constituindo, nas palavras do especialista Steve Witt, a "essência da vida". Entretanto, a saúde dos alimentos, no futuro, depende da sobrevivência de ampla variedade desse insubstituível material. E agora nos arriscamos a destruir o material genético essencial à contínua viabilidade das safras. É indispensável, a qualquer reserva de alimentos, a resistência genética das culturas à maciça destruição causada por pragas, parasitas e mudanças climáticas. A preservação dessa resistência genética exige a introdução constante de novas variedades de material genético, muitas das quais são encontradas apenas em pouquíssimas áreas em todo o mundo. Esses frágeis locais funcionam como viveiros e celeiros da força, vitalidade e resistência genéticas que, sem exceção, correm sérios riscos. De fato, as fontes básicas para a totalidade das principais lavouras de alimentos estão sendo sistematicamente destruídas. E só agora os agrônomos começam a entender tal perigo. Um deles é Te-Tzu Chang, chefe do Centro Internacional de Armazenamento de Genes de Arroz, nas Filipinas, local onde são guardadas 86 mil variedades desse grão. Chang declarou à *Revista Geográfica Universal:*

> Aquilo que as pessoas denominam progresso – barragens hidrelétricas, estradas, atividade madeireira, colonização e agricultura moderna – representa, para nós, uma corda bamba em relação à segurança da alimentação. Estamos perdendo variedades silvestres de arroz, assim como variedades cultivadas há muito tempo, em todas as regiões do mundo.

Sem sombra de dúvida, a biotecnologia está produzindo novas variedades de cultivo com impressionantes características, como uniformidade, alta produtividade e até boa resistência a doenças e pragas. Por outro lado, temo-nos mostrado cegos à dura verdade – a de que as novas variedades criadas em laboratórios logo se tornam vulneráveis a seus inimigos naturais. Estes se desenvolvem muito rapidamente, às vezes em apenas duas ou três colheitas. Embora sua resistência genética seja aumentada com genes novos, que são introduzidos nas variedades comerciais a intervalos de alguns anos, hoje muitos desses genes só são encontrados na natureza.

As plantas que nela crescem espontaneamente proliferam em incontáveis variedades, cada uma com forma, cor, tamanho, rendimento e estrutura genética ligeiramente diversa e cada uma com diferente resistência genética natural para enfrentar a inacreditável diversidade de predadores – de insetos a fungos. Em todo o universo natural, acontece uma complexa dança que tem por parceiros predador e presa – verdadeira luta, em que o delicado equilíbrio de poder depende da capacidade de uma espécie para descobrir, em seu gigantesco reservatório genético, novas características, que algum "primo" silvestre distante tenha utilizado para conseguir subjugar a ameaça. Quando interferimos no processo de evolução, direcionando a seleção daquelas características genéticas que serão transmitidas de uma geração a outra, as escolhas geralmente têm como base o máximo rendimento e atual valor de mercado das variedades em questão e não sua capacidade total de resistência genética. Assim, diminui a vitalidade do material genético, enquanto o ritmo de evolução de pragas e parasitas permanece inalterado. Além disso, como estes não estão mais perseguindo um alvo em rápido movimento, têm condições de buscar, sistematicamente, em seu próprio arsenal genético, uma ofensiva estratégica mais eficaz. E, quando a encontram, essa estratégia não funciona apenas contra a única planta que foi atacada mas – como muitas das novas plantas são geneticamente idênticas – contra bilhões de outras que, de repente, tornam-se também vulneráveis.

Não quero dizer com isso que a seleção de plantas é intrinsecamente perigosa. Ao contrário, representa uma das mais extraordinárias descobertas históricas e, se não tivesse havido interferência na evolução natural, é quase certo que a previsão malthusiana da ocorrência de uma catástrofe houvesse se concretizado. Na realidade, a seleção de plantas é quase tão antiga quanto a própria civilização. A humanidade começou a guardar e a plantar sementes valiosas há mais de 10 mil anos e todos os registros históricos dão conta de que pessoas levavam plantas de um local para outro. Em 1.500 a.C., por exemplo, Hatshephut, primeira mulher chefe de estado que a história conhece, soberana do Egito, enviou uma expedição à área hoje denominada Somália, a fim de que seu país também passasse a ter as "árvores de incenso", os cedros. Mais recentemente, Cristóvão Colombo levou o milho para a Europa, ao retornar de sua primeira viagem ao Novo Mundo. No ano seguinte, atravessou o Atlântico levando trigo e cana-de-açúcar da Europa. Algumas décadas depois, os conquistadores levaram batatas peruanas para o continente europeu. Os líderes norte-americanos também há muito compreenderam a importância da seleção e coleta de plantas. O presidente Thomas Jefferson instruiu todos os diplomatas norte-americanos para que enviassem, aos Estados Unidos, sementes potencialmente valiosas de cada lugar a que fossem. Benjamin Franklin levou a soja de Londres para a América. Um século depois, criou-se o Departamento de Agricultura norte-americano, principalmente para distribuir sementes. Hoje, apesar de ter outras atividades, a descoberta e o armazenamento de novas variedades de sementes continuam a ser uma de suas tarefas primordiais.

Hoje, porém, levamos esse antigo processo de selecionar sementes e plantas a extremos tecnológicos, introduzindo genes e escolhendo conscientemente as características que acreditamos essenciais à safra do ano. As safras anuais de milho, por exemplo, não mais provêm de milhares de variedades genéticas, mas de apenas algumas. Cada variedade contém um conjunto de genes cuidadosamente escolhidos para produzir o maior rendimento possível, e bilhões dessas sementes estão sendo clonadas para produzir uma safra quase inteiramente uniforme. Se fôssemos inteligentes o suficiente para prever as armadilhas da natureza, conseguiríamos armazenar todos os genes de que necessitamos. Entretanto, temos superestimado nossa consciência e subestimado a complexidade e a sutileza dos sistemas naturais com que estamos interferindo.

Como já vimos, a capacidade de sobrevivência de uma lavoura depende da abundância e variedade de seus recursos genéticos. Desde as épocas mais remotas, doenças ameaçaram as plantas cultivadas. Os antigos romanos, por exemplo, organizavam um banquete todos os anos, no final de abril, e sacrificavam um cachorro vermelho ao deus Robigus para obter proteção contra a ferrugem, praga que atacava o trigo. Apesar das superstições, os romanos tinham sobre nós grande vantagem:

dispunham de tempo suficiente para contar com a capacidade natural de evolução e sobrevivência das plantas. Hoje, com o predomínio de monoculturas a partir de variedades obtidas com a engenharia genética, os predadores podem apenas estar precisando de mais tempo para descobrir um ponto fraco na defesa genética das lavouras, para o qual os bancos de genes artificiais não tenham defesa.

Há vinte anos, um estudo denominado *A Vulnerabilidade Genética das Principais Culturas*, realizado pela Academia Nacional de Ciências dos Estados Unidos, constatou os perigos inerentes aos modernos métodos agrícolas. Nele se descreviam as principais lavouras do país como "impressionantemente uniformes e impressionantemente vulneráveis... O mercado quer um produto uniforme – o agricultor deve produzi-lo e o geneticista precisa criar a variedade que tenha uniformidade de tamanho, forma, tempo de crescimento e assim por diante. Uniformidade na produção significa uniformidade na genética das culturas. Isso, por sua vez, significa que uma lavoura geneticamente uniforme torna-se vulnerável a qualquer variedade mutante de organismos que possam atacá-la". Após a publicação desse trabalho, tomaram-se algumas precauções, mas, nesse mesmo período, a população mundial aumentou em 1,5 bilhão de habitantes. Isso significa que o desafio de alimentá-los criou exigências contínuas para aumentar ainda mais a produção de alimentos, a partir de safras ainda maiores e mais uniformes. Outras exigências de uniformidade decorrem da necessidade de obter plantas que possam ser congeladas sem perder o valor nutritivo, que tolerem grandes doses de agrotóxicos, que correspondam às especificações de embalagem e atendam aos requisitos da maquinaria especializada na produção de alimentos em massa. Como consequência, o problema subjacente da erosão genética parece ser mais grave do que nunca. Na verdade, um especialista afirmou recentemente: "A vida média de uma nova variedade é mais ou menos equivalente, hoje, ao tempo de sucesso de uma música pop".

As modernas culturas estão geneticamente paralisadas e, como seus pontos fracos são facilmente detectados pelos predadores naturais, será necessário, algum dia, deixar de aproveitar até mesmo as variedades mais produtivas. Para conseguir acompanhar a rápida evolução das pragas e parasitas, os cientistas são obrigados a fazer pesquisas constantes em estufas e bancos de sementes, em busca de novas características genéticas que permitam à próxima "safra milagrosa" vencer o "predador milagroso" do momento e, ao mesmo tempo, produzir quantidades sempre maiores de alimentos para um número cada vez maior de pessoas. De vez em quando, porém, surge uma nova peste ou praga que não consegue ser combatida por nenhum dos genes estocados nos bancos. Nesse caso, o único recurso é voltar-se para a própria natureza, à procura de uma nova variedade silvestre suficientemente forte da planta cultivada. Em decorrência de sua difícil luta pela sobrevivência em um meio natural, sempre cercada de numerosos predadores e sem o auxílio de pesticidas, herbicidas, fungicidas e outros produtos, a planta silvestre adquiriu a resistência genética que seu "primo" citadino, mimado e aclimatado, perdeu.

Encontrar essas variedades silvestres nem sempre é tarefa simples. Os geneticistas especializados em plantas são obrigados, literalmente, a voltar ao local específico onde a espécie ameaçada tem seu "lar" genético e a fazer uma busca no campo – às vezes até de gatinhas –, para achar a variedade silvestre. Esses berços genéticos também são chamados centros de diversidade genética, ou centros vavilovianos, em homenagem a Nikolai Ivanovich Vavilov, geneticista russo que os descobriu e descreveu. Na realidade, há apenas 12 deles em todo o mundo, sendo, cada um, o lar ancestral de aproximadamente 12 plantas entre as mais importantes para a moderna agricultura (veja o mapa desses centros nas páginas 124 e 125). O total de lavouras importantes é inacreditavelmente pequeno. Quase todas as lavouras de alimentos derivam de cerca de 130 espécies cultivadas, em sua imensa maioria, pela primeira vez, na Idade da Pedra.

Encontram-se quase todos os centros de diversidade, como afirmou Vavilov, "na faixa situada entre os 20 e 45 graus de latitude norte, perto das mais altas cadeias montanhosas, como o Himalaia, o Kush, na Índia, aquelas do Oriente Próximo, os Bálcãs e os Apeninos. No Velho Mundo, essa faixa estende-se no sentido da latitude e, no Novo Mundo, no da longitude, em ambos os casos acompanhando a direção geral das grandes cadeias de montanhas". O lar ancestral do trigo, por exemplo, é a área montanhosa no norte do Iraque, sul da Turquia e leste da Síria – exatamente no interior da faixa indicada por Vavilov. Muitas variedades de trigo crescem naturalmente nessa região, mas o trigo cultivado não tem tantas variedades. Na verdade, hoje se encontra menos de 10 por cento de toda a variedade genética do trigo nas lavouras cultivadas. Segundo o biólogo Norman Myers, outros 30 por cento da diversidade genética do trigo podem ser encontrados em vários bancos de sementes no mundo inteiro. Quase dois terços de todas as variedades do trigo, porém, só podem ser encontradas na natureza, em sua maioria no centro identificado por Vavilov.

O centro de diversidade do café situa-se na região montanhosa da Etiópia. Hoje, no entanto, o café é cultivado em várias regiões do mundo – como, por exemplo, nos Andes colombianos e no Brasil. Quando surge uma nova praga – o que acontece de vez em quando – e não consegue ser enfrentada pela resistência genética dos pés cultivados, os cafeicultores são obrigados a voltar às montanhas da Etiópia em busca de plantas nativas capazes de combater a nova ameaça. Há alguns anos, essa dependência em relação ao local de origem do café adquiriu laivos de ironia. Enquanto o Brasil começava a sofrer críticas de todo o mundo, por consentir na destruição desenfreada da Floresta Amazônica, um pequeno grupo de brasileiros foi a Adis Abeba manifestar sua preocupação sobre o progressivo desmatamento de áreas na Etiópia, de vital importância para a futura viabilidade dessa lavoura.

O hábitat do milho são as regiões altas do México e América Central, enquanto a batata é nativa de áreas específicas dos Andes peruanos e chilenos. Durante séculos – e até milênios –, esses centros remotos de diversidade estiveram a salvo. Vavilov acreditava que as espécies que datam da Idade da Pedra, das quais hoje dependemos tão completamente, conseguiram sobreviver nas regiões montanhosas graças à grande diversidade de tipos de solo, topografia e clima. Além do mais, a inacessibilidade das montanhas e o isolamento dos vales ofereceram-lhes relativa proteção contra a destruição causada pela civilização e pelo comércio.

O Grande Mapa do Tesouro Genético

Este mapa mostra as 12 áreas existentes no mundo – denominadas centros de diversidade – onde há a maior concentração de material genético, fundamental para a agricultura moderna e para a produção mundial de alimentos. Provas indicam que algumas das espécies desta lista originaram-se nos respectivos centros, embora ninguém saiba ao certo de onde provém a maioria delas.

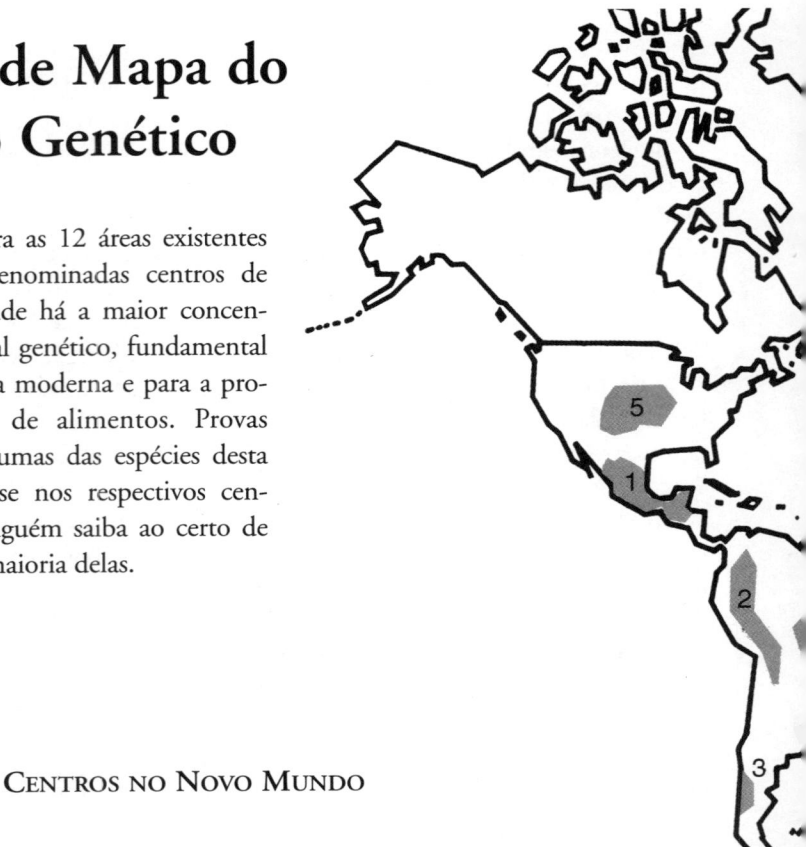

Centros no Novo Mundo

1• México – Guatemala
Abóbora
Algodão
Amaranto
Batata-doce
Cacau
Caju
Feijão (vários)
Goiaba
Mamão
Milho
Pimentão
Tabaco
Tomate

2• Peru – Equador – Bolívia
Abóbora
Algodão
Batata
Cacau
Feijão
Goiaba
Mamão
Milho
Pimentão
Quenopódio
Quinino
Tabaco
Tomate

3• Sul do Chile
Batata
Morango chileno

4• Brasil – Paraguai
Abacaxi
Amendoim
Borracha
Cacau
Caju
Castanha-do-Pará
Mandioca

5• Estados Unidos
Alcachofra-de-jerusalém
Airela
Girassol
Mirtilo
Pecã

Fonte: *Brief Book*: Biotechnology and genetic diversity, de Steven C. Witt, 1985. Todos os direitos reservados, CSI, San Francisco, California.

Centros no Velho Mundo

6• Etiópia
Banana
Café
Cebola
Cevada
Gergelim
Linho
Mamona
Quiabo
Sorgo
Trigo

7• Ásia Central
Abricô
Algodão
Amêndoa
Cânhamo
Cantalupo
Cebola
Cenoura
Ervilha
Espinafre
Fava
Gergelim
Grão-de-bico
Lentilha
Linho
Maçã
Mostarda
Nabo
Pera
Trigo
Uva

8• Mediterrâneo
Alface
Alfarroba
Aspargo
Aveia
Azeitona
Beterraba
Cenoura-branca
Chicória
Lúpulo
Repolho
Ruibarbo
Trigo

9• Indo-Birmânia
Algodão
Amaranto
Arroz
Berinjela
Cana-de-açúcar
Cânhamo
Cará
Feijão-de-vaca
Grão-de-bico
Inhame
Juta
Laranja
Limão
Manga
Noz-de-areca
Painço
Pepino
Pimenta de areca
Pimenta-do-reino

10• Ásia Menor
Abricô
Alfafa
Amêndoa
Aveia
Beterraba
Cebola
Cenoura
Centeio
Cereja
Cevada
Ervilha
Figo
Lentilha
Linho
Papoula
Pera
Pistache
Repolho
Romã
Tâmara
Trigo
Uva

11• Sião, Malásia, Java
Areca
Banana
Cana-de-açúcar
Coco
Fruta-pão
Gengibre
Inhame
Toronja

12• China
Abricô
Aveia
Cana-de-açúcar
Chá
Feijão-azuki
Feijão-de-vaca
Laranja
Painço
Pêssego
Rabanete
Repolho-chinês
Ruibarbo
Soja
Sorgo
Trigo-sarraceno

Infelizmente, a civilização expandiu-se tanto que, além das exigências da sempre crescente população por mais terras, madeira e matérias-primas de todo tipo, comunidades avançam rapidamente sobre os 12 centros de diversidade vavilovianos – até mesmo o mais remoto. Na Mesopotâmia, por exemplo, berço do trigo, as únicas áreas em que a variedade nativa ainda pode ser encontrada são cemitérios e castelos em ruínas. Tais locais ainda existem porque a civilização, que, com tanta frequência mostra tão pouco respeito pela natureza, ao menos deixa intocados alguns símbolos de seu próprio passado. Trata-se, contudo, de uma proteção fortuita. Hoje, quase sempre, fiamo-nos na sorte em vez de planejarmos cuidadosamente essas questões.

Como relata Norman Myers, quase toda a plantação de arroz no sul e leste da Ásia foi ameaçada no fim da década de 1970, por uma doença chamada enfezamento, transmitida pelo gafanhoto marrom. A ameaça ao suprimento alimentar de centenas de milhões de pessoas foi tão séria que cientistas do Instituto Internacional de Pesquisas sobre o Arroz das Filipinas, pesquisaram, desesperados, 47 mil variedades, em bancos de genes de todo o mundo, à procura de alguma que resistisse ao vírus. Finalmente encontraram uma única espécie silvestre em um vale na Índia. Como o local onde vive essa planta não é sagrado, foi inundado, pouco depois, pelas águas de um novo projeto hidrelétrico. O que aconteceria se a busca tivesse de ser feita agora?

Na história recente, há uma profusão de situações que mostram a gravidade da ameaça estratégica ao atual suprimento de alimentos. Em 1970, as lavouras de milho dos Estados Unidos sofreram perdas inesperadas e devastadoras, devido a uma praga, *Helminthosporium maydes*, que se aproveitou de uma característica que fora introduzida uniformemente em quase toda a cultura de milho, com o objetivo de simplificar a própria manipulação genética. Cientistas que faziam pesquisas no Equador encontraram, em 1977, uma planta silvestre da família do abacate, resistente a pragas – característica genética de imenso valor para seus produtores na Califórnia. Nem tudo, porém, foram boas-novas. Essa variedade existia apenas em 12 árvores em um dos últimos remanescentes daquela que fora uma grande floresta, situada nas terras baixas do Equador, destruída para atender às necessidades da crescente população local.

Há alguns anos, configurou-se uma ameaça ainda mais direta, quando um grupo de guerrilheiros maoístas, o Sendero Luminoso atacou o Centro Internacional da Batata nos Andes peruanos. Dinamitaram prédios, tomaram funcionários como reféns e assassinaram um dos guardas, ameaçando assim o futuro das 13 mil espécies do Acervo Mundial de Batatas. Embora o acervo tenha sobrevivido, o incidente ressaltou dramaticamente a vulnerabilidade desses depósitos – e do sistema que deles depende. Outro exemplo dessa fragilidade ocorreu quando parte do acervo mundial de material genético do trigo teve de ser retirada da Síria em 1991, antes do início da guerra contra o Iraque, e um diversificado acervo de sementes na Etiópia foi ameaçado por uma guerra civil, no mesmo ano.

Evidentemente, a ameaça a curto prazo não é a extinção de lavouras importantes, pelo menos não no sentido comum do termo extinção (a extinção é mais um processo do que um evento). A maneira pela qual uma planta ou animal evita a extinção consiste em preservar uma diversidade genética suficiente para se adaptar bem a mudanças em seu meio ambiente. Se diminuir seu espectro de diversidade genética, sua vulnerabilidade aumentará na mesma proporção. Quando esse processo ultrapassa um determinado nível, torna-se inevitável o desaparecimento completo da espécie em questão. Em todos os casos, muito antes de desaparecer o último representante de uma espécie ameaçada, ela própria se torna funcionalmente extinta. A perda constante de diversidade genética de uma determinada espécie é denominada erosão genética e um número assustador de espécies importantes de cultivo está sofrendo esse processo em ritmo acelerado. Entre as espécies mais ameaçadas que integram a lista do Conselho Internacional das Nações Unidas para Recursos Genéticos das Plantas estão a maçã, o abacate, a cevada, o repolho, a mandioca, o grão-de-bico, o cacau, o coco, o café, a berinjela, a lentilha, o milho, a manga, o cantalupo, o quiabo, a cebola, a pera, a pimentão, o rabanete, o arroz, o sorgo, a soja, o espinafre, a abóbora, a beterraba, a cana-de-açúcar, a batata-doce, o tomate, o trigo e o inhame.

Durante quase toda a história da agricultura, a diversidade genética foi encontrada não só em espécimes silvestres das famílias das plantas cultivadas como também entre as chamadas plantas autóctones (os cultivares primitivos). Trata-se de plantas geneticamente próximas àquelas cultivadas na agricultura mundial, que foram desenvolvidas em sistemas de agricultura mais primitivos. Essas plantas não são nativas como as dos centros de diversidade vavilovianos, nem tão refinadas quanto seus "primos" híbridos modernos. Apesar disso, contêm um espectro de diversidade genética muito mais amplo do que as linhas de cultivo avançadas. Infelizmente, muitas das plantas autóctones também estão ameaçadas de extinção devido à difusão das variedades modernas, de maior rendimento. Uma conferência internacional, realizada em 1990 em Madras, na Índia, patrocinada pelo Centro Keystone, concluiu que: "é uma triste realidade o fato de muitos países, conscientemente ou não, terem perdido suas plantas autóctones em consequência da difusão de variedades mais produtivas, contribuindo assim para uma maior homogeneidade genética". Nos Estados Unidos, por exemplo, sobrevivem apenas 3 por cento de todas as variedades de hortaliças classificadas em 1900 pelo Departamento de Agricultura, segundo recente avaliação.

E, nos Estados Unidos, existe só um centro de diversidade (no Centro-Oeste, região de origem do mirtilo e airela, da alcachofra de Jerusalém, da pecã e do girassol). Praticamente todos os outros se situam em países do Terceiro Mundo, e estão cercados por crescentes populações em busca de lenha, alimentos e terras, mesmo terras até agora remotas. Exportar para obter divisas e, assim, financiar enormes dívidas com as nações industrializadas, faz com que esses países pobres aproveitem terras antes usadas para a agricultura de subsistência – muitas com plantas autóctones geneticamente ricas – para o cultivo de monoculturas híbridas que são exportadas. (Esse padrão tem precedentes. Durante a Grande Fome da Batata, por exemplo, a Irlanda cultivava muito trigo, mas exportava quase toda a produção a fim de pagar a dívida com a Inglaterra.) É verdade que essas mesmas safras "miraculosas" também melhoraram a produção em mercados internos e conseguiram resolver, temporariamente, o problema da fome em alguns países do Terceiro Mundo. Na maioria deles, no entanto, a tão alardeada Revolução Verde não conseguiu solucionar problemas econômicos fundamentais, como aqueles causados pela desigualdade da estrutura de propriedade da terra. Muitas vezes esse sistema permite a uma elite abastada controlar uma enorme porcentagem das terras produtivas. Os tão propalados programas de desenvolvimento, organizados e subvencionados por instituições financeiras internacionais, contribuem para agravar o problema, pois se revelam, com demasiada frequência, totalmente incompatíveis com a cultura ou ecologia da região em que foram implantados. Além do mais, o aumento de produtividade, obtido com a introdução de variedades geneticamente modificadas, muitas vezes não consegue ser mantido por muito tempo, uma vez que as pragas se adaptam e a irrigação e a fertilização excessivas, a longo prazo, reduzem a produtividade do solo.

Enquanto isso, a evidente desigualdade do sistema global de produção de alimentos levou o Terceiro Mundo a desconfiar das tentativas de grupos multinacionais que vão buscar variedades silvestres em seus centros de diversidade genética para socorrer espécies ameaçadas. Afinal, há vários exemplos históricos de apropriação, por nações desenvolvidas, de verdadeiros tesouros genéticos de países em desenvolvimento, sem nenhuma forma de pagamento. O primeiro navio a vapor que subiu o rio Amazonas rumo a Manaus, no Brasil, dali partiu no meio da noite, carregado de seringueiras – então a principal fonte de recursos brasileiros. Como a viagem de volta à Inglaterra tornara-se muito mais rápida com o barco a vapor do que com outro à vela, as plantas sobreviveram – graças também ao terrário portátil, recém-inventado. No ano seguinte, depois de passarem um período em estufas, as plantas foram transportadas para o Ceilão, à época, colônia inglesa. Com o fim do monopólio do mercado da borracha, o Brasil perdeu sua fonte de poder econômico. Manaus, que até então fora a cidade mais rica do Novo Mundo, com uma deslumbrante rede de iluminação e até com um famoso teatro operístico, literalmente apagou suas luzes menos de dois anos depois.

Apesar de serem infundadas muitas das suspeitas de que o Terceiro Mundo hoje nutre em relação aos cultivadores, não deixam de ser compreensíveis. As novas leis norte-americanas, que protegem as patentes e a propriedade privada de novas espécies de plantas, por exemplo, bem como o protecionismo exercido pelo Mercado Comum Europeu, Japão e outros países, têm aumentado o ceticismo das nações em desenvolvimento e levado a novos esforços para tornar as relações econômicas mais equitativas.

É quase impossível calcular o valor da preservação da grande diversidade dos recursos genéticos mundiais. E, na verdade, esse valor não pode ser medido somente em dinheiro. No tocante a espécies para cultivo, porém, temos pelo menos alguns pontos de referência para avaliar os genes hoje ameaçados de extinção. O California Agricultural Lands Project (Calp – Projeto Californiano de Terras Aráveis) informou recentemente que o Departamento de Agricultura pesquisou as 6.500 variedades de cevada existentes, terminando por encontrar uma única planta, originária da Etiópia, que veio a proteger toda a plantação da Califórnia – avaliada em 160 milhões de dólares – contra o vírus do nanismo amarelo da cevada. Nas últimas décadas, genes nativos semelhantes também contribuíram para aumentar a produtividade das plantações – em alguns casos em mais de 300 por cento. Entre os muitos exemplos do valor dos genes silvestres encontrados pelo Calp está uma "variedade de trigo proveniente da Turquia, aparentemente sem valor algum, cujos genes aumentaram a resistência a doenças em variedades comerciais de trigo, no valor de mais de 50 milhões de dólares anuais, só para os Estados Unidos. Uma planta de lúpulo, encontrada na natureza em 1981, melhorou o 'sabor amargo' da cerveja inglesa, rendendo 15 milhões de dólares para essa indústria".

O valor da diversidade genética obviamente foi percebido por aqueles que investem na agricultura e pelos geneticistas. Por esse motivo, hoje existe outra fonte de diversidade além das variedades silvestres e plantas autóctones. Trata-se dos bancos de genes, muito numerosos. Alguns são mantidos por governos, outros por empresas privadas que comercializam sementes ou por multinacionais, alguns por universidades. Há, também, um surpreendente número sob a responsabilidade de particulares, que, em sua maioria, exercem essa atividade como passatempo. A situação desses bancos é caótica: faltam-lhes apoio e verbas governamentais, há pouca coordenação entre eles e a proteção e preservação dos acervos nacionais são extremamente precárias. Falta, ainda, uma compreensão da urgência com que se deve enfrentar o risco que correm tão preciosas fontes, em especial no tocante a muitas hortaliças e grãos hoje considerados de importância secundária do ponto de vista comercial e sujeitos, portanto, a perigos ainda maiores.

Além disso, o próprio panorama da indústria de sementes está em fase de mudança. As companhias multinacionais de produtos químicos vêm adquirindo empresas que comercializam sementes, bem como outras fontes de diversidade genética, e estão comercializando – ou se preparando para fazê-lo –, novas variedades de plantas que tolerem maiores doses de agrotóxicos e fertilizantes. Com isso obterão mais lucros e causarão ainda mais danos ao meio ambiente global.

Segundo dados de 1991, duas das cinco maiores empresas do mundo que comercializam sementes são companhias agroquímicas. Muitas das outras – inclusive a Pioneer Hi-Bred, a maior de todas – fizeram acordos com empresas de produtos químicos e de biotecnologia para colaborar no desenvolvimento de variedades de plantas resistentes a herbicidas.

Em alguns casos, isso pode ser vantajoso. A Monsanto, por exemplo, obteve um gene, por clonagem, que resiste ao herbicida menos nocivo ao meio ambiente, produzido por ela própria, o Roundup. No entanto, na maioria dos casos os resultados são nefastos. A Calgene, empresa de biotecnologia da Califórnia, está trabalhando diretamente para a companhia química Rhone-Poulenc, a fim de desenvolver variedades de algodão resistentes ao bronoxinil, toxina de reprodução que parece afetar a saúde dos agricultores. Uma empresa química alemã desenvolveu plantas resistentes ao 2,4-D, que, comprovadamente, causou câncer em lavradores. Ambos estavam programados para testes de campo em meados de 1991. Duas empresas governamentais estão estimulando essa tendência, o que amplia ainda mais o problema. O Departamento de Agricultura determinou que se desse prioridade a pesquisas de plantas que resistam a herbicidas e está financiando o teste de campo com batatas resistentes ao bronoxinil e ao 2,4-D. O Departamento Florestal norte-americano também está incentivando o uso de plantas resistentes a herbicidas em florestas, ampliando muito o mercado para esses produtos químicos tóxicos.

O que preocupa não é o envolvimento, em si mesmo, das companhias multinacionais nesses projetos. Elas contam com técnicas de gerenciamento e recursos que poderiam ser úteis para superar alguns dos problemas estratégicos que afetam o sistema mundial de produção de alimentos. As estratégias que algumas empresas ora estão adotando refletem, porém, a crença de que somos suficientemente inteligentes para determinar a evolução de plantas importantes e que obteremos benefícios a curto prazo sem precisar pagar um alto preço a longo prazo.

No entanto, não somos tão inteligentes e jamais fomos. As barganhas faustianas, na verdade, ainda rondam a agricultura – muitas delas feitas à época em que as antigas tecnologias foram introduzidas – e são bem menos sofisticadas que a moderna engenharia genética. Os pesticidas, por exemplo, matam não só pragas prejudiciais, mas também muitos insetos benéficos, interferindo no padrão natural de um ecossistema e trazendo mais prejuízos do que benefícios. O ambientalista Amory Lovins conta a história particularmente alarmante de um forte pesticida usado na Indonésia para matar os mosquitos transmissores da malária. O produto matou também as pequenas vespas que controlavam a população de insetos dos telhados de sapé, que logo depois caíram. Entrementes morreram milhares de gatos, também envenenados pelo pesticida, causando grande aumento na população de ratos. Estes, por sua vez, provocaram uma epidemia de peste bubônica.

Mesmo quando não se verificam efeitos catastróficos, as pragas daninhas muitas vezes desenvolvem imunidade rapidamente, incentivando fazendeiros a utilizar quantidades cada vez maiores e, portanto, mais fatais de pesticidas. A água que escoa das plantações carrega os resíduos para os rios e para os lençóis freáticos, além de contaminar pássaros e peixes. Esses problemas não são novos. Em 1962, no livro *Primavera silenciosa*, que marcou época, Rachel Carson já advertia com eloquência a América e o restante do mundo sobre os perigos que os vazamentos de pesticidas representavam para os pássaros migratórios e outros elementos do meio ambiente. Segundo a Associação Nacional Norte-Americana Contra o Mau Uso de Pesticidas, hoje produzimos pesticidas a um ritmo 13 mil vezes maior, comparado com a época da publicação de *Primavera silenciosa*.

Precisamos realmente desses venenos? Em um dos estudos mais completos já realizados sobre pesticidas em 1991, pela Universidade de Cornell, concluiu-se que os fazendeiros que optavam por alternativas naturais para o controle das pragas, sem produtos químicos (como o manejo integrado de pragas e a rotação de culturas), poderiam abrir mão de pesticidas e herbicidas sem qualquer redução da produtividade e sem aumentos significativos no preço dos alimentos. Esse estudo mostra que mesmo o volume de pesticidas para os quais ainda não se encontraram substitutos poderia ser reduzido à metade, na maioria dos casos, sem nenhum risco para a plantação.

Além dos pesticidas, alguns criadores de gado também usam regularmente hormônios e antibióticos. Em 1984 presidi audiências no Congresso que visavam examinar essa questão. Descobrimos o surpreendente fato de 45 por cento de todos os antibióticos usados nos Estados Unidos serem ministrados em pequenas doses ao gado. Isso não ocorre porque os criadores estão muito preocupados com as bactérias que poderiam afetar os animais, mas porque doses muito baixas de antibióticos, adicionadas à ração fazem com que o gado cresça mais rapidamente (as razões disso ainda não são completamente entendidas). Entretanto, mais uma vez há um preço a pagar: os germes que são regularmente bombardeados com pequenas doses de antibióticos desenvolvem defesas muito fortes. E os antibióticos utilizados para ganhar dinheiro mais depressa são exatamente iguais àqueles usados pelos médicos para matar os germes quando atacam seres humanos. Esses germes quase nunca são consumidos com a carne dos animais, pois o cozimento normal os mata. Mas há caminhos – os biólogos os chamam de vetores – pelos quais passam algumas bactérias com superimunidade a antibióticos comuns, para atacar seres humanos (a salmonela, por exemplo, é uma bactéria que sobrevive tanto em seres humanos como no gado). Até mesmo as bactérias que não se deslocam entre essas duas populações podem, em alguns casos, transferir resistência a antibióticos através dos "plasmídeos" para outros tipos de bactérias que, por sua vez, tornam-se imunes. Acredita-se que algumas delas representam uma ameaça crescente para os seres humanos.

Os fertilizantes também propõem escolhas difíceis. Estudos recentes mostraram que o uso difundido do nitrogênio como fertilizante pode aumentar a falta de oxigênio e fazer com que o solo produza metano e óxido nitroso em excesso. A concentração desses gases na atmosfera estão aumentando e ambos respondem por 20 por cento das causas do aquecimento global. Apesar de existirem outras fontes desses gases, o uso do nitrogênio como fertilizante é hoje considerado um dos principais fatores do aumento dessa emissão. Os fertilizantes fortes também interferem com a diversidade genética: como compensam diferenças em meios ambientes locais e em tipos de solos, desestimulam a diversidade entre as variedades de cultivo. Assim, apesar das inegáveis vantagens dos grandes volumes de produção, qualquer interferência, mesmo aparentemente benigna, representa um risco que ainda não foi devidamente avaliado.

Métodos modernos de cultivo não são, porém, a única forma de agressão ao sistema global de produção de alimentos. A pastagem excessiva do gado é uma das principais causas da desertificação, assim como a lenha cortada para alimentar fogões de populações em constante crescimento. A engenharia genética voltada para animais, ainda não tão desenvolvida quanto a das plantas, já desperta preocupações semelhantes, como a utilização, no gado, dos hormônios por ela produzidos.

Especialmente alarmantes são as provas cada vez maiores de que estamos acabando com as mais importantes reservas pesqueiras. Desde 1950, o volume anual de pesca em todo o mundo aumentou em 500 por cento. Acredita-se que tal aumento superou a capacidade de reprodução desses animais. Um número crescente de valiosas espécies está desaparecendo por completo. A utilização de enormes redes de malha muito fina, com até 54 quilômetros, que varrem o fundo dos oceanos, recentemente provocou protestos públicos muito justificados. Mesmo sem redes, há frotas pesqueiras de todo o mundo fazendo uma verdadeira pilhagem nos oceanos. Segundo Duane Garrett, da Califórnia, especialista no assunto, essa nova tecnologia significa que os peixes não têm mais oportunidade de sobreviver. "Quase todas as espécies possuem seu 'Desfiladeiro das Termópilas' — uma pequena faixa de água através da qual migram, ou um local onde há muito tempo desovam. Com os modernos sonares e aviões para detectar os cardumes, esses trajetos já foram descobertos e estão sendo explorados em todo o mundo, sem piedade nem preocupação com o futuro." Fiquei particularmente impressionado com algumas fotos tiradas por satélite de uma área do oceano a leste da Nova Zelândia. As fotos, feitas à noite, mostram luzes ao longo da forte correnteza que atravessa o estreito de Cook, que separa a ilha North da ilha South. Nas águas dessa correnteza espiralada há uma inacreditável e diversificada quantidade de peixes e lulas; os redemoinhos e turbilhões podem ser vistos do alto, pois barcos de pesca asiáticos acompanham os peixes com precisão tal que suas luzes reproduzem exatamente as espirais da correnteza.

As reservas de alimentos também podem ser prejudicadas por outras ameaças estratégicas ao meio ambiente. O drástico aumento de radiação ultravioleta, por exemplo, resultante da destruição da camada de ozônio, também propõe uma séria ameaça — embora ainda não bem compreendida –, à agricultura e aos elos fundamentais da cadeia alimentar, particularmente nos oceanos. A mudança nos padrões climáticos, decorrente do aquecimento terrestre — especialmente a alteração no regime pluviométrico — bem como a consequente elevação do nível do mar e a migração para o norte de pragas e insetos predadores também causarão problemas na produção de alimentos.

No final de 1991, por exemplo, 325 cientistas de 44 países reuniram-se em Rhode Island para investigar o que supunham ser múltiplas causas de uma nova ameaça aos alimentos, proveniente dos oceanos. Tratava-se de uma súbita explosão de algas, em todo o mundo, até mesmo uma grande incidência das tóxicas "marés vermelhas". Ao mencionar o perigo que ela representava para a pesca e para a aquacultura, Lars Edler, especialista em algas da Universidade Lund, na Suécia, afirmou ao jornal *Boston Globe*: "Acredito que podemos comparar com segurança essa explosão de algas ao arfar dos canários nas minas de carvão. Não há dúvida de que algo muito importante está acontecendo". Em outra conferência, realizada um ano antes, especialistas em anfíbios haviam-se reunido para debater a misteriosa e simultânea diminuição da população de sapos, rãs e salamandras em todos os continentes, também atribuída a múltiplas causas.

Todavia, a ameaça estratégica mais séria ao sistema global de produção de alimentos é a erosão genética – a perda de material genético e o consequente aumento na vulnerabilidade das plantações a seus inimigos naturais. Ironicamente, a perda de resistência e flexibilidade genéticas ocorre no exato momento em que aqueles que acreditam em nossa capacidade de adaptação ao aquecimento global argumentam ser possível obter novas plantas, por meio da engenharia genética, que crescerão nas condições imprevisíveis que estamos criando. Os cientistas, porém, nunca criaram um gene novo. Simplesmente alteram a combinação encontrada na natureza. Esse suprimento de genes agora está ameaçado.

Nossa incapacidade de oferecer proteção adequada ao suprimento de alimentos no mundo é, a meu ver, simplesmente outra manifestação do mesmo erro filosófico que nos levou à crise do meio ambiente como um todo. Partimos do princípio de que nossa vida não precisa estar realmente ligada ao mundo natural; de que nossa mente é dissociada do corpo, e de que, como se fôssemos apenas intelecto e não corpo, conseguiremos manipular o mundo a nosso belprazer. É precisamente por não sentirmos qualquer ligação com o mundo natural que banalizamos as consequências de nossos atos. E, como essa ligação parece abstrata, demoramos demais a compreender o que significa destruir aquelas partes do meio ambiente, fundamentais à nossa sobrevivência. Estamos, na realidade, arrasando o Jardim do Éden.

8 · A Terra dos Rejeitos

Um dos mais evidentes sinais de que nossa relação com o meio ambiente está em crise é a avalanche de lixo despejado das cidades e fábricas. Aquela que alguns denominam "sociedade do descartável" baseou-se na premissa de que recursos sem fim permitirão a produção de um suprimento sem fim de bens de consumo, e que repositórios sem limite, na terra ou no mar, permitirão a deposição de uma torrente sem fim de refugos. Agora, porém, estamos sendo afogados por essa torrente. Sempre interpretamos literalmente o ditado "o que os olhos não veem, o coração não sente" e hoje estamos esgotando todas as possibilidades de processar o lixo de maneira a não precisarmos vê-lo nem nos preocupar com ele.

Em épocas passadas, quando a população humana e as quantidades de rejeitos por ela produzidas eram muito menores e o lixo tóxico era raro, podíamos acreditar que o mundo absorveria o lixo, e não precisaríamos nos preocupar com ele. Hoje, porém, tudo isso mudou. Sentimo-nos desconcertados – e até agredidos –, quando grandes quantidades dos rejeitos que acreditávamos ter jogado fora, voltam, de repente, a exigir nossa atenção, pois falta espaço nos aterros sanitários, os incineradores viciam o ar e os municípios e estados vizinhos tentam empurrar para nós seus problemas de excesso de lixo.

Nos últimos anos, os norte-americanos envolveram-se em debates sobre os méritos relativos dos vários projetos para a deposição de lixo, que iam de lançá-lo no oceano a enterrá-lo, queimá-lo ou levá-lo para qualquer outro local – contanto que fosse longe de nós. Agora, porém, somos obrigados a enfrentar uma ameaça estratégica à nossa capacidade de processar – ou mesmo reciclar – as enormes quantidades de rejeitos produzidas hoje. Em poucas palavras, nosso modo de encarar o problema do lixo está nos fazendo produzir um volume tão grande dele, que todos os métodos de processamento logo serão superados. Há só uma saída: em primeiro lugar, precisamos mudar os processos de produção, reduzindo drasticamente a quantidade de lixo e decidir, em tempo hábil e com cuidado, como pretendemos reciclar, ou dar um fim aos rejeitos que inevitavelmente sobram. Antes disso, no entanto, precisamos analisar em profundidade todos os aspectos dessa complexa questão.

São muitas as facetas do problema. Pensamos em rejeito como algo inútil ou inaproveitável, segundo os métodos de que dispomos no momento para calcular valores, ou então como algo tão degradado que o custo de reciclá-lo é maior do que o de dispor dele. Entretanto, qualquer coisa produzida em excesso – de armas nucleares a correspondência inútil – também significa rejeito. Em nossa civilização acostumamo-nos a pensar que qualquer recurso natural é desperdiçado quando não é bem aproveitado, o que normalmente significa explorado para uso comercial. Ironicamente, porém, quando transformamos recursos naturais em algo útil, produzimos rejeitos duas vezes. A primeira vez, quando geramos rejeitos durante o processo de produção e a segunda, quando nos cansamos do objeto e o jogamos fora.

Talvez o indício mais visível da crise dos rejeitos seja o problema criado pela dificuldade em dar fim às montanhas de rejeitos sólidos urbanos produzidos a um ritmo de mais de 2 quilos por dia por pessoa neste país. Isso significa pouco menos de 850 quilos anuais por pessoa. Dois outros tipos de rejeitos representam, também, grandes desafios. O primeiro é o material nocivo e politicamente volátil – chamado rejeito perigoso –, que surgiu com a revolução química da década de 1930. Esses rejeitos são hoje produzidos pelos Estados Unidos quase no mesmo volume do lixo urbano. (Esta é uma estimativa otimista, que dobraria se incluísse os rejeitos que atualmente estão sem regulamentação, por uma série de razões políticas e administrativas.) O segundo é o lixo industrial sólido, gerado à razão de uma tonelada semanal por habitante – homem, mulher ou criança. Nessa estimativa não se incluíram os rejeitos gasosos lançados regularmente na atmosfera. (Por exemplo, nos Estados Unidos é produzida uma média de 20 toneladas/ano de dióxido de carbono por habitante.) Levando em conta essas três categorias de rejeitos, definidas a grosso modo, cada habitante dos Estados Unidos produz um volume de rejeitos equivalente a *mais do que o dobro do próprio peso por dia*.

É fácil ignorar a importância dessas estatísticas. Porém não mais podemos nos considerar dissociados dos rejeitos que produzimos no trabalho, ou daqueles produzidos no processo de fabricação dos objetos que compramos e usamos.

Nossa atitude desdenhosa com relação a esse problema já mostra como será difícil resolvê-lo. As próprias palavras que usamos para descrever nosso comportamento já revelam uma tentativa de escamotear o problema. Vejamos, por exemplo, a palavra *consumo*, que sugere uma eficiência quase automática, como se tudo o que consumimos desaparecesse em um passe mágica. Na realidade, quando consumimos algo, não desaparece por completo, mas é transformado em duas coisas radicalmente diferentes: em algo "útil" e na sobra, que denominamos "rejeito". Tudo o que é considerado útil se transforma em rejeito assim que não tem mais valia para nós. Portanto, devemos levar em conta nosso conceito sobre aquilo que consumimos, ao decidir o que é ou não rejeito. Até recentemente, nenhuma dessas questões parecia muito importante. Pelo contrário, um elevado nível de consumo era frequentemente considerado a característica marcante de uma sociedade avançada. Agora, no entanto, essa atitude não pode mais ser considerada saudável, desejável nem aceitável.

A crise do lixo está intimamente ligada à crise da civilização industrial como um todo. Assim como nossas máquinas de combustão interna automatizaram o processo pelo qual nossos pulmões transformam o oxigênio em dióxido de carbono (CO_2), nossa maquinaria industrial ampliou significativamente o processo pelo qual nosso aparelho digestivo transforma matéria-prima (alimentos) em energia e crescimento – e rejeitos. Encarada como uma extensão de nosso próprio processo de consumo, a civilização ingere enormes quantidades de árvores, carvão, óleo, minerais e milhares de outras substâncias, retiradas de seus locais de origem, e a todos transforma em "produtos" dos mais variados tipos, formas e características – e em imensas montanhas de lixo.

A revolução química alastrou-se por todo o mundo muito rapidamente. A produção anual de produtos químicos orgânicos disparou de um milhão de toneladas em 1930 para 7 milhões em 1950, 63 milhões em 1970 e 500 milhões em 1990. Ao ritmo atual, a fabricação de produtos químicos em todo o mundo está dobrando a cada sete ou oito anos. É assustadora a quantidade de resíduos químicos despejada em aterros sanitários, lagos, rios e oceanos. Só nos Estados Unidos, avalia-se que existam 650 mil fontes comerciais e industriais de rejeitos perigosos. A Agência para a Proteção do Meio Ambiente estima que 99 por cento desses resíduos provêm de apenas 2 por cento das fontes e que 64 por cento dos rejeitos perigosos são processados em apenas 10 instalações regulamentadas. Dois terços de todos os resíduos perigosos provêm de indústrias químicas e quase um quarto, da produção de metais e máquinas. Os 11 por cento restantes provêm do refino de petróleo (3%) e de dezenas de outras categorias menores. Segundo o Programa das Nações Unidas para o Meio Ambiente, mais de 7 milhões de produtos químicos já foram descobertos ou criados pela humanidade e milhares de novos aparecem todo ano. A maioria dos 80 mil usados em quantidades significativas é produzida de forma a deixar rejeitos químicos, em grande parte perigosos. Muitos são facilmente processados, mas alguns são nocivos ao extremo para muitas pessoas, mesmo em pequenas quantidades. Infelizmente, há uma gama tão ampla de rejeitos classificados como perigosos, que o público muitas vezes não consegue distinguir o que é realmente perigoso do que não é. E, fator mais preocupante, muitos dos novos rejeitos químicos não são testados para verificar seu potencial tóxico.

Agora, além do mais, produzimos quantidades significativas de contaminantes de metais pesados, como o chumbo e o mercúrio, além de lixo hospitalar, inclusive contaminado. O lixo nuclear é obviamente o mais perigoso, pois é altamente tóxico e assim permanece por milhares de anos. Na realidade, o problema mais sério é aquele criado pelas instalações governamentais envolvidas na construção de armas nucleares. Essas questões talvez não tenham chamado a atenção do público no passado, pois a maioria das fábricas está relativamente isolada da comunidade. A sociedade, porém, ficou indignada com o despejo dos rejeitos perigosos em aterros sanitários, pois muitas pesquisas, além de acidentes graves demonstraram que essa prática não é segura. Em resumo, a tecnologia de deposição de rejeitos está defasada em relação à tecnologia de produzi-los.

São poucas as comunidades dispostas a aceitar o despejo de lixo tóxico. Pesquisas demonstraram que grande quantidade de aterros sanitários e de instalações para tratamento de rejeitos tóxicos está situada em áreas onde há muita pobreza ou habitam minorias. *O lixo tóxico e as raças nos Estados Unidos*, um extenso estudo feito pela Igreja Unida de Cristo, concluiu:

A raça, comprovadamente, é uma das variáveis mais significativas entre as que foram testadas com relação à localização de instalações comerciais para tratamento de lixo perigoso. Esse fato representava um padrão nacional constante. As comunidades com o maior número de tais instalações tinham a maior variedade racial e étnica. Nas comunidades onde há duas ou mais dessas instalações, ou um dos cinco maiores aterros sanitários do país, a porcentagem de minorias na população era três vezes maior do que nas comunidades onde inexistiam tais instalações (38% contra 12%).

Trata-se, praticamente, de uma tradição norte-americana: o lixo há muito é despejado em locais desvalorizados, em áreas habitadas pelos menos favorecidos. Esse rejeito perigoso é gerado em quantidades tão grandes, que caminhões o transportam por todo o país, levando-o para qualquer local que o aceite. Alguns anos atrás era deixado ao longo das estradas: enquanto o caminhão percorria a zona rural, abria-se uma torneira no fundo da carroceria, deixando o lixo escorrer lentamente. Em outros casos, os refugos perigosos eram entregues a transportadores inescrupulosos, controlados pelo crime organizado, que os despejavam, na calada da noite, ao lado de estradas em áreas rurais ou em rios. Ao que tudo indica, obtivemos progressos em alguns aspectos desse problema.

Entretanto, o perigo que enfrentamos em decorrência do transporte inadequado de rejeitos não é nada, comparado ao que ocorre na maioria das cidades americanas mais antigas sempre que chove mais forte. Quando isso ocorre, o lixo, sem tratamento algum, é despejado diretamente no rio, riacho ou lago mais próximo. Nessas cidades, as galerias pluviais foram construídas para serem conectadas à rede de esgotos (antes de alcançar a usina de tratamento de esgotos); assim, o volume total de água durante uma chuva pesada é tão grande que a estação de tratamento, para não ser completamente inundada, tem de abrir as comportas sem processar o esgoto, despejando-o diretamente no curso de água mais próximo. Isso continua acontecendo porque as autoridades municipais em todo o país convenceram o Congresso de que o investimento necessário para separar os esgotos que carregam dejetos humanos daqueles que transportam a água da chuva seria maior que o custo de continuar a envenenar rios e oceanos. Nenhum esforço foi feito, porém, para calcular os custos dessa crescente contaminação. Será que o Congresso, bem como toda uma geração de eleitores, aceita essa situação porque o custo do tratamento correto dos rejeitos será pago por nós e grande parte do custo de envenenar o meio ambiente será repassado para nossos filhos e netos?

Apesar de as leis federais terem estipulado 1991 como prazo para proibir que os esgotos municipais e o lixo industrial deixassem de ser despejados nos oceanos, é óbvio que os volumes cada vez maiores de esgoto, bem como os enormes custos necessários para evitar o despejo nos oceanos, farão com que a data limite prevista pela lei seja ridiculamente irrelevante. Hoje, as águas litorâneas dos Estados Unidos recebem 8,7 trilhões de litros de efluentes municipais e 18,5 bilhões de litros de esgoto industrial por ano, quase sempre desrespeitando as normas estabelecidas pela lei. Não somos a única nação a viver esse tipo de problema. Os rios alemães carregam diariamente para o mar enormes quantidades de rejeitos. Quase todos os rios da Ásia, Europa, África e América Latina fazem as vezes de esgotos a céu aberto, especialmente no que se refere a rejeitos industriais. Como já ressaltamos, a primeira grande tragédia envolvendo lixo químico nas águas ocorreu em Minimata, no Japão, em 1950. Iniciativas tomadas por grupos internacionais concentraram-se em alguns problemas da poluição oceânica regional como, por exemplo, no Mediterrâneo, Mar do Norte e Caribe.

O problema de deposição de lixo perigoso tem recebido muita atenção nos últimos anos, mas ainda há muito por fazer. Antes de mais nada, como podemos decidir qual rejeito é verdadeiramente perigoso e qual não é? Produzimos uma quantidade maior de rejeitos industriais do que de outros tipos, mas teremos informações suficientes sobre eles? A maior parte do lixo industrial é despejada em locais de propriedade do próprio dono da indústria, muitas vezes bem próximo de onde os resíduos foram gerados. Os aterros sanitários e depósitos de lixo utilizados pela indústria estão, portanto, longe dos olhos do público e – também devido ao fato de essas empresas criarem empregos –, o lixo que produzem em geral só é percebido quando extravasa do local onde foi jogado, infiltrando-se no fluxo de água do subsolo ou dispersando-se pelos ventos.

* * *

Muito mais difíceis de esconder são os aterros sanitários utilizados para deposição de rejeitos sólidos urbanos. Muitos de nós fomos criados acreditando que, apesar de toda cidade – pequena ou grande – precisar de um depósito de lixo, sempre haveria de existir uma cavidade suficientemente larga e profunda para esse fim. Todavia, à semelhança de muitas outras convicções como, por exemplo, a capacidade infinita da Terra de absorver o impacto da civilização humana, também essa estava errada. Isso nos leva à segunda principal mudança no tocante à nossa produção de rejeitos: hoje seu volume é tão grande que estão se esgotando os lugares de despejo. Dos 20 mil aterros sanitários existentes nos Estados Unidos em 1979, mais de 15 mil já atingiram sua capacidade máxima e estão fechados. Apesar de o problema ser mais premente em cidades mais antigas, especialmente na região nordeste do país, quase todas as áreas metropolitanas já estão, ou estarão em breve, sentindo a necessidade urgente de encontrar novos aterros sanitários ou de precisar depor o lixo de outras formas.

Os aterros sanitários ainda em uso tornaram-se verdadeiras montanhas de lixo, que estão atingindo proporções gigantescas. O aterro Fresh Kills, em Staten Island, por exemplo, recebe quase 20 mil toneladas de rejeitos da cidade de Nova York, todos os dias. Segundo pesquisa feita por uma equipe do *Newsday*, esse aterro se tornará, em breve, "o ponto mais alto da Costa Leste ao sul do Maine" e precisará, em pouco tempo, de autorização especial da Administração Federal de Aviação, por ter-se tornado ameaça aos aviões.

O dr. W.L. Rathje, professor de Antropologia da Universidade do Arizona e talvez o mais importante "lixólogo" em todo o mundo, fez, perante meu subcomitê, interessante observação sobre a escala monstruosa desses aterros sanitários modernos:

> Quando estava fazendo o curso de pós-graduação, disseram-me que o maior monumento já erigido por uma civilização do Novo Mundo fora o Templo do Sol, construído no México na época de Cristo, ocupando um espaço de um milhão de metros cúbicos. O aterro de Durham Road, que existe desde 1977, perto de San Francisco, é composto por dois monturos de lixo provenientes da varrição e de resíduos sólidos urbanos de três cidades da Califórnia. Ainda me lembro do choque que senti quando meus alunos calcularam que cada um desses monturos tinha um volume de aproximadamente 2,5 milhões de metros cúbicos, perfazendo um total equivalente a quase cinco vezes o Templo do Sol. Os aterros sanitários são as maiores montanhas de lixo da história mundial.

O que contêm essas montanhas? Vários tipos de papel, em sua maioria jornais e embalagens, ocupam cerca de 50 por cento do espaço. Outros 20 por cento são rejeitos de jardins, de madeirame de construções e de resíduos orgânicos diversos, especialmente alimentos. (Rathje descobriu que 15 por cento de todos os alimentos sólidos adquiridos pelos americanos acabam no lixo.) Um inacreditável amontoado dos mais diversos objetos completa esses monturos; desses objetos, quase 10 por cento são de plástico, inclusive o chamado plástico biodegradável. (Amido é acrescentado ao composto plástico, a fim de torná-lo mais apetitoso para os microrganismos, que, teoricamente, decomporiam o plástico à medida que consumissem o amido.) Rathje observa secamente que é cético quanto à possibilidade de isso ocorrer: "Em nosso aterro sanitário, entre o lixo que lá está há muitas décadas, encontramos espigas de milho com os grãos intactos. Se os microrganismos nem sequer comem o milho nas espigas, duvido que tentem extrair o amido dos plásticos".

Contudo, grande parte dos rejeitos orgânicos acaba por se decompor, gerando muito metano no processo, o que cria a ameaça de explosões e incêndios no subsolo dos depósitos mais antigos, sem ventilação ou controle adequados. E, o que é ainda pior, contribuem para aumentar a crescente quantidade de metano liberada na atmosfera. Como já sabemos, os níveis cada vez mais altos de metano são uma das razões de o efeito estufa ter-se tornado tão perigoso.

À medida que os aterros sanitários existentes são fechados, várias cidades em todo o país buscam desesperadamente outras opções e têm dificuldades em encontrá-las. Em meu estado natal, o Tennessee, para citar um exemplo, a única questão controversa na maioria dos 95 condados refere-se à localização de novos aterros sanitários ou incineradores. Esses problemas sempre foram resolvidos em nível local, e não chegaram a ser definidos como problemas nacionais, apesar de gerarem mais controvérsias políticas em âmbito nacional do que inúmeros outros problemas. Agora, no entanto, a questão do acúmulo de lixo está fora de controle, tanto assim que cidades e estados o têm despejado além de suas próprias fronteiras. O Serviço de Pesquisas do Congresso avalia que mais de 12 milhões de toneladas de lixo sólido urbano atravessaram fronteiras estaduais em 1989. Parte desse volume é atribuída ao fato de algumas cidades grandes estarem próximas de fronteiras estaduais e outra parte, a acordos formais interestaduais de deposição de lixo em instalações regionais específicas (uma das alternativas mais responsáveis para enfrentar o problema); não obstante, tem havido grande crescimento no transporte de rejeitos por empresas privadas, que despejam o material em propriedades particulares nas áreas mais pobres do país. Os proprietários dessas áreas aceitam ficar com os detritos em troca de pagamento.

Lembro-me do dia em que cidadãos de Mitchellville, pequena cidade do Tennessee, com 500 habitantes, procuraram-me para reclamar do cheiro de quatro vagões de carga cheios de lixo vindos da cidade de Nova York, que permaneciam ao sol já havia uma semana, ao lado da via férrea da cidade. "O que me preocupa," declarou um deles a um repórter do jornal *Nashville Banner* "são os inúmeros germes transportados pelo ar, vírus e coisas assim. Quando o vento sopra tudo isso sobre a cidade, os pequenos germes não vão dizer: 'olha, nós não podemos sair deste vagão, temos que ficar aqui dentro'." O vice-prefeito de Mitchellville, Bill Rogers, comentou que "muitas vezes você vê água, ou outro líquido vazando do fundo dos vagões, e alguns contêm puro lixo de Nova York". Descobrimos, depois, que o prefeito fizera um acordo com a transportadora Tuckasee Inc. para trazer o refugo de Nova York, New Jersey e Pensilvânia para um aterro sanitário situado a 56 quilômetros da via férrea, pagando 5 dólares por vagão, o que parecia um bom negócio para uma cidade cujo orçamento anual é inferior a 50 mil dólares.

Pequenas comunidades como Mitchellville, no sudeste e no Centro-Oeste estão recebendo enormes quantidades de lixo do nordeste do país. As áreas rurais do oeste dos Estados Unidos estão recebendo lixo das grandes cidades da costa do Pacífico. Não é de surpreender, portanto, a criação de patrulhas para vigiar as auto-estradas e as estradas vicinais em áreas sitiadas por caminhões de lixo vindos de grandes centros urbanos. Uma de minhas piadas favoritas no programa *Saturday Night Live* era um "comercial" de um produto denominado *Yard-a-Pult*, inspirado em um modelo reduzido de uma catapulta medieval, com dimensões suficientes para caber no quintal de uma casa. Sua função era lançar sacos de lixo no terreno do vizinho. Assim, não haveria necessidade de reciclagem, incineração nem de aterros sanitários. O *Yard-a-Pult* era a última palavra na filosofia de "o que os olhos não veem, o coração não sente". Infelizmente, essa brincadeira assemelha-se muito à realidade política de administração de rejeitos.

Às vezes a realidade pode ser até mais estranha do que a ficção. Uma das consequências mais perturbadoras desse enorme transporte de rejeitos é o surgimento de uma nova ameaça ao meio ambiente, denominada frete de retorno. Isso ocorre quando os transportadores partem com carregamentos de rejeitos químicos para um destino e voltam transportando alimentos sólidos e líquidos (como sucos de frutas). Todas essas operações são realizadas, porém, nos mesmos contêineres Em um longo relatório, o *Seattle Post-Intelligencer* cita centenas de casos de transporte de alimentos em contêineres que, no primeiro trecho da viagem, haviam sido usados para transportar rejeitos perigosos. Apesar de os caminhões serem lavados na troca de carga, os caminhoneiros (arriscando seus empregos) contavam que as inspeções não eram rigorosas, a limpeza era inadequada, e que se usavam perigosos sprays desodorizantes para mascarar o possível odor dos produtos químicos. Os senadores Jim Exon, Slade Gorton e eu reunimo-nos em 1990 com o congressista Bill Clinger para criar uma legislação que proibisse essa prática.

Entretanto, nenhuma legislação consegue, sozinha, resolver o problema subjacente. Quando se proíbe uma forma de deposição de rejeitos, ela continua a ser feita às escondidas ou então é encontrada uma nova forma. E o que antes era considerado inconcebível torna-se aceitável devido à inacreditável pressão dos crescentes volumes de rejeitos.

Um exemplo particularmente preocupante é o transporte de rejeitos para além de fronteiras nacionais. O exemplo mais divulgado foi a chamada barcaça do lixo, que partiu de Islip, em Long Island, no início de 1987 e ficou seis meses vagando à procura de um porto que aceitasse suas mais de 3.000 toneladas de lixo comercial. Antes de voltar a Long Island, a barcaça foi expulsa de portos da Carolina do Norte, Luisiana, Flórida, México, Belize, Bahamas, bem como de outros portos de Nova York. Essa viagem tragicômica tornou-se um símbolo da crise desencadeada quando se esgotou a capacidade dos aterros mais antigos devido às quantidades cada vez maiores de rejeitos.

O mais grave disso tudo, porém, é estarmos tentando exportar lixo. Muitos dos repositórios propostos para o lixo da barcaça ficavam, afinal, em outros países. Mais de um ano depois de a mídia nos ter feito rir com a história da barcaça, um cargueiro, o *Khian Sea*, carregando 15 mil toneladas de cinzas tóxicas de incineradores da Filadélfia partiu do Caribe para a África Ocidental e sudeste da Ásia, à procura de um porto. Depois de uma jornada de dois anos, finalmente despejou sua carga em local ignorado, segundo informações obtidas junto a autoridades em Cingapura pelo jornal *Newsday*.

Na Costa Oeste, algumas autoridades municipais da Califórnia iniciaram negociações com as ilhas Marshall, no sul do Pacífico, para o envio regular de cargas de lixo sólido. Os habitantes dessas ilhas – muitos dos quais estão sofrendo os efeitos retardados dos testes nucleares atmosféricos do programa norte-americano da década de 1950 – nem sequer cogitariam de receber esse "produto" desagradável e perigoso, não fosse sua pobreza. O movimento Greenpeace revelou recentemente que autoridades de Baltimore estavam negociando com autoridades chinesas a fim de obter autorização para despejar no Tibete dezenas de milhares de toneladas de rejeitos urbanos sólidos. Não poderia haver atitude mais cínica. Os tibetanos não têm poder para impedir as autoridades chinesas de destruir a ecologia de sua terra natal, uma vez que estão sob domínio armado chinês há 40 anos. A carga, porém, não foi enviada ao Tibete, e os Estados Unidos ainda não se envolveram a fundo com a atividade de mercadejar rejeitos além-fronteiras.

Apesar disso, os crescentes problemas associados ao transporte internacional de rejeitos causaram acirrados debates. Um líder africano denunciou recentemente aquilo que classificou de "imperialismo do lixo", expressando um sentimento generalizado entre os membros da Organização pela Unidade Africana, que já condenara uma série de incidentes como esse, rotulando-os de "crimes contra a África". Tais preocupações ensejaram a criação, em 1989, de um tratado internacional denominado Convenção de Basileia, que, se ratificado por um número suficiente de países, limitará o despejo de rejeitos de países industrializados no Terceiro Mundo.

Este, no entanto, já enfrenta problemas com o próprio lixo, especialmente nas cidades grandes, que continuam a crescer. No Cairo, por exemplo, não é difícil ver lixo depositado nos telhados de casas decrépitas, para que se decomponha ao sol. Também é comum ver esgoto não-tratado correndo livremente pelas calhas e ruas em muitas cidades do Terceiro Mundo, enquanto pilhas de lixo são vasculhadas por legiões de homens, mulheres e crianças miseráveis. No início de 1991 essa situação levou a uma grande epidemia de cólera no Peru e em algumas áreas de países vizinhos. Em poucos meses essa doença transmitida pelo lixo disseminara-se até o México; houve alguns casos mais ao norte, chegando ao litoral texano do golfo do México.

Nas Filipinas, um monturo cada vez mais alto, denominado Smokey Mountain (Montanha da Fumaça), situada em um subúrbio de Manilha, tornou-se uma espécie de cidade do lixo, com 25 mil pessoas vivendo em barracas de papelão apoiadas sobre estacas que, por sua vez, estão cravadas na gigantesca montanha de lixo. Segundo Uli Schmetzer, do jornal *Chicago Tribune*, os moradores chegam a demarcar territórios em meio aos rejeitos, apesar de estarem sendo sufocados – eles e os filhos –, pela fumaça dos incêndios causados pela decomposição. "Famílias de até dez pessoas vivem em uma barraca do tamanho de um banheiro. Não há arbustos nem árvores, só o mau cheiro do lixo apodrecendo, de dia e de noite, além do gás metano produzido por esse composto." Essas verdadeiras montanhas de lixo estão surgindo em todo o Terceiro Mundo, não apenas devido às pressões do crescimento populacional; outra causa fundamental é o padrão de consumo conspícuo, exportado para esses países com a cultura ocidental e seus produtos de consumo.

A mais nova solução, apresentada como alternativa racional e responsável aos aterros sanitários, que se estendeu por todo o país e assumiu dimensões internacionais, é o uso cada vez mais intenso da incineração. A porcentagem de rejeitos urbanos incinerados nos Estados Unidos chegou a duplicar, passando de 7 por cento (em 1985) para mais de 15 por cento em quatro anos e os investimentos em novas instalações para incineração devem dobrar essa porcentagem novamente nos próximos anos. Em alguns desses projetos, o calor gerado pelo processo de incineração é aproveitado como fonte de energia para a obtenção de vapor, cuja venda cobre os custos da operação. Existem outras soluções, como por exemplo, a modelagem dos rejeitos em pastilhas que podem, então, ser usadas como "combustível". Embora seja louvável a tentativa de converter rejeitos em energia, é pequena a produção efetiva desta. O principal motivo da construção de tais instalações é que algo precisa ser feito com as enormes quantidades de lixo que produzimos.

O *Yard-a-pult*, criado pelo programa *Saturday Night Live*, é um "comercial" cuja proposta é dispor do lixo, lançando-o por sobre a cerca para o quintal do vizinho. Os métodos que usamos na vida real infelizmente não diferem tanto dessa brincadeira como gostaríamos.

O enorme investimento em novos incineradores – quase 20 bilhões de dólares –, está sendo levado a efeito mesmo sem que tenham sido encontradas respostas adequadas para as sérias questões de saúde e de preservação ambiental. Segundo pesquisas feitas pelo Congresso americano, a poluição do ar causada por esses incineradores inclui, de modo geral, dioxinas e furanos, além de outros poluentes como arsênico, cádmio, clorobenzenos, clorofenos, cromo, cobalto, chumbo, mercúrio, PCBs e dióxido de enxofre. No caso das emissões de mercúrio, um extenso estudo realizado pela Fundação para a Água Pura constatou que

> os incineradores de rejeitos urbanos constituem hoje a fonte de emissão de mercúrio para a atmosfera que apresenta mais rápido crescimento. O mercúrio emitido pelos incineradores superou o setor industrial como importante fonte de mercúrio atmosférico; a tendência é que essas emissões dobrem nos próximos cinco anos. Se os incineradores em construção e projeto entrarem realmente em funcionamento, com a tecnologia de controle hoje necessária, as emissões

de mercúrio geradas por essa fonte provavelmente serão duplicadas. Nas próximas décadas, esse crescimento acrescentará milhões de quilos de mercúrio ao ecossistema, caso nenhuma providência seja tomada.

O mercúrio não se decompõe na atmosfera, mas acumula-se, especialmente na cadeia alimentar, através de um processo denominado bioacumulação, que concentra quantidades cada vez maiores nos animais que estão no alto da cadeia alimentar, como os peixes que capturamos nos lagos e rios.

A principal consequência da incineração é, portanto, a transferência do lixo de uma comunidade para comunidades vizinhas, em forma de gás liberado na atmosfera, atravessando fronteiras estaduais e por fim espalhando-se para todo o globo, onde permanecerá por muitos anos. Na verdade, descobrimos um outro grupo de pessoas que, indefesas, arcarão com as consequências do acúmulo de lixo: aquelas que viverão no futuro e não poderão nos responsabilizar por ele. Trata-se, no fundo, de outra abordagem como aquela do comercial *Yard-a-pult*.

A poluição tóxica do ar, porém, não é o único problema. A incineração de lixo sólido cria também outro problema que, de certa forma, é pior que aquele hoje enfrentado. Enquanto 90 por cento do volume de rejeitos sólidos é reduzido pela incineração, os 10 por cento que restam em forma de cinzas são altamente tóxicos e, portanto, muito mais perigosos do que todo o grande volume de rejeitos antes da incineração. Essa operação concentra alguns dos ingredientes mais tóxicos, como metais pesados, complicando, consequentemente, a tarefa de encontrar um local para despejá-los. E mesmo 10 por cento representam um volume bastante significativo.

A maioria das comunidades nem mesmo considera essa cinza tóxica perigosa. Devido às pressões políticas exercidas por comunidades cada vez mais ansiosas por encontrar uma maneira de dispor de seu lixo, o Congresso e a Agência para a Proteção do Meio Ambiente têm-se mostrado relutantes em determinar que essas cinzas sejam tratadas como rejeitos perigosos que são. Essa determinação significaria tornar toda a operação muito mais onerosa, alterando significativamente o atual aspecto econômico da incineração. As autoridades municipais também são favoráveis à incineração, pois assim não são obrigadas a alterar sua forma de encarar o problema. Um único caminhão de lixo pode continuar a recolher todos os rejeitos da comunidade, sem qualquer preocupação com classificação ou reciclagem. Em vez de despejá-los no aterro sanitário, despeja-os no incinerador.

O problema básico, porém, continua a ser o fato de que estamos simplesmente gerando em excesso lixo e rejeitos de todos os tipos. Enquanto mantivermos esses hábitos, continuaremos sob pressão crescente para usar até mesmo os métodos menos seguros de deposição dessas substâncias. Como afirmou, sem rodeios, o ex-secretário de Assuntos Sanitários do Estado de Nova York, Brendan Sexton: "as pessoas podem reclamar o quanto quiserem dos incineradores. Podem condená-los, podem escrever aos jornais, mas, no final, é o lixo que vai ganhar a batalha".

Muitas comunidades nos Estados Unidos optaram pela reciclagem, isto é, a reintrodução, no fluxo do comércio, do que antes era considerado refugo inaproveitável. Alguns projetos de reciclagem tiveram ótimos resultados. Os Estados de Washington e New Jersey, por exemplo, conseguiram atingir altos índices de reciclagem. Seattle, Newark, assim como San Francisco e San Jose, estão entre as cidades que obtiveram os melhores índices de reciclagem. Muitos descobriram, porém, que os produtos manufaturados e embalados para o mercado de massa envolvem questões que frustram os esforços despendidos na reciclagem. Alguns suplementos de jornais, por exemplo, e algumas revistas têm um acabamento brilhante, feito de uma substância que não é processada pelas máquinas de reciclagem. Muitos recipientes de plástico contêm componentes que tornam a reciclagem proibitivamente onerosa e complexa. Quase todas as embalagens são projetadas levando em conta exclusivamente a utilidade e o marketing do respectivo produto, sem nenhuma preocupação com o espaço que ocuparão nos aterros sanitários ou com os produtos químicos tóxicos que liberarão ao serem queimadas. O resultado é que hoje a quantidade de rejeitos urbanos reciclados é muito menor que a de incinerados.

Além do mais, para que esses rejeitos (ou "sobras de consumo", como alguns recicladores os denominam) sejam reintroduzidos no comércio, é necessário que haja um mercado para eles. Infelizmente, a maioria dos produtores está confortavelmente presa a um esquema de compra de matéria-prima e não está equipada, por hábito ou por limitações de maquinaria, a usar material reciclado, mesmo que este possa revelar-se mais barato, após um período de ajustamento reconhecidamente difícil. Além disso, embora haja subsídios do governo para o uso de matérias-primas não recicladas, inexistem subsídios semelhantes para o uso dos substitutos reciclados. Tomemos o papel como exemplo. Muitos dos grandes consumidores e fabricantes fazem grandes investimentos em florestas e cultivo de árvores e, portanto, são avessos a usar papel reciclado em vez de obter lucro adicional com o corte das árvores nas quais investiram e pelas quais recebem grandes subsídios fiscais.

Ao dirigir seminários no Tennessee e audiências em Washington sobre a questão da reciclagem, tenho encontrado um grande entusiasmo do público em relação a esse processo. Por outro lado, tenho encontrado pessoas e grupos que conscienciosamente juntaram e separaram os objetos que sabiam ser recicláveis e ficaram muito decepcionados ao descobrir a impossibilidade de encontrar compradores para esse tipo de material. A maioria acredita que uma legislação federal é necessária, não só para compensar a desvantagem existente entre a matéria-prima reciclada e a não reciclada, desestimulando a venda de produtos e embalagens não recicláveis, como também para garantir que não sejam enganosas as afirmações quanto à reciclabilidade de um produto (a legislação a esse respeito está tramitando agora no Congresso). Para que a reciclagem possa funcionar bem é necessário algo mais que o entusiasmo individual. O sistema precisa ser mudado e os processos, modificados em larga escala.

Precisamos mudar também nosso modo de pensar. Não podemos simplesmente criar quantidades cada vez maiores de rejeitos, despejá-las no meio ambiente e fazer de conta que isso não tem importância. À semelhança de todos os problemas ambientais mais sérios, a crise do processamento do lixo decorre de termos perdido a noção do lugar que ocupamos na natureza. Nesta, todas as espécies produzem "rejeitos", em sua maioria "reciclados" – não pela própria espécie, mas por outras formas de vida com a qual têm um relacionamento simbiótico. Os elementos tóxicos do fluxo de rejeitos, em especial, são removidos e isolados naturalmente, de forma a permitir que processos lentos façam com que percam a toxicidade. Obviamente, isso pressupõe a manutenção de uma relação equilibrada e mutuamente benéfica entre as espécies envolvidas; qualquer espécie que ultrapasse suas fronteiras no interior do sistema corre o perigo de não conseguir mais escapar das consequências de sua própria produção de rejeitos.

Em certo sentido, esse método natural evita a criação de "rejeitos", uma vez que o refugo de uma espécie transforma-se em substância útil para outra. Nós, seres humanos, aumentamos em número e no poder de modificar o mundo. Começamos, então, a criar rejeitos que superam – em quantidade e potencial tóxico – a capacidade do meio ambiente de absorvê-los ou reusá-los a uma velocidade que nem remotamente se aproxima daquela com que são produzidos. O resultado é que temos de encontrar maneiras eficazes de reciclar os próprios rejeitos que produzimos, em vez de contar com outra espécie para fazê-lo por nós. Isso está se transformando em um verdadeiro desafio de Sísifo. Isto é, precisamos reduzir drasticamente a quantidade de rejeitos que produzimos.

Para tanto, é fundamental mudar nosso modo de encarar os bens de consumo, o que significa desafiar a convicção de que tudo se estraga ou quebra com o tempo e deve ser substituído por um modelo novo e melhorado, destinado, por sua vez, a estragar-se ou quebrar-se rapidamente. Isso, porém, não será fácil, pois nossa civilização é construída sobre uma matriz de atividades econômicas e sociais interligadas, que enfatizam o consumo constante de "coisas" novas. A produção em massa tornou possível a milhões de pessoas a posse dos tão cobiçados produtos da civilização industrial. Esse desenvolvimento é visto, quase universalmente, como importante progresso. Na verdade, permitiu um grande avanço no padrão e qualidade de vida de centenas de milhões de pessoas. Nesse processo, contudo, tais objetos tornam-se, não só mais acessíveis, como também "baratos" – de várias formas. Como podem ser facilmente substituídos por outros, idênticos, não precisam ser tão valorizados, protegidos e cuidados como no passado. Uma vez que cada produto é apenas um entre milhões, não precisa mais ser apreciado por ser único e já que a maquinaria que o produziu evita, por definição, qualquer traço de autoria ou criatividade individual, pode ser facilmente desvalorizado. Como resultado, algo novo e reluzente pode-se transformar com rapidez em algo que podemos jogar fora.

Caso se tenha tornado óbvia a necessidade de reconsiderar nosso conceito de que tudo é descartável, é evidente também que tal esforço implica mais que a busca de soluções mecânicas. Acredito hoje que a crise dos rejeitos – assim como a crise do meio ambiente como um todo –, funciona como uma espécie de espelho onde podemos nos ver com maior nitidez se estivermos dispostos a questionar mais profundamente quem somos e quem desejamos ser, como indivíduos e como civilização. Na realidade, a crise dos rejeitos talvez seja o melhor meio de responder a algumas difíceis perguntas sobre nós mesmos.

Por exemplo, se chegamos a ver como descartáveis os objetos que usamos, não teríamos também modificado nossa forma de encarar o próximo? A civilização de massa criou processos impessoais, quase industriais, de educação, emprego, abrigo, alimentação, vestuário e deposição de bilhões de pessoas. Será que não perdemos, nesse processo, a capacidade de apreciar a singularidade de cada ser humano? Será que tornamos mais fácil desistir de alguém que precise de mais atenção e ajuda? As sociedades tradicionais veneram os mais velhos, considerando-os repositórios ímpares do caráter e da sabedoria. Nós, no entanto, estamos sempre dispostos a jogá-los fora, a encará-los como seres já gastos, incapazes de produzir coisas novas para o consumo. Produzimos informações em massa e, nesse processo, desvalorizamos a sabedoria de toda uma vida, pressupondo que ela pode, facilmente, ser substituída por uma camada superficial de dados básicos do fluxo de informações que jorra em nossa cultura. Por razões semelhantes, diminuímos a importância da instrução (embora continuemos a alardear sua necessidade). A instrução é a reciclagem do conhecimento e, já que enfatizamos a produção e o consumo constantes de enormes quantidades de informações, não sentimos a mesma necessidade de respeitar e reutilizar o refinado acúmulo de saber que tanto prezavam nossos antepassados.

Ainda nos surpreendemos, às vezes, com o modo pelo qual outro ser humano expressa a experiência de vida, mas essa sensação de surpresa parece ocorrer mais raramente hoje em dia, talvez porque tenhamos desvalorizado a concepção de compromisso para com os outros – sejam crianças largadas sozinhas o dia todo, pais ou mães doentes, maridos ou esposas abandonados, amigos e vizinhos negligenciados ou até qualquer um de nossos concidadãos. Um dos exemplos mais chocantes de nossa aviltada maneira de encarar o próximo é a nova categoria existente entre os "sem-teto": as crianças abandonadas, expulsas de casa porque se tornaram demasiado rebeldes ou porque os pais não dispõem mais de tempo para atender às suas necessidades especiais. E, com frequência, lemos nos jornais que um recém-nascido foi literalmente jogado em uma lata ou em um compactador de lixo, porque a mãe, por alguma razão, sentia-se incapaz de criá-lo e sabe que não pode contar com a sociedade para obter a compreensão e o apoio de que necessita. Crianças descartáveis: nada ilustra melhor minha profunda convicção de que *a pior de todas as formas de poluição são vidas jogadas fora*.

Por definição, uma vida jogada fora é aquela considerada sem nenhum valor no contexto da sociedade humana. Da mesma forma, se nos consideramos dissociados da Terra, torna-se fácil desvalorizá-la. As duas questões – desperdiçar vidas e desperdiçar o planeta – estão intimamente ligadas, porque, enquanto não percebermos que todas as manifestações de vida são preciosas, continuaremos a aviltar tanto a comunidade humana como o universo natural. Consideremos as palavras ditas em 1990 na cidade de Nova York, por um garoto "sem-teto" de 8 anos:

> Quando o nosso bebê morreu, ficamos sentados ao lado da janela. Ficamos ali sentados, vestindo camisas bem velhas. Ficamos olhando os pombos. Olha como aquele pombo voa rápido. Tem um voo tão bonito. Voa legal mesmo. Olha como abre o bico para engolir o vento. Aí nós espalhamos as migalhas de pão. Eu e meu irmão [de quatro anos]. E ficamos esperando. Sentados, esperando bem embaixo do batente da janela. O pombo só percebe que estamos lá quando baixamos a janela com força. E ele quebra. E olha para nós com um olho só. Ele não morre depressa. Nós mergulhamos o pombo na panela de água fervendo que está no fogão. Muitas vezes. A gente quer ver como é morrer devagar como morreu o nosso bebê.

Se não sentimos qualquer ligação com aqueles membros de nossa comunidade cuja vida está sendo jogada fora, quem somos nós? Em última análise, à medida que perdemos de vista nosso lugar em um contexto mais amplo em que definíamos nossa finalidade na vida, o senso de comunidade desaparece, o sentimento de integração se dissipa, o próprio sentido da vida nos escapa.

Acreditar que somos dissociados da terra significa não ter a mais pálida ideia de como nos enquadramos no ciclo natural da vida, nem a menor compreensão dos processos naturais de mudança que nos afetam e com os quais, por outro lado, interferimos. Significa que estamos tentando cartografar o curso da civilização tendo apenas nós mesmos como referência. Não é de surpreender que estejamos perdidos e confusos. Não é de surpreender que muitos sintam que sua vida está sendo jogada fora. Nossa espécie já floresceu no interior da intrincada e interdependente teia da vida, mas optamos por abandonar o jardim. Se não encontrarmos uma forma de mudar radicalmente a civilização, bem como nossa maneira de encarar o relacionamento entre os seres humanos e a Terra, legaremos a nossos filhos uma terra de rejeitos.

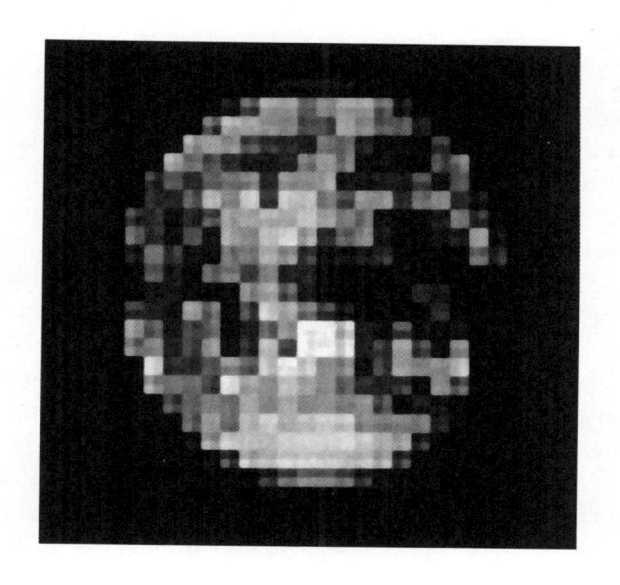

PARTE 2

A busca do equilíbrio

9 · Administração Própria

As novas ameaças estratégicas ao meio ambiente estão se tornando cada vez mais evidentes, mas será que compreendemos como e por que surgiram? Se nosso relacionamento com o sistema ecológico já não é saudável, como fizemos tantas escolhas errôneas até agora?

A fim de obter parte da explanação, precisamos voltar-nos para a política. Com demasiada frequência, política e políticos têm deixado a desejar em questões ambientais. Por outro lado, há um problema fundamental com o sistema político em si. À parte sua reação morna à crise ambiental, nosso próprio sistema político tem sido explorado, maltratado e difamado, a tal ponto que já não fazemos escolhas sempre inteligentes a respeito de nossa trajetória como nação. Primeiramente, a forma de fazermos escolhas políticas tem sido desvirtuada pelo poder impressionante dos novos instrumentos e tecnologias hoje existentes para a persuasão política. Comerciais de televisão de trinta segundos e pesquisas sofisticadas de opinião pública agora conseguem dimensionar e direcionar uma mensagem política com velocidade e precisão assustadoras, e contribuem mais para manipular a opinião dos eleitores, em duas semanas, do que todos os discursos, debates e organizações políticas juntos, em dez anos.

Essas novas tecnologias não representam um mal em si mesmas. São porém tão mais eficazes do que aquelas usadas quando nosso sistema político foi criado, que ainda não compreendemos suas consequências para o sistema como um todo. As novas tecnologias frequentemente aumentam nossa capacidade de atingir antigos objetivos, e esses novos instrumentos da política permitem, aos que a exercem, buscar a gratificação imediata proporcionada pelos votos e altos índices de aprovação popular – e também ignorar o verdadeiro significado do que estamos fazendo. Cada vez mais nos preocupamos com a forma, deixando de lado a essência. E como a essência da política são as decisões difíceis, precisamente essas decisões são, sempre que possível, deixadas de lado. São ocultadas, omitidas, postergadas e ignoradas. E assim se desvia a atenção dos eleitores com toda sorte de mensagens pré-fabricadas, inteligentes e extremamente convincentes. Meios tornam-se fins. Estratégias prevalecem sobre princípios. Com muita frequência, os próprios princípios transformam-se em estratégias a serem alteradas conforme as circunstâncias.

Na verdade, nunca, como na era da fabricação eletrônica de imagens, teve tão pouca importância o discurso ponderado como aquele concebido pelos autores da Constituição norte-americana. Impressões e aparências tornaram-se a pedra angular de nossa realidade política. A engenhosa "retórica visual" veio a ser tão importante na determinação do sucesso de um candidato quanto a lógica, o conhecimento ou a vivência.

Digo isso por experiência própria, pois há anos sou político. Ainda jovem, aprendi muitas habilidades políticas simplesmente observando meus pais; aprendi também que essas habilidades são valiosas apenas na medida em que se prestam a objetivos dignos. Mais tarde, aprendi a retórica visual da "geração televisão" a que pertenço e me vi adotando, inconscientemente, um novo conjunto de "traços de personalidade". Estou, porém, cada vez mais impressionado com a facilidade existente para que todo político – inclusive eu –, fique confuso com os traços de personalidade planejados para agradar, e com a retórica elaborada para causar determinada impressão. Modulação de voz, pausas de efeito de dez segundos, *slogans* fáceis, citações interessantes, enfoques sensacionalistas, bordões usados por um determinado grupo de interesse, prioridades copiadas de relatórios de pesquisas eleitorais, descontração que visa ao efeito, emoção no momento certo – esses são os modelos da política atual, e juntos podem desviar até o melhor político de seu verdadeiro trabalho.

O que revela sobre uma cultura o fato de a personalidade ser considerada uma tecnologia, uma ferramenta de trabalho, não só na política mas também nos negócios e profissões? Teremos todos de nos transformar em atores? Na Inglaterra do século XVI, não se permitia que os atores fossem enterrados nos mesmos cemitérios em que o "povo temente a Deus", pois nenhum daqueles capazes de manipular a própria personalidade por amor à arte, mesmo para entretenimento, podia permanecer ao lado dos demais. Hoje, é claro, os atores são estimados e respeitados por sua habilidade em manipular a personalidade. E também na política essas habilidades são agora altamente valorizadas. A tecnologia da política e a tecnologia da personalidade fundiram-se na tecnologia da televisão.

Pelo menos no tocante à presidência, ainda há certo equilíbrio entre as habilidades necessárias para ser eleito e aquelas exigidas para governar. Afinal, é imprescindível para um presidente a capacidade de se comunicar bem pela televisão. Existe, porém, um problema: se por um lado um presidente eleito – principalmente graças a uma imagem e a uma personalidade atraentes – pode ser capaz de se comunicar bem, por outro não há garantia de que conseguirá tratar da essência da política governamental ou proporcionar uma visão lúcida e animadora de nosso destino como nação.

No que diz respeito ao Congresso, a capacidade de projetar uma personalidade de vencedor na televisão tem importância muito menor que as habilidades necessárias ao exercício do cargo. Uma aguçada percepção da retórica visual é praticamente destituída de importância para a tarefa de legislar – apesar de ser, sem dúvida, muito importante para a tarefa quase ininterrupta de se reeleger.

Esses males não surgiram de repente com a era da televisão. Foi Maquiavel quem escreveu: "antes de mais nada, o príncipe deve ser um ator". Mark Twain e Jonathan Swift certamente reconheceriam hoje os mesmos impulsos humanos que descreveram no passado. Mas a força bruta das novas técnicas para manipular o pensamento das massas e o grau de domínio que alcançaram sobre as eleições assinalam uma mudança drástica em relação a tudo o que aconteceu anteriormente na política norte-americana. O maior mal advém, não tanto dos efeitos diretos sobre os eleitores, mas sim da forma indireta pela qual distorcem radicalmente o processo democrático, conforme entendido na era dominada pela imprensa. Os novos instrumentos de persuasão frequentemente suprimem o arremedo de diálogo que outrora ocorria entre eleitores e candidato – e, o que é pior, simulam esse diálogo, levando muitos a acreditar que ele ainda ocorre, quando, na maioria das vezes, deixou de existir.

Essas técnicas inevitavelmente colaboram para a inautenticidade da mensagem política: por que apresentar ideias genuínas e verdadeiro caráter se os artificiais são mais eficazes no mercado do poder? E, em nenhuma outra área, essa falta de autenticidade é maior do que em nosso diálogo político. "Aproveite enquanto pode; não pense no futuro" foi consagrada como a atual ética política. Não se trata tanto das mentirinhas bobas que contamos quanto das duras verdades que jamais chegam a ser reveladas. Tornou-se muito fácil, para aqueles de nós que exercem cargos públicos, furtarmo-nos à responsabilidade das decisões penosas que deveriam ser tomadas, mas são ignoradas. Como resultado disso, existe uma irresponsabilidade espantosa em face de crises graves e sem precedentes – tanto na Casa Branca como no Congresso. Isso não acontece só com o meio ambiente – há também o orçamento. Estamos tomando emprestado um bilhão de dólares a cada vinte quatro horas e, nesse processo, colocando em perigo o futuro de nossos filhos – no entanto, *ninguém ainda está fazendo coisa alguma a esse respeito.* Por que não? Porque o autêntico diálogo político foi quase totalmente substituído por uma acirrada disputa pela atenção cada vez menor do eleitorado. O futuro sussurra, enquanto o presente grita. De algum modo, persuadimo-nos de que nos preocupamos muito menos com o que acontece a nossos filhos do que com o problema de evitar a inconveniência e o trabalho de pagar nossas próprias contas. Assim, em vez de assumirmos a responsabilidade por nossas decisões, simplesmente despejamos montanhas enormes de dívidas e poluição nas futuras gerações.

Está cada vez mais difícil evitar a conclusão de que o sistema político em si está em profunda crise. A superficialidade do diálogo político gera descrença no povo; a participação do eleitor nos Estados Unidos vem diminuindo a cada eleição presidencial e agora se encontra em fase de baixa sem precedentes. Enquanto isso, pesquisas de opinião mostram que aumenta cada vez mais a aversão pela política como profissão, da forma como é exercida hoje. Não é de admirar que os eleitores mostrem-se mais e mais cansados com o uso de técnicas que manipulam a aparência de sinceridade como recurso para manter o prestígio. Em outras palavras, a maioria está simplesmente saturada do artificialismo da atual comunicação política. E a frustração resultante aumenta, pois muitos sentem na pele o agravamento da crise da civilização e querem vê-la tratada. É claro que as pesquisas também captam esse sentimento, e o processo torna-se ainda mais desacreditado: repetem-se promessas de mudanças amplas que raramente se cumprem; candidatos prometem uma liderança ousada, mas após a eleição acomodam-se. Os eleitores, ao perderem a fé na capacidade de seus líderes de sair dessa inércia, inevitavelmente perdem a fé em sua própria capacidade de fazer o mesmo.

A essa altura, torna-se claro para todos que o sistema político simplesmente não está funcionando.

Muitas vezes, um processo ou máquina não funciona como deveria, pois ainda não aprendemos a manejá-lo. Mas, nesse caso, não aceitamos tal conclusão. Afinal, nós, norte-americanos, somos artífices e pioneiros da autodeterminação. Como poderia esse sistema decepcionar-nos? O que haveria de errado com ele?

Os Estados Unidos são, há muito, o verdadeiro líder da comunidade mundial de nações. Desde a época dos grandes descobrimentos, há 500 anos, os sonhos políticos da civilização ocidental vêm-se concentrando no Novo Mundo, onde a esperança tem uma segunda chance e onde, nas palavras de F. Scott Fitzgerald, "pela última vez o homem se deparou com algo à altura de sua capacidade de assombro". O mítico destino do Novo Mundo parecia ter-se cumprido quando ali nasceu a moderna democracia. Nestes dois últimos séculos, sua promessa tem sido realizada por uma notável república, com poderes para proteger os direitos "inalienáveis" do indivíduo, e por um sistema político baseado em um governo constitucional, em que cada centro de poder encontra-se em delicado equilíbrio com os demais.

Pode-se considerar o governo – enquanto instrumento usado para estabelecer a organização social e política – uma tecnologia e, nesse sentido, a autodeterminação constitui uma das mais sofisticadas tecnologias já inventadas. Na verdade, a linguagem empregada pelos autores da Constituição denota profunda consciência das forças que atuam na sociedade; de certa forma, a Constituição é estruturada como uma máquina engenhosa, em que se usam válvulas de pressão e forças de compensação para conseguir o equilíbrio dinâmico entre as necessidades do indivíduo e as da comunidade, entre a liberdade e a ordem, entre as paixões e os princípios. Essa "máquina" é uma invenção ousada, que funciona prodigiosamente bem, e representa o mais importante avanço de toda a história da busca por melhores tecnologias políticas. Essa afirmação encontra exemplo perfeito no fato de um documento redigido há mais de dois séculos ser ainda universalmente reconhecido como a Constituição democrática mais avançada do mundo – apesar do atual ritmo vertiginoso de mudanças.

À medida que sucessivas gerações constataram que esse experimento revolucionário não só sobreviveu, como também prosperou, tornou-se mais e mais forte o fascínio exercido pelos Estados Unidos sobre a imaginação de toda a humanidade.

Em todo o mundo, mais e mais pessoas passaram a acreditar que os Estados Unidos, com todos os seus erros e excessos, conhecem importantes verdades sobre o futuro da civilização. Uma delas é que a autodeterminação talvez seja mais bem entendida como uma jornada que ainda não terminou, rumo à liberdade. Na verdade, foi um dos novos líderes da Europa Oriental, Václav Havel, quem observou em discurso proferido em uma sessão conjunta do Congresso em

1990, que nós, norte-americanos, ainda não atingimos nosso objetivo e caminhamos sempre em direção ao "horizonte eternamente fugidio da liberdade".

Desde o início, nossa liderança da comunidade mundial tem como base muito mais que o poderio militar e econômico. O zelo norte-americano por reparar injustiças – da abolição da escravatura à concessão do voto feminino – tem sido fonte de renovação constante de nossa autoridade moral para liderar. Mas nem sempre aproveitamos todo o nosso potencial. Ao fim da Primeira Guerra Mundial, em que os Estados Unidos desempenharam o papel principal, o centro de gravidade político deslocara-se decisivamente para o outro lado do Atlântico. Porém, no período subsequente àquele conflito para "tornar o mundo um lugar seguro para a democracia", deixaram de exercer a liderança necessária à comunidade mundial e por ela ardentemente desejada. A decisão dos Estados Unidos de retrair-se após a guerra – de retirar-se da Liga das Nações, nova na época, e de escolher políticas isolacionistas e protecionistas –, colaborou para assegurar o caos e a dissensão que caracterizaram as duas décadas seguintes e, na opinião de muitos, contribuiu para fomentar a deflagração da Segunda Guerra Mundial.

A lição daqueles anos foi importante fator para nossa determinação em não cometer os mesmos erros após a Segunda Guerra. Realmente, o grande apoio bipartidário do Congresso ao Plano Marshall, na Europa, e à cuidadosa reconstrução e administração do Japão originou-se, em parte, da profunda consciência de quanto a tragédia da Segunda Guerra foi resultado direto da omissão do Congresso, depois de 1918, e do povo dos Estados Unidos – mas não do presidente Woodrow Wilson –, em desincumbir a nação de sua nova função de líder mundial.

Deveríamos, hoje, lembrar-nos dessa lição. Por deixarem de exercer a liderança mundial no período subsequente à vitória sobre o comunismo – por se verem em face da agressão da civilização ao meio ambiente – os Estados Unidos estão provocando, mais uma vez, um mergulho no caos. História é mudança, e mudança é força propulsora e implacável. Agora que a comunidade humana transformou-se em civilização verdadeiramente global, temos de escolher: buscaremos os meios de comandar as mudanças que moldam a nova história universal ou seremos por elas comandados – aleatória e caoticamente. Caminharemos em direção à luz, ou em direção às trevas.

Assim como em 1918, essa escolha não será feita com equilíbrio pelos Estados Unidos. Por ironia, na época o presidente tinha visão e ofereceu liderança, mas o povo não quis segui-lo; desta vez, o povo parece estar disposto, mas o presidente não. Logo após o fim da Guerra do Golfo, fez-se uma pesquisa entre os norte-americanos para determinar o papel que, segundo acreditavam, seu país deveria desempenhar no mundo. A imensa maioria – inacreditáveis 93 por cento – apoiou uma proposta para que "os Estados Unidos aproveitassem sua posição, a fim de conseguir a união de outros países no combate aos problemas do meio ambiente mundial".

Sem dúvida, caso se perguntasse ao povo norte-americano se apoiaria as medidas necessárias à implementação dessa proposta, o resultado seria bem diferente. De fato, quase todas as pesquisas mostram que os americanos se opõem firmemente ao aumento de impostos sobre combustíveis fósseis – embora essa proposta seja uma das primeiras providências lógicas para conseguirmos mudar nossa política de forma coerente com uma atitude mais responsável em relação ao meio ambiente. Esse comportamento, todavia, é muito comum: teoricamente, o povo americano sempre autoriza seus líderes a agir, mas se reserva o direito de contestar energicamente cada um dos sacrifícios indispensáveis à consecução do objetivo. Uma ideia popular nem sempre gera um plano popular: o Plano Marshall é bom exemplo. Apesar de povo e Congresso apoiarem a ideia de que os Estados Unidos liderassem um programa de recuperação europeia, bastou o presidente Truman propor o uso de grande parte dos impostos para colocá-lo em prática e, da noite para o dia, caíram consideravelmente seus índices de popularidade. De modo análogo, não há a menor dúvida de que várias medidas que se fariam necessárias nos Estados Unidos, para enfrentar essas ameaças, seriam impopulares e acarretariam enorme risco político. No entanto, o povo está começando a autorizar os líderes a desafiarem a nação a tomar medidas corajosas, visionárias e, inclusive, complexas, a fim de enfrentar, direta e responsavelmente, a crise ambiental. Em encontros abertos realizados em comunidades de todo o Estado do Tennessee, descobri que os eleitores estão dispostos a fazer muito mais para resolvê-la do que a maioria dos políticos acredita ser possível – mas esperam lideranças. De fato, tenho certeza de que estão ansiosos até por duras verdades e preparados para envidar todos os esforços a fim de encontrar uma solução eficaz.

Entretanto, o presidente Bush e seus consultores continuam a se opor às sugestões de que os Estados Unidos ofereçam liderança na elaboração de uma solução global para a crise, aparentemente por não se terem convencido ainda da existência do problema. Depois de permanecer em frente ao Porto de Boston, garantindo ser o "presidente do meio ambiente", e prometendo enfrentar o "efeito estufa" com o "efeito Casa Branca", o presidente Bush despendeu os dois primeiros anos de mandato argumentando ser desnecessária ou desaconselhável qualquer medida sobre o aquecimento da Terra, enquanto não se concluísse um estudo científico internacional sobre o problema. Mas quando a tão esperada conclusão do estudo evidenciou a necessidade de ousada ação mundial, em regime de urgência, afirmou ele ser preciso fazer ainda outros estudos antes de recomendar qualquer medida concreta.

Para agravar a situação, o presidente e sua administração têm-se concentrado em medidas simbólicas, destinadas a tranquilizar o público, levando-o acreditar que algo está sendo feito, quando, na verdade, nada se faz.

A elevação da Agência para a Proteção do Meio Ambiente a nível ministerial, por exemplo, convenceu alguns observadores menos atentos de que ocorrera algum progresso real. Por outro lado, a viagem de Bush ao Grand Canyon, em 1991, para uma "sessão especial de fotografias", provocou ceticismo tão profundo quanto o próprio Canyon. O presidente de fato merece crédito por ajudar o

Congresso a aprovar uma versão adaptada da Lei do Ar Puro para reduzir a poluição do ar – verdadeira proeza, apesar de a lei ter sido prejudicada por emendas governamentais, antes de ser aprovada e, depois disso, ter perdido força com a interferência da Casa Branca em sua posterior implementação pela Agência. Até mesmo nessa lei, o presidente insistiu em que se suprimissem todas as referências ao aquecimento da Terra. Além disso, o governo lutou até o fim contra emendas que eu pretendia incluir – cláusulas sobre dióxido de carbono e outros gases que aquecem a terra e cláusulas para acelerar a eliminação dos agentes químicos que destroem a camada de ozônio.

John Sununu, chefe de gabinete da Presidência, tem ridicularizado abertamente a ideia do aquecimento da Terra, fazendo enorme campanha para frustrar, dentro do governo, quaisquer iniciativas de enfrentar o problema. Segundo fontes fidedignas, ele requisitou um programa especial que pudesse usar em seu próprio computador para simular um dos modelos climáticos mundiais. Esperava que a simulação sustentasse sua divergência da preocupação da comunidade científica com o aquecimento da Terra. Por ironia, o programa que usou confirmou claramente o consenso científico geral. (Essa constatação, é lógico, foi irrelevante, pois ele parece já ter opinião formada sobre o assunto. E a presidência permite que Sununu não só estabeleça diretrizes políticas em nome de Bush, como também que abafe desavenças dentro do governo.)

O secretário de Estado James Baker assumiu o cargo em tom promissor: o tema de seu primeiro discurso oficial foi o aquecimento da Terra, e, com eloquência, classificou-o como prioridade máxima da política externa. Passaram-se dois anos. Nesse período, a Casa Branca nada fez, nas conferências internacionais os outros países criaram uma série de situações constrangedoras ao mostrarem o ridículo dos sucessivos argumentos dos Estados Unidos para justificar tal inatividade, e – todos concordam – o chefe de gabinete manteve uma atitude de hostilidade quase obsessiva em relação ao problema. Então, ao final de 1990, Baker anunciou que haveria um conflito de interesses para ele se continuasse envolvido com a questão do aquecimento da Terra, pois tinha ações de companhias petrolíferas. Embora considere o secretário Baker um amigo chegado e sinta por ele enorme respeito, é impossível deixar de perguntar se o afastamento do problema do aquecimento da Terra – que não foi secundado por seu abandono das discussões sobre nossa política em relação à Opep, à crise do Golfo, nem de outras questões com impacto direto sobre as companhias de petróleo – tinha qualquer relação com sua profunda intuição política de que jamais venceria a discussão com Sununu, e com seu desejo de não compactuar com a política imoral e desastrosa que a Casa Branca vem insistindo em defender. Mas, com ou sem o secretário, o Departamento de Estado está desempenhando importante papel no desenvolvimento da política do país. É perturbador que os Estados Unidos tenham, às vezes, adotado uma estratégia conjunta com o maior produtor mundial de petróleo, a Arábia Saudita, visando prejudicar o andamento das discussões internacionais sobre o aquecimento da Terra.

Por que o presidente e seu chefe de gabinete mostram tanta má vontade em relação a um problema tão premente? Afinal, não têm poupado esforços para lutar contra todos os que exigem uma solução agressiva. Por exemplo, o âncora de uma rede de televisão contou-me que Ed Rogers, um dos assistentes de Sununu, convocou executivos das redes de TV no dia em que se publicou um relatório sobre a gravidade da questão. Ajudou, então, a persuadi-los a diminuir a importância do relatório, esvaziando, com isso, o destaque dado ao tema no noticiário vespertino. Rogers, que organizara pelo menos uma reunião com sauditas, deixou o gabinete de Sununu em 1991 para representar o xeque saudita implicado nos escândalos bancários do BCCI. Entretanto, seu salário de 600 mil dólares anuais causou tanta apreensão entre os consultores de Bush que Rogers viu-se obrigado a deixar de lhe prestar serviços. Enquanto ainda trabalhava como braço direito de Sununu, Rogers era o representante do governo mais empenhado em convencer agências de notícias a minimizar a questão do aquecimento da Terra. Certamente não é novidade que a Casa Branca tenta interferir na apresentação de notícias. Mas por que tal sensibilidade neste caso específico? Quando o dr. James Hansen, da Nasa, um dos principais cientistas que estudam o aquecimento da Terra, descreveu para meu subcomitê a relação entre temperaturas mais altas e a maior frequência das secas em determinadas regiões, funcionários da Casa Branca censuraram seu depoimento, insistindo em que ele classificasse o fenômeno não como "provável" – conclusão a que chegou com seus estudos – mas como "altamente especulativo".

Por que a Casa Branca de Bush tanto faria para não enfrentar a realidade sobre o meio ambiente? Seria porque as mudanças necessárias são desconfortáveis para eleitores e empresas, satisfeitos com o *status quo* a ponto de oferecerem risco político? Qualquer que seja a razão, a recusa do presidente Bush em assumir a liderança dessa crise constitui, a meu ver, uma omissão histórica que, se não for reparada a tempo, será considerada imperdoável por futuras gerações.

Sou certamente suspeito, como democrata, para avaliar a atuação do presidente Bush – e ele não é o único a se omitir. O Congresso também se omite, assim como quase todos os líderes mundiais. Mas os Estados Unidos são o único país que se encontra realmente em posição de liderar o mundo, para que enfrente com coragem uma crise global e elabore uma solução eficaz. O primeiro--ministro britânico, John Major, forte aliado do presidente Bush na maioria das questões, nesta rompeu com ele em 1991, quando condenou a falta de liderança americana: "Os Estados Unidos são responsáveis por 23 por cento [do total das emissões de CO_2]. O mundo deles espera firme liderança, tanto nesta como em outras questões". Caso possamos nos orientar pela história deste século, não haverá erro em afirmar que, se deixarmos de liderar o mundo nesta questão, serão mínimas as chances de se consumarem as enormes mudanças necessárias para salvar o meio ambiente. Entretanto, se os Estados Unidos optarem pela liderança, muito aumentará a possibilidade de êxito. Além disso, apesar das inevitáveis rupturas que ocasionará a transição para um novo modelo de civilização, deixar de realizá-la terá consequências inimagináveis. É também praticamente certo que haja consideráveis benefícios econômicos e geopolíticos para os Estados Unidos, como tem havido quase todas as vezes em que assumimos um papel de liderança. E, se puderem ser de fato persuadidos a catalisar e a coordenar uma solução eficaz em nível mundial, resgatarão, mais uma vez, sua promessa como a última e maior esperança da humanidade na face da Terra.

Se o que falta para tal liderança é inspiração, há exemplos: o mundo já se viu diante de uma situação de terror que só os Estados Unidos conseguiriam enfrentar. Nos anos 1930, quando a *Kristallnacht** revelou as verdadeiras intenções de Hitler em relação aos judeus, houve um profundo malogro da imaginação histórica. Os Estados Unidos – e o restante do mundo – demoraram a agir. Poucos podiam imaginar o Holocausto que se seguiria, mas parece evidente, em retrospectiva, o padrão de crueldade e destruição. Conforme aumentava a perspectiva de guerra na Europa, muitos se recusavam a aceitar o que estava por acontecer, mesmo depois de os judeus serem mandados para os campos de concentração. Líderes de todos os países tergiversavam, esperançosos de que Hitler não fosse o que parecia ser e de que seria possível evitar o conflito mundial. Mais tarde, quando fotografias aéreas revelaram a verdade sobre os campos de concentração, muitos fingiram não enxergá-la. Mas, se o mundo demorou muito a reagir a Hitler, por outro lado Roosevelt motivado por ele, não tardou em responder à carta de Einstein sobre a construção da bomba atômica. Transpusera-se um limiar de vigilância moral.

Hoje, sinais de alerta diferentes anunciam um holocausto ambiental sem precedentes. Mas onde se encontra a vigilância moral que poderia tornar-nos mais sensíveis ao novo padrão de mudanças ambientais? Mais uma vez os líderes mundiais tergiversam, esperançosos de que o perigo desapareça por si só. E, hoje, no entanto, os indícios de uma *Kristallnacht* ecológica são tão claros quanto o som de vidros se estilhaçando em Berlim. Ainda relutamos em acreditar que nossos piores pesadelos sobre um colapso ecológico mundial possam tornar-se realidade; muito depende de nossa demora em reconhecer o perigo. Quantas provas serão ainda necessárias aos políticos para justificar a tomada de iniciativas? Uma enérgica solução para a crise muitas vezes implica profundas alterações na maneira de pensar, e as recentes mudanças ocorridas na Europa Oriental e na União Soviética fazem-nos lembrar a rapidez com que podem acontecer. Porém as forças que produzem mudanças radicais não raro são grandes ideias contraditórias que se movem devagar e, por fim, entrechocam-se com inacreditável violência, como as placas tectônicas responsáveis por terremotos e pelo deslocamento da plataforma continental. Na Europa, durante quase meio século, uma grande ideia chamada democracia chocou-se com outra, chamada comunismo, ao longo de uma vergonhosa brecha que dividia Berlim. Apesar de se perceberem poucas

---

N. T. (*) Noite de 9 para 10 de novembro de 1938, em que grupos nazistas, em Berlim, destruíram inúmeras propriedades dos judeus, quebrando muitas vitrines de lojas.

mudanças no cenário político, acumularam-se enormes tensões no coração e mente dos povos de todo o mundo comunista. Ao final da década de 1980, o abrandamento das tensões geopolíticas reduziu o atrito que mantinha unidas as bordas das placas, o suficiente para que deslizassem e – de repente, com um gigantesco movimento – a democracia avançou sobre o comunismo, soterrando-o e emitindo altíssimas ondas de choque que derrubaram o muro de Berlim, bem como quase todas as estruturas políticas do bloco comunista.

Esses meninos, como tudo mais em Copsa Mica, na Romênia, estão cobertos de carvão – um dos agentes poluidores presentes no ar e na água da Europa Oriental.

Antes de se iniciarem, essas mudanças pareciam inviáveis, mas, quando o comunismo passou a ser visto de outra maneira, aumentou o âmbito de possíveis mudanças políticas. De modo análogo, à medida que modificarmos a forma de encarar o meio ambiente, conseguiremos ampliar o âmbito daquilo que é politicamente concebível. A consciência de todos os povos já se altera profundamente. Em muitos países, líderes políticos sentem-se mais pressionados a atender ao desejo de mudanças. Entretanto, não há quem deseje vê-las seguidas por um cataclismo; existe a esperança de que uma solução ponderada mas agressiva para a crise diminua a possibilidade de alterações tectônicas violentas no futuro. Temos duas opções claras: aguardar que nos sejam impostas mudanças – aumentando, assim, o risco de uma catástrofe – ou efetuar algumas mudanças difíceis por nossa própria conta, retomando, assim, o controle de nosso destino.

O fator decisivo será nosso sistema político. Cabe aos governos esclarecidos – e a seus líderes – desempenhar expressivo papel para ampliar a consciência dos problemas, para compor soluções práticas, para oferecer uma visão do futuro que almejamos criar. Mas cabe aos indivíduos realizar o trabalho propriamente dito e, aos políticos, colaborar com os cidadãos que se empenham em fazer novas e indispensáveis escolhas.

Esta última afirmação é crucial: não importa onde vivam, homens e mulheres conscientes precisam estar investidos de poder político, a fim de exigir e ajudar a obter soluções eficazes para os problemas ecológicos. Como mostram os gravíssimos problemas ambientais da Europa Oriental, a liberdade é imprescindível a uma administração competente do meio ambiente. Nos Estados Unidos, um número absurdamente grande de depósitos do lixo tóxico mais nocivo situa-se em comunidades sem recursos, formadas por minorias, que têm relativamente pouco poder político, por questões de raça ou de pobreza – ou ambas. Na verdade, em quase todos os lugares em que pessoas humildes não participam da tomada das decisões que afetam sua vida, elas e o meio ambiente são prejudicados. Por esse motivo passei a acreditar que uma condição básica para salvar o meio ambiente é levar o governo democrático a um maior número de nações.

Mas, ao tentarmos fazer com que outros governos tornem-se mais responsáveis perante seus cidadãos, precisamos dar grande atenção aos problemas que hoje interferem com o bom funcionamento de nossa democracia – e solucioná-los. Ao fortalecermos nosso próprio sistema político, empossaremos novos guardiães do meio ambiente nos locais em que se fazem mais necessários.

Essa tarefa é decisiva, pois o mau funcionamento de nosso método básico de tomar decisões conjuntas constitui tanto importante explicação para corrermos às cegas em um beco sem saída quanto um obstáculo para enfrentar os problemas daí decorrentes. Só lograremos êxito em mudar o relacionamento destrutivo com o meio ambiente se tivermos a capacidade de adquirir uma compreensão maior de como fazer com que a autodeterminação vá ao encontro de preocupações ambientais que, a cada ano, milhões e mais milhões de habitantes de todo o mundo compartilham. De fato, as pautas do movimento ambiental e do movimento democrático precisam estar entrelaçadas. O futuro da civilização depende de nossa administração do meio ambiente e – na mesma medida – de nossa administração da liberdade.

Em ambos os casos, são idênticas as poderosas forças que atuam contra essa administração: ganância, satisfação de interesses próprios e uma concentração na exploração a curto prazo, que ignora a integridade do próprio sistema a longo prazo. A atual fragilidade de nosso sistema político reflete uma ênfase no imediatismo e uma omissão no cultivo de nossa capacidade de autodeterminação. Não temos prestado a devida atenção aos graves problemas que solapam a responsabilidade do governo perante os cidadãos e a confiança que nele depositam. Muitos agora sentem que não dispõem de meios para exercer qualquer influência sobre importantes decisões governamentais que afetam sua vida; que aqueles que contribuem generosamente para as campanhas eleitorais têm acesso aos tomadores de decisão, mas o cidadão médio, não; que poderosos grupos de interesses específicos controlam os resultados, mas um mero eleitor, não; que indivíduos e grupos que agem em proveito próprio e conseguem beneficiar-se com as decisões tomadas encontram uma forma de influenciar o processo, enquanto os interesses maiores do público são ignorados.

Quando a falta de responsabilidade perante o povo deve-se à corrupção, é particularmente grande o prejuízo para a democracia. E, em muitos países, a corrupção constitui uma das principais causas da destruição ambiental. Para citar apenas um, de literalmente milhares de exemplos, as concessões para desmatar a floresta tropical de Sarauak, no leste da Malásia, foram vendidas pelo próprio ministro do Meio Ambiente de Sarauak. Embora fosse oficialmente responsável por preservar a integridade do meio ambiente, enriqueceu, vendendo permissão para destruí-lo.

Entretanto, as concessões morais inerentes à corrupção para o enriquecimento de qualquer indivíduo – por ignóbeis que sejam – não são as que mais prejudicam a administração da liberdade. Uma tentação mais sutil e insidiosa vem do desejo de obter e manter poder, mesmo que, em tal processo, não se façam escolhas difíceis e ignore-se a verdade. Nesse aspecto, a ausência de liderança representa uma das ameaças mais mortíferas à administração da democracia. Apesar de sua solidez – em contraste com a fragilidade da ditadura, que se apoia em um único "homem forte" – ela se mostra, na verdade, extremamente vulnerável à falta de liderança. Sobretudo em épocas de mudanças rápidas, é fundamental que os líderes tenham a capacidade de proporcionar visão e catalisar reações condizentes com os perigos. A meu ver, o presidente Bush tem procurado esquivar-se à liderança, concentrando-se em preocupações públicas imediatistas. Em outras circunstâncias – mas não nas atuais –, sua omissão poderia ser descartada como etapa normal da trajetória política.

Talvez a mais séria ameaça à nossa administração da democracia – mais perigosa, talvez, do que todas as outras juntas – seja que tantos vieram a sentir que o processo de mudança por que agora passamos já foi tão tanto longe e ganhou tal impulso que sobrepujou nossa capacidade de afetá-lo. Receiam que forças além de nosso controle agora nos determinem o destino e que nossos meios de reação sejam simplesmente por demais morosos e inflexíveis. As instituições governamentais e os sistemas pelos quais fazemos escolhas para o futuro são realmente bastante inflexíveis, mas a fim de resgatar a promessa do governo democrático, devemos tornar todas essas instituições mais responsáveis perante o povo. Aquelas ainda estagnadas no passado precisam ser impulsionadas e modificadas – apesar de sua inércia.

E talvez a mais inerte de todas – depois do sistema político – seja nosso sistema econômico.

10 · Eco-nomia – Verdades ou Consequências

Pode-se afirmar que a economia capitalista de livre mercado é a mais poderosa ferramenta já utilizada pela civilização. Como sistema para alocação de recursos, mão-de-obra, capital e impostos, para determinação da produção, distribuição e consumo de riquezas e para orientação de decisões sobre praticamente todos os aspectos de nossa vida, a economia clássica não tem rival. Suas leis estão de tal modo difundidas, que para nós tornaram-se naturais, como as leis de movimento e gravidade – que, aliás, foram enunciadas por Isaac Newton no início da revolução científica, apenas algumas décadas antes de Adam Smith enunciar os princípios básicos que ainda hoje regem a economia.

Sistemas rivais, como o comunismo, não conseguiram competir no mercado de ideias. Embora o comunismo tenha fracassado, em grande parte por reprimir a liberdade política, a repressão à liberdade econômica foi seu verdadeiro ponto fraco. Na verdade, o espantoso desmoronamento da União Soviética e de seu império no Leste Europeu deveu-se muito à percepção, por ambos os lados da Cortina de Ferro, de que o capitalismo, por incorporar melhor a teoria econômica clássica, é superior ao comunismo, tanto na teoria como na prática.

O capitalismo é, de fato, superior. Porém seu recente triunfo sobre o comunismo deveria levar aqueles que nele acreditam a fazer mais do que apenas entregar-se à autocongratulação. Devemos reconhecer que a vitória do Ocidente – exatamente por significar que provavelmente os outros países do mundo adotarão nosso sistema – exige de nós uma atitude nova e mais séria na abordagem das deficiências da economia capitalista conforme praticada atualmente.

A dura realidade é que nosso sistema econômico é parcialmente cego. "Enxerga" algumas coisas, mas não outras. Calcula e acompanha cuidadosamente o valor dos itens de grande importância para compradores e vendedores, como alimentação, vestuário, produtos manufaturados, trabalho e até o dinheiro em si. Entretanto, seus complexos cálculos com frequência ignoram totalmente o valor de itens de mais difícil compra e venda: a água potável, o ar puro, a beleza das montanhas, a rica diversidade da vida na floresta para mencionar apenas alguns. Na verdade, a cegueira parcial do atual sistema econômico é a força mais poderosa por trás daquelas que parecem decisões irracionais sobre o meio ambiente global.

Felizmente, essas deficiências podem ser superadas – embora com grande dificuldade. O primeiro passo consiste em reconhecer que a economia, como qualquer ferramenta, desvirtua nossa relação com o mundo, mesmo enquanto nos proporciona poderes novos e consideráveis. Como passamos a confiar cegamente na capacidade de nosso sistema econômico, adaptamos nossa maneira de pensar ao perfil desse sistema e passamos a supor que nossa teoria econômica pode fornecer uma análise abrangente de qualquer coisa a ser interpretada.

Contudo, assim como nossos olhos não conseguem ver senão uma pequena parte do espectro da luz, o atual sistema econômico não consegue enxergar – e muito menos calcular – o valor global de partes importantes de nosso mundo. De fato, o que realmente vemos e calculamos é uma faixa muito estreita do espectro total de custos e benefícios resultantes de nossas opções econômicas. Em ambos os casos, "o que os olhos não veem, a mente não registra".

Grande parte do que não enxergamos com nosso sistema econômico está relacionada à destruição acelerada do meio ambiente. Vários livros populares sobre teoria econômica nem sequer abordam assuntos tão importantes para nossas opções econômicas como a poluição, ou a exaustão, dos recursos naturais. Embora esses problemas tenham sido estudados por muitos especialistas em microeconomia dentro de contextos específicos, geralmente não foram integrados à teoria econômica. "Não existe qualquer ponto de contato entre a macroeconomia e o meio ambiente", afirma o economista do Banco Mundial, Herman Daly, um dos principais estudiosos do problema.

Consideremos o índice mais importante na avaliação do desenvolvimento econômico de uma nação – o produto nacional bruto (PNB). Em seu cálculo não é levada em conta a depreciação dos recursos naturais à medida que são esgotados. Entretanto, sempre se calcula a depreciação de construções e fábricas, assim como de maquinaria, equipamentos e veículos em geral. Por que, então, não se calcula, por exemplo, a depreciação da camada superficial do solo de Iowa, que escorre para o rio Mississippi, após o uso de métodos agrícolas inadequados diminuir sua capacidade de resistência ao vento e às chuvas? Por que essa perda não foi computada como custo do processo de produção de grãos no ano passado? Se, em um determinado ano, ocorrer a destruição de grande porcentagem da camada superficial do solo de um país, isso poderá causar seu empobrecimento, mesmo que se leve em consideração o valor dos grãos produzidos. E, nesse meio tempo, os relatórios econômicos estarão garantindo que, pelo contrário, estamos mais ricos, porque produzimos os grãos, e mais ricos ainda porque não precisamos despender o dinheiro necessário para cultivá-los de maneira ecologicamente segura, evitando a destruição da camada superficial do solo. Isso é mais que uma teoria econômica: em grande parte por não termos enxergado o valor do cultivo de grãos de maneira ecologicamente segura, perdemos mais da metade da camada superficial do solo de Iowa.

Existem milhares de situações semelhantes. Por exemplo, o uso intensivo de pesticidas pode garantir que o cultivo de grãos dará excelente retorno a curto prazo, porém seu uso indiscriminado contamina os lençóis freáticos abaixo das lavouras. No cálculo dos custos e benefícios do cultivo desses grãos, a perda das reservas de água potável não é computada. E, como deixamos de levar em conta o valor econômico da água potável e limpa dos lençóis freáticos, mais da metade das reservas de água subterrânea dos Estados Unidos já foi contaminada com resíduos de pesticidas e de outros tóxicos, que dificilmente poderão ser eliminados.

Analisemos ainda outra situação, um pouco mais distante de nós. Quando, em um único ano, um país subdesenvolvido destrói milhares de hectares de floresta tropical, o dinheiro proveniente da venda da madeira é computado como parte da receita do país naquele ano. O desgaste das serras e dos caminhões de transporte, resultante do trabalho de um ano, será contabilizado como despesa, o mesmo não acontecendo, porém, com o desgaste da floresta. Na verdade, nos cálculos do PNB não haverá qualquer lançamento refletindo a triste realidade de que milhares de hectares dessa floresta tropical não mais existem. Esse fato deveria ser considerado alarmante, senão absurdo. Entretanto, quando o Banco Mundial, o Fundo Monetário Internacional, bancos regionais de desenvolvimento e importantes instituições de crédito decidem que tipos de empréstimos e de ajuda financeira devem ser concedidos a outros países, sua decisão é baseada no modo como esse empréstimo ajudaria a melhorar o desempenho econômico do país que o está recebendo. Para todas essas instituições, a única medida que conta na avaliação do desempenho econômico de um país é a variação do PNB. Para todos os fins práticos, o PNB trata a destruição rápida e descuidada do meio ambiente como fator positivo!

Robert Repetto, economista do Instituto de Recursos Mundiais, dirigiu uma equipe que estudou os efeitos dessa distorção na contabilização da receita nacional sobre o padrão de desenvolvimento da Indonésia. Os prejuízos dessa nação em recursos florestais hoje não mais se limitam à extração de madeira: foi tão grande a destruição da camada superficial do solo que o valor da madeira extraída foi reduzido em cerca de 40 por cento. Entretanto, enquanto essa tragédia econômica se desenrolava e a Indonésia caminhava para o abismo, os relatórios econômicos oficiais mostravam o quadro róseo de uma economia em franco desenvolvimento.

Recentemente, perguntei a funcionários das Nações Unidas, responsáveis pela revisão periódica da definição do PNB, por que se permite que essa cegueira persista nos métodos de avaliação desse índice. A definição do PNB e outros importantes métodos de avaliação do desempenho econômico de um país são revistos, a cada vinte anos, pela comunidade mundial, sob a égide das Nações Unidas. Economistas como Daly, Repetto, Robert Costanza, da Universidade de Maryland, e outros há muito vêm insistindo nas mesmas mundanças que eu estava recomendando. Os funcionários, que na época começavam a rever os procedimentos para o atual ciclo de vinte anos, reconheciam a sensatez das mudanças propostas, mas alegavam que seria difícil e inoportuno executá-las agora. "Talvez na próxima revisão", disseram – daqui a vinte anos...

Que notável contraste entre o poder e eficiência assustadores, revelados por nosso sistema econômico em sua investida contra o marxismo-leninismo, e o fracasso abjeto desse mesmo sistema em perceber a contaminação das águas, a poluição do ar, a destruição de dezenas de milhares de espécies vivas, ano após ano.

Fazemos bilhões de opções de caráter econômico diariamente, e suas consequências estão nos levando cada vez mais rumo a uma catástrofe ecológica.

Os economistas clássicos sempre alegam que todos os participantes da batalha entre oferta e procura dispõem de "informações completas" e que, ao optarem por uma medida econômica dentro dessa estrutura de cálculo todo-poderosa e abrangente, sem dúvida estão a par de todos os fatos que cercam suas decisões e lhes dão subsídios, ainda que com uma pequena margem de erro. A extensão lógica de "informações completas" é o que os economistas clássicos chamam de característica de transparência do mercado no sistema econômico, que também consideram perfeito. Esse conceito pode ser mais bem ilustrado pela história daquele senhor idoso que está andando pela calçada acompanhado da neta, quando esta vê uma nota de 20 dólares e se abaixa para pegá-la; o avô, refreando o gesto da garota, diz: "Não faça isso! Se houvesse uma nota de 20 dólares na calçada, alguém já a teria levado, portanto não pode ser verdadeira".

Essas teorias beiram a arrogância intelectual, principalmente se considerarmos a incapacidade da economia clássica em aceitar a ideia de que a perda dos recursos naturais deve ser levada em conta. Assim como o atual sistema econômico baseia-se em premissas absurdas e irrealistas sobre as informações de fato disponíveis para as pessoas reais no mundo real, ele insiste nas premissas igualmente absurdas de que os recursos naturais são "bens gratuitos" ilimitados.

Essa premissa deriva em parte do fato de que o sistema de cálculo da receita nacional foi estabelecido por John Maynard Keynes antes do fim do período colonial, durante o qual a oferta de recursos naturais parecia realmente ilimitada. Na verdade, não é simples coincidência o fato de que grande parte das piores devastações do meio ambiente hoje esteja ocorrendo em países que somente na última geração conseguiram deixar a condição de colônia. É difícil reverter o impulso dos padrões de exploração abusiva do meio ambiente – principalmente quando as premissas econômicas dominantes foram estabelecidas pelos principais interessados em retirar recursos naturais desses países.

Entretanto, essa incapacidade de enxergar não está limitada à avaliação de produtos. De acordo com a Primeira Lei da Termodinâmica, nem a matéria nem a energia podem ser criadas ou destruídas; os recursos naturais, portanto, são transformados tanto em produtos úteis, denominados bens, como em subprodutos nocivos, inclusive aqueles que às vezes chamamos poluição. Não é surpresa o fato de que o atual sistema econômico avalia a eficiência da produção – ou a "produtividade" – por um método que se concentra mais nas boas coisas produzidas do que nas ruins. Porém todo processo de produção gera rejeitos; por que estes não são levados em conta? Se um país produz vastas quantidades de alumínio, por exemplo, por que os resíduos de fluoreto de cálcio, um subproduto inevitavelmente gerado, não são contabilizados?

Na verdade, melhorias de produtividade – a medida mais significativa de "progresso" econômico – são hoje calculadas de acordo com um método que incorpora mais uma premissa absurda: se uma nova técnica traz resultados tanto positivos como negativos, é permitido, sob determinadas circunstâncias, avaliar somente os resultados positivos e ignorar os negativos. Quando aumenta a quantidade de resultados positivos obtidos com cada unidade de mão-de-obra, matérias-primas e capital – em geral porque alguém, engenhosamente, descobriu um modo "melhor" de desempenhar a tarefa em questão – diz-se que a produtividade melhorou. Porém e se o engenhoso processo acarreta, além do aumento de resultados positivos, um aumento ainda maior do número de negativos? Esse fato não deveria ser levado em conta? Afinal, poderá ser muito oneroso enfrentar as consequências de um excesso de resultados negativos.

O absurdo, porém, vai ainda mais longe. Mais tarde, quando são necessários gastos para eliminar a poluição, estes são em geral contabilizados como entrada positiva. Em outras palavras, quanto mais poluição criamos, maior terá sido nossa contribuição para a produção nacional. Para citar um exemplo, o petróleo derramado pelo navio *Exxon Valdez* no Estreito Prince William e os subsequentes esforços para removê-lo, na verdade, contribuíram para elevar nosso PNB.

A economia clássica também não consegue contabilizar de forma correta todos os custos associados ao que chamamos consumo. Cada vez que consumimos um determinado produto, geramos algum tipo de rejeito, porém, comodamente, os economistas clássicos ignoram esse fato. Será que os milhões de toneladas de clorofluorcarbonos consumidos todos os anos desaparecem? Se é o que acontece, o que então estaria destruindo a camada de ozônio? E será que os 14 milhões de toneladas de carvão e os 64 milhões de barris de petróleo consumidos por dia também desaparecem? Se for assim, de onde viria então o excesso de dióxido de carbono na atmosfera?

Nenhum desses custos invisíveis é devidamente contabilizado; na verdade, o modo como nosso sistema econômico avalia a produtividade não faz sentido *nem mesmo dentro da lógica do próprio sistema*. É quase como se o "homem econômico" ultrarracional da teoria clássica acreditasse em magia. Se nossos bens econômicos são produzidos a partir de recursos naturais que jamais precisam ser depreciados porque sua oferta é ilimitada, se os processos de produção não geram quaisquer subprodutos indesejáveis, e se os produtos, depois de consumidos, desaparecem sem deixar vestígio, estamos realmente testemunhando uma magia verdadeiramente incrível.

Lembro-me de que, quando criança, sentado ao lado de meu pai em seu escritório, ouvi um homem, que parecia perfeitamente inteligente, explicar em detalhes seus planos para a fabricação de uma máquina que transformaria chumbo em ouro. Achei que meu pai estava sendo mais gentil e paciente do que a ocasião exigia, com a intenção de me proporcionar a oportunidade de ouvir um dos últimos alquimistas na face da Terra. Na verdade, entretanto, os alquimistas são tudo menos uma espécie ameaçada de extinção, pois quando, aparentemente, estamos consumindo bens e recursos, na verdade os estamos transformando em substâncias químicas e físicas diferentes. Essa é uma forma extremamente perigosa de alquimia industrial, e algum dia teremos de responder pelos custos hoje invisíveis dessa alquimia.

A economia clássica define produtividade de forma muito restrita, levando-nos a equacionar ganhos de produtividade com progresso econômico. Entretanto, o Santo Graal do progresso é tão sedutor que os economistas tendem a ignorar os efeitos colaterais negativos que frequentemente acompanham as melhorias.

Na verdade, o problema é que eles são quase indissociáveis, e o bom senso aconselha a busca de um equilíbrio entre o bom e o mau para ser possível concluir se o resultado final é positivo ou negativo. Se calcularmos o valor das coisas que fazemos e sistematicamente ignorarmos os efeitos colaterais relevantes, continuaremos sujeitos a surpresas desagradáveis. Por exemplo, ao tomarmos conhecimento de uma "nova" catástrofe ambiental, quase sempre podemos fazer um retrospecto e verificar que milhares de decisões, aparentemente defensáveis, mas na realidade incorretas, foram tomadas com base em critérios que não fazem o mínimo sentido se compararmos os custos e riscos envolvidos com os benefícios obtidos. Por que as consequências não foram previstas? A resposta está no fato de que o sistema econômico vigente tem o poder de mascarar os efeitos desfavoráveis de muitas escolhas, apelando para um artifício intelectual denominado "fatores externos".

Em um argumento usado com frequência, alega-se que é extremamente difícil incluir nos cálculos aqueles efeitos negativos que os economistas preferem ignorar. Afinal, coisas ruins geralmente não podem ser vendidas a ninguém, e a responsabilidade de enfrentar suas consequências negativas sempre pode ser impingida a outrem. Assim, como o esforço para levar em conta as coisas ruins complicaria a avaliação das coisas boas, as primeiras são meramente definidas como externas ao processo e chamadas de fatores externos.

Esse costume de recorrer a uma definição arbitrária visando excluir dos cálculos os fatores negativos é uma forma de desonestidade. Filosoficamente, é semelhante à cegueira moral implícita no racismo e no antissemitismo, que também recorrem a definições arbitrárias para justificar as exclusões feitas no cômputo do certo e do errado. O racista, por exemplo, pode ser visto como uma pessoa que traça um círculo ao redor de si e de outras pessoas de sua raça a fim de excluir, por definição, todas aquelas de outras raças. O racista frequentemente faz opções que maximizam artificialmente o valor das pessoas incluídas no círculo, em detrimento daquelas de fora. Em geral, há uma razão direta entre a maximização do valor de quem está dentro do círculo e a minimização do valor dos de fora. Tanto a escravatura como o apartheid são manifestações desse fenômeno.

De modo muito semelhante, o atual sistema econômico traça arbitrariamente um círculo de valor ao redor dos fatores da civilização que decidimos acompanhar e avaliar. Descobrimos então que uma das maneiras mais fáceis de supervalorizar artificialmente aquilo que está dentro do círculo é depreciar aquilo que está fora. Na questão do meio ambiente, existe também uma razão direta e desproposidada: quanto mais poluentes são despejados em um rio, mais altos são os lucros a curto prazo auferidos pela empresa poluidora e seus acionistas;

quanto mais rapidamente a floresta tropical for queimada, mais rapidamente estarão disponíveis pastagens para a criação do gado que será transformado em hambúrgueres. Nossa incapacidade de avaliar os fatores ambientais externos constitui uma espécie de cegueira econômica, que poderá gerar consequências desastrosas. Colin Clark, matemático da Universidade de British Columbia, diz: "Grande parte do aparente crescimento econômico pode, na verdade, ser uma ilusão, baseada no fato de não se computar a redução do capital representado pelos recursos naturais".

Robert Repetto e outros sugerem uma pequena mudança na forma de calcular a produtividade, como primeiro passo para levar em consideração os fatores externos ambientais. Repetto propõe uma cuidadosa avaliação tanto dos produtos benéficos como dos nocivos provenientes de qualquer processo, e um acompanhamento das alterações em ambas as categorias, antes de medir as mudanças na produtividade. Por exemplo, uma usina termoelétrica a carvão produz quilowatts-hora de eletricidade e, ao mesmo tempo, toneladas de poluição atmosférica. É fácil avaliar a importância econômica da eletricidade, pois é vendida. Mas também é possível avaliar, pelo menos em parte, a importância econômica dos poluentes atmosféricos. Os óxidos de enxofre causam perdas de safras nas vizinhanças da usina elétrica, além de danos materiais e despesas com honorários médicos para o tratamento de problemas respiratórios. Muito trabalho foi dedicado ao cálculo do custo real dos efeitos associados a cada tonelada de óxido de enxofre emitida. Até agora, a avaliação desses prejuízos tem sido muito menos precisa do que o valor estabelecido pelo mercado para a eletricidade. Entretanto, essa dificuldade não deve ser usada como pretexto para se afirmar que os custos devem calculados como zero; existe uma faixa de valores já consagrada, portanto algum valor dentro dessa faixa pode e deve ser usado no cálculo dos prejuízos e dos benefícios advindos de cada tonelada de carvão queimado.

As usinas a carvão fornecem também outro bom exemplo: quando uma nova lei, como a Lei do Ar Puro, é aprovada, exigindo a redução da emissão de óxido de enxofre, somos informados de que haverá uma diminuição na produtividade das usinas; essa afirmação é feita com base em um cálculo que ignora totalmente a economia obtida com a diminuição dos gastos necessários para enfrentar as consequências da poluição, toda vez que uma tonelada de carvão é queimada. Mesmo se modificássemos os cálculos de produtividade apenas o suficiente para incluir aqueles impactos econômicos da poluição cujo valor já foi mensurado, isso seria bastante para nos aproximar de uma definição precisa dos ganhos e perdas reais.

Entretanto, além de um determinado limite, é impossível estabelecer um preço para os efeitos causados ao meio ambiente pelas opções econômicas feitas. O ar puro, a água potável, o sol surgindo através da neblina sobre um lago nas montanhas, a abundância de vida na terra, no ar e no mar têm um valor inestimável. Seria realmente cinismo concluirmos que, como esses tesouros são inestimáveis, é válido tomar decisões baseadas no pressuposto de que eles não têm qualquer valor.

De acordo com Oscar Wilde: "O cínico é aquele que sabe o preço de tudo e o valor de nada".

Ao traçarmos um círculo de valor ao redor das coisas que consideramos suficientemente importantes para serem avaliadas em nosso sistema econômico, não apenas estamos excluindo muitos fatores importantes para o meio ambiente, como também discriminando as gerações futuras. As fórmulas consagradas da análise econômica convencional contêm premissas controvertidas, tacanhas e ilógicas sobre o que seria valioso no futuro em contraposição ao presente. Especificamente, a "taxa de desconto" padrão calcula os fluxos de custo e benefício resultantes do uso ou aproveitamento dos recursos naturais e supõe, como norma, que absolutamente todos os recursos pertencem à geração atual. Como resultado, qualquer valor que esses recursos possam ter para as gerações futuras sofre um pesado "desconto" em relação ao valor de esgotá-los agora ou destruí-los para abrir espaço para outra coisa qualquer. O resultado é ampliar os poderes de uma geração, comprometendo todas as gerações futuras. Nas palavras de Herman Daly: "Há algo fundamentalmente errado em tratar a Terra como se fosse um negócio em liquidação".

Em 1972, o Comitê Bruntland, estabelecido pelas Nações Unidas com a finalidade de examinar a ligação entre o desenvolvimento econômico e a proteção ambiental, chamou nossa atenção para a necessidade de instituir uma "equidade entre gerações", insistindo em que, ao tomar decisões, a geração atual deve estar cônscia do impacto dessas decisões sobre as gerações futuras. Embora essa frase faça parte permanente da retórica sobre o meio ambiente, ainda não teve reflexos sobre o modo como o atual sistema econômico avalia o efeito de nossas decisões no mundo real. Assim, continuamos a agir como se nada houvesse de errado em esgotar, no decorrer de nossa vida, tantos recursos naturais quantos conseguirmos.

O atual debate sobre o desenvolvimento sustentável é baseado no reconhecimento amplamente difundido de que muitos investimentos, feitos por importantes instituições financeiras – como por exemplo o Banco Mundial –, estimularam o desenvolvimento econômico do Terceiro Mundo, incentivando a exploração, a curto prazo, dos recursos naturais, assim dando prioridade ao fluxo de caixa a curto prazo, em detrimento de um crescimento sustentável a longo prazo. Esse padrão tem predominado, devido tanto à nossa tendência de descontar o valor futuro dos recursos naturais quanto à nossa omissão em calcular devidamente sua depreciação à medida que se esgotam no presente.

Essa cegueira parcial na avaliação do impacto de nossas decisões sobre o mundo natural constitui um grande obstáculo aos esforços para formular reações sensatas às ameaças estratégicas com as quais o meio ambiente hoje se defronta. Geralmente, citamos estimativas extremamente exageradas dos custos de uma mudança nas políticas atuais, sem fazer qualquer análise dos custos associados ao impacto das mudanças que ocorrerão se deixarmos de agir.

Por exemplo, a perda anual de 75 por cento de umidade da Califórnia já havia sido prevista há muito tempo por alguns climatologistas, como consequência do aquecimento da Terra. Entretanto, em vista da magnitude do problema, ninguém cogita da inclusão dos custos da escassez de água nesse estado nos cálculos dos benefícios que adviriam de um agressivo programa para fazer face ao aquecimento da Terra. Deveríamos calcular também os custos de nossa passividade, porque as consequências de uma seca, que já dura sete anos, são assustadoras e podem tornar-se ainda mais graves.

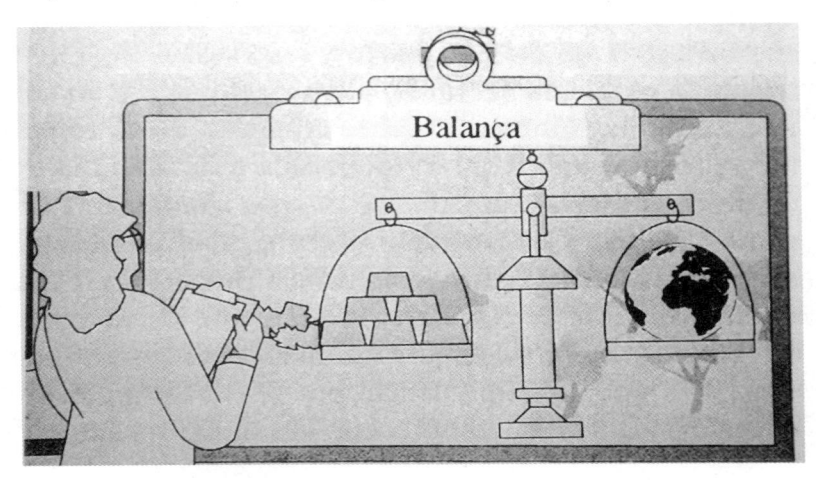

O presidente Bush apresentou aos participantes da conferência sobre o meio ambiente mundial, realizada na Casa Branca em 1990, um folheto incluindo a figura acima. Seu governo tentou convencer o mundo de que o meio ambiente não está enfrentando sérios riscos e de que a vantagem advinda de qualquer esforço de resgatá-lo seria superada pelo custo – aqui representado por seis barras de ouro.

Um dos custos secundários – que ilustra perfeitamente meu argumento – chamou-me a atenção quando presidi o Subcomitê do Senado que supervisiona a Nasa. No início de 1991, a Nasa informou que a seca na Califórnia havia esgotado os profundos reservatórios subterrâneos existentes abaixo do leito seco do lago que constitui a pista de pouso do ônibus espacial. As rachaduras de cerca de dois metros que estão aparecendo na superfície do leito do lago podem vir a representar uma ameaça à pista. E, se a construção de uma nova pista se tornar necessária, será muito onerosa. Nada mais justo, portanto, que lançar as despesas de construção de uma nova pista como passivo no cômputo dos custos resultantes de nossa acomodação diante do aquecimento da Terra. (Quando sugeri que essa nova despesa fosse acrescentada à análise do Serviço de Gerenciamento e Orçamento, obtive a seguinte resposta: "Você só pode estar brincando!". "Só um pouco", respondi.)

Entretanto, o problema vai muito além de nossa reação à seca na Califórnia. De muitas formas, a análise completa de custo-benefício apresentada pelo governo Bush é equivocada e reflete uma evidente incapacidade de enxergar a magnitude da crise ambiental. Até agora, o governo esteve cego ao real valor da preservação do meio ambiente, embora claramente consciente de seu preço – à semelhança do cínico de Oscar Wilde. Quando o presidente Bush aquiesceu à ideia de organizar uma conferência internacional sobre o meio ambiente, em 1990, o material preparado por seus assessores, a ser entregue aos participantes da conferência, continha um desenho ilustrando a abordagem do governo à questão de contrabalançar os ganhos financeiros a curto prazo e a destruição ambiental a longo prazo. A ilustração mostra uma balança – em um dos pratos há seis barras de ouro e no outro, o globo terrestre; ambos parecem equivalentes. Uma cientista, ou talvez uma economista, faz anotações sobre aquele precário equilíbrio. Embora vários representantes de outros países comentassem confidencialmente que a ilustração assemelhava-se a um irônico símbolo da abordagem de Bush à crise, o presidente e seus colaboradores pareciam totalmente alheios ao absurdo da ideia de colocar toda a Terra na balança.

Algumas das mais respeitáveis empresas norte-americanas estão respondendo muito mais criativamente à crise. Aquelas que se comprometeram seriamente a defender o meio ambiente descobriram, para sua própria surpresa, que, quando começavam a "enxergar" a poluição que causavam e a procurar meios de combatê-la, passavam a "enxergar" também novas maneiras de fazer cortes nas dispendiosas matérias-primas e a descobrir novas formas de melhorar o nível de eficiência, em praticamente todas as fases do processo de produção. Algumas dessas empresas informaram também que a nova vigilância em cada estágio de produção resultou ainda em drástica redução de produtos defeituosos. Por exemplo, a 3M credita os lucros mais vultosos a seu programa de Benefícios da Prevenção da Poluição. A Xerox e várias outras empresas relatam o mesmo tipo de experiência.

Algumas empresas estão tentando descobrir se a nova conscientização das pessoas sobre o meio ambiente é temporária ou permanente.

As principais fábricas de papel, por exemplo, que hoje fazem novos investimentos para aumentar sua capacidade, precisam saber se o atual interesse em papel reciclado continuará no futuro. Se for o caso, valerá a pena fazer grandes investimentos em fábricas de reciclagem; se não, as empresas poderão enfrentar sérios riscos com esses investimentos. Naturalmente, essas profecias com frequência tendem a se realizar. É nesse aspecto que o governo pode desempenhar importante papel – e muito frequentemente tem deixado de fazê-lo. O governo Bush insiste com veemência na possibilidade de um mercado livre resolver todos os problemas. Porém muitos de nossos mercados são altamente regulamentados, com frequência por vias invisíveis. No caso da indústria de papel, por exemplo, hoje os contribuintes subsidiam a fabricação de produtos de papel feitos de madeira virgem, tanto na qualidade de compradores individuais quanto na de fornecedores de subsídios para a abertura de estradas para transporte de madeira nas florestas nacionais. Além disso, o governo federal arca com os custos totais de administração das florestas, que incluem muitas atividades que beneficiam exclusivamente a indústria madeireira. Todas essas políticas estimulam a destruição cada vez maior de um recurso natural extremamente importante.

A administração Bush e todo o governo dos Estados Unidos precisam compreender a importância econômica de um meio ambiente saudável, que represente uma espécie de infra-estrutura, para apoiar a produtividade futura. Se o meio ambiente for destruído, muitos empregos, já ameaçados, serão extintos. Um caso a ser mencionado é a acalorada discussão entre a indústria madeireira do noroeste do Pacífico e os conservacionistas ansiosos por proteger a coruja pintada. Essa questão foi alardeada como conflito entre empregos e meio ambiente. Seja como for, se os restantes 10 por cento das antigas florestas forem derrubados, como quer a indústria madeireira, os empregos serão extintos. A única dúvida é se os esforços para a criação de novos empregos começarão agora ou mais tarde, após a destruição total das florestas.

A atual administração precisa também se esmerar mais no estímulo ao desenvolvimento de tecnologias apropriadas, pois essas poderiam dar uma importante contribuição, minimizando todos os custos decorrentes da degradação do meio ambiente. O Japão, por exemplo, já está implementando um ambicioso plano para cultivar aquele que, acredita, será um importante mercado global para novas tecnologias voltadas a processos de energia renovável não-prejudiciais ao meio ambiente. Lamentavelmente, entretanto, após desenvolver os primeiros produtos com aplicação de energia solar e eólica, os Estados Unidos tornaram-se importadores dessas duas tecnologias.

Grande parte da atual abordagem da análise econômica tem algo de Alice no País das Maravilhas. Ao mesmo tempo que ignoramos as consequências das atuais decisões econômicas sobre o meio ambiente, nossas atenções voltam-se para uma especulação cada vez mais frenética, uma obsessão com fusões, um envolvimento na ciranda financeira e uma variedade de outras atividades totalmente desvinculadas da criação de bens e serviços competitivos. O resultado é não apenas uma diminuição da competitividade dos Estados Unidos no mercado mundial, mas também a aceleração da tendência à mentalidade imediatista, o que tornará mais difícil a formulação de uma solução eficaz e criativa à crise do meio ambiente.

Entretanto, ainda não é tarde demais para evitarmos os piores efeitos dessa crise, e os Estados Unidos precisam liderar essa jornada. Obtivemos uma vitória em nossa grandiosa epopeia contra o comunismo, cujas características eram infinitamente mais nocivas – tanto para os indivíduos como para o meio ambiente – do que qualquer coisa já produzida por nosso sistema econômico. Essa vitória deve nos insuflar confiança, além de um senso de dever, para enfrentarmos os presentes desafios. É preciso corrigir as deficiências das regras e procedimentos que orientam os milhões de decisões diárias que são os próprios nervos e tendões da mão invisível de Adam Smith; é preciso atacar as imperfeições dos atuais métodos usados na definição do que é progresso e o que é contrassenso.

Algumas das mudanças necessárias serão fáceis de implementar. Outras, mais difíceis. Entretanto, todas exigirão coragem para enxergar as coisas como elas são, sem nos iludirmos e nos preparando para reconhecer quando a análise séria substitui imbecilidades rebuscadas. Em 1989, por exemplo, o presidente do Conselho de Consultores Econômicos concluiu, em seu relatório anual, que "não há justificativa para a exigência de gastos vultosos por parte do governo, visando diminuir a emissão de gases que provocam o efeito estufa". Segundo um dos argumentos usados para corroborar essa conclusão, "o diferencial médio da temperatura entre a cidade de Nova York e Atlanta é tão alto quanto as previsões mais extremas de aquecimento, entretanto não existem provas de que o clima mais quente de Atlanta acarrete maior risco para a saúde que o de Nova York". No entanto, se no futuro, o clima de Nova York for tão quente quanto o de Atlanta, como será então o da própria Atlanta? Como será a Califórnia do Sul? Como serão as secas da região Centro-Oeste? Quais as mudanças que ocorrerão no padrão do clima mundial? É claro que essas perguntas e outras semelhantes foram ignoradas como o equivalente político dos fatores externos.

Daqui a alguns anos, se essas políticas forem seguidas e a elevação da temperatura da Terra causar uma terrível destruição no meio ambiente global, sem que sérios esforços tenham sido envidados para evitar esse aquecimento, os membros do governo Bush certamente irão se sentir – e com toda razão – pesarosos e arrependidos. Entretanto, não será a primeira vez que, ao se curvarem às conveniências do presente, os tomadores de decisão tornam-se cegos à sua obrigação de se preparar para o futuro. Porém o momento de agir é este e, olhando para o passado, podemos nos inspirar em um dos líderes de maior visão da história.

No dia 12 de novembro de 1936, Winston Churchill tão exasperado ficou com a demora da Inglaterra em se preparar para a carnificina de Hitler, que fez a seguinte acusação, em discurso proferido no Parlamento:

> O governo simplesmente não consegue se decidir nem consegue fazer com que o primeiro-ministro se decida. Assim, continuam ambos a viver um estranho paradoxo, decididos apenas a continuar indecisos, resolvidos a nada resolver, obstinados apenas em ceder, sólidos em sua fluidez, todo-poderosos em sua impotência... Está-se encerrando a era da procrastinação, das meias medidas, de medidas paliativas, de hesitações. Chegamos, isto sim, à era das consequências.

11 · Somos Aquilo Que Usamos

Uma das características que nos distinguem de todos os outros seres vivos é a capacidade de usar informações para criar representações simbólicas do mundo a nossa volta. Manipulando informações sobre o mundo, ou compartilhando-as com outros, aprendemos a manipular o próprio mundo.

Essa forma de nos relacionarmos com o mundo tem tido tanto êxito que se tornou natural e hoje a incorporamos em todas as outras estratégias que criamos para aumentar o poder sobre o mundo ao nosso redor. Não é de surpreender, portanto, que no decorrer da história tenhamos nos tornado tão dependentes de informações em todas as suas formas. Contudo, essa dependência, em geral, nunca foi questionada; raramente examinamos o impacto negativo das informações sobre nossas vidas.

Sempre demos um valor muito grande ao conhecimento. Ao nos depararmos com um problema, nosso primeiro impulso é buscar mais e mais informações que nos ajudem a compreendê-lo. Na maior parte da história, muito do que chamamos cultura consistia em maneiras de compartilhar informações especialmente valiosas sobre o mundo e sobre a forma de nos relacionarmos produtivamente com ele: como fazer uma flecha com uma ranhura lateral que permita que o sangue do animal escorra, como tecer uma cesta que retenha os grãos mas não a poeira, como dançar em comemoração à caça e à colheita, cantando os segredos da lua e das estações, como contar histórias que cativem as crianças e lhes ensinem lições importantes sobre a vida.

Nas culturas antigas, o acervo de informações acumuladas estava invariavelmente contido em uma história de vida mais ampla, transmitida às gerações seguintes. O contexto social, cultural e ecológico em que as informações eram adquiridas e aproveitadas mantinha-se vivo na mente daqueles que as usavam. Mas as histórias constituem a forma mais simples de tecnologia, e à medida que iam sendo criadas tecnologias mais complexas para coletar, armazenar e comunicar informações – como códigos legais e livros contábeis – elas passavam a receber atenção especial graças ao novo poder que conferiam. Na Idade Média, por exemplo, ligas e associações dedicadas ao conhecimento especializado de técnicas importantes tornaram-se a principal fonte de identidade para seus membros. Inevitavelmente, à medida que a quantidade de informações comunicadas por meio dessas novas técnicas transformava-se em mensagens mais valiosas e de maior conteúdo para sucessivas gerações, tivemos de preparar nossa mente para receber, memorizar e utilizar esse fluxo de informações.

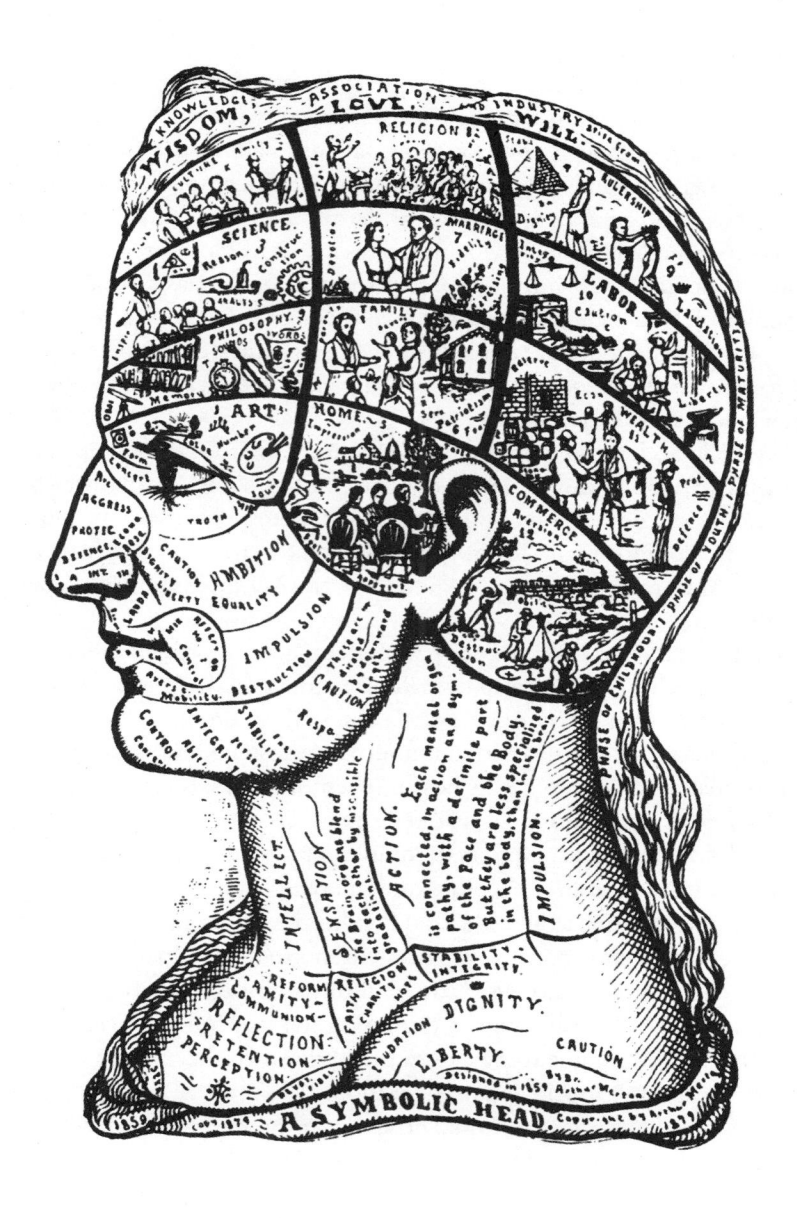

Conforme fomos nos adaptando a novas tecnologias, as estruturas do pensamento humano mudaram. Fomos obrigados a reconfigurar nosso *software* mental para comportar os padrões característicos de informações que recebemos em enormes quantidades através de conduítes como livros, imagens de televisão e terminais de computador. Esta figura foi tirada de um manual escrito em 1879 sobre a frenologia prática, que caiu em descrédito e consistia em estudar as saliências da cabeça humana e sua suposta relação com a localização dos pensamentos do cérebro.

Mas algo se perdeu ao longo do caminho, pois a atenção necessária para esse trabalho mental prejudicou a atenção que dedicávamos ao contexto da comunicação, dentro do qual o poder que ela conferia era exercido. Por exemplo, aqueles que, com tanto orgulho e diligência, construíram a ponte sobre o rio Kwai, quase esqueceram o contexto no qual suas habilidades foram aplicadas. Uma das coisas que começamos a ignorar foi o modo como essas novas tecnologias de informação mudaram o contexto de nossa vida. Quanto mais informações consumíamos, mais nossa vida mental era dominada por representações do mundo obtidas através de informações em vez de experiências diretas com o próprio mundo. E quanto mais nos acostumávamos a vivenciar o mundo indiretamente, por meio de representações de crescente complexidade, mais ansiávamos por informações de todos os tipos – com uma preocupação cada vez maior de inventar novos modos de criá-las.

Esse ciclo acelerou-se enormemente quando a civilização descobriu o método científico. A obtenção de conhecimentos sobre o mundo natural fora, há muito tempo, um dos objetivos do homem, e o método científico proporcionou nova e promissora forma de investigar os fenômenos naturais e reduzi-los a um conjunto de informações menores, cada uma passível de explicação, repetição e manipulação.

A quantidade de informações geradas começou a crescer rapidamente, e nossa capacidade de manipulação da natureza aumentou de forma explosiva. Da mesma forma cresceu nosso respeito pela assustadora produtividade dessa nova maneira de nos relacionarmos com o mundo. Impressionados com a própria inteligência, transformamos em heróis nossos inventores e, mais tarde, nossos industriais. Passamos a acreditar que, qualquer que fosse o problema a ser enfrentado, bastaria aplicar o método científico, decompor o problema em todas as suas informações e em seguida realizar experimentos até obter uma solução tecnológica.

Mas, à medida que a era industrial deu lugar à era da informação, a produção de informações começou a ultrapassar em muito nossa capacidade de usá-las. Já se disse que John Stuart Mill foi "o último homem a saber tudo"; hoje, nenhum de nós pode sonhar com o domínio total dos conhecimentos de nosso tempo. Na verdade ninguém mais ousa pretender o conhecimento "completo", nem mesmo em seu próprio campo de estudo.

Agora nos deparamos com uma crise criada inteiramente por nós mesmos: estamos nos afogando em informações. Geramos uma quantidade maior de dados, estatísticas, palavras, fórmulas, imagens, documentos e declarações do que conseguimos absorver. E, em vez de criarmos novas maneiras de compreender e assimilar as informações de que já dispomos, simplesmente criamos outras, a um ritmo cada vez mais rápido.

Nossa atual abordagem à questão da informação é semelhante à nossa antiga política agrícola. Armazenávamos montanhas de excedentes de grãos em silos por todo o Centro-Oeste, deixando-as apodrecer, enquanto milhões de pessoas no mundo morriam de fome. Era mais fácil subsidiar a plantação de mais milho do que criar um sistema para alimentar os famintos. Hoje temos silos com excesso de dados apodrecendo (às vezes literalmente), enquanto milhões de pessoas estão famintas por soluções para problemas jamais enfrentados.

É interessante notar a semelhança entre essa crise em nossa relação com as informações e a crise em nossa relação com a natureza. Da mesma forma que automatizamos o processo de conversão de oxigênio em dióxido de carbono, com invenções como a máquina a vapor e o automóvel – sem levar em conta a capacidade limitada da Terra para absorver CO_2 – automatizamos o processo de geração de dados – com invenções como a impressora e o computador – sem levar em conta nossa capacidade limitada para absorver os novos conhecimentos criados a partir deles.

Na verdade, hoje geramos imensas quantidades de dados que nunca serão absorvidos pela mente humana. O programa de fotografia do satélite Landsat, por exemplo, consegue tirar uma fotografia completa de cada polegada quadrada da superfície da Terra a cada dezoito dias, e já faz isso há vinte anos. Contudo, apesar de nossa premente necessidade de compreender o que vem acontecendo com a superfície da Terra durante esse tempo, mais de 95 por cento dessas fotografias nunca foram vistas por ninguém: as imagens são coletadas e armazenadas em fitas magnéticas, no equivalente a silos digitais, e abandonadas lá, juntando poeira e se deteriorando.

Talvez esses dados devessem ser chamados de "exformações" em vez de informações, já que existem fora do cérebro de qualquer pessoa viva. Mas, qualquer que seja seu rótulo, o problema está se agravando. Dentro de poucos anos, o novo programa Missão ao Planeta Terra, conforme projetado no momento, estará transmitindo, a cada hora, mais informações do que as que existem hoje em todas as ciências da Terra. Para quê? Para nos ajudar a decidir se a crise ambiental ocorrerá realmente daqui a quinze anos. Sem dúvida, essas informações serão valiosas. Mas esperar por elas é perigoso, principalmente porque já acreditamos ter informações mais que suficientes para tomar a decisão de agir. E lidar com todos aqueles dados será extremamente difícil, inclusive porque grande parte deles nunca entrará em um único cérebro humano.

Grandes quantidades de informações não utilizadas acabam por se tornar uma espécie de poluição. A Biblioteca do Congresso, por exemplo, recebe, só da Índia, mais de dez mil periódicos por ano! E, como alguns de nossos conhecimentos e informações acumulados são perigosos – como o projeto de uma bomba atômica – deter o controle de todos os dados pode tornar-se tão importante quanto difícil. O que aconteceria se essas informações destrutivas vazassem para lugares incertos? Para dar um exemplo menos grave, um dossiê do serviço de proteção ao crédito, relativo a um indivíduo, não pode estar disponível a qualquer um que o queira.

Não é por acaso que temos uma crise na educação coincidindo com o excesso de informações. A instrução é a reciclagem do conhecimento, mas achamos mais fácil gerar novos fatos do que conservar e usar os conhecimentos de que já dispomos. Assim, ao nos depararmos com o problema da ignorância, criamos imediatamente um número cada vez maior de informações, sem perceber que, apesar de valiosas, não substituem o conhecimento – e muito menos a sabedoria. Na verdade, ao gerar dados em maior quantidade que nunca, começamos a interferir no processo pelo qual as informações acabam-se transformando em conhecimento. Esse processo, quando segue o curso normal, assemelha-se à fermentação: as informações são primeiro destiladas em forma de conhecimento, que é então – às vezes – fermentado em forma de sabedoria. Hoje, contudo, o volume de informações coletadas diariamente é tão grande, que o lento processo de sua conversão em conhecimento é obstruído por uma avalanche de novos dados.

Da mesma forma que precisamos processar melhor essas enormes quantidades de informação, precisamos compreender melhor as forças – tanto boas como más – inerentes ao modo pelo qual comunicamos as informações. Afinal, nossa primeira tecnologia da informação foi a linguagem falada, cujo poder tem sido sempre respeitado. Minha tradição religiosa ensina-me: "No Princípio era o Verbo". De fato, na história judaico-cristã da criação, foi através da palavra que Deus realizou seu propósito: "'Faça-se a luz'. E a luz se fez." De modo análogo, o advento da segunda tecnologia da informação – a linguagem escrita – é geralmente considerado o verdadeiro início daquela que chamamos civilização organizada.

O que chama menos a atenção, porém, é o fato de que o modo pelo qual comunicamos as informações pode nos modificar conforme as usamos. A tecnologia da informação, como qualquer outra, é intermediária em nossa relação com tudo o que com ela descrevemos, pois na tentativa de compreender um fenômeno real em uma representação simbólica, deixamos de lado alguns aspectos e, por inclusão seletiva, distorcemos o significado de outros. Por necessidade, preparamos nossa mente para a interpretação da representação simbólica. Todas as tecnologias de informação – palavras gravadas na pedra, belos manuscritos copiados por monges, imprensa, televisão por satélite e gráficos de computador enviados por fibras ópticas – aumentaram-nos a capacidade de compreender o mundo à nossa volta. Mas essas tecnologias criaram também diferentes padrões de distorção, alterando, assim, a forma pela qual a mente capta, recorda e compreende o mundo.

Geralmente, adaptamo-nos tão bem à tecnologia de comunicação usada, que não percebemos a distorção que dela resulta. As palavras faladas, por exemplo, são elementos niveladores de experiência. Ao mesmo tempo que trasmitem distinções, contrastes e sutilezas, igualam e padronizam – simplesmente porque a experiência direta das pessoas ocorre sempre com as palavras que transmitem o significado e não com o próprio significado. O mandamento contra o uso do nome de Deus em vão, por exemplo, baseia-se em parte na premissa de que "Deus" tem um significado tão grande que esse nome deveria praticamente implodir na mente de quem o usa. Entretanto, uma vez reduzida a um símbolo mais facilmente manipulado, a palavra "Deus" pode ser repetida seguidamente e, no processo, esgotar muito de sua capacidade de despertar reverência e temor.

Além disso, pode ser usada fora de contexto para ampliar artificialmente a importância dos assuntos mais triviais e corriqueiros.

Imagens reproduzidas têm o mesmo efeito nivelador. Em seu ensaio clássico, *A obra de arte na era da reprodução mecânica*, Walter Benjamin descreve como uma obra de arte reproduzida tecnologicamente perde sua "aura" ou santidade. Quem quer que tenha visto uma reprodução da *Mona Lisa* ou do *Almoço no passeio de barco*, conhece esse efeito: por mais fiel que seja ao original, a cópia inevitavelmente perde o impacto causado por ele. Cada vez que vemos as cópias em um local diferente, diminui mais o impacto do restante da experiência original que se tentou reproduzir vezes sem conta. Se, por um lado, um número muito maior de pessoas consegue sentir algo – na verdade, grande parte – do que a pintura original transmitiu, a experiência de olhar para uma reprodução simplesmente não pode ser comparada à experiência de ver o original.

Sempre que uma tecnologia é usada como intermediária de nossa experiência com o mundo, adquirimos poder mas também perdemos algo no processo. O aumento da produtividade das linhas de montagem nas fábricas, por exemplo, exige que muitos empregados executem uma mesma tarefa repetidamente, até perderem qualquer vínculo com o processo criativo – e, ao mesmo tempo, o senso de utilidade.

Algo semelhante aconteceu em nossa relação com a natureza. Quanto mais confiamos na tecnologia como intermediária dessa relação, mais nos deparamos com o mesmo problema: temos maior capacidade de processar aquilo de que precisamos da natureza, de modo mais prático para maior número de pessoas, mas o senso de temor e reverência que antes estava presente em nossa relação com a natureza é frequentemente perdido. Essa é a principal razão pela qual tantas pessoas veem hoje o mundo natural como um mero conjunto de recursos; para alguns, na verdade, é como um grande banco de dados que pode ser manipulado à vontade. Mas o preço dessa concepção é alto, e muito de nosso êxito em resgatar o sistema ecológico global dependerá de conseguirmos encontrar um novo respeito pelo meio ambiente como um todo – não apenas por suas partes isoladas.

A maioria de nós, contudo, nutre respeito apenas por informações e análises. A crise ambiental é um bom exemplo: muitos se recusam a levá-la a sério, simplesmente porque têm excessiva confiança na capacidade humana de enfrentar qualquer desafio: basta defini-lo, reunir inúmeras informações sobre ele, decompô-lo em partes gerenciáveis e finalmente solucioná-lo. Mas como esperamos realizar tal tarefa? Hoje a quantidade de informações – e "exformações" – sobre a crise é tão esmagadora, que as abordagens convencionalmente adotadas para a solução de problemas não funcionam. Além disso, incentivamos nossos melhores pensadores a concentrar seus talentos, não na tentativa de compreender o todo, mas na análise de partes cada vez menores.

A despeito – ou talvez por obra – da chamada era da informação, precisamos hoje de um enfoque jeffersoniano para o meio ambiente. Thomas Jefferson, assim como seus doutos colegas, aspirava a uma compreensão universal de todo o conhecimento e, quando ele e os outros autores da Constituição, reunidos na Filadélfia, empenharam-se na tarefa de criar o primeiro governo democrático constitucional do mundo, aliaram uma impressionante compreensão da natureza humana a um completo domínio da jurisprudência, política, história, filosofia e física newtoniana. O mundo como um todo chegou hoje a um ponto decisivo, comparável, em alguns aspectos, ao desafio com que se depararam aqueles homens duzentos anos atrás. Assim como as treze colônias enfrentaram a tarefa de definir um contexto no qual unir seus interesses e identidades comuns, os povos de todas as nações começam a sentir que são parte de uma civilização verdadeiramente global, unida por interesses e preocupações comuns – estando, entre as mais importantes, a salvação de nosso meio ambiente. Para lograr êxito, precisamos resistir às pressões da grande quantidade de informações e deixar de considerar o mundo natural apenas um prático banco de recursos e informações codificadas. Precisamos ser suficientemente ousados para usar a fórmula de Jefferson, procurando aliar uma compreensão universal da civilização a uma compreensão abrangente do funcionamento do meio ambiente.

* * *

Naturalmente, o impacto da tecnologia sobre nossa vida é maior que seus efeitos sobre nossos métodos de processamento de informações. Na verdade, a revolução científica e tecnológica alterou quase totalmente a realidade física de nossa relação com a Terra. Uma imensa gama de novas ferramentas, tecnologias e processos amplia-nos os sentidos e a capacidade de impor nossa vontade ao mundo que nos cerca. Hoje podemos ver os anéis de Saturno, os átomos de uma molécula, as válvulas do coração e a Terra toda elevar-se no horizonte da Lua. Podemos ouvir as vozes gravadas de oradores mortos há muito, o som das baleias no fundo do mar e o choro de um bebê preso em um poço abandonado a milhares de quilômetros. Podemos andar pelo corredor de um avião, viajando a uma velocidade duas vezes maior que a do som, deixar a Europa na hora do almoço e chegar no mesmo dia a Nova York para um café da manhã tardio. Podemos agarrar as alavancas de um guindaste gigantesco e, como Atlas, levantar um peso de milhares de homens.

A revolução científica e tecnológica, em constante aceleração, tem aumentado a capacidade de cada um dos 5,5 bilhões de habitantes da Terra para recriar a realidade física à imagem de sua própria intenção. Cada ambição, cada apetite, cada desejo, cada medo e cada esperança ecoa hoje no coração humano com implicações mais fortes para o mundo a nossa volta. Antigas formas de pensar assumem nova importância em virtude de nosso poder de transformar em ação a mais audaciosa ideia. À semelhança do Aprendiz de Feiticeiro, que aprendeu a comandar objetos inanimados para atender a seus caprichos, desencadeamos forças mais poderosas do que esperávamos, e mais difíceis de deter do que de ativar.

Entre todos os problemas que surgiram com a revolução científica, o efeito das armas nucleares sobre a concepção de guerra destacou-se como alvo de uma especial e intensa análise. As armas nucleares representam uma ameaça incontestável e perigosa e, nos últimos quarenta e cinco anos, milhões de pessoas vêm afirmando que o mundo não estará seguro enquanto essa tecnologia estiver disponível para ser usada durante uma guerra. Mas as armas nucleares mudaram drasticamente nossa concepção de guerra, o que, a longo prazo, pode revelar-se benéfico. Afinal, a prolongada Guerra Fria entre Estados Unidos e União Soviética nunca chegou a um conflito armado direto, em parte devido à nova consciência, em ambos os países, das inimagináveis e terríveis consequências de uma guerra na era nuclear. A subsequente transição da União Soviética e Leste Europeu, do comunismo para a democracia e capitalismo — na maior parte sem violência — nunca teria sido possível sem essa mudança na forma de encarar a guerra.

Assim como a guerra, a prática milenar de exploração da terra para obter sustento, alimento, água, abrigo, vestuário e para atender a outras necessidades básicas faz parte de nossa civilização há milhares de anos. A ciência e a tecnologia nos forneceram, principalmente neste século, milhares de novas ferramentas que nos ampliam o poder de exploração da terra para obter aquilo de que precisamos, ou que simplesmente desejamos. Nenhuma dessas novas tecnologias, isoladamente, remotamente se aproxima da importância das armas nucleares, mas, em conjunto, seu impacto sobre os sistemas naturais da Terra torna as consequências de uma exploração incontrolada tão impensáveis quanto aquelas de uma grande guerra nuclear.

Foi relativamente fácil reconhecer a imensa diferença qualitativa entre a bomba atômica do dr. Oppenheimer e a dinamite do dr. Nobel, em parte por nossa atenção estar concentrada em uma única tecnologia importante. Ao contrário, é extremamente difícil agrupar todas as novas e potentes tecnologias que afetam nossa relação com a Terra, e a gama de necessidades e desejos que procuramos satisfazer com elas. O impacto cumulativo dessas tecnologias é qualitativamente diferente daquele causado por suas predecessoras, mas, como são numerosas, a maioria prestando serviços que já se incorporaram a nossas vidas, torna-se muito difícil reconhecer essa enorme alteração nas circunstâncias como um evento histórico que transformou nossa relação com a Terra.

Somos também vítimas de uma espécie de arrogância tecnológica, que nos leva a acreditar que nossos novos poderes são ilimitados. Ousamos imaginar que encontraremos, através da tecnologia, soluções para todos os problemas dela derivados. É como se a civilização sentisse um reverente respeito por suas próprias façanhas tecnológicas, extasiada pelo magnífico e desconhecido poder que nunca sonhou estaria ao alcance de um simples mortal. Em uma versão moderna do mito grego, o orgulho excessivo nos leva à apropriação — não dos deuses, mas da ciência e tecnologia — de poderes assombrosos e a exigir da natureza privilégios divinos para satisfazer nosso insaciável apetite. A arrogância tecnológica nos faz perder de vista nosso lugar na ordem da natureza e acreditar que podemos conseguir tudo o que desejamos.

E, com muita frequência, o fascínio pela tecnologia toma o lugar daquele que fora um fascínio pela maravilha da natureza. Como as crianças, que acham que o pão se origina em uma prateleira de loja, esquecemos que a tecnologia atua *sobre* a natureza para satisfazer nossas necessidades. Conforme a população aumenta e nosso desejo por padrões mais elevados de consumo continua a crescer, solicitamos da civilização maior quantidade de tudo aquilo que queremos, enquanto ignoramos o estresse e o esforço que rompem a estrutura de todo o mundo natural. Por nos sentirmos mais próximos do supermercado que do trigal, prestamos mais atenção às cores vivas do plástico que embrulha o pão do que à destruição da camada superficial do solo em que o trigo foi cultivado. Assim, conforme concentramos a atenção cada vez mais no uso de processos tecnológicos para atender nossas necessidades, entorpecemos a capacidade de sentir nossas ligações com o mundo natural.

Não raro, quando procuramos aumentar artificialmente nossa capacidade de obter o que precisamos da Terra, fazemos isso em prejuízo de sua capacidade de prover naturalmente o que estamos buscando. Por exemplo, quando aumentamos a produção agrícola com o uso de tecnologias que contribuem para a erosão das terras aráveis, diminuímos a capacidade do solo de produzir mais alimentos no futuro. E frequentemente deixamos de levar em conta o impacto de nossa alquimia tecnológica sobre os processos naturais. Assim, quando fabricamos milhões de motores de combustão interna e, nesse processo, automatizamos a conversão de oxigênio em CO_2 e outros gases, interferimos com a capacidade da Terra de se livrar das impurezas que são normalmente eliminadas da atmosfera.

A fim de mudar o padrão destrutivo de nossa atual relação com o meio ambiente, precisamos criar uma nova compreensão do papel da tecnologia na ampliação dos efeitos danosos de impulsos e atividades outrora benignos. Em muitos casos, as próprias tecnologias precisam ser mudadas. Por exemplo, não há muita lógica em continuar fabricando carros e caminhões que fazem 10 quilômetros por litro de combustível e lançam na atmosfera 2,5 quilogramas de CO_2 por litro de combustível. De fato, precisamos tomar uma decisão estratégica para acelerar o desenvolvimento de novas tecnologias, como a produção de eletricidade a partir da energia solar, com efeitos menos prejudiciais para o meio ambiente. Mas, em qualquer caso, o êxito exigirá cuidadosa atenção para o modo como nos relacionamos com o meio ambiente por meio da tecnologia, e uma consciência muito maior do profundo efeito que qualquer tecnologia poderosa terá sobre essa relação.

Às vezes, a troca de uma tecnologia por outra transforma padrões já estabelecidos. Para citar um exemplo, a invenção da imprensa resultou em um enfoque completamente novo para governo e política. Algumas nações modernas só foram constituídas depois que a imprensa possibilitou a distribuição em larga escala de um conjunto de ideias e valores comuns (geralmente em uma linguagem comum) sobre os quais a nação podia ser fundada. Muitos historiadores sustentam que a Revolução Americana nunca teria ocorrido sem os numerosos panfletos e tratados, como o *Common Sense*, de Thomas Paine, que difundiu a ideia de uma nova nação norte-americana.

As tecnologias dominantes de qualquer época moldam nossas premissas, muitas vezes implícitas, sobre o que é possível e o que é provável. A Constituição americana, por exemplo, estabelece um sistema de mecanismos de controle entre os três poderes do governo, para que cada um não tenha mais força que os outros. No entanto, os autores da Constituição tinham por certo que cada poder se comunicaria com o povo primordialmente através da palavra impressa. Quando, em meados do século, as transmissões eletrônicas substituíram os jornais como principal meio de comunicação de massa, a importância relativa dos três poderes do governo se alterou, pelo menos no modo como eram vistos pelo povo. O presidente, ao contrário do Congresso e dos tribunais, falava no rádio com uma voz e, com o advento da televisão, passou a projetar um rosto e uma personalidade na sala de quase todos os lares americanos. Os membros do Congresso e da Suprema Corte nunca foram vistos ou ouvidos em conjunto dessa forma, exceto ao aplaudir o presidente durante seu pronunciamento anual perante o Congresso. Assim, uma vez que na democracia o verdadeiro poder político emana do povo, a nova importância do presidente, comparada à dos demais poderes, passou a equivaler a uma espécie de emenda constitucional ditada pela tecnologia.

Consideremos outra tecnologia que afeta nosso sistema de governo: quando a tecnologia de guerra não consiste mais em grandes exércitos e marinhas que exigem meses para serem organizados e colocados em ação, e sim em mísseis balísticos intercontinentais, que atingem o alvo em menos tempo que o Congresso demora para estabelecer quorum, isso talvez ameace minar o poder do Congresso de declarar guerra. Mais uma vez, é quase como se a Constituição recebesse uma emenda ditada pela tecnologia. E, também neste caso, uma nova tecnologia teve um coeficiente tecnológico muito diferente do que tiveram as anteriores em sua interação com nosso sistema de governo (a expressão "coeficiente tecnológico" refere-se à maneira específica pela qual qualquer tecnologia afeta a região do mundo na qual é usada).

A transição de uma tecnologia para outra, mesmo que a nova seja usada com o mesmo objetivo, pode alterar profundamente a relação entre diferentes elementos de um sistema. Além disso, novas gerações de tecnologia surgem hoje tão rapidamente, que a troca de uma para outra é, as vezes, perturbadoramente abrupta. Também isso pode causar problemas em nossa relação com o meio ambiente.

Consideremos, por exemplo, a origem do mais conhecido e perigoso local de deposição de lixo tóxico dos Estados Unidos, o Love Canal. No início do século, logo após Thomas Edison ter explorado a potencialidade da energia elétrica, a nova indústria química – viabilizada pela eletricidade e dela grandemente dependente – construiu suas instalações o mais perto possível de fontes de energia hidrelétrica, como as Cataratas do Niágara. Edison havia optado por vender o que hoje chamamos de corrente contínua, que perde grande parte da eletricidade quando transmitida a longas distâncias. Assim, evidentemente, os complexos industriais próximos às Cataratas do Niágara logo se viram com falta de energia. Um empreiteiro, coronel William Love, teve a ideia de abrir um canal algumas milhas acima, onde o Rio Niágara faz uma curva fechada enquanto serpenteia por uma colina rumo às cataratas. Ele concluiu que um canal ligando os dois braços da curva do rio criaria uma queda de água artificial, capaz de gerar eletricidade para novas indústrias químicas que ele esperava atrair para o local. Porém, pouco depois de iniciar a escavação, Love veio a saber que um imigrante russo, de nome Nikola Tesla, havia inventado uma nova maneira de usar a forma de eletricidade chamada corrente alternada, que podia ser transmitida a distâncias relativamente longas com pequenas perdas de energia.

De um dia para outro, as indústrias químicas não precisavam mais ficar perto do local gerador, e a eletricidade das Cataratas do Niágara era transmitida para as novas fábricas que começavam a ser construídas quilômetros além. Ao procurar um lugar para despejar os rejeitos químicos, encontraram um canal obsoleto e inacabado que, depois de cheio, foi coberto com uma camada de lixo. Anos mais tarde, um bairro residencial foi construído nas duas margens do canal. Bem no centro ficava uma nova escola para as crianças que, sem ter a mínima ideia do que acontecera naquele local, começaram a ver produtos químicos infiltrando-se no pátio de recreio.

Podemos encontrar padrão semelhante na maneira como nossa sociedade tem permitido que o centro das cidades se torne um depósito de lixo tóxico para crimes, uso de drogas, miséria, ignorância e desespero. Também neste caso houve uma mudança, não de uma única tecnologia, mas da própria era industrial – que havia incentivado o agrupamento de fábricas e moradias nas proximidades de portos onde poderia ser mantida uma massa crítica de carvão, matérias-primas e trabalhadores. Em seguida veio a era pós-industrial, na qual as famílias se mudaram para bairros afastados e novos empregos, e estabeleceram novos padrões de vida. Os centros das cidades, deixados para trás, não sendo mais essenciais à produção eficiente, tornaram-se em parte depositórios para vidas jogadas fora.

Às vezes não é a tecnologia que muda, mas o ambiente em que é usada. No Quênia, por exemplo, uma tribo com uma técnica bem-sucedida de cultivo da terra nas áreas montanhosas do Vale do Rift foi obrigada, devido ao crescimento populacional, a migrar para as baixadas. Porém a tecnologia agrícola, que lhes havia sido útil durante gerações, causou uma catastrófica erosão nas novas áreas, que tinham um solo diferente e eram sujeitas a chuvas mais fortes. Analogamente, pode ser inadequado transplantar a cultura industrial que funciona em uma nação rica e desenvolvida para um país pobre, onde todas as condições sociais são diferentes.

Nossa relação com a tecnologia pode também ser complicada pela forma como duas ou mais tecnologias poderosas interagem. Estamos todos familiarizados com as advertências nas bulas de remédios, sobre possíveis interações medicamentosas. Dois remédios perfeitamente adequados, cada um útil e eficaz quando usado sozinho, podem, se combinados, causar reações extremamente adversas. O mesmo pode ocorrer com as tecnologias. Muitas vezes tenho-me perguntado se uma reação igualmente danosa na cultura política dos Estados Unidos poderia ser causada pela coexistência das tecnologias de televisão e imprensa como sistemas rivais para comunicar – e, nesse processo, organizar – o pensamento político. Frequentemente as pessoas que leem nos jornais uma notícia ou comentário ficam com uma impressão diferente daquelas que ouviram a mesma coisa nos noticiários de televisão. Cada veículo de comunicação tende a criar sua própria forma de pensar e cada um tende a frustrar o outro. Nesse processo, o país como um todo parece incapaz de definir nossos objetivos, muito menos de caminhar rumo a eles de forma coesa.

Em outro contexto, o escritor Octavio Paz uma vez observou que, em sua opinião, a aparente paralisia social da Índia resulta em parte da coexistência da mais rígida religião monoteísta do mundo, o Islamismo, com a religião panteísta mais rebuscada, o Hinduísmo. Da mesma forma, imagino se a paralisia política dos Estados Unidos poderia ser atribuída, em parte, à coexistência de dois poderosos mas conflitantes meios de expressão do pensamento político.

Ao examinar o modo como a ciência e a tecnologia transformaram nossa relação com o mundo natural, achamos conveniente aprimorar nossa definição de "tecnologia". Além de ferramentas e dispositivos, devemos incluir sistemas e métodos de organização que aumentam a capacidade de impormos nossa vontade ao mundo. Qualquer conjunto de processos que, combinados, constituem uma nova maneira de ampliar nosso poder ou facilitar o desempenho de alguma tarefa pode ser entendido como tecnologia. Mesmo novos sistemas de pensamento, como economia de mercado ou democracia, podem ser vistos como dispositivos para a produção de certos resultados e, à semelhança de outros dispositivos, têm, às vezes, consequências difíceis de prever.

Dada essa definição mais ampla, o corpo humano pode ser visto como uma espécie de tecnologia. A maneira de pensarmos sobre o meio ambiente começa, sem dúvida, pela maneira de vivenciarmos a Terra, e nosso principal contato com ela é pelos cinco sentidos. Mas, apesar de contarmos muito com nossos sentidos, eles possuem, na verdade, uma capacidade bastante limitada de fornecer informações sobre o mundo. Embora nos proporcionem as primeiras impressões sobre o mundo, limitam nossa experiência, canalizando-a em padrões que refletem apenas as informações que conseguem receber e processar. Como resultado, passamos a acreditar que as limitadas informações que recebemos representam a totalidade do que existe, e geralmente nos surpreendemos ao descobrir que algo invisível para nós é parte importante do mundo, em especial quando representa uma séria ameaça a que devemos reagir.

Por exemplo, os produtos químicos que destroem a camada de ozônio, os CFCs, são inodoros, incolores e insípidos. Em outras palavras, para nossos sentidos eles não existem. Da mesma forma, a maior concentração de CO_2 na atmosfera, acumulada nas últimas décadas, é imperceptível, a menos que usemos aparelhos especiais para medi-la. Além disso, as ondas infravermelhas, que são o tipo específico de radiação solar aprisionada na camada adicional de CO_2 e CFCs, situam-se na região do espectro invisível ao olho humano. De fato, parte de nossa dificuldade em reagir à crise ecológica deve-se ao fato de que seus sintomas ainda não estão disparando alarmes que possamos perceber diretamente pela audição, visão, olfato, tato e paladar. Nos últimos anos, muitos notaram que os verões parecem mais quentes e os períodos de seca mais prolongados; se esse indício, aparentemente direto, do aquecimento da Terra, está fazendo com que as pessoas encarem o problema com maior seriedade, se pudéssemos sentir o gosto dos CFCs ou enxergar o CO_2, a crise não pareceria muito mais grave?

Nosso corpo e mente não podem, portanto, ser considerados tecnologias perfeitas. E o que complica mais o problema é a diferença na forma pela qual as pessoas, conforme o sexo, vivenciam o mundo. Uma famosa experiência do psicanalista Erik Erikson ilustra esse fato: quarenta anos atrás, Erikson distribuiu alguns blocos de brinquedo a um grupo de crianças e anotou cuidadosamente as formas e estruturas que construíam. As garotas em geral montavam estruturas que pareciam delimitar um espaço, que ficava contido dentro da estrutura. Os garotos, por sua vez, em geral construíam estruturas que se projetavam para fora e para cima de uma base, invadindo o espaço a seu redor.

É como se a relação da civilização com o meio ambiente se caracterizasse por uma decidida projeção para fora, invadindo a natureza, com pouquíssima ênfase em padrões que poderiam conter, proteger e preservar o meio ambiente. De acordo com essa visão, nos últimos milhares de anos a civilização ocidental tem enfatizado uma forma claramente masculina de relação com o mundo e tem-se organizado em torno de estruturas filosóficas que desvalorizam a abordagem nitidamente feminina à vida. Por exemplo, com a aceleração da revolução científica e tecnológica, passamos a dar maior ênfase às tecnologias que estendem e ampliam técnicas – como as de guerra – historicamente associadas mais aos homens que às mulheres. Por outro lado, novas maneiras de reduzir o índice vergonhosamente alto de mortalidade infantil têm recebido bem menos atenção. De fato, nosso enfoque da tecnologia tem sido moldado por essa mesma perspectiva: os dispositivos têm prioridade sobre o sistema, as formas de dominar a natureza recebem mais atenção que as formas de trabalhar com ela. Em última análise, parte da solução para a crise ambiental pode residir em nossa capacidade de obter um melhor equilíbrio entre os sexos, temperando a perspectiva masculina dominante com um maior respeito pela maneira feminina de vivenciar o mundo.

Da mesma forma, a fase da vida tem considerável efeito na maneira pela qual o indivíduo se relaciona com o mundo. No adolescente, por exemplo, a sensação de imortalidade embota sua percepção de possíveis perigos físicos. Na meia-idade, por outro lado, os adultos emocionalmente amadurecidos experimentam um desejo de gastar mais tempo e esforço no que Erikson chamou "geratividade": o trabalho de gerar e cultivar possibilidades para o futuro. A metáfora é inevitável: uma civilização que, como um adolescente, adquiriu novos poderes mas não a maturidade para usá-los com sabedoria também corre o risco de um senso de imortalidade irrealista e uma percepção embotada do perigo. De modo análogo, nossa esperança enquanto civilização talvez resida na capacidade de nos ajustarmos a um saudável senso de integração em uma civilização verdadeiramente global, dotada de madura responsabilidade para criar uma nova e produtiva relação entre nós mesmos e com a Terra.

Nossa experiência de vida é também moldada por outro aspecto de nosso ser físico, tão comum que quase nunca o notamos. Todas as pessoas têm a mesma arquitetura corporal básica, com duas metades idênticas, separadas por um plano que funciona como um espelho, em um efeito conhecido como simetria bilateral. Essa característica simétrica do corpo tem grandes implicações no modo como vivenciamos o mundo. Em quase tudo o que fazemos para o mundo ou com ele, dividimos a tarefa em duas metades conceituais – segurar e manipular – e designamos cada metade a um dos lados da máquina a que nosso corpo se assemelha. Hoje, no café da manhã, segurei uma fruta com a mão esquerda, para evitar que rolasse no prato, e manipulei-a com a mão direita, primeiro cortanto pedaços com uma faca e em seguida comendo-os com uma colher. Quando jogo beisebol com meus dois filhos, seguro a bola na luva com uma das mãos, em seguida agarro-a com a outra e então atiro-a para um deles.

Usamos também as duas metades do cérebro para nos relacionar com o mundo de dois modos bem diferentes: uma metade tem maior aptidão para manter um senso de contexto e proporção espacial, enquanto a outra tem maior aptidão para a manipulação do pensamento, que chamamos lógica. Alguns linguistas observam que todos os idiomas têm apenas uma característica em comum: a dependência da dicotomia sujeito-verbo. De fato, cada sentença desta página começa com um substantivo ("sentença") e caminha rumo ao ponto final por meio de um verbo ("caminhar"). Enfatizamos a ação sobre o mundo; contudo, nas palavras do padre Thomas Berry: "o Universo é um conjunto de sujeitos, não uma coleção de objetos".

Essa referência à simetria bilateral pode parecer obscura, mas, a meu ver, indica o que talvez seja a forma mais perigosa pela qual a tecnologia moderna distorceu nossa relação com a Terra, pois aumentou muito mais nossa capacidade de manipular a natureza do que a de conservá-la e protegê-la.

Dispomos, hoje, de milhares de novas e eficazes maneiras de manipular e transformar os sistemas naturais de nossa frágil Terra, mas nossas ideias sobre consolidação e proteção do meio ambiente contra consequências imprevistas ainda são rudimentares. E nossas impiedosas manipulações da natureza terão efeitos colaterais catastróficos, justamente por não termos pensado em como proteger a estabilidade e continuidade de seu contexto.

Assim como a tecnologia, quando usada sem discernimento, pode romper o equilíbrio ecológico do mundo, algumas tecnologias podem romper o equilíbrio ecológico da forma de vivenciarmos o mundo. Aperfeiçoando alguns sentidos mais que outros, aprimorando algumas habilidades mais que outras e aumentando alguns potenciais mais que outros, as tecnologias podem alterar profundamente a maneira de percebermos e vivenciarmos o mundo, bem como de nos relacionamos com ele. Nesta segunda metade do século, por exemplo, estamos manipulando a natureza como jamais o fizemos e, como surgiram problemas, começamos a procurar outras formas de manipulação, na esperança de reparar os danos da intervenção inicial.

Em discussões sobre o efeito estufa, tenho ouvido cientistas respeitáveis sugerirem a colocação de bilhões de tiras metálicas em órbita, a fim de desviar os raios solares da Terra, compensando assim a grande quantidade de calor aprisionado na atmosfera. Outros, ainda, propõem com seriedade um programa para adubar os oceanos com ferro, a fim de estimular a fotossíntese do plâncton, que absorveria o excesso de gases causadores do efeito estufa. Ambas as propostas derivam do impulso de manipular a natureza, em uma tentativa de reparar os danos causados por outras manipulações. Parece que achamos mais fácil estudar planos mirabolantes como esses do que empreender a tarefa, aparentemente mais difícil, de analisar a sensatez das manipulações iniciais, que não parecem se relacionar de modo adequado com seu contexto, por estarem prestes a destruí-lo.

Em seu sentido mais profundo, o ambientalismo que se preocupa com a ecologia de toda a Terra está brotando com ímpeto da parte mais sábia de nosso ser, que sabe como segurar, proteger e conservar as coisas que prezamos, antes que comecemos a manipulá-las e alterá-las, talvez irreversivelmente.

12 · A Civilização Disfuncional

Todas as sociedades possuem um conjunto de histórias que tentam responder às mais básicas perguntas do ser humano: "Quem somos?"; "Por que estamos aqui?". Porém, à medida que se torna cada vez mais claro o padrão destrutivo de nossa relação com o mundo natural, começamos a nos perguntar se as velhas histórias ainda fazem sentido, e às vezes chegamos ao extremo de arquitetar versões totalmente novas sobre o significado e finalidade de nossa civilização.

Um grupo que vem-se destacando ultimamente, adepto da chamada *Deep Ecology* (ecologia em profundidade), comete um erro que considero muito sério: define nossa relação com a terra recorrendo à metáfora da doença. Entendem eles que o ser humano desempenha um papel patogênico – é como um vírus que provoca febre e uma espécie de erupção na terra, ameaçando suas funções vitais. Atribuem ao ser humano o papel de um câncer mundial, que espalha suas metástases incontrolavelmente pelas cidades e suga, para seu próprio sustento e expansão, os recursos de que o planeta necessita para se manter saudável. Têm também uma versão, segundo a qual a civilização seria uma espécie de vírus HIV mundial, transmitindo à terra uma espécie "gaiana" de Aids, tornando-a incapaz de preservar sua resistência e imunidade às muitas investidas do ser humano contra sua saúde e equilíbrio. O aquecimento da Terra seria, nessa metáfora, a febre que acompanha os esforços desesperados da vítima na luta contra o vírus invasor, cujos efeitos começaram a interferir com os processos metabólicos normais do organismo do hospedeiro. Como o vírus multiplica-se rapidamente, os sintomas de febre apresentados pelo doente indicam o início da luta do "organismo" na mobilização de antígenos que atacarão os vírus, a fim de destruí-los e salvar o hospedeiro.

O erro flagrante dessa metáfora consiste em apresentar os seres humanos como criaturas intrinsicamente infectadas e destrutivas, disseminadoras mortíferas de uma praga, que espalham sobre a terra. Pela lógica dessa metáfora, existe uma única cura possível: eliminar os povos da face da terra. Mike Roselle, um dos líderes do movimento *Earth First*, adepto da *Deep Ecology*, diz: "Ouve-se falar sobre a morte da natureza, que realmente está ocorrendo, porém a natureza terá condições de se recuperar se o topo da cadeia alimentar – ou seja, o ser humano – for eliminado".

As pessoas guiadas por essa metáfora são, na verdade, partidárias de um tipo de guerra contra a raça humana como meio de defender o planeta. Assumem o papel de antígenos, a fim inibir a evolução da doença, dando tempo à Terra de reunir suas forças e rechaçar o invasor e, se necessário, eliminá-lo. Nas palavras de Dave Foreman, co-fundador do movimento *Earth First*: "É chegado o momento de uma sociedade guerreira erguer-se e se atirar, em sacrifício, sob o carro destruidor de Jaganarte,* de representar o papel de anticorpos da virulenta epidemia que assola nosso belo e amado planeta". (Deve-se acrescentar que alguns ecologistas pertencentes a esse movimento são mais ponderados.)

Além de ser moralmente inaceitável, essa metáfora apresenta outro problema: a incapacidade de explicar – de forma precisa ou verossímil – quem somos e como podemos encontrar soluções para a crise por ela descrita. Ironicamente, assim como René Descartes, Francis Bacon e outros artífices da revolução científica definiram os seres humanos como intelectos sem corpo – dissociados do mundo físico –, Arne Naess, filósofo norueguês que em 1973 cunhou o termo *Deep Ecology*, e muitos outros ecologistas adeptos desse movimento parecem definir os seres humanos como forasteiros na Terra. Em versão moderna do desfecho cartesiano do divórcio filosófico entre o ser humano e a Terra, esses ecologistas idealizam uma condição na qual não existe qualquer ligação entre os dois. Entretanto, chegam a essa conclusão por meio de um argumento curiosamente oposto àquele de Descartes. Em vez de enxergarem as pessoas como criaturas de pensamento abstrato, relacionando-se com a Terra somente pela lógica e teoria, cometem o erro oposto, ou seja, definem a relação entre o ser humano e a Terra em termos quase unicamente físicos, como se não fôssemos nada além de corpos humanóides, geneticamente programados para cumprir nossa sina de disseminar a peste, desprovidos de intelecto ou livre arbítrio para compreender e mudar o roteiro que estamos seguindo.

A abordagem cartesiana à história da humanidade permite-nos acreditar que somos dissociados da Terra, com direito a considerá-la nada além de um conjunto inanimado de recursos que podemos explorar a nosso bel-prazer. Essa distorção básica foi o que nos levou à crise atual. Contudo, embora a nova versão dos adeptos da *Deep Ecology* esteja perigosamente errada, pelo menos dá margem a uma pergunta muito importante: que nova versão conseguiria explicar a relação entre a civilização e a Terra, e como chegamos a essa crise? Parte da resposta é clara: a nova versão de nossa história precisa determinar e fomentar a base de uma relação saudável e natural entre o ser humano e a Terra. A antiga história do pacto de Deus com a Terra e os homens, e o papel a nós confiado, de competentes administradores e servos fiéis, constituía – antes de ser mal interpretada e distorcida a serviço da visão cartesiana do mundo – uma explicação nobre, convincente e adequada sobre quem somos no contexto do mundo de Deus. Precisamos hoje de uma versão de nossa história passada a limpo, da qual as distorções sejam excluídas.

Todavia, uma nova versão não poderá ser elaborada enquanto não compreendermos como surgiu essa crise entre o ser humano e a Terra e como poderá ser resolvida. Para alcançar essa compreensão, precisamos refletir sobre todas as implicações do modelo cartesiano de intelecto sem corpo.

Os sentimentos são o elo essencial entre a mente e o corpo ou, em outras palavras, o elo entre nosso intelecto e o mundo físico. Como a civilização moder-

---

N. T. (*) Encarnação do deus hindu Vishnu. À passagem de sua estátua, os adoradores ficavam tão exaltados que se atiravam sob as rodas do carro que a transportava.

na supõe a existência de uma profunda dissociação entre ambos, consideramos necessário criar um sofisticado conjunto de regras culturais, destinadas a estimular a mais completa expressão do pensamento, ao mesmo tempo que sufocam a expressão dos sentimentos e emoções.

Hoje, finalmente, admitimos que muitas dessas regras culturais estão em absoluto desacordo com nosso conhecimento sobre os alicerces da natureza humana. Um desses alicerces é, naturalmente, o cérebro, que é enxertado com nosso legado evolucionário. Entre a parte mais básica e primitiva do cérebro, responsável pelo instinto e pelas funções orgânicas, e sua última estrutura importante a sofrer evolução – a parte responsável pelo pensamento abstrato, denominada neocórtex – está localizada a enorme porção de massa cerebral que governa as emoções, chamada sistema límbico. Na verdade, a concepção de que o ser humano é capaz de agir como intelecto sem corpo transmite a absurda ideia de que as funções do neocórtex são as únicas tarefas importantes desempenhadas pelo cérebro.

Entretanto, o pensamento abstrato é apenas uma das dimensões da consciência. Nossos sentimentos e emoções, as sensações que experimentamos, a percepção de nosso próprio corpo e da natureza – todos são elementos indispensáveis à nossa maneira de sentir a vida, mental e fisicamente. Definir a essência do ser em termos que se harmonizem com a atividade analítica do neocórtex significa criar um dilema angustiante: como podemos nos concentrar exclusivamente em pensamentos abstratos, se as demais partes de nosso cérebro inundam nossa consciência de instintos, emoções e sentimentos?

A insistência na supremacia do neocórtex acarreta um preço muito alto, porque a tarefa antinatural da mente sem corpo consiste em tentar ignorar a intensa dor psíquica causada pela importuna e constante percepção daquilo que falta: a experiência de viver em um corpo como um ser completamente integrado física e mentalmente. Naturalmente, a vida nos expõe a problemas pessoais e circunstanciais, e há inúmeros tipos de dores psíquicas que gostaríamos de evitar. Porém a dissociação entre mente e corpo, intelecto e natureza criou, na base da mente moderna, um sofrimento psíquico, que dificulta ainda mais a cura de outros sofrimentos psíquicos.

Na verdade, não seria absurdo supor que os membros de uma civilização que permite, ou mesmo estimula essa dissociação, estarão mais vulneráveis aos distúrbios mentais caracterizados por uma relação distorcida entre razão e emoção. Essa ideia pode parecer improvável, pois não estamos acostumados a procurar a causa de problemas psicológicos nos amplos padrões da civilização moderna. Porém é comum que os epidemiologistas atribuam as causas de determinados distúrbios físicos a padrões adotados por sociedades que exercem excessiva pressão sobre indivíduos particularmente vulneráveis. Consideremos, por exemplo, como o padrão da civilização atual é, com certeza, quase absoluta, o motivo da alta incidência de hipertensão nos países – como os Estados Unidos – que têm uma dieta rica em sódio. Embora a relação exata de causa e efeito permaneça um mistério, os epidemiologistas concluíram que a tendência quase universal da civilização moderna, de acrescentar grandes quantidades de sal aos alimentos, é responsável pelo quadro de alta incidência de hipertensão. Nas culturas pré-industriais remanescentes, em que os alimentos não são industrializados e o consumo de sódio é baixo, a hipertensão é praticamente inexistente e o fato de a pressão sanguínea de um homem maduro ser igual à de um bebê é considerado normal. Em nossa sociedade, entretanto, achamos normal o aumento da pressão arterial com a idade.

Contudo, resolver o problema da hipertensão é muito mais fácil que resolver graves conflitos psicológicos. Muitas pessoas reagem à dor psíquica do mesmo modo que reagem a qualquer dor: em vez de enfrentar a origem da dor, recuam instintivamente, procurando, de imediato, meios de não senti-la ou ignorá-la. Uma das estratégias mais eficazes para ignorar a dor psíquica é distrair a mente, ocupando-a com algo extremamente agradável, intenso ou envolvente, a ponto de a dor ser esquecida. Como estratégia temporária, essa alienação não é necessariamente destrutiva, porém a dependência a longo prazo torna-se perigosa e acaba-se transformando em uma espécie de vício. Na verdade, pode-se dizer que todos os vícios são provocados por uma profunda e permanente necessidade de esquecer uma dor psíquica – o vício *é* uma forma de alienação.

Normalmente, pensamos em vício em termos de drogas ou álcool. Porém novos estudos sobre o vício vêm aprofundando nossa compreensão do problema e hoje sabemos que as pessoas podem-se viciar em muitos padrões comportamentais diferentes: jogar compulsivamente, trabalhar obsessivamente ou assistir à televisão durante horas a fio – que lhes servem para não terem de enfrentar diretamente qualquer tipo de problema que as esteja importunando. Um indivíduo que teme exageradamente determinadas situações – intimidade, fracasso, solidão – é um viciado em potencial, porque a dor psíquica provoca-lhe uma necessidade incontrolável de se alienar.

A dissociação feita pelo mundo moderno entre mente e corpo, homem e natureza criou um novo tipo de vício: acredito que nossa civilização está, de fato, viciada em consumir a própria Terra. Essa relação doentia nos faz esquecer a dor pelo que perdemos: a experiência pessoal de possuir um vínculo com a energia, vibração e vivacidade das demais partes do mundo natural. A frivolidade e a agitação da civilização industrial mascaram a profunda falta que sentimos da comunhão com o mundo, capaz de levantar nosso moral e satisfazer nossa sensibilidade, através da riqueza da própria vida e do íntimo contato com ela.

Podemos dissimular o vazio que sentimos, mas seus efeitos podem ser notados na leviandade forçada com que reagimos às coisas que tocamos. Esse caso pode ser ilustrado por meio de uma metáfora trazida da engenharia elétrica. Uma máquina que consome grandes quantidades de energia elétrica precisa ser provida de aterramento, a fim de estabilizar o fluxo de eletricidade e não representar perigo para os objetos que com ela entram em contato. Uma máquina desprovida de aterramento representa um sério perigo. De modo análogo, uma pessoa desprovida de "aterramento", de corpo bem como de alma, de sentimentos bem como de raciocínio, pode representar uma ameaça a tudo aquilo com que entrar em contato. Somos inclinados a considerar benignas as fortes correntes de energia criativa que circulam através de nosso corpo, porém, sem um aterramento adequado, podem tornar-se perigosas. Isto se aplica principalmente às pessoas que têm um vício sério. Desligado do verdadeiro significado da vida, o viciado assemelha-se a uma pessoa que não consegue largar um cabo de 600 volts, porque a corrente elétrica é excessivamente forte; ele se agarra desesperadamente ao vício, mesmo enquanto sua vida se esvai.

Da mesma forma, cada vez mais nossa civilização se agarra ao hábito de consumir crescentes quantidades de carvão, petróleo, ar e água pura, árvores, terras aráveis e milhares de outras substâncias arrancadas da crosta da terra, transformando-as, não apenas no sustento e abrigo necessários, mas principalmente em coisas dispensáveis: vastas quantidades de poluição, produtos em cuja propaganda são gastos bilhões, visando nos convencer de que os desejamos, enormes excedentes de produtos mais baratos, adquiridos e logo descartados – enfim, todo tipo de inutilidade. Parecemos cada vez mais ansiosos por nos enredar nas diversas formas de cultura, sociedade, tecnologia, mídia e rituais de produção e consumo, porém o preço que pagamos é a perda da vida espiritual.

São inúmeras as provas dessa perda. Os distúrbios mentais, em suas várias manifestações, alcançam níveis epidêmicos, particularmente entre as crianças. As três principais causas de morte entre adolescentes são suicídio, homicídio e acidentes envolvendo drogas e álcool. Hoje, fazer compras é sinônimo de lazer – nunca foi tão grande a preocupação de acumular bens materiais; nunca foi tão grande o número de pessoas que sentem um vazio na vida.

As grandes máquinas de distração concebidas pela civilização industrial ainda nos seduzem com a promessa de realização pessoal. O novo poder de impor nossa vontade ao mundo talvez nos traga um momentâneo êxtase, muito semelhante àquele experimentado pelos dependentes de drogas quando estas, injetadas na corrente sanguínea, desencadeiam mudanças químicas no cérebro. Esse prazer, porém, é passageiro e não uma verdadeira realização pessoal. A metáfora da dependência de drogas é também válida sob outro ponto de vista. Com o tempo, o usuário precisa de doses cada vez maiores para sentir o mesmo nível de prazer; da mesma forma, a civilização moderna sente necessidade de atingir um nível cada vez maior de consumo. Porém por que consideramos normal o aumento, ano após ano, do consumo *per capita* da maioria dos recursos naturais? Será que necessitamos de níveis mais altos de consumo para conseguir o mesmo efeito antes produzido pelo consumo menor? Nos debates públicos sobre os esforços para adquirir um novo e esmagador poder através da ciência, tecnologia e indústria, teríamos às vezes nos mostrado menos interessados na cuidadosa avaliação dos prós e contras, do que na grande vibração que o homem sem dúvida sentirá ao fazer, pela primeira vez, uso de seu renovado poder sobre a Terra?

Basicamente, a falsa promessa do vício é a de possibilitar uma vivência intensa e direta da verdadeira vida, sem necessidade de enfrentar o medo e a dor inerentes a ela. A civilização industrial nos faz promessa semelhante: é essencial a busca da felicidade e conforto; assim, estimula-se o consumo de uma infindável torrente de produtos novos e atrativos, como a melhor forma de lograr êxito nessa busca. A promessa de fácil realização é sedutora a ponto de nos sentirmos, senão tentados, pelo menos dispostos a esquecer nossos sentimentos reais e a abandonar a busca pelo verdadeiro significado e finalidade da vida.

Entretanto, essa promessa é sempre falsa, pois continuamos a anelar pela autenticidade. Em uma vida saudável e bem equilibrada, o ruidoso e vazio diálogo com o mundo artificial que criamos pode nos distrair dos ritmos mais intensos da vida, porém não os interrompe. Na patologia do vício, tal diálogo é algo mais que um ruidoso subterfúrgio. À medida que o desequilíbrio de sua existência se acentua, o viciado intensifica o relacionamento com o objeto do vício. E, ao se agarrar à falsa comunhão com seu simulacro de vida, o ritmo de sua rotina enfadonha e alienante torna-se cada vez mais dissonante e destoante da harmonia natural que permeia a música da vida. Enquanto a dissonância torna-se mais violenta e os choques, mais frequentes, picos de desarmonia revelam-se em crises sucessivas, uma mais destrutiva que a anterior.

A desarmonia existente em nossa relação com a Terra, derivada em parte do vício de consumir quantidades cada vez maiores de recursos naturais, fica patente em sucessivas crises, e os choques entre a civilização e o mundo natural tornam-se cada vez mais destrutivos. Outrora, as ameaças eram locais ou regionais; hoje são, na maioria, estratégicas. A perda, a cada segundo, de quase dois hectares de floresta tropical, o súbito e vertiginoso aumento da taxa de extinção de milhares de espécies animais, o buraco na camada de ozônio da Antártica, a diminuição da espessura da camada de ozônio em todas as latitudes, a provável destruição do equilíbrio climático que torna a Terra habitável compõem a síndrome que retrata o choque cada dia mais violento entre a civilização e o mundo natural.

Muitos parecem alheios a esse choque e à natureza viciada da relação entre o homem e a Terra. Entretanto, a instrução é a cura para aqueles que não têm conhecimentos; muito mais preocupantes são aqueles que se recusam a reconhecer os evidentes padrões destrutivos. Na verdade, muitos líderes políticos, empresariais e intelectuais negam, sumária e agressivamente, a existência desses padrões. Agem como "facilitadores", eliminando obstáculos e ajudando a assegurar a continuidade do comportamento viciado do ser humano.

O mecanismo psicológico de negação é complexo, e mais uma vez o vício pode ser usado como exemplo. A negação é a estratégia adotada por aqueles que desejam acreditar na possibilidade de continuar a levar uma vida de vício, sem consequências negativas para si mesmos ou para os outros. O alcoólico, por exemplo, protesta agressivamente quando alguém o adverte de que o álcool está destruindo sua vida; em sua concepção, repetidos acidentes de carro, envolvendo o mesmo motorista bêbado, são explicados como acidentes isolados, cada um por razões diferentes, sem nada em comum.

A essência da negação é, pois, a necessidade interior do viciado de não se permitir enxergar a relação entre o vício e as consequências negativas por ele causadas. Em geral, essa necessidade de negação é muito forte. Se o viciado admitisse sua condição, poderia ser obrigado a reconhecer os sentimentos e pensamentos que tenta tão desesperadamente evitar; abandonar completamente o vício significaria perder seu principal escudo contra o medo do confronto com aquilo de que tenta insistentemente fugir.

Os teóricos afirmam que, no fundo, o que o viciado não quer enfrentar é sua profunda sensação de impotência. Frequentemente demonstra uma necessidade obsessiva de ter controle absoluto sobre as poucas coisas que aplacam seu desejo mórbido. Essa necessidade decorre da sensação de impotência em relação ao mundo real, e é inversamente proporcional a ela – a naturalidade e resistência com que o mundo recebe suas tentativas de controle ameaçam o viciado além de sua capacidade de tolerância.

É importante reconhecer que esse drama psicológico desenrola-se no limiar da percepção consciente. Na verdade, é exatamente esse limiar que está sendo defendido contra as insistentes intromissões da realidade. Ao mesmo tempo, os artifícios necessários para evitar que a realidade derrube as muralhas frequentemente assumem proporções tais que as pessoas mais chegadas custam a crer que o viciado não tem consciência do que está fazendo a si mesmo e a quem o cerca. Porém a falta de autenticidade do viciado é, de certa forma, fácil de explicar: ele se torna tão obcecado com a satisfação de sua necessidade, que coloca todos os outros valores em segundo plano. Como a compreensão genuína de seu comportamento poderia ser dolorosa, ele teima em afirmar que não tem problemas.

Mostramo-nos insensíveis ao impacto destrutivo que causamos à Terra por motivo muito semelhante, portanto nossa necessidade de negação também se assemelha à do viciado. A negação pode assumir formas assustadoras e grotescas. Por exemplo, em 1991, no sul da Califórnia, a gravidade da seca, que se estendia já por cinco anos, levou alguns proprietários de imóveis a borrifar com tinta verde os gramados sem vida, da mesma forma que os agentes funerários maquilam os cadáveres, a fim de lhes dar uma aparência natural, evitando chocar as pessoas emocionalmente vulneráveis à presença da morte. Como escreveu Joseph Conrad em *O coração das trevas*: "A conquista da Terra não é nada bela quando a examinamos detidamente". Estamos porém viciados nessa conquista e, por essa razão, negamos sua feiúra e caráter destrutivo. Perdemo-nos em justificativas complexas para nossos atos, enquanto fingimos não enxergar as consequências. Somos hostis aos mensageiros que nos alertam das mudanças necessárias, vendo neles intenções subversivas e acusando-os de ter uma convicção política inconfessável – marxista, estatista ou anarquista ("eliminar o mensageiro" é, na verdade, uma forma consagrada de negação). Não vemos qualquer relação entre as crises, cada vez mais sérias, que provocamos no mundo natural: são todas acidentes isolados, com causas distintas. Estaria a morte dos gramados, por exemplo, relacionada aos incêndios devastadores ocorridos no final de 1991, que deixaram milhares de pessoas desabrigadas? Não importa – temos certeza de que conseguiremos nos adaptar a qualquer tipo de dano, mesmo que os sinais de catástrofe se avolumem, assemelhando-se ao que o humorista A. Whitney Brown descreve como "uma excursão pela natureza através do Livro do Apocalipse".

Entretanto, a muralha de negação nem sempre é intransponível. Nos estágios avançados do vício, quando a natureza destrutiva desse padrão torna-se tão esmagadoramente óbvia que causa dificuldades cada vez maiores para ignorar a necessidade de mudança, os viciados são tomados pela resignação. Nesse estágio, o padrão de sua vida já está tão claramente definido, que parece não haver saída. De modo semelhante, algumas pessoas acham cada vez mais difícil negar a natureza destrutiva de nossa relação com a Terra, porém não reagem com atitudes, e sim com resignação. Pensam: é tarde demais, não há saída.

Essa atitude, entretanto, é derrotista, pois existe possibilidade de recuperação. No caso do vício, um elemento indispensável à recuperação é a disposição do doente de enfrentar honestamente a verdadeira dor que tentara evitar. Em vez de procurar esquivar-se da conscientização através do comportamento, o viciado precisa aprender a enfrentar a dor – sentir, analisar, assimilar e dominar essa dor. Só depois disso terá condições de lidar honestamente com ela, em vez de tentar evitá-la.

De modo análogo, jamais teremos uma relação saudável com a Terra, se não nos propusermos a reconhecer a natureza destrutiva dos padrões atuais. Nossa necessidade aparentemente compulsiva de controlar o mundo natural talvez se origine de uma sensação de impotência em face de nosso profundo e atávico medo das forças primitivas da natureza. Porém essa compulsão está nos levando à beira da catástrofe, pois conseguimos tão bem controlar a natureza, que perdemos a ligação com ela. Precisamos também admitir que um novo medo está contribuindo para agravar nosso vício: embora nos regozijemos com o controle conseguido, ficamos cada vez mais assustados com suas consequências, o que nos impele a acelerar e intensificar o ciclo destrutivo.

Entretanto, aquilo que chamo de padrão de comportamento viciado é apenas parte da questão, pois não explica a total complexidade e crueldade de nossa investida contra a terra. Tampouco explica como tantas pessoas sensatas e responsáveis podem, inadvertidamente, contribuir para danos tão terríveis ao meio ambiente, nem como conseguem continuar a viver segundo o mesmo conjunto de falsas premissas sobre o que a civilização está realmente fazendo e por quê. Sem dúvida, o problema inclui muito mais que o modo como cada indivíduo se relaciona com a Terra. Inclui algo extremamente errado na maneira pela qual nós, coletivamente, determinamos nossa relação com a Terra.

As metáforas podem ser muito úteis, e várias delas ajudaram-me a compreender o que há de errado na forma de nos relacionarmos com a Terra. Existe uma, particularmente elucidativa, extraída de uma teoria bastante nova sobre famílias desajustadas. Síntese que psicólogos e sociólogos fizeram de pesquisas sobre teoria do vício, terapia familiar e análise de sistemas, essa teoria procura explicar a mecânica daquela que veio a ser chamada de "família disfuncional". O conceito de família disfuncional foi inicialmente criado por teóricos como R. D. Laing, Virginia Satir, Gregory Bateson, Milton Erickson, Murray Bowen, Nathan Ackerman e Alice Miller e mais recentemente aprimorado e popularizado por escritores como John Bradshaw. O problema que todos procuraram explicar é como famílias, constituídas por indivíduos bem-intencionados e aparentemente normais, podem desenvolver relacionamentos mutuamente destrutivos, levando seus membros, e a família como um todo, a entrar em crise.

De acordo com a teoria formulada, regras tácitas sobre a educação de filhos e o conceito do que é o ser humano são transmitidas de uma geração a outra, dentro da organização familiar. A versão moderna dessas regras foi moldada segundo a mesma visão filosófica do mundo que levou à revolução científica e tecnológica: define o ser humano como uma entidade essencialmente intelectual, dissociada do mundo físico. Essa definição, por sua vez, levou à premissa de que as emoções e sentimentos devem ser reprimidos, ficando subordinados exclusivamente ao raciocínio.

Uma consequência dessa abordagem foi a mudança em nossa concepção de Deus. Depois de ficar claro que muitos dos mistérios da natureza poderiam ser explicados pela ciência – e não pela Divina Providência – tornou-se quase uma conclusão lógica supor que o Criador, tendo colocado o mundo em funcionamento, dentro de padrões definidos e previsíveis, desligou-se dele e se afastou, passando a nos contemplar lá de cima. Talvez em decorrência dessa suposição, o conceito de família também tenha mudado. A família passou a ser vista como um sistema ptolomaico, no qual o pai é o patriarca e fonte de autoridade, com os outros membros da família girando a sua volta. Essa mudança teve grande impacto sobre os filhos. Antes da era científica, tinham eles, sem dúvida, menos dificuldade em encontrar e compreender seu lugar no mundo, pois conseguiam posicionar-se tanto em relação aos pais como a Deus, que se manifestava claramente na natureza. Com esses dois sólidos pontos cardeais, a probabilidade de perderem o rumo na vida era menor. Porém, depois que Deus se afastou do mundo, recolhendo-se a um lugar abstrato, a figura patriarcal da família (quase sempre o pai) passou a ser como que um vice-rei de Deus, investido de autoridade divina para impor regras familiares. Como certos pais, previsivelmente, começaram a se impor como única fonte de autoridade, os filhos ficaram confusos quanto ao papel que representavam na organização familiar, sobre a qual o pai, todo-poderoso e dominador, exercia rigoroso controle.

Aos pais era concedida autoridade divina na imposição de regras e, segundo Bradshaw e outros, uma das regras básicas resultantes foi que as próprias regras não podiam ser questionadas. Uma das formas pelas quais as famílias disfuncionais impõem o cumprimento de regras e incentivam o embotamento psíquico do qual dependem consiste em ensinar que corpo e mente são dissociados e em reprimir os sentimentos e as emoções que, se presentes, minariam a força das regras. De modo análogo, uma das formas pelas quais a civilização moderna assegura o cumprimento de regras consiste em ensinar que as pessoas são dissociadas do mundo natural e em reprimir as emoções que poderiam fazê-las sentir falta de uma ligação com a Terra.

Em ambos os casos, as regras perpetuam a dissociação entre raciocínio e emoção e exigem total aceitação das tácitas mentiras, por todos compartilhadas e que todos aceitam viver. Em ambos os casos, estimulam-nos a aceitar o fato de que é normal desconhecermos nossos próprios sentimentos e nos sentirmos impotentes ante qualquer ideia de desafio ou esforço para modificar as regras e premissas em que se baseia nossa dissociação dos sentimentos. Consequentemente, essas regras não raro ensejam dramas psicológicos e representação de papéis. Regras absurdas, que ao mesmo tempo não admitem contestação, podem perpetuar distúrbios como vícios, maus-tratos a crianças e certos tipos de depressão. Esse é o paradigma da família disfuncional.

Não é raro um membro da família disfuncional apresentar sintomas de grave distúrbio psicológico que, após minuciosa observação, prova ser a exteriorização de um padrão de disfuncionalidade que engloba toda a família. Para curar o paciente, os terapeutas concentram-se, não na patologia do indivíduo, mas na trama de relacionamentos familiares – nas regras e entendimentos tácitos que orientam a abordagem do paciente a esses relacionamentos.

Por exemplo, há muito se sabe que a imensa maioria dos indivíduos que maltratam crianças sofreu maus-tratos na infância. Ao analisar esse fenômeno, os teóricos encontraram um bem definido padrão arquetípico intergeracional: a vítima lembra-se da intensidade da experiência com seu corpo, quando criança, porém reprime a lembrança da dor. Em vão esforço para solucionar sua profunda confusão sobre a experiência vivida, é levada a repetir, ou "recapitular", o drama no qual uma pessoa mais velha e autoritária maltrata uma criança indefesa – só que, desta vez, é ela quem representa o papel de algoz.

Dando um exemplo mais sutil, discutido no trabalho pioneiro de Alice Miller sobre disfuncionalidade – *O drama da criança superdotada*, os filhos de determinadas famílias são privados do amor incondicional, imprescindível a um desenvolvimento normal, e acabam achando que lhes falta algo internamente. Assim, desenvolvem pouca ou nenhuma auto-estima, passando a buscar em outros, o tempo todo, a aprovação e apreço de que tão desesperadamente precisam. O novo termo "co-dependência" reflete a necessidade que uma pessoa tem de outra para se sentir segura e pensar positivamente sobre si própria. A força que alimenta essa busca insaciável continua na idade adulta, frequentemente causando um comportamento doentio e uma abordagem aos relacionamentos que poderia ser descrita, nas palavras da canção popular, como "a procura do amor nos lugares mais impróprios". É triste, porém quase inevitável, que uma pessoa desse tipo, ao ter um filho, encontra, na necessidade emocional da própria criança, uma fonte de atenção constante e integral, da qual se serve para satisfazer seu desejo, ainda insaciável, de apreço e aprovação, em um padrão que revela mais obtenção do que doação de amor. Nesse processo, deixa de doar o amor incondicional, imprescindível à satisfação emocional da criança. Dessa forma, a criança desenvolve a mesma sensação de algo lhe falta internamente, e fica à procura desse algo nos rostos e emoções de outros, em geral em vão – e o ciclo se repete.

Via de regra, a explicação sobre como as famílias tornam-se disfuncionais não requer a identificação, dentro da organização familiar, de um determinado membro como mau, ou como alguém que deseja intencionalmente prejudicar os outros. Ao contrário, o conhecimento e repetição das regras familiares representa a verdadeira fonte de dor e tragédia experimentadas por seus membros em cada geração. Enquanto diagnóstico, a disfuncionalidade apresenta uma fonte de grande esperança, pois situa a raiz dos problemas nos relacionamentos e não nos indivíduos, no modo semelhante de pensar – baseado em premissas herdadas – e não na natureza humana semelhante – baseada na herança genética. A disfuncionalidade pode, portanto, sofrer mudanças e ser até mesmo curada.

Esse é o aspecto positivo. O negativo é que muitas regras disfuncionais interiorizadas durante os primeiros anos de vida dificilmente são superadas. O processo de evolução humana é, sem dúvida, responsável pela longa duração de nossa infância, durante a qual dependemos quase totalmente de nossos pais. Conforme mencionado, pela primeira vez, por Ashley Montagu há décadas, a evolução estimulou o desenvolvimento de cérebros humanos cada vez maiores, porém nossa ascendência primata limitou a capacidade do canal de parto, que não consegue dar passagem a bebês com cabeças cada vez maiores. A solução encontrada pela natureza foi estimular um período extremamente longo de dependência dos cuidados paternos durante os primeiros anos de vida, permitindo tanto ao corpo como à mente continuar por longo tempo em desenvolvimento, como que ainda em gestação. Entretanto, como resultado desse longo período de desenvolvimento social e psicológico, as crianças são extremamente vulneráveis tanto às boas como às más influências e, na família disfuncional, isso significa que assimilarão as regras disfuncionais e premissas distorcidas sobre a vida, que estão sendo transmitidas pelos pais. E, como grande parte daquilo que os pais transmitem são as lições aprendidas durante sua própria infância, essas regras podem-se perpetuar por muitas gerações.

Cada cultura é como uma grande família, e talvez nada caracterize melhor uma cultura do que as regras e premissas sobre a vida. Na moderna cultura ocidental, as premissas sobre a vida, que nos são ensinadas quando crianças, são fortemente influenciadas pela visão cartesiana do mundo – isto é, que os seres humanos devem ser dissociados da Terra, assim como a mente deve ser dissociada do corpo, e a natureza deve ser dominada, assim como os sentimentos devem ser reprimidos. Em maior ou menor grau, essas regras são transmitidas a todos nós e têm efeitos marcantes na percepção de quem somos.

O modelo da família disfuncional tem relação direta com nosso modo de encarar o meio ambiente. Porém esse modelo ajuda também a explicar como conseguimos criar uma crise tão profunda e perigosa em nossa relação com ele, por que essa crise não decorre de nossas qualidades intrinsicamente más ou patogênicas e como podemos corrigir essa relação. Entretanto, como sugere o uso dessa metáfora, a crise ambiental é hoje tão grave que, acredito, a civilização, sob certo aspecto básico, deve ser considerada disfuncional.

Do mesmo modo que as regras de uma família disfuncional, as regras tácitas que controlam nossa relação com o meio ambiente têm sido transmitidas de geração a geração desde a época de Descartes, Bacon e outros pioneiros da revolução científica, há cerca de 375 anos. Assimilamos essas regras e vivemos de acordo com elas há vários séculos, sem questioná-las seriamente. Como em uma família disfuncional, uma das regras da civilização disfuncional é que as regras não devem ser questionadas.

No caso da família, existe uma forte razão psicológica para que as regras não sejam questionadas: os filhos são tão completamente dependentes, que não podem se permitir sequer a ideia de que há algo errado com os pais, mesmo que as regras pareçam injustas ou sem sentido. Como os filhos não podem suportar a ideia de identificar o pai todo-poderoso como fonte de disfuncionalidade, presumem que o problema está dentro deles mesmos. Esse é o momento decisivo, em que é infligido o dano psicológico – e é um dano autoinfligido, uma perda fundamental de confiança das crianças em si mesmas. O sofrimento causado por esse dano dura em geral a vida toda e o vazio e alienação resultantes podem gerar muita energia psicológica, despendida durante o período crucial de formação da psique na busca insaciável daquilo que, infelizmente, nunca poderá ser conseguido: amor e aceitação incondicionais.

Assim como as crianças não conseguem rejeitar os pais, cada nova geração da civilização sente hoje total dependência da própria civilização. Os alimentos nas prateleiras dos supermercados, a água nas torneiras de nossas casas, o abrigo e o sustento, o vestuário e o trabalho honesto, lazer, e até nossa identidade – tudo isso a civilização prové e não ousamos sequer pensar em abrir mão dessas benesses.

Levando a metáfora mais adiante: assim como as crianças, em sua relação com a família, sentem-se culpadas pela disfuncionalidade familiar, nós, quase sem perceber, interiorizamos a culpa pelo fracasso da civilização em propiciar um sentimento de comunidade e um senso compartilhado de finalidade na vida. Muitos que consideram a vida sem sentido e sentem um vazio e uma alienação inexplicáveis partem simplesmente do princípio de que a culpa é deles e de que algo está errado com eles.

Por ironia, é justamente nossa dissociação do mundo físico que cria grande parte desse sofrimento e é por termos aprendido a viver tão dissociados da natureza que nos sentimos tão completamente dependentes da civilização que, ao que tudo indica, substituiu a natureza na satisfação de todas as nossas necessidades. Assim como os filhos em uma família disfuncional sofrem quando um dos pais os faz acreditar que falta algo importante em sua psique, nós experimentamos uma perda dolorosa quando somos levados a acreditar que a ligação com o mundo natural, parte de nosso direito como espécie, é algo antinatural, a ser rejeitado como um rito de passagem para o mundo civilizado. Como resultado, interiorizamos o sofrimento da perda do senso de ligação com o mundo natural, consumimos a Terra e seus recursos como um modo de nos distrair do sofrimento e procuramos avidamente substitutos artificiais para a experiência de comunhão com o mundo, que nos foi roubada.

Na família disfuncional, os filhos que se sentem envergonhados geralmente constroem uma identidade falsa por meio da qual se relacionam com os outros. Essa falsa identidade pode ser bastante rebuscada, já que as crianças, dosando cuidadosamente suas reações, aprimoram o tempo todo a impressão que causam aos outros, para fazer o falso parecer verdadeiro. De modo análogo, construímos em nossa civilização um mundo falso de flores plásticas e grama artificial, ar condicionado e luzes fluorescentes, janelas que não se abrem e música de fundo que nunca pára, dias em que não sabemos se choveu ou não, noites em que o céu nunca pára de brilhar, *walkman* e TV de bolso, alimentos congelados para o microondas, corações adormecidos despertados com cafeína, álcool, drogas e ilusões.

Em nossa frenética destruição do mundo natural e visível obsessão por substitutos artificiais da experiência direta com a vida real, estamos seguindo um roteiro transmitido por nossos antepassados. Contudo, assim como as regras tácitas de uma família disfuncional criam e mantêm uma conspiração de silêncio sobre as próprias regras, mesmo quando a família é impelida para um turbilhão de crises sucessivas, muitas regras tácitas de nossa civilização disfuncional estimulam a silenciosa aquiescência aos padrões de comportamento destrutivo em relação ao mundo natural.

A ideia de uma civilização disfuncional não é, de modo algum, um mero constructo teórico. Afinal, neste século terrível, testemunhamos alguns exemplos particularmente malignos de civilização disfuncional: as sociedades totalitárias da Alemanha nazista, sob Hitler, da Itália fascista, sob Mussolini, do comunismo soviético, sob Stalin e seus herdeiros e do comunismo chinês de Mao Tse-tung e Deng Xiaoping, assim como muitas versões menos infames do mesmo fenômeno. Na verdade, só recentemente a comunidade mundial mobilizou uma aliança de exércitos para intimidar o totalitarismo do Iraque, sob Saddan Hussein.

Faltou a cada uma dessas sociedades disfuncionais a validação interna que só pode vir do consentimento dos governados, expresso livremente. Cada uma delas demonstrou uma necessidade insaciável de impor sua filosofia política às sociedades vizinhas. Cada uma delas visava expandir-se através da conquista de outras regiões pela força. Além disso, cada uma delas adotou um conjunto muito bem arquitetado de premissas que a maioria das pessoas sabe que são falsas, mas que nenhuma ousa contestar. Essas sociedades refletem em macrocosmo a patologia da disfuncionalidade observada nas famílias. Em uma família disfuncional, a criança em desenvolvimento procura no rosto do pai ou mãe os sinais de que ela é perfeita e que tudo vai bem; quando não encontra essa aprovação, começa a sentir que algo está errado com ela. Como duvida de seu valor e autenticidade, começa a controlar suas experiências interiores – abafando a espontaneidade, disfarçando a emoção, desviando a criatividade para rotinas automáticas e fugindo da conscientização de todas as suas carências, com uma réplica pouco convincente daquilo que ela poderia ter sido. Analogamente, quando ousam procurar no rosto do povo indícios daquilo que ele realmente sente, os líderes de uma sociedade totalitária raramente encontram sinais de aprovação. Pelo contrário, começam a temer que algo esteja errado porque as pessoas não expressam – não podem expressar – aprovação. Limitam-se a olhar fixamente, como que hipnotizadas, taciturnas e apáticas, denotando o constrangimento e a apreensão tão comuns entre as populações oprimidas. Com a desaprovação estampada no semblante de cada cidadão, os líderes totalitários não têm alternativa senão buscar a expansão, motivados por um desejo insaciável de descobrir – impondo-se aos outros – a prova cabal de seu valor interior.

Crianças famintas, como esta de Bangladesh, geralmente têm estômagos dilatados porque a grave perda de proteínas causa a produção de fluidos à medida que os órgãos se deterioram. Morrem por dia, em média, 37 mil crianças com menos de 5 anos, de inanição, diarreia e doenças que poderiam ser facilmente evitadas.

Em geral, a expansão totalitária começa com a conquista de uma sociedade vizinha, fraca e relativamente indefesa. Esperando que essa primeira conquista satisfaça o agressor, as outras sociedades geralmente abafam suas reações, algumas por temerem ser os próximos alvos, outras por estarem seguras de que não o serão. Porém, se a sociedade totalitária for profundamente disfuncional, não ficará satisfeita por muito tempo e continuará a sentir necessidade de expandir-se. Infelizmente, esse padrão assustador é muito comum: neste século, as expansões totalitárias foram diretamente responsáveis pela morte de mais de 100 milhões de seres humanos.

O fenômeno do totalitarismo moderno é, sem dúvida, extremamente complexo e envolve fatores políticos, econômicos e históricos particulares para cada uma de suas manifestações. Porém, sejam quais forem as causas específicas, a psicologia do totalitarismo sempre se caracterizou por um temor de perturbação interna e uma busca de legitimidade externa. A patologia da expansão, tão evidente nas modernas sociedades totalitárias, resulta desse padrão disfuncional, e o senso de unidade que buscam não pode ser restaurado enquanto se recusarem a enfrentar a desonestidade, o medo e a violência que corroem o cerne de sua identidade nacional.

A investida sem precedentes da civilização contra o mundo natural é extremamente complexa e muitas de suas causas são relacionadas especificamente ao contexto geográfico e histórico de seus vários pontos de ataque. Porém, em termos psicológicos, nossa expansão rápida e agressiva para as áreas silvestres remanescentes representa uma tentativa de fazer, fora da civilização, a pilhagem daquilo que não conseguimos encontrar dentro dela. Nosso impulso insaciável de revolver as entranhas da terra, de retirar todo o carvão, petróleo e outros combustíveis fósseis que encontremos e em seguida queimá-los com a mesma rapidez com que foram encontrados – nesse processo enchendo a atmosfera de dióxido de carbono e outros poluentes – é uma expansão obstinada de nossa civilização disfuncional para partes vulneráveis do mundo natural. A destruição, pela civilização industrial, da maioria das florestas tropicais e florestas antigas constitui um exemplo assustador de nossa expansão agressiva além de fronteiras aceitáveis, um desejo insaciável de encontrar externamente soluções para problemas decorrentes de um padrão disfuncional interno.

Ironicamente, a Etiópia, primeira vítima da moderna expansão totalitária, foi também uma das primeiras vítimas do padrão disfuncional que resultou em nossa investida contra o mundo natural. No fim da Segunda Guerra, após a expulsão dos fascistas italianos, 40 por cento das terras da Etiópia eram arborizadas. Decorrido menos de meio século, após décadas marcadas pelo mais rápido crescimento populacional do mundo, pela procura incessante de madeira para combustível, pela pastagem excessiva e pela exportação de madeira para pagar os juros sobre dívidas, restam árvores em *menos de 1 por cento das terras* da Etiópia. Primeiro, grande parte da camada superficial do solo foi destruída; em seguida vieram as secas – vieram para ficar. Os milhões que morreram de fome foram, realmente, vítimas das tendências expansionistas de nossa civilização disfuncional.

Ao estudar as perspectivas de deter a expansão destruidora, ficamos chocados com nosso impulso impiedoso e aparentemente invencível de dominar cada canto da Terra. As necessidades insatisfeitas da civilização sempre alimentam a máquina da agressão; essas necessidades nunca podem ser verdadeiramente satisfeitas. A área invadida fica inutilizada, sua produtividade natural é destruída, seus recursos são saqueados e consumidos com rapidez – e toda essa destruição simplesmente aguça nosso desejo por ainda mais.

Os membros mais fracos e indefesos da família disfuncional tornam-se vítimas de crueldade nas mãos daqueles responsáveis por seu cuidado. De modo análogo, agredimos sistematicamente as áreas mais vulneráveis e desprotegidas do mundo natural: os pântanos, as florestas tropicais, os oceanos. Agredimos também outros membros da família humana, especialmente aqueles que não conseguem se defender. Fechamos os olhos ao roubo das terras dos povos indígenas, à exploração de áreas ocupadas pelas populações mais pobres e – fato mais grave – à violação dos direitos das gerações futuras. Ao explorarmos a terra a uma velocidade insustentável, estamos impedindo que os filhos de nossos filhos tenham um padrão de vida nem remotamente semelhante ao nosso.

Em termos filosóficos, o futuro é, afinal, um presente vulnerável e em desenvolvimento, e o desenvolvimento não-sustentável é, portanto, o que poderia ser chamado uma forma de "agressão ao futuro". Como um pai ou mãe invadindo as fronteiras pessoais de uma criança vulnerável, invadimos as fronteiras temporais de nossa posição legítima na sucessão de gerações humanas. Afinal, os homens e mulheres de cada geração devem compartilhar a mesma Terra – a única Terra que temos – e nós compartilhamos também a responsabilidade de assegurar que aquilo que uma geração chama de futuro conseguirá amadurecer incólume, para tornar-se o que outra geração chamará de presente. Estamos hoje, imoralmente, impondo às gerações futuras nossos próprios projetos disfuncionais e ritmos discordantes, e esses fardos serão extremamente difíceis de carregar.

Policiais, médicos e psicólogos que tratam de crianças vítimas de abuso sexual geralmente se perguntam como um adulto – em especial pai ou mãe – é capaz de cometer tal crime. Como pode alguém mostrar-se surdo aos gritos, cego ao sofrimento e indiferente à dor que provoca? A resposta, sabemos hoje, é que uma espécie de embotamento psíquico, causado pela própria adaptação dos adultos ao padrão disfuncional em que foram criados, serve para anestesiar-lhes a consciência e percepção, facilitando a repetição compulsiva do crime que fora cometido contra eles próprios.

Assim como os membros de uma família disfuncional anestesiam-se emocionalmente contra a dor que, caso contrário, sentiriam, a civilização disfuncional adquiriu um embotamento que nos impede de sentir o sofrimento causado por nossa alienação do mundo. Tanto a família disfuncional como a civilização disfuncional abominam o contato direto com a verdadeira e plena experiência de vida. Ambas mantêm os indivíduos presos a uma teia bem arquitetada de raciocínio abstrato que exclui toda emoção, preocupados sempre com os outros, com o que acham que os outros estão sentindo e com aquilo que os outros poderiam dizer ou fazer para propiciar a integridade e aprovação que buscam tão desesperadamente.

Contudo, há uma saída. Um padrão de disfuncionalidade não precisa persistir indefinidamente e a chave da mudança é a impiedosa luz da verdade. Da mesma forma que um viciado pode confrontar seu vício, da mesma forma que uma família disfuncional pode confrontar as regras tácitas que controlam sua vida, nossa civilização pode e deve mudar, confrontando as regras tácitas que nos impulsionam a destruir a Terra. Como Alice Miller e outros especialistas mostraram, o ato de chorar a perda, ao mesmo tempo que se sente total e conscientemente a dor por ela causada, pode cicatrizar a ferida e livrar a vítima de uma maior escravidão. Analogamente, se a crise do meio ambiente está enraizada no padrão disfuncional da relação da civilização com o mundo natural, confrontar e compreender totalmente esse padrão e reconhecer seu impacto destruidor sobre o meio ambiente e sobre nós é o primeiro passo para chorar o que perdemos, reparar os danos que causamos à Terra e à nossa civilização e aceitar a nova responsabilidade daquilo que significa ser o verdadeiro guardião da Terra.

13 · O Ambientalismo do Espírito

Há vinte anos, E. F. Schumacher definiu uma nova e importante questão, a partir da relação entre uma tecnologia e o contexto – social, cultural, político e ecológico – em que é aplicada. Por exemplo, uma usina nuclear certamente consegue gerar muita energia elétrica, mas pode não ser uma tecnologia "apropriada" para um país subdesenvolvido, onde faltam engenheiros especializados e rede elétrica para a distribuição da energia gerada, onde o governo é instável e seu chefe, um megalomaníaco, ansioso por adquirir material físsil para a construção de armas nucleares. A conveniência de uma tecnologia torna-se cada vez mais importante à medida que aumentam seu poderio e potencial para destruir o meio ambiente.

Está na hora de fazermos uma pergunta semelhante sobre nós mesmos e nossa relação com o meio ambiente: quando Deus nos deu o domínio sobre a Terra, escolheu uma tecnologia apropriada?

Por conhecermos nosso novo poder, como espécie, de interferir com os sistemas naturais da Terra – e mesmo dominá-los – e por reconhecermos que atualmente o fazemos com inconsequente desenvoltura, sentimos a tentação de responder: "os jurados ainda não voltaram".

Quer acreditemos que nosso domínio deriva de Deus, quer acreditemos que deriva de nossa ambição, restam poucas dúvidas de que o modo pelo qual hoje nos relacionamos com o meio ambiente é totalmente inadequado. Todavia, para mudar, precisamos fazer algumas perguntas fundamentais sobre nossa finalidade na vida, nossa capacidade de direcionar as poderosas forças interiores que originaram essa crise, e quem somos nós. Essas perguntas transcendem os limites de qualquer discussão sobre a espécie humana ser ou não uma tecnologia apropriada; devem ser feitas para o espírito e não para a mente ou corpo.

Uma mudança em nosso caráter intrínseco torna-se impossível sem uma esperança realista de que conseguiremos fazer as mudanças ocorrerem. Entretanto, a própria esperança está ameaçada pela percepção de que agora somos capazes de nos destruir e destruir o meio ambiente. Além disso, o desgaste de enfrentar o ritmo artificial e complicado de nossa vida e a torrente de informações produzidas dão-nos uma insidiosa sensação de esgotamento, justamente quando mais necessitamos de criatividade. A economia é descrita como pós-industrial; a arquitetura é chamada pós-moderna; as geopolíticas são rotuladas pós-guerra fria. Sabemos o que não somos, mas não parecemos saber o que somos. As forças que formam e transformam nossa vida dão a impressão de ter uma imutável lógica toda própria; parecem tão poderosas que qualquer esforço para nos definirmos com criatividade provavelmente será inútil e seus resultados, rapidamente obliterados pelas ondas sucessivas de mudanças. Resignadamente, sujeitamonos a qualquer destino para o qual nos impelem essas forças poderosas, um destino em cuja escolha pouco influímos.

Talvez por não ter precedentes, a crise ambiental parece estar fora do âmbito de nossa compreensão e dos limites do que chamamos senso comum. Nós a despachamos para algum sótão da mente, pouco visitado, onde guardamos ideias que entendemos vagamente, mas quase nunca aprofundamos. Nele colocamos os mesmos rótulos mentais que poderíamos usar para a Antártica: remoto, estranho, irremediavelmente distorcido pelos mapas do mundo que habitamos, de difícil acesso e por demais inóspito para ali permanecermos por muito tempo. Ao visitarmos esse sótão e descobrirmos a intrincada urdidura das causas da crise no tecido da civilização industrial, parece quimérica a esperança de solucioná-la. Ele parece tão intimidador que resistimos em dar até os primeiros passos rumo a uma mudança positiva.

Apegamo-nos automaticamente a uma esperança imprudente de que conseguiremos nos adaptar a quaisquer mudanças que o futuro nos reserve. Acostumamo-nos a nos adaptar; saímo-nos bem nesse processo. Afinal, há muito nos adaptamos, com a ajuda da tecnologia, a todos os rigores climáticos da superfície da Terra, do fundo do mar e até mesmo do vácuo do espaço. Na verdade, foi pela adaptação que estendemos nosso domínio aos quatro cantos da Terra. Assim, torna-se tentadora a conclusão de que essa conhecida estratégia constitui a solução óbvia para o dilema que rapidamente se afigura.

Contudo, é de tal magnitude a mudança a que hoje devemos pensar em nos adaptar que as propostas rapidamente tendem ao ridículo. Por exemplo, um trabalho patrocinado pela Academia Nacional de Ciências dos Estados Unidos concluiu que poderíamos, com o aquecimento da Terra, criar corredores gigantes de áreas não-cultivadas, como trilhas para acomodar todas as espécies que tentam migrar do sul para o norte em busca de um clima conhecido. (Enquanto isso, é claro, estamos sitiando várias matas já existentes – no noroeste do Pacífico, por exemplo – em busca de madeira e outros recursos.) Imaginam alguns que a engenharia genética logo nos aumentará a capacidade de adaptar até nossa forma física. Poderíamos resolver ampliar nosso domínio sobre a natureza ao conjunto de genes humanos, não só para curar doenças graves, mas também para roubar de Deus e da natureza a seleção da variedade e da robustez genéticas responsáveis por conferir resistência a nossa espécie e por nos alinhar aos ritmos naturais na teia da vida. Mais uma vez, poderíamos ter a ousadia de exercer os poderes divinos sem a sabedoria divina.

Contudo, nossa disposição para a adaptação representa importante elemento do problema subjacente. Depositamos nós tanta fé na própria capacidade de adaptação que correremos o risco de destruir a integridade do sistema ecológico global? Se tentarmos nos adaptar às mudanças que estamos causando, em vez de evitá-las, teremos feito a escolha certa? Podemos compreender quanta destruição tal escolha talvez viesse a causar?

Acreditar que conseguimos nos adaptar a praticamente tudo constitui, em última análise, uma espécie de indolência, uma confiança arrogante em nossa capacidade de reagir a tempo de salvar a própria pele. A meu ver, porém, essa confiança em nossos reflexos rápidos está completamente descolocada; na verdade, uma indolência espiritual afastou-nos de nossa própria individualidade e da rapidez e vitalidade do mundo em geral. Temo-nos deixado seduzir tanto pela promessa da civilização industrial de tornar confortável nossa vida, que permitimos que as sintéticas rotinas da era atual nos acalmem em um mundo falso construído por nós. A vida pode ser fácil, persuadimo-nos. Não precisamos passar calor nem frio; não precisamos semear nem colher, caçar nem coletar. Podemos curar os enfermos, voar pelos ares, iluminar a escuridão e nos entreter com orquestras e palhaços, na sala de estar, sempre que desejarmos. Enquanto nossas necessidades e fantasias são saciadas, assistimos a cenas eletrônicas de destruição da natureza, de fome em países distantes e ouvimos advertências apocalípticas – sempre com o profundo cansaço dos condenados. "O que podemos fazer?", perguntamo-nos, já convencidos de que a resposta realista é nada.

Mesmo com o futuro tão incerto, decidimos satisfazer os caprichos de nossa geração, em prejuízo de todas as gerações futuras. Veneramos o ego como a unidade de valor ético, dissociada e distinta, não só do mundo natural, como também de um senso de dever para com os outros – tanto outros de gerações futuras, quanto, cada vez mais, outros da mesma geração; não tanto aqueles em regiões longínquas, quanto, cada vez mais, outros de nossas próprias comunidades. Fazemos isso, não por não nos preocuparmos, mas por não vivermos realmente em nossa vida. Somos descomunalmente distraídos por uma cultura tecnológica insidiosa que parece ter vida própria e insiste em capturar nossa atenção integral, continuamente nos seduzindo e afastando-nos da oportunidade de vivenciar diretamente o verdadeiro significado da própria existência.

Como conseguiremos livrar-nos dessa distração? Como conseguiremos voltar a atenção para assuntos mais importantes, quando ela se tornou uma mercadoria a ser comprada e vendida? Sempre que se descobre uma nova fonte de interesse e desejo humanos, afluem prospectores para reinvidicar seu quinhão. Usando todas as ferramentas disponíveis – jornais, filmes, televisão, revistas, cartazes, ultraleves, botões, adesivos, propaganda via fax – clamam de todos os lados, por nossa atenção. Os publicitários a esgotam; os políticos a cobiçam, os pesquisadores de opinião a avaliam, os terroristas a furtam como uma arma de guerra. Quando acabam as quantidades próximas à superfície, a busca por novos suprimentos leva a caminhos primitivos nas profundezas de nosso ser, de volta a nossa herança evolucionária, além do pensamento e da emoção, até o instinto – e a um rico filão de paixões e medos primitivos que também são hoje explorados como matéria-prima, no colossal empreendimento da distração em massa. Os prospectores de atenção fragmentam-nos a experiência do mundo, apossam-se dos despojos e, depois, em uma suprema ironia, acusam-nos de sermos dispersivos.

A forma pela qual descobrimos o mundo é determinada por uma espécie de ecologia interior que relaciona percepção, emoções, pensamento e opções a forças exteriores a nós. Interpretamos nossa experiência por múltiplas lentes que focalizam – e distorcem – as informações recebidas pelos sentidos. Porém essa ecologia agora ameaça desequilibrar-se, pois o impacto cumulativo das mudanças produzidas pela revolução científica e tecnológica é potencialmente devastador para a compreensão de quem somos e de qual poderia ser nossa finalidade na vida. Na verdade, talvez hoje seja necessário adotar um novo "ambientalismo do espírito". Como conservar, por exemplo, a esperança e minimizar o medo angustiante com que impregnamos nossa vida? Como reciclar a sensação de encantamento que sentíamos quando éramos crianças, e o mundo, desconhecido? Como aproveitar o poderio tecnológico, sem que a ele nos adaptemos tão completamente que passemos a nos comportar como máquinas, perdidos em meio a alavancas e engrenagens, isolados do amor da vida, ávidos pela vibração de vivenciar diretamente a forte intensidade do momento sempre em transformação?

Não é de surpreender que tenhamos nos dissociado do mundo natural – de fato, é extraordinário que sintamos qualquer ligação com ele. E não é de surpreender que tenhamos nos resignado à ideia de um mundo sem futuro. As máquinas da distração estão, aos poucos, destruindo a ecologia interna da experiência humana. É indispensável, a essa ecologia, o equilíbrio entre o respeito pelo passado e a fé no futuro, entre a confiança no indivíduo e o compromisso com a comunidade, entre o amor pelo mundo e o medo de perdê-lo – o equilíbrio, em outras palavras, de que depende um ambientalismo do espírito.

Para alguns, a crise ambiental global é essencialmente uma crise de valores. Desse ponto de vista, a causa básica do problema é o fato de nós, como civilização, fundamentarmos as decisões sobre a relação com o meio ambiente em premissas essencialmente antiéticas. E como a religião é, por tradição, a maior fonte de orientação ética para a civilização, a procura de culpados chegou às principais religiões organizadas.

No Ocidente, alguns acusaram – incorretamente, acredito – a tradição judaico-cristã de permitir que a civilização, em seu avanço implacável, dominasse a natureza, começando com a história da criação, no Gênesis, em que é concedido à humanidade o "domínio" sobre a Terra. Em sua forma básica, a acusação é a de que nossa tradição atribui propósitos divinos ao exercício do poder, praticamente absoluto, de impormos a vontade à natureza. Alega-se que, ao contemplar os seres humanos com uma relação inigualável com Deus e a eles delegar autoridade divina sobre a natureza, essa tradição considera éticas todas as escolhas que dão, às necessidades e desejos humanos, prioridade maior que ao restante da natureza. Em poucas palavras, desse ponto de vista, é "ético" garantir que, sempre que constitua um estorvo para conseguir o que desejamos, a natureza saia perdendo.

Essa, porém, é uma versão caricatural da tradição judaico-cristã e pouca semelhança tem com a realidade. Os críticos investem contra a religião, pois ela inspira uma atitude arrogante e impiedosa em relação à natureza, mas nem sempre leem os textos pertinentes com a devida atenção. Embora inegavelmente a civilização tenha sido construída sobre a premissa de que podemos usar a natureza para nossos próprios fins, sem pensar no impacto que a ela causamos, não é justo acusar qualquer uma das principais religiões de incentivar essa atitude perigosa. Na verdade, todas impõem uma responsabilidade ética de proteger a integridade do mundo natural e por ela zelar.

Na tradição judaico-cristã, o conceito bíblico de domínio é muito diferente daquele de dominação – e essa diferença é crítica. Especificamente, cabe, aos seguidores dessa tradição, a tarefa de administrar, pois a mesma passagem bíblica que lhes dá "domínio" também exige que "cuidem" da terra mesmo quando a "exploram". A incumbência de administrar e a concessão de domínio não são conflitantes; ao reconhecerem a santidade da criação, os fiéis são exortados a lembrar-se de que mesmo enquanto "lavram" a terra, devem "conservá-la".

Isso há muito está claro para aqueles que têm dedicado a vida a essas tarefas. Richard Cartwright Austin, por exemplo, pastor presbiteriano que trabalha entre os pobres na região dos montes Apalaches, relata sua experiência em tentar deter a mineração irresponsável:

> Cedo aprendi, em meus anos de ministério na região dos Apalaches e no início de minha luta contra a mineração no sudoeste da Virgínia, que a única defesa das montanhas contra a destruição causada pelas máquinas de terraplanagem pertencentes aos conglomerados de energia são as pessoas pobres que vivem isoladas naqueles vales, tão profundamente apegadas à terra que até lutariam por ela. Tirem-nas de lá e as montanhas ficarão totalmente indefesas... Do ponto de vista bíblico, a natureza só está a salvo da poluição e colocada em uma relação moral segura quando unificada com pessoas que a amam e cuidam dela.

No mundo todo, os esforços para deter a destruição do meio ambiente têm sido feitos principalmente por pessoas que reconhecem os danos que estão sendo causados naquelas regiões sobre as quais elas próprias têm "domínio". Lois Gibbs e os outros moradores de Love Canal, Christine e Woodrow Sterling e sua família, no oeste do Tennesse, cujo poço ficou com água envenenada, "Harrison" Gnau e os povos indígenas da floresta tropical Sarauak, no leste da Malásia, Chico Mendes e os seringueiros do Amazonas, os pescadores desempregados do Mar de Aral – todos começaram sua luta para salvar o meio ambiente motivados pela aliança entre domínio e administração em seu coração. Essa é exatamente a relação entre a humanidade e a Terra exigida pela ética judaico-cristã.

Em minha própria experiência e formação religiosas – sou batista –, o dever de cuidar da terra está enraizado na relação fundamental entre Deus, a criação e a humanidade. No Livro do Gênesis, o judaísmo ensinou que, após criar a terra, Deus "viu que era bom". No Salmo 24, aprendemos que ao "Senhor pertence a terra e tudo o que nela se contém". Em outras palavras, Deus se agrada de Sua criação, e "domínio" não significa que a terra pertence à humanidade; pelo contrário, tudo o que é feito na Terra deve ser feito com a consciência de que pertence a Deus.

Minha tradição também ensina que a finalidade da vida é "glorificar a Deus" e judeus e cristãos compartilham a convicção de que devem "praticar a justiça, amar a misericórdia e andar humildemente com seu Deus". Contudo, sejam quais forem os versículos selecionados, com o intuito de conferir precisão à definição judaico-cristã da finalidade da vida, essa finalidade é evidentemente incompatível com a destruição irresponsável daquilo que pertence a Deus e que Deus viu como "bom". Como pode alguém glorificar o Criador enquanto desrespeita a criação? Como pode alguém ser humilde perante o Deus da natureza enquanto a destrói?

A história de Noé e da arca é mais uma prova da preocupação do judaísmo com a administração. Deus ordena a Noé que leve em sua arca pelo menos dois animais de cada espécie para salvá-los do Dilúvio – ordem essa que hoje poderia ser enunciada da seguinte forma: "Preservarás a biodiversidade". Terá a ordem de Deus, na verdade, nova relevância para aqueles que partilham a crença de Noé neste momento de outra catástrofe mundial, desta vez causada por nós? Noé acatou essa ordem e, depois de ele e sua família, bem como um remanescente de cada espécie viva sobreviverem ao Dilúvio, Deus fez com ele um novo pacto, reiterando Sua promessa para a humanidade. Entretanto, em geral não se dá atenção à segunda parte da promessa de Deus, feita não só a Noé, mas também a "todas as criaturas vivas", reafirmando a santidade da criação que Ele promete salvaguardar na "semeadura e na colheita, no frio e no calor, no verão e no inverno". Era a promessa de nunca mais destruir a terra com dilúvios que, de acordo com o Gênesis, é a mensagem simbolizada por todo arco-íris.

Apesar da mensagem que se evidencia, a partir de uma leitura atenta dessas e de outras escrituras, os críticos têm sido ouvidos, em parte devido ao enorme silêncio com que a maioria das denominações religiosas têm reagido aos indícios crescentes de um holocausto ecológico. Além disso, em nada colabora a atitude de alguns líderes religiosos, que parecem incentivar a irresponsabilidade ecológica. Lembro-me de ter ouvido, de olhos fechados e cabeça baixa, a prece por um novo projeto de construção, em que o pastor citou nosso "domínio sobre a terra" e, em seguida, pôs-se a enumerar, com grande deleite, cada um dos instrumentos de agressão ambiental de que se recordava, de máquinas de terraplanagem e retroescavadeiras a serras de cadeia e rolos compressores a vapor, como se fossem ferramentas fornecidas por Deus, que deveríamos usar desregradamente na transformação da terra pelo simples prazer de fazê-lo. As duas atitudes – omissão perante o desastre e entusiasmo irracional por mais degradação – em nada contribuem para melhorar a imagem caricatural de uma fé empenhada em subjugar a natureza.

Felizmente, tornou-se evidente, há algum tempo, que um grande movimento pela proteção da Terra está bem ativo nas igrejas, e muitos líderes religiosos hoje estão fazendo soar o alarme. Porém, até agora, parecem relutantes em emprestar sua autoridade moral ao esforço de salvar a Terra. Por quê?

Deve-se dizer, em sua defesa, que eles têm enfrentado dificuldades idênticas às nossas em reconhecer esse modelo inédito de destruição, em compreender a natureza estratégica da ameaça e em perceber a mudança profunda e repentina na relação entre a espécie humana e o meio ambiente. Contudo, sua passividade torna-se particularmente inquietante pelo fato de as Escrituras Cristãs transmitirem uma mensagem tão acentuadamente ativista. Para mim, ela encontra expressão perfeita em uma das parábolas de Jesus, relatada em três dos quatro evangelhos, a Parábola do Servo Infiel. O dono da casa, preparando-se para partir em viagem, confia a casa a seu criado, dando-lhe instruções precisas para permanecer alerta, caso, em sua ausência, vândalos ou ladrões tentem saqueá-la. O criado recebe ordens explícitas quanto a sua obrigação de proteger a casa contra eles, mesmo se estiver dormindo – e o fato de estar dormindo não será uma desculpa aceitável. A parábola dá margem a uma pergunta óbvia: se a terra é do Senhor e seus servos têm a responsabilidade de cuidar dela, como enfrentaremos o vandalismo global que hoje causa esta destruição sem precedentes? Estamos dormindo? Essa é agora uma desculpa aceitável?

Entretanto, há algo mais acontecendo na religião organizada. Muitos daqueles que, em outras circunstâncias, poderiam estar na vanguarda da resistência a essa violenta investida estão preocupados com outros assuntos importantes. Por exemplo, os teólogos e clérigos cristãos, que tradicionalmente apóiam diretrizes políticas liberais, herdaram um conjunto específico de preocupações definidas, no início do século, como o Evangelho Social. Segundo essa visão humanitária do papel da Igreja, os seguidores de Cristo devem dar prioridade às necessidades dos pobres, dos desvalidos, dos doentes e fracos, das vítimas de discriminação e ódio, da esquecida massa humana triturada pelas engrenagens da civilização industrial. A imposição moral ligada a esse conjunto de prioridades leva muitos defensores do Evangelho Social a opor forte resistência à introdução de preocupações antagônicas, por eles encaradas como distrações que lhes desviam a atenção da tarefa estabelecida, diluindo os recursos – já onerados por encargos –, de dinheiro, tempo, autoridade moral e labuta emocional. Afinal, como problema, "o meio ambiente" às vezes parece bem distante dos pecados mais palpáveis da injustiça social.

Por outro lado, teólogos e clérigos politicamente conservadores herdaram diretrizes diversas, também definidas no início do século. O "comunismo ateísta", contra o qual investem há décadas, é, para eles, apenas a manifestação mais radical de um impulso estatista de desviar preciosos recursos – dinheiro, tempo, autoridade moral e labuta emocional –, da missão da redenção espiritual, para uma alternativa idólatra: a busca da salvação por meio de um grande reordenamento do mundo material. Como resultado, encaram com profunda desconfiança qualquer esforço que vise concentrar-lhes a atenção moral em uma crise no mundo material, que poderia exigir, como parte da solução, o novo exercício de algo que se assemelhasse à autoridade moral do estado. E a perspectiva de ação conjunta por parte de governos do mundo, compreensivelmente, exacerba seus medos e desconfianças.

Assim, com ativistas tanto de esquerda como de direita resistindo à inclusão do meio ambiente em sua lista de preocupações, o problema não tem recebido, dos líderes religiosos, a devida atenção. Isso é lamentável, pois a preocupação a ele subjacente condiz com o ponto de vista teológico de ambos e, fato igualmente importante, esse problema lhes fornece uma rara oportunidade para se encontrarem em terreno comum.

Acontece que, nas Escrituras, a ideia de justiça social está inextricavelmente ligada à ecologia. Em passagens e mais passagens, a degradação ambiental e a injustiça social andam lado a lado. Na verdade, o primeiro episódio de "poluição" na Bíblia ocorre quando Caim mata Abel e seu sangue se derrama sobre a terra, deixando-a infértil. De acordo com o Gênesis, após o assassinato, quando Caim pergunta "Porventura serei eu o guardião de meu irmão?", Deus responde, "A voz do sangue de teu irmão clama da terra por mim. O que fizeste?", Deus em seguida diz a Caim que o sangue de seu irmão violou a terra e, como resultado, "ela não te dará mais frutos, mesmo que a cultives por toda a vida!".

No mundo de hoje, as ligações entre a injustiça social e a degradação ambiental podem ser vistas em toda parte: na localização de repositórios de rejeitos tóxicos em bairros pobres, no extermínio dos povos indígenas e na aniquilação de suas culturas, decorrente da destruição das florestas tropicais, nos níveis anormais de poluição tóxica do ar em guetos nas cidades, na corrupção de muitos funcionários do governo por aqueles que tentam obter lucros com a indefensável exploração dos recursos naturais.

Ao mesmo tempo, os religiosos conservadores poderiam surpreender-se ao constatar que muitos ambientalistas profundamente comprometidos com sua causa tornaram-se ainda mais hostis que antes ao estatismo exagerado. Os casos mais sérios de degradação ambiental no mundo de hoje são as tragédias criadas ou ativamente incentivadas pelos governos – em geral, perseguindo a ideia de que um drástico reordenamento do mundo material traria o equilíbrio. E não por é mero acaso que as piores tragédias ambientais tenham sido engendradas por governos comunistas, nos quais o poder do estado sobrepuja por completo as habilidades do administrador individual. Chernobil, o Mar de Aral, o rio Amarelo, a "cidade negra" de Copsa Mica, na Romênia – essas e muitas outras catástrofes atestam as grandes ameaças ambientais propostas pelos governos estatistas.

Teólogos, tanto conservadores como liberais, têm toda a fundamentação bíblica e ideológica, para definir sua missão espiritual, de modo a incluir com destaque a proteção da criação de Deus – e, nesse sentido, caminham lenta e hesitantemente. Porém quase todos os clérigos ainda relutam em considerar essa causa merecedora de sua atenção. A meu ver, um importante fator dessa relutância é a premissa filosófica de que a humanidade é dissociada do restante da natureza – premissa adotada tanto por liberais como por conservadores. A base para ela merece análise mais detida, em especial porque a tendência de encarar as necessidades humanas como essencialmente dissociadas do bem-estar dos sistemas naturais não tem origem fundamentalmente cristã. Ainda assim, essa tendência reflete uma visão do mundo que, desde os primórdios, foi incorporada pela tradição cristã; especificamente, foi parte da herança filosófica grega, que exerceu forte influência sobre o pensamento e comportamento dos antigos cristãos.

Pouco mais de trezentos anos antes de Cristo, a cultura e a filosofia gregas foram levadas a todas as regiões conquistadas por Alexandre o Grande. A força inerente à filosofia grega, enquanto instrumento analítico, assegurou sua constante popularidade, mesmo depois de adaptada às realidades de diferentes religiões e tradições culturais. Funcionou, sem dúvida, como alicerce para o modo de pensar extremamente lógico e sistemático que permitiu a Roma a conquista de todo o "mundo conhecido", incluindo não só a Palestina, onde se originou o cristianismo, mas também todas as cidades em que pregaram os discípulos de Cristo. Assim, foi natural, para os primeiros cristãos, usar uma parte da linguagem e conceitos dominantes, à medida que difundiam o Evangelho.

Como o mundo veio a descobrir, os maiores de todos os filósofos gregos foram, primeiro, Platão e, segundo, Aristóteles. A diferença mais significativa entre ambos dizia respeito à relação entre o intelecto e a realidade física ou, em outras palavras, entre a humanidade e a natureza. Platão acreditava que a alma existe em uma esfera separada do corpo e que o pensador está dissociado do mundo em que pensa. Para Aristóteles, no entanto, tudo em nosso intelecto vem dos sentidos e, portanto, o pensador está fortemente ligado ao mundo sobre o qual pensa. Essa controvérsia começou na Grécia antiga e continuou durante os primórdios da história do pensamento cristão, por toda a Idade Média, até o século XVII.

Um dos pensadores mais influentes da Igreja antiga, Santo Agostinho, relata como se sentiu atraído, no início do século V, à visão de Platão do mundo físico e como lutou para subjugar o amor à teoria platônica, antes de conseguir "racionalizar" sua aceitação da verdadeira mensagem de Cristo. Na verdade, essa tensão – que ainda existe – foi descrita pelo teólogo Michael Novak como a "grande tentação do Ocidente". Por exemplo, durante os cinco primeiros séculos de cristianismo, a heresia do gnosticismo – que representava a realidade física como uma ilusão – recorreu bastante à concepção de Platão de um intelecto espiritual sem corpo, pairando sobre o mundo material. Porém, mesmo após sua rejeição formal, a visão gnóstica ressurgiu periodicamente em várias formas, e a premissa platônica sobre a qual se fundamentava – de que o homem está dissociado do mundo natural – continuou a prosperar como importante força do pensamento cristão. Talvez tenha recebido destaque excessivo em virtude das antigas lutas com o paganismo.

A herança do pensamento aristotélico, por outro lado, foi mantida viva, principalmente no mundo de língua árabe. Alexandre, discípulo de Aristóteles, implantou seu pensamento nas terras que conquistou. A cidade que escolheu como capital, Alexandria, tornou-se o maior centro de saber do mundo antigo. Contudo, por muitos séculos, o Ocidente ficou isolado dessa tradição intelectual e, só depois de os Cruzados retornarem à Europa com novas ideias, redescobriu a outra metade de sua herança grega. No início do século XIII, os europeus, impressionados com o progresso intelectual da civilização árabe, descobriram e traduziram vários trabalhos de Aristóteles – *Ética, Política, Lógica*, entre outros – que, embora não mais existissem no pensamento ocidental, haviam sido preservados em árabe. Influenciado pelo importante trabalho de Maimônides, o intelectual judeu que escrevia em árabe (em Alexandria) e que reinterpretou o judaísmo em termos aristotélicos, São Tomás de Aquino empreendeu a mesma reinterpretação do pensamento cristão e hostilizou a Igreja com suas afirmações, feitas de um ponto de vista aristotélico, sobre a relação entre o espírito e a carne, entre a humanidade e o mundo. Ele viu uma aproxima-

Esta pintura de Rafael, de 1510, detalhe de um gigantesco afresco no Vaticano, chamado *A Escola de Atenas*, mostra Platão, à esquerda, apontando para cima, para a esfera do pensamento abstrato e do idealismo intelectual; à direita está Aristóteles, a mão direita voltada para a terra, onde, segundo afirmava, originavam-se todos os nossos pensamentos – chegando a nós pelos cinco sentidos.

ção filosófica entre a alma e a realidade física, que transtornou a Igreja. Apesar de seus livros terem sido excomungados, queimados e pouco lidos, durante quase três séculos, seu pensamento vigoroso terminou por influenciar a aquiescência da Igreja aos impulsos que conduziram à Renascença, inclusive aquele de reaproximação com a terra. Uma pintura clássica de 1510, de autoria de Rafael, apresenta essa mesma tensão filosófica do início da Renascença: Platão é retratado apontando para o céu; Aristóteles, a seu lado, faz gestos em direção à Terra.

Contudo, apenas um século mais tarde, a visão aristotélica que ressurgia sofreu um duro golpe. Em 10 de novembro de 1619, René Descartes, matemático de 23 anos, que logo se tornaria um dos fundadores da filosofia moderna, estava deitado à margem do rio Danúbio, quando teve uma visão impressionante de um mundo mecanicista inteiramente repleto de matéria inanimada. Esta se movia, de maneira previsível, segundo padrões determinados matematicamente – padrões que poderiam ser compreendidos e controlados por mentes analíticas mediante constantes investigações e observações imparciais. Na realidade, a visão de Descartes deu início à revolução científica. É comum a afirmação de que "toda a filosofia ocidental é apenas um adendo à filosofia de Platão" e o crédito deve ser atribuído, em grande parte, a Descartes que, no século XVII, superou a tensão entre as ideias de Aristóteles e Platão com sua famosa máxima, *Cogito ergo sum*, "Penso, logo existo".

Quando Descartes concluiu o trabalho de sua vida, a pintura de Rafael, como representativa do pensamento ocidental, estava obsoleta. O novo homem apontava indiscutivelmente para cima – não para a natureza, não para a terra – mas para uma região etérea, de onde o intelecto humano isolado conseguia observar o movimento da matéria em todos os pontos do Universo.

Flutuando em alguma região superior, o novo intelecto sem corpo podia, inflexível e sistematicamente, decifrar as leis científicas que terminariam por nos dar condições de compreender a natureza – e controlá-la. Essa estranha relação entre espírito e natureza seria mais tarde chamada aquela do "espírito na máquina".

Enquanto isso, supunha-se que a Igreja estivesse vigilante contra qualquer empenho faustiano das pessoas para obter um poder indevido para alterar o mundo de Deus, mas ela tornou-se, novamente, vítima da visão platônica, ao reduzir sua missão espiritual a um esforço para orientar a vida da mente, ao mesmo tempo que desprezava a importância moral das manipulações do mundo natural pela humanidade. Sir Francis Bacon, presidente da Câmera dos Pares da Inglaterra, autor de *A Nova Atlântida* (1624) e um dos principais fundadores do método científico, incumbiu-se de eliminar eventuais dúvidas da Igreja no tocante a permitir que a humanidade adquirisse e exercitasse os imensos e novos poderes da ciência. Levando o "dualismo cartesiano" mais adiante, Bacon argumentou que não eram só os seres humanos dissociados da natureza; também a ciência, afirmou, podia ser considerada, com propriedade, dissociada da religião. Para ele, os "fatos" inferidos pelo método científico eram destituídos de importância moral intrínseca; apenas o "conhecimento moral" de assuntos ligados à distinção entre o bem e o mal tinha significado religioso. Essa distinção simples continha uma implicação profunda: podia-se aproveitar, com impunidade moral, o novo poder obtido do conhecimento científico para dominar a natureza.

Assim começou a longa separação, de 350 anos, entre ciência e religião. As descobertas astronômicas de Copérnico e Galileu já haviam perturbado a coexistência pacífica de ambas, mas homem algum deliberadamente desafiara a supremacia dos ensinamentos morais da Igreja como a base para interpretar os novos fatos descobertos pela observação do Universo. Entretanto, Bacon propôs um desvio em relação à moral: os fatos não precisavam ser estudados à luz de suas implicações. Não muito depois, a Igreja veio a considerar a ciência uma adversária, já que propunha sucessivos desafios à autoridade eclesiástica para explicar o significado da existência.

Essa mudança básica no pensamento ocidental – que efetivamente assinala o início da história moderna – deu à humanidade um maior controle sobre o mundo, pois uma torrente de descobertas científicas começou a desvendar os segredos do plano de Deus para o Universo. Porém como aproveitar esse novo poder com sabedoria? Descartes e Bacon asseguraram o abandono gradativo da filosofia que considera a humanidade um fio vibrante em um intrincado tecido de vida, substância e significado. E, ironicamente, as principais descobertas científicas não raro têm abalado a tendência da Igreja de exagerar nossa singularidade como espécie e de justificar nossa dissociação do restante da natureza. *A origem das espécies*, de Charles Darwin, reivindicou para a ciência a responsabilidade sobre a forma do corpo humano, ao situar nossa evolução no contexto do mundo animal. Meio século depois, a interpretação do inconsciente por Sigmund Freud também reivindicou, para a natureza, parte da mente. Graças à revolução do pensamento que esses homens ajudaram a iniciar, parecia para muitos que a parte racional do intelecto – aquela que criou a ciência – tornara-se a única esfera de ação remanescente para a autoridade moral da Igreja.

Entretanto, a ciência apresenta um modo novo de compreender – e talvez de começar a resolver – o longo cisma entre ciência e religião. Neste século, o Princípio de Heisenberg* estabeleceu que o próprio ato de observar um fenômeno natural pode mudar o que está sendo observado. Embora a teoria inicial se limitasse na prática a casos especiais da física subatômica, as implicações filosóficas eram e são perturbadoras. Hoje está claro que, desde que Descartes restabeleceu a ideia platônica e iniciou a revolução científica, a civilização humana está experimentando uma espécie de Princípio de Heisenberg ampliado. O próprio ato do indivíduo, de dissociar-se intelectualmente do mundo para observá-lo, muda o mundo que está sendo observado – pela simples razão de não estar mais ligado, do mesmo modo, ao observador. Não se trata de um simples jogo de palavras; pois as consequências são demasiado concretas. O observador afastado sente-se livre para dedicar-se a uma gama de experiências e manipulações que talvez nunca lhe ocorressem, não fosse pela dissociação intelectual. Em última aná-

---

N. T. (*) Werner Karl Heinsenberg (1901-1976). Físico atômico alemão, criador da mecânica quântica.

lise, todas as discussões sobre moralidade e ética na ciência serão praticamente inúteis, enquanto se considerar o intelecto dissociado do mundo físico. Aquela primeira dissociação resultou inevitavelmente na de mente e corpo, pensamento e sentimento, poder e sabedoria. Como consequência, o método científico mudou nossa relação com a natureza e agora está mudando a própria natureza – talvez irreversivelmente.

Embora muitos cientistas resistam à ideia de que a ciência e a religião possam ser reunidas, hoje há um forte impulso, em alguns setores da comunidade científica, para eliminar a distância entre ambas. Enquanto Platão tendia a enfatizar mais a eternidade da existência do que o conceito de criação, e enquanto a interpretação mecanicista de Descartes também subentendia um mundo eterno, muitos cientistas, antes indiferentes à religião, agora acreditam que as provas fornecidas por recentes conquistas da astronomia e da cosmologia apontam para um início definido do Universo. Como resultado, alguns têm diminuído a oposição à ideia de que o Universo – e a humanidade como parte dele – foram "criados". Por exemplo, em um programa de rádio, perguntaram a Arno Penzias, ganhador do Prêmio Nobel pela descoberta do eco mensurável do Big Bang que acompanhou o início dos tempos, se sabia o que existia *antes* do Big Bang. Respondeu que não sabia, mas que a resposta mais coerente com a prova matemática era "nada". Quando outra ouvinte, furiosa com essa resposta, acusou-o de ser ateu, replicou: "Minha senhora, acho que não prestou atenção às implicações do que acabo de dizer". Tais implicações – inclusive a ideia de que um tipo de Criador poderia ser responsável por criar "algo" onde antes "nada" existia – indicam um potencial para o término das hostilidades entre ciência e religião. E, se algum dia se reconciliarem, poderemos readquirir uma curiosidade mais profunda, não só sobre a natureza da existência, mas também sobre seu significado, uma compreensão mais profunda, não só do Universo, mas também de nosso papel e finalidade como parte dele.

De fato, nessa visão científica incipiente há até mesmo um papel "físico" palpável para o pensamento humano na determinação da realidade. Erwin Schrödinger, pioneiro em física quântica, foi quem primeiro expôs a surpreendente opinião de que a consciência é um dos blocos fundamentais do Universo físico e que um desvio da "atenção" de um observador pode ter consequências perceptíveis na localização e nas propriedades físicas das partículas subatômicas. Ao tentar explicar um dos eternos enigmas da biologia – como um modelo de vida pode emergir de um grupo de moléculas sem forma – Schrödinger teorizou que os organismos vivos possuem "um dom surpreendente de concentrar um 'fluxo de ordem' (neles mesmos) e, assim, escapar à queda no caos atômico". Se a atividade mental necessária para concentrar a "atenção" de alguém vier a ter consequências tangíveis, como aquelas que hoje associamos a uma forma de energia física, ironicamente, a ciência talvez invalide um dia, em caráter definitivo, a afirmação de Bacon de que pode haver uma dissociação entre fatos e valores, entre os pensamentos do cientista e as obrigações morais do ser humano.

Minha própria curiosidade leva-me a teorizar que o impulso científico original – anterior a Descartes e Platão – tornou-se possível graças à concepção (ou revelação) de um único Criador. Quando Akhenaton conceitualizou um único deus, e quando o judaísmo introduziu a ideia de monoteísmo, tornou-se possível à humanidade adquirir nova compreensão da natureza de todas as coisas que observava no mundo a sua volta. Para aqueles que vieram a acreditar em um único Criador, não havia mais razão alguma para imaginar que cada objeto e cada ser vivo tivesse uma força espiritual própria e que cada um deles fosse impregnado de misterioso significado e instigado por forças desconhecidas. O monoteísmo foi uma fonte profunda de poderes: assim como um navegador consegue – pela técnica de triangulação – determinar sua posição em qualquer ponto no mar, identificando outros dois pontos quaisquer com localizações conhecidas, como estrelas ou constelações, aqueles que vieram a acreditar em um único Deus adquiriram o poder intelectual para navegar habilmente pelo oceano de superstições e perplexidades que tragou o mundo antigo. Tudo o que esses monoteístas observaram poderia ser filosoficamente situado com referência a dois pontos conhecidos: o Criador, filosoficamente equidistante de tudo o que Ele havia criado, e eles próprios.

Esse processo de triangulação espiritual identificou o mundo natural como sagrado, não por ser, cada rocha e árvore, animada por um espírito misterioso, mas por ser criada por Deus. Além disso, o mundo físico foi entendido, investigado e organizado em termos de sua relação com um único Deus que o criara. E o processo pelo qual ocorreu essa investigação sobre a natureza do mundo deu força à premissa de que a humanidade é parte dele, porque cada indagação apoiou-se em uma compreensão de nossa relação, tanto com Deus quanto com o mundo físico em que vivemos. Os três elementos – Deus seres humanos e natureza – foram compreendidos em relação uns aos outros e essenciais a esse processo de triangulação.

Muitos séculos após Akhenaton, a investigação intelectual de Platão seguiu um caminho completamente diverso. Embora procurasse uma causa única para todas as coisas, tentou discernir-lhes a natureza, situando-as em relação a apenas um ponto de referência – o intelecto humano – em vez de recorrer a um processo filosófico de triangulação, que teria se apoiado em dois pontos – a humanidade e o Criador (ou o que poderia ser chamado uma única causa). Ao pressupor que o intelecto humano não está ancorado em um contexto de relações significativas com o mundo físico e com o Criador, Platão assegurou que as futuras interpretações sobre o funcionamento do mundo se tornassem progressivamente mais abstratas.

Francis Bacon é um exemplo relevante. Sua confusão moral – a confusão no âmago de grande parte das ciências modernas – veio de sua premissa, ecoando Platão, de que o intelecto humano consegue analisar e compreender corretamente o mundo natural, sem referência a quaisquer princípios morais que definissem nossas obrigações e relação com Deus e com Sua criação. Bacon, por exemplo, conseguiu defender com entusiasmo a vivissecção, pelo puro prazer de aprender, sem referência a qualquer finalidade moral, como por exemplo a salvação de vidas humanas para justificar o ato.

E, tragicamente, desde o início da revolução científica e tecnológica, parece ter-se tornado muito fácil, para as mentes ultrarracionais, criar uma complexa estrutura de eficiência automática, capaz de uma monstruosa crueldade em escala industrial. As atrocidades de Hitler e Stalin e os pecados automaticamente cometidos por todos os que com eles colaboraram poderiam ter sido inconcebíveis, não fosse a dissociação entre fatos e valores, entre conhecimento e moralidade. Em seu trabalho sobre Adolf Eichmann, responsável por organizar a burocracia dos campos de extermínio, Hannah Arendt cunhou a memorável expressão "a banalidade do mal", a fim de descrever o contraste bizarro entre a monotonia e a trivialidade dos atos propriamente ditos – milhares de tarefas pequenas e rotineiras executadas por burocratas comuns – e o caráter horripilante e diabólico de suas consequências imediatas. Foi precisamente a eficiência, comparável à de uma máquina, do sistema que realizou o genocídio, o elemento que pareceu possibilitar, aos que o serviam, a dissociação entre o raciocínio exigido em seu trabalho diário e a sensibilidade moral, para aquilo que – pois eram seres humanos – devem ter tido alguma capacidade. Esse espaço vazio e misterioso em sua alma, entre o pensar e o sentir, é o local suspeito do crime interior. Essa terra estéril do espírito, tornada infértil pelo sangue dos irmãos que não guardaram, é o domínio do intelecto sem corpo, que sabe como as coisas funcionam, mas não como elas são.

A meu ver, o cisma moral subjacente, que contribuiu para essas manifestações radicais do mal, também condicionou nossa civilização a isolar sua consciência de qualquer responsabilidade pelos esforços coletivos que invisivelmente ligam milhões de atos e omissões pequenos, silenciosos e banais em um terrível modelo de causa e efeito. Hoje, participamos entusiasticamente daquele que, em essência, é um experimento maciço e sem precedentes com os sistemas naturais do meio ambiente, com pouca consideração às consequências morais. É devido à dissociação entre ciência e religião que estamos lançando tantos resíduos químicos gasosos na atmosfera e ameaçando destruir o equilíbrio do clima terrestre. É devido à dissociação entre o conhecimento tecnológico útil e o discernimento moral para orientar seu uso que estamos destruindo e queimando a cada segundo, na floresta tropical, uma área equivalente a um campo de futebol. É devido à pretensa dissociação entre humanidade e natureza, que estamos destruindo metade das espécies vivas da Terra, no espaço de uma geração. É devido à dissociação entre pensamento e sentimento, que toleramos a morte diária de 37 mil crianças, com menos de cinco anos, de inanição e doenças evitáveis, que se agravam por falta de lavouras e políticas adequadas.

Contudo, de fato toleramos – e coletivamente praticamos – todos esses delitos. Estão ocorrendo neste exato momento. Quando as gerações futuras desejarem saber como conseguimos prosseguir com a rotina diária em silenciosa cumplicidade com a destruição coletiva da Terra, alegaremos, como o Servo Infiel, que não percebemos esses delitos por estarmos moralmente adormecidos? Ou tentaremos explicar que não estamos, na verdade, em sono profundo, mas sim vivendo em transe, um estranho feitiço cartesiano, sob cuja influência não sentimos qualquer relação entre nossos atos banais e rotineiros e suas consequências morais, contanto que se façam sentir bem longe de nós, na outra extremidade da gigantesca máquina da civilização?

E como reagirão as gerações futuras a essas desculpas deploráveis? Talvez se lembrem das antigas palavras do salmista, que condenou o povo que, em seu fascínio pelas realizações da própria civilização, perdeu a consciência do sagrado e tornou-se parecido com as imagens idolátricas pelas quais estava fatalmente enfeitiçado: "Eles têm boca e não falam, têm olhos e não veem, têm nariz e não cheiram, suas mãos não apalpam".

A filosofia moderna foi tão longe em suas absurdas pretensões sobre a dissociação entre seres humanos e natureza, a ponto de fazer a célebre pergunta: "Se uma árvore cai na floresta e ninguém está lá para ouvir, produz algum ruído?" Se as serras automáticas terminarem por destruir todas as florestas tropicais sobre a terra e, se as pessoas que as acionam estiverem a uma distância que as impeça de ouvir o estrondo das árvores caindo no solo nu da floresta, isso fará diferença? Esse intelecto científico, racional e impessoal, que observa um mundo do qual não mais faz parte, é, com demasiada frequência, arrogante e insensível – e pode ter consequências monstruosas.

A estranha ausência de emoção, a face banal do mal tantas vezes espelhada nas agressões tecnológicas em massa ao meio ambiente, é, sem dúvida, uma consequência da crença em uma dissociação subjacente entre intelecto e mundo físico. Na raiz dessa crença encontra-se uma interpretação errônea e herética do lugar da humanidade no mundo, tão antiga quanto Platão, tão sedutora em seu apelo mítico quanto o gnosticismo, tão irresistível quanto a promessa cartesiana do poder prometéico – e ela tem tido resultados terríveis. Interpretamos mal quem somos, como nos posicionamos dentro da criação e por que nossa própria existência nos atribui um dever de vigilância moral sobre as consequências daquilo que fazemos. Uma civilização que acredita ser dissociada do mundo pode fingir que não ouve, mas a árvore que cai na floresta não deixa de produzir um som.

A riqueza e diversidade de nossa tradição religiosa em toda a história é um recurso espiritual há muito ignorado pelos fiéis, que geralmente temem abrir sua mente aos ensinamentos oferecidos pela primeira vez fora de sua religião. Porém o surgimento de uma civilização em que o conhecimento desloca-se, livre e quase instantaneamente, por todo o mundo, conduziu a um interesse novo e profundo nas diferentes perspectivas sobre a vida em outras culturas e ensejou uma investigação renovada da sabedoria destilada por todas as fés. Essa perspectiva panreligiosa pode revelar-se de especial importância no tocante à responsabilidade de nossa civilização em relação à Terra.

As religiões norte-americanas nativas, por exemplo, apresentam uma requintada tapeçaria de ideias sobre nossa relação com a Terra. Uma das declarações mais comoventes e mais citadas foi atribuída ao Cacique Seattle, em 1855, quando o presidente Franklin Pierce declarou que compraria as terras de sua tribo. Apesar de muito citada e traduzida, ainda conserva a força do original:

> Como se pode comprar ou vender o céu? A terra? Não conseguimos entender. Se não possuímos a pureza do ar e a limpidez da água, como podemos vendê-los? Cada pedaço desta terra é sagrado para meu povo. Cada agulha brilhante do pinheiro, cada praia coberta de areia, a névoa que se forma sobre a mata misteriosa, cada campina, cada inseto zumbindo, todos são sagrados na memória de meu povo...
> Se vendermos nossas terras a vocês, homens brancos, lembrem-se de que o ar é precioso para nós e que compartilha seu espírito com toda a vida que sustenta. O vento que deu a nosso avô seu sopro de vida recebeu também seu último alento. O vento também dá a nossos filhos o espírito da vida. Assim, se vendermos a vocês nossa terra, devem mantê-la intocada e sagrada, um lugar aonde o homem possa ir para sentir o sabor do vento, suavizado pelas flores das campinas. Ensinarão a seus filhos o que ensinamos aos nossos? Que a Terra é nossa mãe? O que acontece à Terra acontece a todos os seus filhos. Isto sabemos: a terra não pertence ao homem – o homem, sim, é que pertence à Terra. Todas as coisas estão ligadas, como o sangue que une todos nós. O homem não teceu o tecido da vida, é simplesmente um de seus fios. O que quer que faça ao tecido, estará fazendo a si mesmo. Isso também sabemos: nosso Deus é também seu Deus. A Terra é preciosa para Ele e ofender a Terra é desprezar seu Criador.

Uma prece mais recente da tribo Onondaga, do norte do Estado de Nova York, contém outra linda declaração de nossa importante ligação com a Terra:

> Oh, Grande Espírito, cujo sopro dá vida ao mundo e cuja voz é ouvida na brisa suave... fazei-nos sábios para que possamos entender o que nos ensinastes, ajudai-nos a aprender as lições que ocultastes em cada folha e em cada pedra, deixai-nos sempre preparados para irmos até Vós com as mãos limpas e olhar sereno. Assim, quando a vida se esvair, como o sol no ocaso, nosso espírito poderá ir até Vós com dignidade.

O sentido espiritual de nosso lugar na natureza é anterior às culturas norte-americanas nativas e remonta às origens da civilização humana. Um número cada vez maior de antropólogos e arqueomitólogos, como Marija Gimbutas e Riane Eisler, sustenta que a ideologia da crença dominante na pré-história, na Europa e em grande parte do mundo, fundamentava-se na adoração de uma única deusa da terra, que era considerada a fonte de toda a vida e irradiava harmonia entre todas as coisas vivas. Grande parte dos indícios da existência dessa religião primitiva foi encontrada em milhares de artefatos descobertos nos sítios de rituais. Esses sítios são tão difundidos, que parecem confirmar a ideia de que a religião de uma deusa prevaleceu em quase todo o mundo, até que as religiões antecessoras das atuais – a maioria das quais ainda tem uma orientação masculina – desaparecessem da Índia e do Oriente Próximo, praticamente obliterando a crença na deusa. O último vestígio de adoração organizada a ela só foi eliminado pelo cristianismo, no século XV, na Lituânia.

As provas, tão antigas, e a análise complexa e imaginativa usada para interpretar os artefatos dão grande margem ao ceticismo em relação a nossa capacidade de saber com exatidão o que ensinavam essas crenças – ou conjunto de crenças afins. A doutrina mais bem documentada parece ter sido uma veneração pela santidade da Terra – e uma crença na necessidade de harmonia entre todos os seres vivos; outros aspectos dessa fé são mais obscuros e é provável que muitas práticas bárbaras tenham-se incorporado às crenças mais benignas. Entretanto, os estudos arqueológicos são impressionantes e parece claro que uma melhor compreensão de uma herança religiosa, que precedeu a nossa própria por tantos milhares de anos nos proporcionaria novas percepções sobre a natureza da experiência humana.

Além disso, praticamente todas as religiões contemporâneas têm muito a dizer sobre a relação entre a humanidade e a terra. O islamismo, por exemplo, propõe temas bem conhecidos. Nas palavras do Profeta Maomé: "O mundo é verde e lindo e Deus designou o homem para ser seu guardião". Os conceitos básicos do islamismo contidos no Alcorão – *tawheed* (unidade), *khalifa* (curadoria) e *akrab* (responsabilidade) – funcionam também como os pilares da ética ambiental islâmica. A Terra é a criação sagrada de Alá e entre as várias instruções de Maomé em que é mencionada, encontra-se: "Todo aquele que plantar uma árvore e cuidar dela com carinho até se tornar adulta e dar frutos será recompensado". O primeiro califa maometano, Abu-Baker, inspirou-se no Alcorão e no *hadith* (tradições orais do Profeta) quando ordenou a suas tropas: "Não cortem nenhuma árvore, não violem nenhum rio, não maltratem animais e sejam sempre bondosos e compassivos com as criaturas de Deus, até mesmo com os inimigos".

Um traço comum a muitas religiões é o caráter sagrado da água. Os cristãos são batizados com a água, como símbolo de purificação. O Alcorão declara que "criamos tudo a partir da água". No *Lotus "Sutra"*, Buda é apresentado metaforicamente como uma "nuvem de chuva", cobrindo, permeando, fertilizando e enriquecendo "todos os seres vivos ressequidos, a fim de livrá-los da tormenta e fazê-los sentir a alegria da paz, a alegria do mundo atual e a alegria do Nirvana... em toda parte, com imparcialidade, sem distinção de pessoas... para todos os seres, prego a Lei igualmente... igualmente faço chover a Lei – chover sem parar".

A santidade da água talvez receba destaque máximo no hinduísmo. De acordo com seus ensinamentos, acredita-se que a "água da vida" transmite à humanidade a própria força vital. Um ambientalista hindu contemporâneo, dr. Karan Singh, cita constantemente a antiga máxima hindu: "A Terra é nossa mãe e todos somos seus filhos". No *Atharvaveda*, a oração pela paz ressalta as ligações entre a humanidade e toda a criação: "Deus supremo, permiti que haja paz no céu e na atmosfera, paz no mundo das plantas e nas florestas; permiti que as forças cósmicas sejam pacíficas; permiti que Brahma seja pacífico; permiti que haja uma paz pura e completa em todos os lugares".

A religião dos sikhs, que é um ramo monoteísta do hinduísmo da Índia setentrional, fundado por volta de 1500, atribui grande valor espiritual às lições que podemos aprender diretamente da natureza. Seu fundador, o Guru Nanak, declarou: "O Ar é a Força Vital, a Água, o Pai, a Terra Vasta, a Mãe de Todos: o Dia e a Noite são as amas, embalando toda a criação em seu colo". De acordo com a escritura sikh, *Guru Granth Sahib*, os seres humanos são compostos de cinco elementos da natureza que edificam e incutem a força na formação do caráter: "A Terra ensina-nos a paciência e o amor; o Ar ensina-nos a mobilidade e a liberdade; o Fogo ensina-nos o calor e a coragem; o Céu ensina-nos a igualdade e a largueza de espírito; a Água ensina-nos a pureza e a limpeza".

A religião Baha'i, uma das mais recentes entre as grandes religiões universalistas, fundada em 1863 na Pérsia por Mirza Husayn Ali, exorta-nos a encarar corretamente a relação, não só entre humanidade e natureza, como também entre civilização e meio ambiente. Talvez por suas diretrizes terem sido formuladas durante o período do industrialismo exacerbado, a religião Baha'i parece insistir nas implicações espirituais da grande transformação que testemunhou: "Não podemos isolar o coração humano do meio ambiente e afirmar que, uma vez que um deles seja melhorado, tudo será aperfeiçoado. O homem é parte integrante do mundo. Sua vida interior molda o meio ambiente, sendo ela própria profundamente afetada por ele. Um age sobre o outro e toda mudança definitiva na vida do homem resulta dessas interações". E também nas escrituras sagradas Baha'i temos: "A civilização, tantas vezes louvada pelos doutos representantes das artes e ciências trará – se a ela for permitido ultrapassar os limites da moderação – grandes males aos homens".

Essa sensibilidade às mudanças que a civilização forjou na terra evidencia-se, ainda, em recentes declarações dos líderes religiosos ocidentais. O Papa João Paulo II, por exemplo, declarou em sua mensagem de 8 de dezembro de 1989, sobre a responsabilidade humana pela crise ecológica: "Diante da vasta destruição do meio ambiente, as pessoas de todo o mundo começam a compreender que não podemos continuar a usar os frutos da terra como no passado... uma nova *consciência ecológica* começa a surgir e não deve ser menosprezada, mas incentivada a traduzir-se em iniciativas e programas concretos". Ao concluir, o Papa dirigiu-se diretamente a seus "irmãos e irmãs da Igreja Católica, para lembrá-los do importante dever de cuidar de toda a criação [...] O respeito pela vida e pela dignidade da pessoa humana estende-se também ao restante da criação, que é conclamado a unir-se ao homem no louvor a Deus".

Muitos teóricos ambientalistas que pensam na Igreja Católica apenas o tempo suficiente para se queixarem amargamente de sua oposição ao controle da natalidade (que muitos católicos, de fato, praticam) talvez ficassem surpresos ao ler a análise profunda e perspicaz do Papa sobre a crise ecológica e ao reconhecer nele um aliado: "A sociedade atual não encontrará solução para o problema ecológico a não ser que *examine seriamente seu estilo de vida*. Em muitos lugares do mundo, a sociedade mostra-se afeita às satisfações e ao consumismo imediatistas, permanecendo indiferente aos danos causados por ambos. Como já declarei, a seriedade da questão ecológica revela o âmago da crise moral do homem".

A tradição judaico-cristã sempre apresentou uma visão profética – das advertências de José ao Faraó sobre os sete anos de escassez à promessa exultante de João no Apocalipse: "Louvaremos ao Cordeiro, Triunfante, com *todas* as criaturas". Em muitas profecias, há imagens da destruição ambiental para chamar atenção às transgressões da vontade de Deus. Por exemplo, para aqueles que acreditam na verdade literal da Bíblia, é difícil ler as previsões sobre furacões cinquenta por cento mais fortes do que os mais violentos furacões atuais, devido à acumulação de gases causadores do efeito estufa, fomentada por nós, sem relembrar a profecia de Oséias: "Eles semearam o vento e colherão tempestades".

Para alguns cristãos, a visão profética do Apocalipse é usada – a meu ver, injustificadamente – como desculpa para renunciarem à responsabilidade de serem bons guardiães da criação de Deus. O ex-ministro do Interior, James Watt, que fez por merecer a fama de antiambientalista, foi certa vez citado por ter menosprezado os problemas ligados à proteção do meio ambiente, em parte porque este seria totalmente destruído por Deus no apocalipse. Essa ideia não é apenas herética em termos dos ensinamentos cristãos, mas constitui também uma estarrecedora profecia de condenação que tenderá a se realizar. É digno de nota Watt não ter reconhecido a necessidade de renunciar a outras obrigações. Por que não disse, por exemplo, que seria inútil colocar em liquidação, para proveito dos amigos abastados, os direitos de pastagem em terras do governo, porque os Quatro Cavaleiros galopavam rumo a elas?

No entanto, não há dúvidas de que muitas pessoas – religiosas ou não – compartilham uma profunda apreensão quanto ao futuro, sentindo que talvez esteja-se esgotando o tempo de nossa civilização. A ética religiosa da administração torna-se, na verdade, mais difícil de ser aceita quando se acredita que o mundo está prestes a ser destruído – por Deus ou pelo homem. Foi o que declarou o teólogo católico Teilhard de Chardin: "O destino da humanidade, assim como o da religião, depende do surgimento de uma nova fé no futuro". Armados com essa fé, poderíamos descobrir ser possível ressantificar a terra, identificá-la como criação de Deus e aceitar nossa responsabilidade de protegê-la e defendê-la. Poderíamos até começar a pensar em decisões fundamentadas em considerações a longo prazo, e não em estimativas de curto prazo.

E, se conseguíssemos encontrar um meio de compreender nossa própria ligação com a Terra – a Terra toda –, poderíamos avaliar o perigo de destruir tantas espécies vivas e de romper o equilíbrio climático. James Lovelock, o criador da teoria de Gaia, assevera que o sistema complexo de toda a terra comporta-se em uma forma autorreguladora, característica de algo vivo, que conseguiu, por milênios, manter em perfeito equilíbrio os elementos indispensáveis aos sistemas de apoio à vida terrestre – até a interferência sem precedentes da atual civilização:

> Hoje sabemos que o ar, o oceano e o solo são muito mais que um simples meio ambiente para a vida, são elementos da própria vida. Assim, o ar está para a vida como o pelame para um gato ou o ninho para um passarinho. Não são vivos, mas feitos por coisas vivas para a proteção contra um mundo que, sem elas, seria hostil. Para a vida na Terra, o ar é nossa proteção contra as profundezas frias e as radiações violentas do espaço.

Lovelock insiste em afirmar que essa forma de encarar a relação entre a vida e os elementos não vivos da terra prescinde de uma explicação de caráter espiritual. Mesmo assim, ela evoca uma resposta espiritual em muitos daqueles que a ouvem. Não pode ser por acaso, somos tentados a concluir que a porcentagem de sal em nossa corrente sanguínea é praticamente igual à porcentagem de sal nos oceanos. O longo e intrincado processo pelo qual a evolução ajudou a moldar o complexo inter-relacionamento de todas as coisas vivas e não vivas pode ser explicável em termos puramente científicos, mas o simples fato da existência do mundo vivo e de nosso lugar nele evoca reverente temor, admiração, um certo mistério – uma resposta espiritual – quando refletimos em seu significado mais profundo.

Não estamos acostumados a ver Deus no mundo, pois acreditamos, com base nas regras científicas e filosóficas que nos controlam, que o mundo físico é formado de matéria inanimada, deslocando-se de acordo com leis matemáticas, sem qualquer relação com a vida – e menos ainda conosco. Por que parece ligeiramente herético a um cristão pensar que Deus habita em nós, como seres humanos? Por que nossos filhos acreditam que o reino de Deus está no *alto*, em algum ponto da região etérea do espaço, bem distante deste planeta? Estamos ainda, inconscientemente, seguindo a direção apontada por Platão, procurando pelo sagrado em toda parte, exceto no mundo real?

Acredito que a imagem de Deus pode ser vista em cada canto da criação – até mesmo em nós – difusamente. Ao visualizarmos toda a criação, podemos perceber a imagem do Criador com muita nitidez. De fato, minha compreensão sobre o modo como Deus se faz presente no mundo pode ser mais bem transmitida pela metáfora do holograma que mencionei na introdução. (Usar uma metáfora tecnológica para defender um ponto de vista espiritual não é tão estranho quanto parece. A Bíblia geralmente usa metáforas fundamentadas na tecnologia da época. Por exemplo, Deus lança sementes espirituais tanto no solo fértil como na terra estéril, algumas crescem e outras não; o joio deve ser separado do trigo; no fim dos tempos, os homens transformarão suas espadas em relhas de arado e as lanças em podões.) Quando a luz de um feixe de *laser* incide em uma chapa holográfica, a imagem que transporta torna-se visível em três dimensões, pois a luz reflete milhares de linhas microscópicas que formam um "padrão de resistência" característico, urdido no filme plástico que cobre a chapa de vidro – do mesmo modo que uma agulha de toca-discos capta a música no "padrão de resistência" das minúsculas saliências nas ranhuras de um disco. Cada minúscula porção do holograma contém uma minúscula representação de toda a imagem tridimensional, porém muito fraca. Contudo, graças aos recentes e extraordinários princípios da óptica, nos quais se baseia a holografia, quando olhamos o holograma inteiro e não apenas a pequena porção, esses milhares de imagens minúsculas e fracas chegam juntos ao olho do observador como uma única imagem grande e nítida.

De modo análogo, acredito que a imagem de Deus, que às vezes parece tão esmaecida no pequenino canto da criação que cada um de nós observa, está, porém, presente em sua inteireza – e presente também em nós. Se somos feitos à imagem de Deus, talvez os milhares de frágeis fios do tecido da vida da Terra – urdido com tal nitidez para formar nossa essência – sejam os constituintes do "padrão de resistência" que reflete tenuemente a imagem de Deus. Se viermos a conhecer a natureza em sua totalidade – a nossa própria e a de toda a criação – com os sentidos e com a imaginação espiritual conseguiremos vislumbrar, "brilhante e radiante como o sol", uma imagem infinita de Deus.

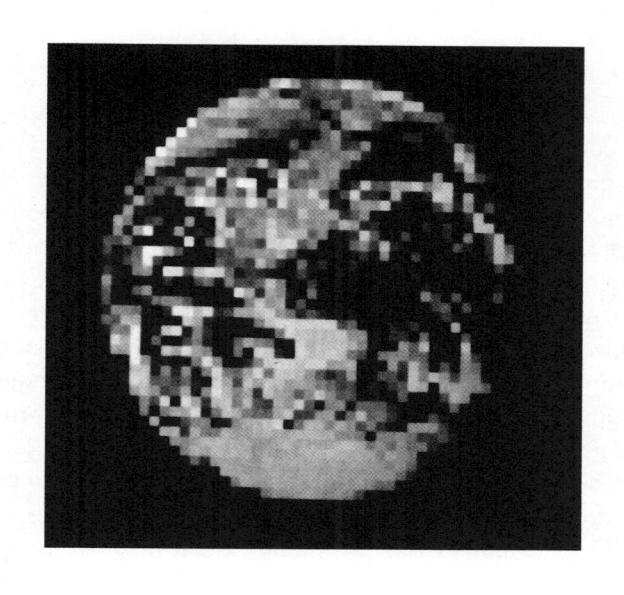

PARTE 3

A obtenção do equilíbrio

14 · Um Novo Objetivo Comum

A civilização industrial, como se encontra hoje organizada, está se chocando frontalmente com o sistema ecológico do planeta. É assombrosa a violência de sua investida contra a Terra e suas horríveis consequências fazem-se sentir com tal rapidez que nos desafiam a capacidade de reconhecê-las, de compreender suas implicações globais e de organizar uma reação oportuna e apropriada. Bolsões isolados de guerreiros da resistência, que enfrentaram diretamente essa força destruidora começaram a reagir de formas inspiradas mas, em última análise, lamentavelmente inadequadas. Não lhes falta coragem, imaginação ou competência – o que enfrentam nada menos é que a lógica atual da civilização. Enquanto a civilização como um todo, com seu imenso poderio tecnológico, continuar a seguir uma linha de pensamento que incentiva a dominação e a exploração da natureza por lucros imediatistas, tal força continuará a devastar a Terra, não importa o que qualquer um de nós faça.

Cheguei à conclusão de que precisamos tomar medidas ousadas e inequívocas, ou seja, fazer da salvação do meio ambiente o princípio organizador central da civilização. Quer percebamos ou não, estamos agora engajados em uma batalha de dimensões épicas para corrigir o equilíbrio da Terra, e os rumos dessa batalha só mudarão quando a sensação de perigo iminente motivar a maioria dos povos o suficiente para que se unam em um esforço total. Está na hora de definir exatamente como consegui-lo. Nos capítulos anteriores, tentei compreender a crise a partir das perspectivas oferecidas pelas ciências da Terra, economia, sociologia, história, teoria da informação, psicologia, filosofia e da religião, e gostaria de examinar, agora, de meu privilegiado ponto de vista como político, aquilo que, acredito, pode-se fazer a esse respeito.

A política, em uma definição geral, é o meio pelo qual fazemos escolhas e tomamos decisões coletivas. E defrontamo-nos hoje com uma série de escolhas tão difíceis quanto quaisquer outras da história. É preciso empregar a arte da política na definição de tais escolhas, na conscientização pública para o perigo iminente que temos diante de nós e na catálise de decisões propícias a uma linha de ação coletiva que tenha razoável possibilidade de êxito.

Não há dúvida de que, com um consenso suficiente sobre nossos objetivos, poderemos conseguir a vitória que almejamos. Embora exija mudanças muito difíceis em linhas de pensamento e conduta já estabelecidas, a tarefa de restaurar o equilíbrio natural do sistema ecológico está à altura de nossa capacidade e é aconselhável por outras razões – entre elas, nosso interesse na justiça social, no governo democrático e na economia de livre mercado. Em última análise, comprometer-se com a recuperação do meio ambiente significa um renovar da dedicação àqueles que Jefferson acreditava serem direitos inalienáveis tanto norte-americanos como universais: a vida, a liberdade e a busca da felicidade.

É evidente que o mais difícil será chegar a um consenso sobre a necessidade de amplas e complexas mudanças. Felizmente, porém, há muitos precedentes para as diversas mudanças institucionais abrangentes e para os esforços conjuntos que serão exigidos. Jamais se estabeleceu, em nível mundial, um objetivo comum como princípio organizador para todas as instituições sociais. Entretanto, países livres o alcançaram diversas vezes na história moderna. Mais recentemente, uma coalizão de tais nações, comprometidas com a democracia e o livre mercado, mostrou, durante quase meio século – por meios militares, políticos e econômicos – extraordinária capacidade de perseverar em seus esforços de impedir o avanço do comunismo. Para surpresa de muitos, a coalizão assegurou retumbante vitória à ideia de liberdade, na guerra filosófica que durou da época da Revolução Russa até a libertação, pelos carcereiros da Europa Oriental, dos "inimigos do povo" – e este os escolheu, então, em eleições livres, como seus líderes democráticos. E o vendaval político que se seguiu a essa vitória continuou, durante anos, a derrubar estátuas de Lenin na Nicarágua, em Angola e na Etiópia, terminando por destruir a própria União Soviética.

Esse notável triunfo tornou-se possível graças a uma decisão consciente de todos os homens e mulheres em nações do "mundo livre", de fazer, da derrota do regime comunista, o princípio central, não só das políticas de seus governos, mas também da própria sociedade. Isso não significa que tal objetivo tenha dominado o pensamento de todos, nem norteado todas as decisões políticas, mas sim que a oposição ao comunismo foi o princípio subjacente à maioria das estratégias geopolíticas e sociais formuladas pelo Ocidente após a Segunda Guerra. O Plano Marshall, por exemplo, foi concebido basicamente como meio de aumentar a capacidade da Europa Ocidental de resistir ao avanço das ideias comunistas. De modo análogo, o plano MacArthur, de reconstruir a economia e a sociedade japonesas, e a decisão de Truman de conceder maciça ajuda à Grécia e à Turquia, em 1947, foram motivados, em essência, por esse objetivo. A Otan e as outras alianças militares organizadas sob a liderança dos Estados Unidos, também se originaram do mesmo princípio central. A defesa norte-americana do livre comércio, bem como a concessão de ajuda externa a nações subdesenvolvidas, em parte foram altruísticas, mas eminentemente motivadas pela luta contra o comunismo. Algumas das políticas foram, sem dúvida, dolorosas, onerosas e polêmicas. As decisões sobre as guerras na Coréia e no Vietnã, a corrida armamentista nuclear e a venda de armas a ditadores que discordavam da totalidade dos princípios norte-americanos – exceto da oposição ao comunismo soviético – além de quase todas as demais decisões sobre política externa e segurança nacional foram tomadas porque eram úteis ao mesmo princípio central, embora de formas que às vezes refletiam pouco discernimento. Apesar dos erros cometidos, a solidez essencial do princípio subjacente continuou a motivar cidadãos e governos do mundo livre, e a ideia da democracia começou, aos poucos, a vencer a batalha.

As múltiplas expressões de anticomunismo assumiram algumas formas inusitadas. Nos Estados Unidos, quando construímos a rede de estradas interestaduais, a legislação autorizando esse gasto foi aprovada por maioria, em parte porque convinha a nosso principal objetivo, a derrota do comunismo. Quando, em 1957, a União Soviética demonstrou seu avanço tecnológico, ao colocar em órbita o Sputnik, os Estados Unidos adotaram a primeira estratégia federal de ajuda à educação – não por terem o presidente e a maioria do Congresso finalmente reconhecido a importância da melhoria do ensino, mas por entenderem a nova importância de contar com cientistas e engenheiros para a luta contra o regime comunista. Na mesma época, lançamos o programa espacial, não porque a maioria do Congresso sentiu-se subitamente desejosa de explorar o Universo, mas porque o programa vinculava-se a nosso desejo de vencer a ideia comunista.

Muitos desses programas faziam sentido por seus próprios méritos e muitos de seus defensores os promoveram principalmente por esses méritos. Entretanto, vieram a obter apoio da sociedade como um todo porque convinham ao princípio organizador com que estávamos integralmente comprometidos. O compromisso às vezes leva a terríveis excessos: as sórdidas campanhas macartistas e a exposição de cobaias humanas aos efeitos da radiação nuclear são apenas dois exemplos de como o excesso de zelo pode ter resultados trágicos. O mais importante, porém, é que praticamente todas as políticas e programas foram analisados e, então, adotados ou rejeitados, dependendo de corresponderem ou não a nosso princípio organizador. Formularam-se até mesmo políticas tão incongruentes, como a revolução verde, para aumentar a produção de alimentos em países do Terceiro Mundo, e o incentivo da CIA aos sindicatos europeus, porque de fato contribuíam para que atingíssemos a meta principal.

A longa luta entre democracia e comunismo constitui, em muitos sentidos, o exemplo mais claro de como sociedades livres conseguem manter um compromisso comum, visando alcançar um único objetivo abrangente, em face de obstáculos desalentadores. Mas esse, evidentemente, não é o único exemplo. Antes da guerra fria, havia um princípio organizador central ainda mais preocupante, por trás das estratégias dos Estados Unidos e de outras nações livres: a derrota da Alemanha nazista e do Japão imperialista. Mobilizaram-se, para a guerra, indústria, comércio, agricultura e transportes. Programas de reciclagem extremamente eficazes foram bastante numerosos durante a Segunda Guerra Mundial, não por razões ambientais, mas por ajudarem a vencê-la. Nossos recursos, povo, arte, e até nossos quintais desempenharam seu papel na luta para salvar a civilização como a conhecíamos.

Vale lembrar o quanto demoramos a enfrentar, de fato, o desafio proposto pelo totalitarismo nazista e por Hitler. Muitos hesitaram em reconhecer a real necessidade de um esforço das dimensões do que veio a ser a Segunda Guerra Mundial, e a maioria preferiu acreditar na possibilidade de afastar a ameaça com sacrifícios banais. Durante vários anos antes de ser aceita a horrenda verdade, um líder do Ocidente manifestara-se, enérgica e eloquentemente, sobre a tempestade que se aproximava. Winston Churchill foi irredutível em sua insistência de que se canalizassem, de imediato, todos os esforços para assegurar a derrota de Hitler. Depois de Neville Chamberlain concluir o Pacto de Munique em 1938, que cedeu a Tchecoslováquia a Hitler, em troca da garantia de não anexar ainda outros territórios, a maioria dos ingleses deu-se por satisfeita e apoiou-o naquela que depois foi condenada como política de apaziguamento. Churchill, contudo, compreendeu a essência do que ocorrera e do inevitável conflito que estava por eclodir: "Reconheço o direito de nosso bravo e leal povo... a uma explosão espontânea de alegria e alívio por saber que a dura provação não lhes será imposta agora; mas é preciso que saiba a verdade... este é somente o começo do ajuste de contas. Este é somente o primeiro gole, a primeira gota de um cálice amargo que nos será oferecido ano após ano, a menos que, por uma suprema recuperação de nossa saúde moral e de vigor marcial, levantemo-nos novamente e tomemos uma posição em prol da liberdade".

Assim aquiescemos nós docilmente à perda das florestas tropicais do mundo, e de suas espécies vivas, à destruição dos Everglades da Flórida, do Mar de Aral, das antigas florestas do noroeste do Pacífico, de terras aráveis do Centro-Oeste, da vegetação e do solo do Himalaia, do Lago Baikal, da Faixa do Sahel, à morte desnecessária de 37 mil crianças por dia, à diminuição da camada de ozônio e ao rompimento do equilíbrio climático que existe desde o surgir da espécie humana. São todos cálices amargos – mas apenas "o começo do ajuste de contas", apenas as primeiras de uma série de catástrofes ecológicas cada vez mais graves – que nos serão oferecidos repetidamente e nos motivarão, cedo ou tarde, a agir e a enfrentá-los.

O que significa fazer do esforço de salvar o meio ambiente o princípio organizador central da civilização? Significa, em primeiro lugar, garantir um consenso de que ele *deve* ser o princípio organizador, e a forma de consegui-lo é de suma importância, pois nessa fase se estabelecem prioridades e metas. No curso da história, em geral só se obteve tal consenso quando se configurou uma ameaça de vida ou morte para a existência da própria sociedade. Dessa vez, contudo, a crise pode muito bem ser irreversível, quando suas consequências se tornarem suficientemente claras para paralisar a opinião pública – ou deixá-la em pânico. A crise, desta vez, tem um longo rastilho: os processos naturais não apresentam de imediato toda a extensão dos danos que lhes estamos infligindo. Uma vez desencadeadas, porém, será muito difícil reverter algumas das mudanças que estamos provocando. É essencial, portanto, recusarmo-nos a esperar pelos inconfundíveis sinais de catástrofe iminente e começarmos a catalisar sem demora um consenso para o novo princípio organizador.

A adoção desse princípio – fruto de um acordo voluntário – implica um esforço total de utilizar programas e políticas, leis e instituições, tratados e alianças, táticas e estratégias, planos e linhas de ação – em suma, todos os recursos para deter a destruição do meio ambiente e proteger e preservar o sistema ecológico. Pequenas modificações em políticas, pequenos ajustes nos programas já em andamento, pequenas melhoras em leis e regulamentos, palavras bombásticas em lugar de mudanças concretas – constituem, sem exceção, formas de apaziguamento, destinadas a satisfazer o desejo do público de acreditar serem desnecessários sacrifícios, lutas e uma profunda transformação da sociedade. Os Chamberlains desta crise não carregam guarda-chuvas mas "chapéus confortáveis e óculos escuros" – que, segundo consta, foram o paliativo sugerido por um ex-secretário do Interior como proteção contra o aumento da radiação ultravioleta causado pela diminuição da camada de ozônio.

Pretendem alguns que conseguiremos adaptar-nos facilmente às consequências de nossa investida contra o meio ambiente – e, de fato, será necessária alguma adaptação em virtude das mudanças já definitivamente desencadeadas. Mas aqueles que propõem a adaptação como principal solução, na realidade defendem apenas outra forma de apaziguamento. E, é claro, a tranquilizadora mensagem de renovada confiança que trazem – de que tudo está bem e nada precisa ser feito – é quase sempre bem-vinda e mesmo agradável para aqueles que acreditam que sua inércia se justifica.

Entretanto, há terríveis consequências morais na atual política de procrastinação, assim como havia quando tentamos adiar a Segunda Guerra Mundial; na época, como agora, o verdadeiro inimigo era uma forma distorcida de pensar. Na Alemanha nazista, o pensamento distorcido foi institucionalizado no estado totalitário, em seu dogma e em sua máquina de guerra. Hoje, uma distorção diferente adquire a forma de um consumo voraz e insaciável, de seu dogma e dos mecanismos pelos quais se obtêm ainda mais recursos. O totalitarismo e o consumismo têm provocado crises típicas da civilização industrial avançada: ambos são exemplos de alienação e tecnologia descontrolada. Assim como o totalitarismo subjuga os indivíduos ao "estado", a nova ideologia de consumo os subjuga ao desejo pelo que consomem, mesmo que isso alimente a crença de que somos dissociados da Terra. O verdadeiro inimigo é essa estranha e destrutiva forma de encarar nossa relação com o mundo físico.

A luta para salvar o meio ambiente tem uma característica que a torna mais árdua que aquela para vencer Hitler, pois agora travamos guerra conosco. Somos o inimigo, da mesma forma que somos nossos únicos aliados. Em uma guerra como esta o que é a vitória e como a reconheceremos?

Não é meramente para manter a analogia que tenho feito tantas referências às lutas contra o nazismo e ao totalitarismo comunista, pois acredito que o urgente esforço para salvar o meio ambiente é uma continuação de tais lutas, uma nova etapa crucial da longa batalha pela verdadeira liberdade e pela dignidade humana. Meu raciocínio aqui é simples: homens e mulheres livres, que se sentem responsáveis, como indivíduos, por uma área específica da Terra, são, em geral, seus mais eficientes protetores, defensores e administradores. Onde quer que esse senso de responsabilidade seja atenuado ou comprometido por imposições antagônicas, diminui a probabilidade de administração e cuidado com o meio ambiente. Por exemplo, quando um fazendeiro arrenda um terreno a curto prazo e sofre pressões para maximizar seus lucros, a terra torna-se vulnerável à exploração desregrada. Quando funcionários de uma companhia madeireira recebem bônus anuais, calculados com base no valor dos lucros trimestrais da empresa, é provável que cortem maior número de árvores mais novas e plantem menos mudas para colheitas em décadas futuras – e preocupem-se menos com a erosão do solo, que quase sempre resulta do desmatamento. Quando, em uma democracia, falta aos eleitores conhecimento ou convicção para responsabilizar os políticos pela poluição do ar e dos recursos hídricos públicos, causada por grupos privados, os políticos não têm interesse em assegurar o direito do povo de desfrutar livremente propriedades públicas.

O fato de essas irregularidades ocorrerem em países livres de forma alguma corrrobora o argumento de que se devem culpar os princípios da propriedade privada, do capitalismo ou da democracia – assim como a culpa pela existência da escravidão, nos primeiros 74 anos da república norte-americana, não pode ser atribuída à democracia representativa. Como agora bem o compreendemos, a genialidade dos artífices de nossa Constituição, ao conceberem a liberdade e ao planejarem os meios de garanti-la, repousa, não na perfeição eterna das leis e instituições por eles criadas no final do século XVIII, mas nas verdades por eles consagradas como princípios-guia. Orientando-se por estas verdades, as gerações subsequentes conseguiram reinterpretar o significado da liberdade para si próprias, no contexto de novos conhecimentos, de diferentes circunstâncias e do cabedal de experiências.

A maioria, mas não a totalidade, da geração que escreveu a Constituição mostrou-se parcialmente cega aos direitos inalienáveis dos afro-americanos mantidos como escravos. Sentiam-se dissociados de povos de cor diferente, e assim não conseguiram compreender que os direitos por eles defendidos tão apaixonadamente para si próprios e para todos os outros, a quem se sentiam ligados por um "destino comum", eram direitos universais. De modo análogo, a maioria mostrou-se cega ao direito de voto feminino. Essa cegueira, porém, não impediu as gerações seguintes de adquirir uma compreensão maior das verdades incorporadas na Constituição – ainda que não fossem completamente visíveis para os primeiros que tiveram a coragem de usá-las como pedra fundamental do governo democrático.

Hoje, a maioria – mas não a totalidade – mostra-se parcialmente cega à nossa ligação com o mundo natural. A filosofia de vida que herdamos, segundo a qual somos dissociados da Terra, obscurece-nos a compreensão de um destino comum e torna-nos vulneráveis a uma catástrofe ecológica, exatamente como a crença de nossos antepassados, de que estavam moral e espiritualmente ligados a seus escravos, resultou na tragédia da Guerra de Secessão. Precisamos, agora, de uma compreensão maior do que essas liberdades implicam e como podem ser ampliadas uma vez mais.

A maior promessa da ideia democrática é a de que, tendo o direito de se governar, homens e mulheres livres provarão ser os melhores administradores do próprio destino. É uma promessa que tem sido cumprida apesar do desafio de todas as outras que se opõem a ela. A afirmação de que podemos ser meio escravos e meio livres, de que só os homens devem votar e de que a força de decisão de nações livres poderia curvar-se à vontade do totalitarismo — todas essas ideias foram derrubadas enquanto as nossas perduram. Mas, agora, um novo desafio — a ameaça ao meio ambiente — pode arrancar-nos o controle de nosso destino. A resposta a esse desafio deve tornar-se nosso novo princípio organizador.

Sua utilização é totalmente compatível com a democracia e o livre mercado. Mas assim como a abolição da escravatura exigiu uma compreensão mais ampla da essência da democracia e da propriedade privada — bem como da relação entre ambas — essa nova luta implicará uma concepção ainda mais ampla de como a democracia e os livres mercados aperfeiçoam-se mutuamente. Da mesma forma que a concessão de direitos civis às mulheres e aos afro-americanos exigiu um discernimento mais profundo do significado do governo democrático e uma definição mais ampla daquilo que todos os seres humanos têm em comum, o desafio global exigirá uma compreensão mais completa de nossa atual ligação com todos os povos e de nossas obrigações com as gerações futuras.

Que não haja dúvidas: se não crescermos através desta compreensão, perderemos a capacidade de resgatar as promessas da liberdade.

Enriquecidos por essa nova forma de pensar, conseguiremos, sem dúvida, lograr êxito no esforço total de salvar o meio ambiente. Mas esse esforço exigirá, dos governos, respeito ainda mais profundo pela liberdade econômica e política dos indivíduos. Também implicará medidas drásticas, a fim de assegurar que disponham de todas as informações necessárias para compreender a enormidade do desafio, e de suficiente poderio econômico e político para que sejam os verdadeiros guardiães dos lugares onde vivem e trabalham. Sozinhos, indivíduos bastante motivados não podem ter esperanças de vencer a luta, mas, tão logo haja consenso suficiente para fazer dela o princípio organizador central, a vitória estará a nosso alcance e poderemos começar a fazer rápidos progressos.

Mas, nos países que já se consideram livres, há ainda outra condição política. A ênfase nos direitos individuais deve ser associada a uma compreensão mais profunda das responsabilidades para com a comunidade, a serem aceitas por todos os seus membros, se ela vier, de fato, a ter qualquer princípio organizador.

Essa ideia representa, por si mesma, uma questão ecológica, na medida em que implica um equilíbrio entre direitos e responsabilidades. Na verdade, muitos sentem que ocorreu profunda crise filosófica no Ocidente, em parte porque esse equilíbrio foi rompido: temos nos aproximado tanto dos direitos individuais e nos afastado tanto de qualquer senso de dever, que já se tornou difícil recrutar a defesa necessária para quaisquer direitos adquiridos pela comunidade em geral ou pela nação — e mais ainda para os direitos legitimamente adquiridos por toda a humanidade e pela posteridade. Hoje, praticamente a única forma de mobilizar a opinião pública o suficiente para acabar com a violação daqueles que se podem chamar direitos ecológicos consiste em dar publicidade aos indivíduos prejudicados por qualquer prática ambiental incorreta. O dano causado a uma comunidade, ao mundo em geral, ou às gerações futuras, passa a ser encarado como secundário em relação ao dano causado a esses indivíduos; têm eles direitos bastante semelhantes a nossos direitos individuais para desejarmos defendê-los – pois, afinal, poderíamos, com isso, obter proteção conveniente para nós próprios.

Essa dissociação da comunidade relaciona-se claramente à premissa de que somos dissociados da Terra. Ela tem não só a mesma causa filosófica – a fé esmagadora no poder intelectual do indivíduo – como também a mesma solução: uma forma de pensar mais equilibrada sobre nossa relação com o mundo – inclusive com nossas comunidades. A reafirmação de nossa ligação com os outros pressupõe uma obrigação de nos unirmos *aos outros* para defender e proteger devidamente aqueles nossos direitos – como o de respirar ar puro e beber água limpa – que se inserem naturalmente entre os direitos individuais, tanto de outros como nossos, e que são adquiridos pela comunidade, país ou mundo – como um todo.

Outra ameaça ao novo princípio organizador é a corrupção que campeia, tanto no mundo desenvolvido como no subdesenvolvido. A corrupção também é, em certo sentido, um problema ecológico. Ela contamina os saudáveis padrões de responsabilidade dos quais dependem o governo democrático – e nossa capacidade de dividir a administração do meio ambiente. De fato, em quase todos os casos de devastação ambiental, a corrupção muito contribuiu para minimizar a capacidade do sistema político de reagir mesmo aos primeiros sinais de degradação de que toma conhecimento.

Mas, como a corrupção afeta o sistema, muitos se sentem suficientemente distanciados para compactuar com a inércia e letargia generalizadas, que permitem a ela continuar a campear. A fim de estabelecer efetivamente o novo princípio organizador central, porém, é preciso enfrentar a poluição da corrupção política como mal que é, em essência, semelhante àquele que se manifesta na poluição física do ar e da água.

De modo análogo, a tolerância contínua à disseminação da injustiça social tem como consequência minar nossa capacidade de cogitar em iniciativas conjuntas, enérgicas e sustentadas. A promoção da justiça e a proteção do meio ambiente devem caminhar juntas em todas as sociedades, seja no contexto da política interna de uma nação ou na elaboração de acordos "Norte-Sul" entre países industrializados e o Terceiro Mundo. Sem tais compromissos, o mundo não conseguirá considerar urgentemente necessário o esforço global. O diálogo entre nações ricas e pobres já foi envenenado pelo ceticismo destas quanto às intenções dos países industrializados. Mas, recentemente, foi também enriquecido com propostas como as de "dívidas em troca de natureza", pelas quais débitos são cancelados em troca de cooperação na proteção de partes ameaçadas do meio ambiente.

O rápido desenvolvimento econômico representa uma questão de vida ou morte em todo o Terceiro Mundo. Essa esperança não será negada a seus povos, quaisquer que sejam os custos ambientais. Como resultado, tal escolha não lhes deve ser imposta, pois, de seu ponto de vista, por que deveriam eles aceitar aquilo que expressamente recusamos para nós? Quem se atreveria a afirmar que qualquer país desenvolvido está disposto a abandonar o crescimento econômico e industrial? Quem há de garantir que alguma nação rica aceitará grandes reduções em seus padrões de conforto para atingir um equilíbrio ambiental?

Os países industrializados precisam compreender que não é dada ao Terceiro Mundo a escolha sobre seu desenvolvimento econômico. E espera-se que o consiga segundo um padrão mais racional do que o que lhe tem sido imposto até agora. Caso contrário, pobreza, fome e doenças dizimarão populações inteiras. Muito antes disso, haverá, em sociedades inteiras, distúrbios políticos revolucionários. É até possível que se travem guerras com toscas armas nucleares, pois a proliferação nuclear continua a refletir nossa incapacidade geral de administrar criteriosamente a tecnologia. Alguns conflitos podem ter como motivo até mesmo os próprios recursos naturais, como a água doce.

Por fim, devemos adquirir uma compreensão mais profunda do que significa desenvolvimento. Muitos homens de boa vontade já reconheceram a necessidade de infundir alguma coerência aos esforços de nações ricas e pobres para criar uma civilização mundial mais justa. Aquele que veio a ser chamado desenvolvimento é agora o meio principal pelo qual países ricos – em geral através de instituições multilaterais como o Banco Mundial e bancos de desenvolvimento regional – podem ajudar os subdesenvolvidos a acelerar sua transição para a modernidade. Infelizmente, os programas internacionais de desenvolvimento têm sido, com frequência, catastróficos para os países necessitados, pois muitos dos grandes projetos envolvidos têm tentado um crescimento industrial relâmpago, mesmo que acarrete riscos ao meio ambiente. Os problemas tão comuns em tais programas têm sido ecologicamente perigosos também em outro sentido: é raro existir grande equilíbrio entre os projetos financiados pelos países industrializados e as reais necessidades do Terceiro Mundo. Assim, um número demasiado grande de projetos tem-se revelado mais nocivo que benéfico, rompendo tanto o equilíbrio ecológico como a estabilidade social. Parte do preço é paga com desânimo, descrença e com a conclusão simplista de alguns, de que o próprio desenvolvimento é intrinsecamente indesejável. Um triste exemplo foi a inundação, em 1991, de grandes áreas em Bangladesh e o enorme número de mortes por afogamento, doenças e fome. A morna reação do mundo industrializado pareceu refletir uma capitulação fatalista ante a ideia de que tal sofrimento é certamente trágico mas, em essência, inevitável. Além disso, analistas sérios argumentaram ser desaconselhável praticamente qualquer ajuda do Ocidente, pois, como facilitaria o repovoamento de áreas litorâneas baixas, sujeitas a inundações e aumentaria a população, fornecendo alimentos a muitos, que, sem eles, morreriam, apenas lançaria as sementes de tragédias ainda piores nas próximas inundações.

A menos que o mundo industrializado aguce sua compreensão de como pode de fato ajudar e que tipo de desenvolvimento é apropriado, haverá muitas outras dessas capitulações morais e políticas ante horríveis tragédias. Nós, das nações ricas, nos iludiremos, acreditando que, como o desenvolvimento não funcionou e, o mais das vezes, agravou os problemas, o melhor a fazer é nada fazer – tornando-nos cúmplices do morticínio seletivo da espécie humana.

* * *

As forças da opressão sempre dependeram de cúmplices, da enorme massa de pessoas que concorda tacitamente com líderes e instituições interessados apenas em consolidar o próprio poder. Mas o mundo livre muito deve àqueles que têm resistido a forças dominantes frequentemente intimidadoras, e acredito que já devemos muito àqueles que têm-se recusado a ficar calados diante da degradação ambiental. De fato, uma das mais impressionantes histórias dessa resistência vem da Segunda Guerra, quando os heróis da resistência não raro pagavam com a vida.

No inverno de 1942, a cidade de Leningrado ficou sitiada, rodeada pelos tanques nazistas. Durante 900 dias horrendos, os habitantes suportaram o fogo da artilharia e o bombardeio aéreo, mas o pior foi a fome que, antes do fim do bloqueio, matou mais de 600 mil homens, mulheres e crianças. Os sobreviventes comiam serragem, ratos, grama – tudo o que encontravam.

No Instituto Vavilov, centro de pesquisas agrícolas e botânicas, 31 cientistas guardavam um incomparável acervo de plantas e sementes, meticulosamente coletadas em seus locais de origem genética, no mundo todo, sob a orientação do lendário biólogo, geneticista e pesquisador Nikolai Ivanovich Vavilov. Seus colegas – ele próprio fora preso pelos stalinistas por "sabotagem da agricultura" – preocupavam-se menos com a expansão do nazismo e dos *gulags* de Stalin que com o avanço da civilização industrial sobre as áreas da natureza onde se encontravam os recursos genéticos indispensáveis, responsáveis pelo controle das reservas e diversidade genética de alimentos no mundo. Como essas áreas também estavam sitiadas, as amostras no instituto representavam, para muitas espécies de grãos alimentícios, o único elo remanescente entre passado e futuro. Mesmo durante o bombardeio de Leningrado, os colegas de Vavilov corajosamente cultivaram novas gerações de lavouras para renovar seu estoque genético. E, quando ratos famintos aprenderam a derrubar das prateleiras as caixas metálicas para comer as sementes que continham, os cientistas organizaram turnos de vigia para proteger os tesouros genéticos.

Rodeados de sementes comestíveis e sacos de arroz e batatas, 14 deles preferiram morrer de fome, a consumir as preciosas amostras. Quando encontraram o dr. Dmytry S. Ivanov, especialista em arroz do instituto, morto em sua escrivaninha, estava rodeado de sacos de arroz. Consta que disse, pouco antes de morrer: "Enquanto o mundo inteiro estiver envolto nas chamas da guerra, preservaremos este acervo para o futuro de todos os povos".

Esses corajosos esforços foram emblemáticos daqueles de muitos homens e mulheres conscientes que lutaram na retaguarda, nas guerras desse século, em movimentos de resistência organizados para tentar diminuir a força destruidora do totalitarismo. Todos viram, no sistema que enfrentavam, uma força do mal e sentiram-se impelidos a lutar, apesar das exíguas chances de vencer. Alguns representavam a indignação nacional, outros foram motivados por valores religiosos e outros, ainda, simplesmente pelos ditames da consciência. Quase todos os movimentos da resistência – e seus participantes – constituíram pouco mais que pequenos obstáculos nas batalhas em si, mas a maioria representou fontes valiosas de informações para a reação estratégica armada, quando foi organizada. Em certas ocasiões, detiveram o avanço inimigo o suficiente para permitir a reorganização dos companheiros. Destacaram-se, porém, por terem soado um alarme – quando a maioria do mundo estava olhando em outra direção –, não apenas com palavras, mas na inspirada linguagem da coragem e consciência.

Hoje, quase todo o mundo olha em outra direção, fingindo não perceber a terrível e violenta investida da civilização industrial contra a natureza. Mas os alarmes hoje soam em todo o mundo, nos mesmos tons conhecidos da coragem e consciência. A fim de enfrentar bravamente essa nova força destruidora, surgiu uma nova estirpe de guerreiros de resistência: homens e mulheres que reconheceram a natureza bruta da força que agora ameaça florestas e oceanos, ar e água doce, vento e chuva – enfim, a rica diversidade da própria vida.

Lutam em condições de inferioridade, com poucas esperanças de vencer a guerra mais ampla, mas com um número surpreendente de vitórias em escaramuças que detêm a violenta investida, chegando às vezes a salvar determinada parte do sistema ecológico que se sentiram impelidos a defender. Nesse processo, além de darem exemplos de coragem e engenhosidade, representam a fonte de "informações" mais valiosa da vanguarda, sobre o que funciona e o que não funciona. Enquanto não vêm o chamado às armas e a organização de um gigantesco esforço para preservar o equilíbrio ambiental, hoje sitiado, esses guerreiros tentam desesperadamente chamar a atenção do mundo para a verdade sobre o que está ocorrendo. São fonte de inspiração para todos nós que estamos adquirindo uma compreensão melhor da crise e pelo menos algumas de suas histórias devem ser contadas aqui.

Como indivíduos, muitos dos guerreiros de hoje têm os mesmos traços de personalidade observados por psicólogos nos heróis da resistência da Segunda Guerra. Quer vivam na África, Ásia, América Latina, ou em áreas ambientalmente desgastadas do mundo industrializado são, em sua maioria, pessoas comuns, com profunda noção do certo e errado – incutida em geral por pais carinhosos e fortes – e mostram obstinada recusa em abrir mão de seus princípios, mesmo quando a força opositora parece invencível e até mortífera. Uma delas é Tos Barnett, ex-juiz da Suprema Corte de Papua-Nova Guiné e consultor constitucional do primeiro-ministro. Barnett quase foi assassinado e teve de fugir do país em dezembro de 1989, depois de apresentar os resultados de sua ampla e corajosa investigação sobre o extenso desmatamento em Papua-Nova Guiné e das acusações de corrupção nos negócios ligados à venda de madeira. No relatório de seis mil páginas – vinte volumes – descrevia terríveis desmandos: suborno de altos funcionários governamentais por empresas japonesas, campos de trabalhos forçados nas florestas, onde povos nativos mourejavam sete dias por semana em condições deploráveis, destruição desumana de lares, grande sonegação de impostos e corrupção generalizada.

Embora as autoridades houvessem nomeado Barnett para conduzir as investigações, simplesmente não estavam preparadas para sua decidida ação. Os documentos sobre corrupção descobertos por ele foram queimados, e seu relatório final, oficialmente abafado em Papua. Entre as empresas que citou estavam a Sanyo e a Sumitomo, já conhecidas pela marca de destruição deixada na Indonésia e na Malásia, antes de fazerem de Papua a nova vítima.

A cerca de 3 mil quilômetros de Papua Nova Guiné, na mesma época em que Tos Barnett iniciou sua investigação, milhares de povos nativos de Sarauak, na Malásia, deram-se os braços, formando barreiras humanas, a fim de bloquear as estradas destinada ao transporte de madeira, abertas no interior da floresta tropical, em desesperado esforço para impedir o corte indiscriminado de árvores. Em Sarauak, como em Papua, uma investigação revelou que, aparentemente, os funcionários do governo responsáveis pela floresta receberam dinheiro em troca de concessões às companhias que pretendiam destruí-las. Em face de pressões comerciais, o governo logo aprovou uma lei tornando ilegal o bloqueio das estradas destinadas ao transporte de madeira. Os povos nativos – inclusive os penans, os quenihas, os cahians, os quelabits, os lun bauangs e os ibans – finalmente resolveram o assunto por conta própria, depois de a erosão destruir suas terras a ponto de a água tornar-se imprópria para consumo. Aqueles cuja sobrevivência dependia da floresta em rápido desaparecimento ficaram totalmente desesperados. Embora fossem pequenas as chances desses guerreiros contra as poderosas forças conjugadas contra eles, sua coragem inspirou protestos internacionais que continuam até hoje.

Os penans, um povo de Sarauak, enviaram – com a ajuda de um grupo ambientalista, os Amigos da Terra – uma delegação aos Estados Unidos. Entraram em meu escritório em um dia de inverno, parecendo visitantes de outro milênio – ornamentos de palha na cabeça e braceletes de madeira, os únicos símbolos de sua cultura, e suéteres emprestados para protegê-los do intenso frio. Com a ajuda de um tradutor, que laboriosamente aprendera seu idioma, contaram como as companhias madeireiras haviam instalado holofotes para continuar, noite adentro, a destruição da floresta. À semelhança de traumatizados habitantes de uma cidade sitiada, contaram que nem as chuvas das monções diminuíram o ritmo das serras elétricas nem da maquinaria de extração da madeira, responsáveis por destruir o lar ancestral de seu povo. Antes de partir, deram-me o seguinte documento, escrito em uma linguagem claudicante:

Quase toda a reserva florestal de penan se foi. A água do rio ficou mais lodosa, e mais durante as chuvas como a de agora. Muitas pessoas da aldeia adoecem. As crianças sempre têm dor no estômago. A comida também não é suficiente. Temos que andar muito longe para procurar comida. Quando temos sorte, só depois de um ou dois dias conseguimos achar comida... também é difícil achar remédios. Quando fizemos os bloqueios de junho a outubro de 1987, melhorou um pouco. A água do rio estava começando a ficar limpa. A destruição da floresta parou por um tempo... muitos soldados e policiais vieram com helicópteros e armas.

Nós dizemos que os problemas de penan fizeram o povo penan fazer as barreiras. Os penans querem a terra e a floresta de seus antepassados. A polícia e os soldados respondem que agora existem novas leis. Se nós não acabarmos com as barreiras, seremos apanhados e mandados para a prisão. Nós, os penans, não queremos lutar com força. Não queremos as pessoas da família e da aldeia sendo machucadas. Quando a polícia e os soldados abriram os bloqueios, não resistimos. Quando pedimos a ajuda da polícia ela não vem. Quando a companhia pede, a polícia vem e fica muito tempo perto da aldeia. Por que a nova lei é tão ruim? Queremos leis para nos ajudar. Mas a nova lei é muito desapontadora. Não estão nos matando com armas, mas tomam nossas terras, é o mesmo que nos matar.

Essa é a vanguarda da guerra contra a natureza que se alastra por todo o mundo. As palavras dos penans ecoam as súplicas dos etíopes, quando as forças de Mussolini invadiram seu país, em 1935, e os pedidos de socorro dos húngaros quando os tanques soviéticos saíram às ruas em 1956. Os fracos e oprimidos são as primeiras vítimas, mas a sanha insaciável e incansável de explorar e saquear a terra logo despertará a consciência de outros que agora começam a entender os alarmes e os abafados gritos de socorro. Nas famosas palavras do pastor Martin Niemoller, a respeito de como os nazistas conseguiram dominar uma sociedade inteira:

> Na Alemanha, os nazistas vieram buscar primeiro os comunistas, e não protestei, pois não era comunista. Depois vieram buscar os judeus, e não protestei, pois não era judeu. Depois vieram buscar os sindicalistas, e não protestei, pois não era sindicalista. Depois vieram buscar os católicos, e não protestei, pois era protestante. Depois vieram buscar-me e, àquela altura, não havia ninguém para protestar por mim.

Quem exigiu uma nova resistência foi Chico Mendes. No final de 1988, os senadores Tim Wirth, John Heinz e eu, os congressistas John Bryant, Gerry Sikorski e uma delegação de observadores, estávamos a caminho do Brasil para encontrar Chico Mendes, talvez o mais famoso herói da resistência dos últimos anos, quando foi assassinado por um grupo de ricos latifundiários. Nascido no Acre, na região amazônica, Chico Mendes organizou e liderou os seringueiros, que colhem os produtos renováveis da floresta tropical – frutos, castanhas e principalmente borracha – que obtêm da seiva colhida através de pequenos cortes feitos nas seringueiras. Seu modo de vida tem ajudado a preservar a floresta tropical, mas começou a prejudicar os interesses comerciais que visam explorá-la, queimando-a e derrubando árvores para abrir espaço para fazendas provisórias de gado. Em diversas ocasiões, Chico Mendes e os seringueiros tentaram impedir a passagem de máquinas e recusaram-se a permitir que os exploradores cruzassem a floresta tropical para incendiar áreas próximas. Além disso, Chico Mendes encontrou formas alternativas – e sustentáveis – de ganhar a vida na floresta tropical e incentivou uma série de empreendimentos criativos para estimular os proprietários de terras a não destruí-las, mas a viver em harmonia com elas. Como aumentou seu reconhecimento da complexidade destas questões e desenvolveu-se sua capacidade de liderança, tentou entrar para a política, mas a riqueza e o poder dos latifundiários garantiram-lhe a derrota. Entretanto, continuou a ameaçar seus interesses, e mataram-no, com uma rajada de tiros, na porta de casa.

Chegando ao Acre, encontramo-nos com Ilzamar, viúva de Chico Mendes, e com seus companheiros do movimento seringueiro, que prometeram continuar a luta contra a destruição da Amazônia. A batalha está longe do fim: muitos outros integrantes do movimento, menos conhecidos que Chico Mendes, também foram mortos, e é impossível salvar a floresta tropical sem o apoio organizado do restante do mundo. A morte violenta de Chico Mendes, porém, não foi em vão, pois concentrou a atenção do mundo nas sérias ameaças a um dos mais notáveis ecossistemas do mundo. Embora desejasse viver, foi exatamente isso o que previu em sua última entrevista: "Se um anjo viesse do céu e garantisse que minha morte poderia fortalecer essa luta, seria uma troca justa".

Chico Mendes teria admirado uma notável queniana, Wangari Matthai, que fundou o Movimento Cinturão Verde. Wangari Matthai compreende o poder inerente ao simples ato de plantar árvores, e ao organizar mulheres para plantá-las e deter a erosão do solo, criou um movimento que até agora resultou na plantação de mais de 8 milhões de mudas em menos de uma década. Passei um dia com os membros desse movimento na área rural do Quênia em 1990. Explicaram-me que essa atividade oferece uma oportunidade de trocar informações – de mulher para mulher – sobre planejamento familiar e métodos de controle de natalidade. Além disso, os viveiros de árvores agora funcionam como celeiros genéticos de alimentos nativos, cuidadosamente combinados com os microambientes de diferentes altitudes e tipos de solo de várias regiões do Quênia. Embora Matthai tenha sido perseguida e aprisionada nos primeiros anos do movimento, granjeou tanta popularidade que se tornou intocável, e as perseguições tiveram fim.

Com Wangari Matthai o mundo pode aprender ainda outra lição sobre o que funciona e o que não funciona. Ela e seus companheiros usaram incentivos econômicos para estimular o plantio de árvores, mas descobriram um fator importante, que tem colaborado para garantir bons resultados: não pagam a remuneração quando se planta a árvore, mas só depois de ela deixar de ser arbusto e tornar-se grande e forte o suficiente para sobreviver por si mesma.

Um dos mais pitorescos defensores do planejamento familiar global é Mechai Viravayda, da Tailândia, chamado de "o P. T. Barnum* do controle da natalidade". Com atividades promocionais chamativas e humorísticas, ajudou a reduzir drasticamente o crescimento populacional – de 3,2 por cento em 1970 para menos de 1,7 por cento em 1990. "Se alguém consegue fazer as pessoas rirem juntas sobre o assunto do planejamento familiar, a batalha já está meio vencida", afirma ele. Embora às vezes seu histrionismo pareça exagerado – promove concursos de enchimento de preservativos, a distribuição destes por guardas de trânsito na véspera do Ano Novo, planos para pagar seguros de automóvel a taxistas que vendem certa cota de preservativos, entre outros – também organizou uma rede de milhares de centros de planejamento familiar, que ainda tem sido úteis na campanha contra a Aids na Tailândia.

Mendes, Matthai e Viravayda são de continentes e culturas diversas, mas têm um importante traço em comum. Assim como os participantes dos movimentos de resistência na Segunda Guerra, não trouxeram para a nova causa treinamento ou experiência especial. Nisto são típicos: aquelas que agora dedicam a vida à proteção do meio ambiente são, quase todas, pessoas "comuns", com uma noção extremamente aguçada sobre o certo e o errado e a coragem de defender suas convicções. Normalmente não procuram brigas, mas enfrentam injustiças quando com elas se defrontam.

Christine e Woodrow Sterling de Toone, no Estado do Tennessee, também não procuravam brigas. E, certamente, nunca poderiam imaginar que sua noção de certo e errado acabaria incorporada em duas amplas leis federais que regulamentam a deposição de rejeitos químicos perigosos e em uma das mais rigorosas sentenças obtidas em um julgamento em caso de deposição de rejeitos. Apenas notaram que a água de seu poço tinha um cheiro esquisito, e concluíram que se originava de alguma coisa que caminhões vindos de Memphis, a 120 quilômetros, haviam despejado em valas perto de sua propriedade. E sabiam que aquilo não estava certo.

Às vezes, uma grande comunidade de pessoas comuns se levanta, coesa. Alguns anos atrás, uma companhia de descarga de lixo, a Browning & Ferris Industries (BFI), operando através de testas-de-ferro, começou secretamente a

---

N. T. (*) P. T. Barnum: norte-americano que, no século XIX, deu vida nova aos espetáculos circenses, criando "O maior espetáculo da Terra".

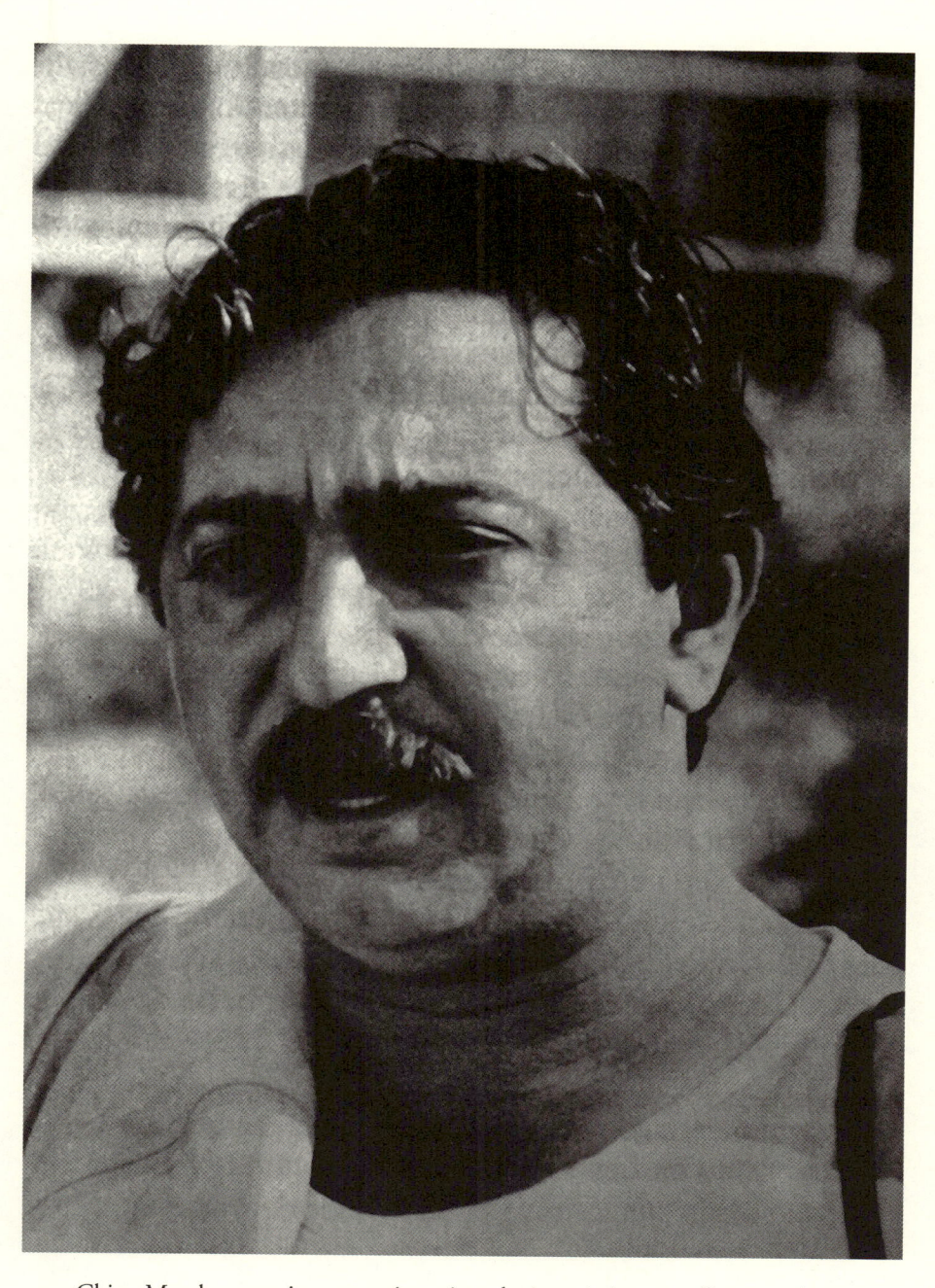

Chico Mendes organizou os seringueiros da Amazônia que colhem produtos renováveis da floresta tropical – borracha e castanhas-do-pará – e lutou contra os incêndios indiscriminados e a destruição causada por grandes latifundiários que buscam lucros a curto prazo à custa da tragédia ecológica a longo prazo. Em dezembro de 1988, um pistoleiro assassinou Chico Mendes. Um fazendeiro e seu filho foram depois condenados pelo crime.

fazer arrendamentos em uma área enorme no condado de Henderson, no Tennessee, próxima à rodovia Interstate 40. Na véspera do Natal de 1983 divulgou-se a notícia: a BFI planejava construir uma grande instalação regional de deposição de lixo perigoso no norte do condado de Henderson. Na manhã de Natal, 20 mil de seus habitantes abriram depressa os presentes e saíram para lutar contra o projeto. Algumas semanas depois, cada um dos alunos das escolas primárias concluíra um cartaz colorido no qual descrevia em termos pessoais por que o condado de Henderson precisava ser protegido contra a proposta da BFI. Cobriram com os cartazes as paredes dos três andares do Tribunal de Justiça, do chão ao teto. Os pais não chegaram a se preocupar, pois estavam confiantes demais em sua capacidade de impedir a deposição de lixo. Como declarou Marilyn Bullock, em uma audiência com uma multidão atrás dela aquiescendo: "Vocês não estão entendendo. Esse lixo *não* vai ser depositado aqui".

O que distinguiu esse movimento de uma reação impulsiva "não no meu quintal" foi a insistência de seus organizadores em reunir e avaliar cuidadosamente os fatos, não só sobre a proposta da companhia, mas também sobre todas as propostas semelhantes relativas à deposição de lixo perigoso como aquele, transportado pela BFI. Alguns meses depois, em uma audiência pública na cidade vizinha de Jackson, no Tennessee, alguns dos maiores especialistas em tecnologia de deposição de rejeitos testemunharam que os habitantes de Henderson nada tinham dos irracionais exaltados descritos pelos defensores da BFI; pelo contrário, estavam absolutamente corretos em sua leitura de livros de química e de estudos científicos, que mostravam ser a proposta de deposição de lixo totalmente irresponsável. No final, a instalação não foi construída em Henderson nem em qualquer outro lugar, e Marilyn Bullock e sua organização, a "Humans Against Lethal Trash" (HALT) assumiram a liderança na elaboração de uma legislação estadual e nacional. Tinham autoridade moral, pois a verdade estava a seu lado. E isso relação alguma tinha com política partidária: há muitos anos, Henderson é um dos condados com o maior número de republicanos do país e estes se uniram aos democratas na resistência.

Alguns quintais, contudo, já estão seriamente poluídos. Consideremos o caso do "Corredor do Câncer" no vale do baixo rio Mississippi, entre Baton Rouge e New Orleans, onde se produz mais de um quarto das substâncias químicas dos Estados Unidos e onde a incidência de câncer é uma das mais altas do país. Pat Bryant, ativista político afro-americano que começou sua carreira no início dos anos 80, organizando moradores de alojamentos públicos na paróquia de St. Charles, voltou sua atenção para os constantes problemas oculares e respiratórios das crianças que viviam perto dos complexos industriais da Monsanto e da Union Carbide. Na opinião de Bryant – compartilhada por muitos – o Corredor do Câncer surgiu devido à discriminação étnica e à impotência política.

Conheci Bryant em Atlanta, no Congresso Ambiental do Sul, em que predominavam brancos. Como ele afirmou depois: "Muitos ambientalistas eram de classe média. Todos falamos inglês, mas nem sempre o que dizemos tem o mesmo significado. Precisamos deixar de lado os costumes insensatos que nos dividem e trabalhar juntos, ao menos pelo bem de nossos filhos". Coerente com essa opinião, Bryant organizou uma coalizão de grupos ambientalistas e de trabalhadores para criar o Projeto Contra Poluentes da Luisiana, que contribuiu para a aprovação da primeira lei estadual sobre qualidade do ar, em 1989.

Mal se completara a coalizão, e a opinião de Bryant sobre o problema já ultrapassava os limites do Corredor do Câncer. No ano seguinte, durante a apreciação pelo Senado da Lei do Ar Puro, Bryant e um dos grupos nacionais ligados a seu projeto apontaram-me uma brecha flagrante: a lei permitira às companhias que emitiam poluentes tóxicos (o tipo mais mortífero de poluição do ar) furtar-se aos padrões mais rígidos de emissão, com a compra de áreas vizinhas de suas instalações e com a criação do que os ambientalistas chamam de "zonas mortas" – grandes áreas desabitadas e invariavelmente vizinhas a bairros pobres, cujas propriedades perderiam o valor. Sempre que o vento mudasse, os poluentes tóxicos, que deveriam cair na zona morta, acabariam caindo em algum outro lugar – certamente sobre as pobres moradias de famílias negras. A coalizão nacional foi útil na aprovação da emenda que fechou a brecha.

A perspectiva de Bryant é de especial importância devido ao medo constante de alguns ativistas – que trabalham com os pobres e oprimidos – de que o movimento ambientalista desvie as atenções de suas prioridades. Segundo Bryant:

> O meio ambiente é o problema número um deste país. Como afro-americano, minha esperança e desejo de liberdade diminuíram com a perspectiva da destruição ambiental. Se quisermos fazer grandes progressos em relação a este problema, teremos de formar coalizões de afro-americanos e de euro-americanos.

Às vezes, é claro, o fenômeno "não no meu quintal" propõe questões difíceis sobre como e onde situar instalações impopulares. De fato, entre os temas políticos atuais mais atacados e discutidos com maior veemência estão as propostas de estabelecer novos aterros ou depósitos de lixo em áreas cujos vizinhos se sentem ameaçados. Concluí, porém, que, quando os méritos de uma proposta realmente fazem sentido, aqueles que lutam contra ela em geral moderam sua oposição, ou pelo menos acham mais difícil conquistar apoio fora de seu âmbito. Mais frequentemente, os defensores de uma instalação industrial que provoca sérios problemas ambientais tentam desviar a atenção dos verdadeiros problemas, acusando seus oponentes de adotar uma reação impulsiva. E embora seja verdade que as pessoas, ao se oporem a esses problemas, são às vezes movidas por interesses próprios, a síndrome "não no meu quintal" representa, a meu ver, o começo de uma saudável tendência. De fato, estou convencido de que o apoio político a medidas de proteção à atmosfera global se intensificará no dia em que o significado da palavra "quintal" se ampliar, abrangendo o quinhão de cada um de nós no ar que respiramos.

O impulso para essa mudança virá da vanguarda da ciência e do trabalho de cientistas como o dr. Sherwood Rowland, que, em 1974, descobriu uma enorme mudança na composição química da atmosfera. As concentrações de cloro têm aumentado muito em todo o mundo, devido ao uso difundido de clorofluorcarbonos. Mas quando ele e o dr. Mario Molina, ambos da Universidade da Califórnia, em Irvine, anunciaram sua perturbadora descoberta, Rowland foi vítima de uma espécie de perseguição científica. Subitamente deixou de ser convidado para falar em reuniões científicas; pelo menos duas companhias que lucravam com as substâncias químicas perigosas ameaçaram retirar o patrocínio para as conferências, se Rowland participasse do programa. Mas Sherwood Rowland tem uma aguçada noção do certo e errado. Decidiu lutar, e vem lutando há mais de dezessete anos. Com sua mulher, Joanne, tem participado de conferências e simpósios em todas as regiões do mundo, defendido sua posição e recebido, pacientemente, todos os que o procuram.

Graças, em grande parte, ao trabalho de Sherwood Rowland e de colegas seus, como Mario Molina e Robert Watson da Nasa, o mundo estava pronto para ouvir, quando o buraco de ozônio causado pelos CFCs subitamente apareceu sobre a Antártica em 1987. A dra. Susan Solomon liderou uma expedição científica de emergência ao Polo Sul e confirmou a teoria de Rowland. Muitos países finalmente começaram a tomar providências, no entanto, até hoje, quando as provas contra os CFCs mostram-se esmagadoras, esses compostos químicos que ameaçam a vida continuam a ser liberados na atmosfera, e alguns países se recusam a empreender um esforço global para, unidos, proibir seu uso.

Alguns heróis da resistência transferiram a luta pelo meio ambiente das revistas e simpósios científicos para seus próprios quintais e destes para as salas de conselhos de empresas e os corredores do Congresso. Uma mulher admirável, a sra. Lynda Draper, uniu-se à luta em sua própria cozinha. Tomei conhecimento de sua corajosa batalha no início de 1989, quando ela foi a meu escritório pedir ajuda, logo após descobrir que a General Electric (GE) planejava liberar uma enorme quantidade de CFCs na atmosfera; de fato, já começara a fazê-lo. Segundo a história que me contou (depois confirmada pela GE), um técnico bateu à porta de sua casa, em Ellicott City, em Maryland, informando-a de que sua geladeira relativamente nova tinha um compressor defeituoso que precisava ser trocado. De fato, alguns funcionários da GE acreditavam estar demonstrando previdência e cuidado ao organizar o maior programa de substituição da história do setor; pretendiam trocar de 1 a 2 milhões de compressores sujeitos a defeitos, que causariam a perda de alimentos em muitas geladeiras.

Conforme a sra. Draper contou, o técnico foi até sua cozinha e inspecionou o refrigerador. "Então me pediu para abrir a janela. Eu não sabia por que, mas concordei. E, de repente, ouvi um ruído estranho." A sra. Draper, que trabalhara para grupos ambientalistas, imediatamente entendeu o que estava acontecendo: os CFCs do compressor antigo estavam saindo da geladeira, pela janela, diretamente para a atmosfera. Horrorizada, reclamou para o técnico. Quando ele explicou que eram apenas alguns gramas, ela não se convenceu. Pôs-se em campo para descobrir quantas geladeiras o programa de substituição incluía e multiplicou o total pelo número de gramas de CFC em cada uma. Calculou que ao menos 125 e talvez até 312 toneladas de CFCs chegariam à atmosfera durante o programa de substituição. Estava decidida a deter a companhia, mas o desafio que aceitou tinha laivos de ironia: tanto seu pai como seu avô haviam trabalhado na GE por longo tempo, e seu marido, por dez anos. De início, a sra. Draper tomou a medida mais lógica: telefonou à companhia para informá-la do que estava fazendo e por que estava errada. Quando a empresa lhe assegurou que as quantidades eram pequenas demais para causar preocupações, resolveu levar a queixa a funcionários municipais e estaduais e finalmente à Agência para a Proteção do Meio Ambiente. Mesmo assim, nada conseguiu. Quando chegou a meu escritório, já entrara em contato com o Grupo de Pesquisas de Interesse Público e fizera planos para uma entrevista coletiva, propondo um boicote nacional a todos os produtos da GE.

Em resposta aos persistentes esforços da sra. Draper, houve radical mudança na política da GE sobre CFCs, tornando-se a empresa líder industrial na redução desses compostos e estabelecendo padrões que os concorrentes ainda estão tentando alcançar. A GE desenvolveu um equipamento especial para eliminar os CFCs, em vez de liberá-los, e usou-o para retirar CFCs de outras partes do meio ambiente, como forma de compensar o que havia liberado durante o programa de substituição. O boicote não chegou a ser feito, e a sra. Draper, que começou com trabalho voluntário, hoje, se dedica em tempo integral à defesa do meio ambiente. "Pretendo continuar lutando", afirma. "Se mais pessoas lutassem, faríamos mais progressos."

Sherwood Rowland e a sra. Lynda Draper são, portanto, companheiros de luta. Mas a luta não se limita aos CFCs. Em última análise, inclui toda a relação entre a civilização e o meio ambiente. Pouco a pouco, pessoas de todas as classes sociais estão compreendendo a enormidade do problema: pouco a pouco, estamos despertando para as ameaças estratégicas ora propostas pelo rápido avanço da civilização. Embora a resistência esteja aumentando, tornando-se mais sofisticada, e conseguindo algumas vitórias notáveis, a guerra maior de salvação da Terra está sendo perdida. Esta situação só mudará quando o restante da humanidade, aproveitando as lições aprendidas desses pioneiros e inspirando-se em sua coragem e sacrifício, finalmente organizar uma reação geral a essa ameaça sem precedentes.

Não devemos esquecer as lições da Segunda Guerra Mundial. A Resistência retardou o avanço do fascismo e obteve significativas vitórias, mas o fascismo continuou sua marcha inexorável para a dominação até que o restante do mundo finalmente acordou e fez da derrota do fascismo seu princípio organizador central, de 1941 até 1945. Mas muitos ignoraram os primeiros sinais de alerta; em junho de 1936, por exemplo, Hailé Selassié, imperador da Etiópia, dirigiu-se ao mundo através da Liga das Nações. Seu país fora o primeiro a ser invadido pelo

Eixo e, ao descrever as atrocidades cometidas pelas forças de Mussolini – que incluíram o uso de gás venenoso – contou:

> Soldados, mulheres, crianças, gado, rios, lagos e pastagens foram encharcados continuamente com essa chuva mortífera. Para eliminar sistematicamente todas as criaturas vivas, para envenenar mais seguramente as águas e as pastagens, o comando italiano fez seus aviões passarem repetidas vezes.

Selassié declarou que tanto queria descrever as atrocidades contra seu povo quanto deixar claro que o restante do mundo em breve sofreria a mesma agressão. Tencionava, segundo ele, "alertar a Europa sobre a destruição que a espera, caso ela se curve diante do fato consumado... Deus e a história haverão de lembrar-se de sua escolha".

O mundo está novamente em um momento crítico. Uma investida inexorável causa vítimas em todo o mundo, e outra vez homens e mulheres corajosos tentam impedir a destruição, conclamando o restante da humanidade a ajudar a deter as invasões. Mas desta vez estamos invadindo a nós mesmos e atacando o sistema ecológico de que somos parte. Assim, agora enfrentamos a perspectiva de uma espécie de guerra civil global entre aqueles que se recusam a pensar nas consequências da investida implacável da civilização e aqueles que se recusam a compactuar com a destruição. Mais e mais pessoas conscientes estão se unindo no esforço de resistir, mas chegou a hora de fazer dessa luta o princípio organizador central da civilização. Fomos alertados para o destino que nos espera se "nos curvarmos diante do fato consumado". Deus e a história haverão de lembrar-se de nossa escolha.

15 · UM PLANO MARSHALL GLOBAL

A civilização humana tornou-se tão complexa, diversificada e gigantesca, que é difícil perceber como podemos reagir, coordenada e coletivamente, à crise do meio ambiente global. Mas as circunstâncias exigem exatamente tal resposta; se não conseguirmos adotar a preservação da Terra como novo princípio organizador, a própria sobrevivência da civilização estará ameaçada.

Quanto a isso, não há dúvidas. Todavia, como devemos agir? Como conseguiremos criar relacionamentos práticos de trabalho, capazes de reunir pessoas que vivem em condições extremamente diferentes? Como conseguiremos concentrar as energias de um grupo formado por nações tão diversas em um esforço sustentado que, além de durar muitos anos, traduzirá esse princípio organizador em mudanças concretas – mudanças que afetarão quase todos os aspectos de nossa vida em conjunto neste planeta?

Para nós, é difícil imaginar fundamentos realistas para a esperança de que o meio ambiente pode ser salvo, não só porque ainda nos falta um amplo acordo sobre a necessidade dessa tarefa, mas também porque nunca trabalhamos juntos globalmente em qualquer problema tão complexo quanto este. Não obstante, precisamos encontrar uma forma de nos unir a esta causa comum, pois a crise que enfrentamos constitui, em última análise, um problema global e só poderá ser solucionada em âmbito global. Abordar apenas uma ou outra dimensão, ou tentar implementar soluções nesta ou naquela região do mundo terminará por garantir unicamente frustração, fracasso e um enfraquecimento da resolução necessária para tratar o problema como um todo.

Embora de fato inexistam reais precedentes para uma reação global como aquela ora exigida, a história nos fornece pelo menos um excelente exemplo de esforço cooperativo: o Plano Marshall. Em admirável colaboração, ela própria sem precedentes, várias nações relativamente ricas e várias outras relativamente pobres – engrandecidas por um objetivo comum – uniram-se para reorganizar toda uma parte do mundo e mudar seu estilo de vida. O Plano Marshall mostra a possibilidade de traduzir uma ampla visão em ação concreta, e vale a pena recordar por que teve tão grande êxito.

Logo após a Segunda Guerra, tão grande era a devastação da Europa, que tornava inconcebível a retomada das atividades econômicas normais. No início da primavera de 1947, a União Soviética rejeitou as propostas dos Estados Unidos de colaborar com a recuperação da economia alemã, persuadindo o general George Marshall e o presidente Harry Truman, entre outros, de que os soviéticos esperavam capitalizar a difícil situação econômica predominante – não só na Alemanha, como também no restante da Europa. Depois de muitas discussões e estudos, os Estados Unidos lançaram as bases para o Plano Marshall, tecnicamente chamado Programa para a Recuperação Europeia.

Esta imagem da Terra, que mostra a Antártica, a África, Madagascar e a península Arábica, talvez seja a mais famosa fotografia de nosso planeta visto do espaço. Foi tirada em 1972 durante o programa Apollo, quando a nave estava a meio caminho da Lua.

Em geral se considera o Plano Marshall uma ousada estratégia para ajudar as nações da Europa Ocidental a se reconstruírem e a se tornarem suficientemente fortes, a fim de resistir ao avanço do comunismo. Essa concepção popular está relativamente certa. Porém os historiadores Charles Maier e Stanley Hoffman, ambos professores de Harvard, ressaltam o caráter estratégico do plano, com sua ênfase nas causas estruturais da incapacidade europeia de sair do caos social, político e econômico. O plano concentrou-se em eliminar os gargalos – como a infra-estrutura destruída, minas de carvão inundadas e barreiras comerciais irracionais – que tolhiam o potencial de crescimento da economia de cada país. O Programa para a Recuperação Europeia durou o suficiente para funcionar como um esforço global destinado a proporcionar uma reorientação estrutural básica, e não apenas mais ajuda de emergência ou qualquer outro programa de "desenvolvimento". Foi planejado para mudar a dinâmica dos sistemas aos quais ofereceu assistência, assim facilitando o surgimento de um padrão econômico saudável. Além disso, foi brilhantemente administrado por Averell Harriman.

Os historiadores destacam também o caráter regional do Plano Marshall e seus incentivos à promoção da integração europeia e da ação conjunta. De fato, desde o início, o plano tentou facilitar o surgimento de um contexto político mais amplo – a Europa unificada. Para tanto, insistiu em que todas as medidas fossem coordenadas por todos os países da região. A recente criação de um parlamento europeu unificado e os ingentes esforços para a criação da Comunidade Econômica Europeia (CEE) tornaram-se possíveis, em grande parte, graças ao trabalho de base do Plano Marshall.

Entretanto, quando foi proposta, a ideia de uma Europa unificada parecia ainda menos provável que a queda do muro de Berlim, há alguns anos – e tão improvável quanto hoje nos parece uma solução global unificada para a crise ambiental. Improvável ou não, algo como o Plano Marshall – um plano Marshall Global, se preferirmos – agora se faz urgentemente necessário. O âmbito e a complexidade desse plano em muito excederão aqueles do original; hoje precisamos de um plano em grande escala, a longo prazo, com assistência financeira atentamente dirigida para as nações em desenvolvimento, gigantescos esforços destinados a projetar e, depois, a transferir para essas nações as novas tecnologias necessárias ao progresso econômico sustentado, um programa de alcance mundial que torne estável o crescimento da população global e compromissos pelos quais as nações industrializadas se obriguem a acelerar a própria transição para um padrão de vida ambientalmente responsável.

Apesar das diferenças fundamentais entre o final dos anos 1940 e os dias de hoje, no entanto, o modelo do Plano Marshall poderá revelar-se de grande valia quando começarmos a lutar contra o enorme desafio que enfrentamos. Por exemplo, um Plano Marshall Global deve, à semelhança do plano original, concentrar-se em objetivos estratégicos e enfatizar ações e programas capazes de eliminar os obstáculos que hoje cerceiam o bom funcionamento da economia global. A nova ordem econômica mundial precisa ser um sistema abrangente que não exclua regiões inteiras – como o atual sistema, que exclui quase toda a África e grande parte da América Latina. Em uma economia abrangente, por exemplo, as nações ricas não mais podem insistir em que as do Terceiro Mundo paguem juros altíssimos sobre dívidas antigas, quando os sacrifícios necessários para pagá-los aumentam tanto a pressão sobre suas populações já sofridas, que as tensões revolucionárias intensificam-se violentamente. O enfoque do Plano Marshall sobre os problemas europeus foi o mais amplo possível, desenvolvendo estratégias para atender a exigências humanas e incentivar o progresso econômico sustentado. Devemos fazer o mesmo, desta vez em escala global.

Todavia, o pensamento estratégico será inútil sem consenso – e também nesse caso o Plano Marshall é elucidativo. Os historiadores nos lembram de que ele não teria dado certo se os países que recebiam assistência não tivessem em comum uma perspectiva ideológica – ou ao menos uma tendência – a um quadro de ideias e valores semelhantes. A acentuada preferência da Europa do pós-guerra pela democracia e pelo capitalismo possibilitou a integração regional das economias. Hoje, o mundo inteiro também está muito mais próximo de um consenso sobre princípios básicos políticos e econômicos do que há alguns anos, e à medida que se tornar mais evidente o triunfo filosófico dos princípios ocidentais um Plano Marshall Global se mostrará cada vez mais viável.

É razoável afirmar que, nos últimos anos, a maioria dos países chegou a três conclusões importantes: a democracia deverá ser a forma preferida de organização política; o livre mercado será a forma preferida de organização econômica e a maioria das pessoas agora se sente parte de uma civilização verdadeiramente global – já anunciada muitas vezes neste século, mas hoje, enfim, perceptível no coração e mente dos seres humanos em todo o mundo. Mesmo as nações – como a China –, ainda oficialmente contrárias à democracia e ao capitalismo, parecem aos poucos estar seguindo nossa direção filosófica – ao menos as gerações mais jovens que não chegaram ao poder.

Outra motivação para o Plano Marshall foi uma aguçada consciência do perigoso vazio criado com o fim da ordem totalitária nas nações do Eixo, bem como do potencial para o caos, na ausência de qualquer impulso positivo para a democracia e o capitalismo. De modo análogo, a fragorosa derrota filosófica do comunismo (na qual o próprio Plano Marshall desempenhou importante papel) deixou um vazio ideológico propício, tanto a uma estratégia audaciosa e idealista, destinada a facilitar o surgimento de governos democráticos e de mercados livres no mundo – em um sistema verdadeiramente global –, quanto a um caos crescente, como aquele já bastante comum do Camboja à Colômbia, da Libéria ao Líbano, do Zaire ao Azerbaijão.

A fim de dar certo, porém, o Plano Marshall dependeu, em parte, de algumas circunstâncias especiais predominantes na Europa do pós-guerra, mas não em várias regiões do mundo atual. Por exemplo, antes da Segunda Guerra, as nações europeias tinham economias avançadas e conseguiram conservar um grande número de trabalhadores especializados, matérias-primas, bem como a experiência compartilhada da modernidade. Também tinham em comum um potencial indiscutível para a cooperação regional – fato que talvez fique mais claro em retrospectiva, do que era na época, quando parecia remota a possibilidade de boas relações entre, por exemplo, a Alemanha e a Inglaterra.

Por outro lado, é simplesmente assombrosa a diversidade das nações a serem envolvidas em um Plano Marshall Global, com todos os tipos de entidades políticas representando estágios radicalmente diferentes de desenvolvimento econômico e político – e com o surgimento de entidades "pós-nacionais", como o Curdistão, os Bálcãs, a Eritreia e a Caxemira. De fato, alguns povos hoje se autodefinem em termos de um critério ecológico, e não de uma subdivisão política. Por exemplo, "a região do Mar de Aral" abrange povos de partes de várias repúblicas soviéticas que sofrem, sem exceção, a catástrofe ecológica regional do Mar de Aral. "Amazônia" é um termo que corresponde a povos de várias nacionalidades na maior floresta tropical do mundo, onde as fronteiras nacionais são, muitas vezes, invisíveis e irrelevantes.

Embora a diversidade de povos e nações torne incomensuravelmente mais complexo o modelo adotado com tanto êxito na Europa, não impossibilita a aplicação de outra das lições do Plano Marshall: dentro dessa diversidade, devem-se formular os planos para catalisar a transição a uma sociedade sustentável, tendo em mente agrupamentos regionais, com estratégias diferenciadas para cada região. A Europa Oriental, por exemplo, tem um conjunto de características regionais muito diversas daquelas do Sahel na África subsaariana – assim como a América Central se defronta com desafios muito diferentes daqueles enfrentados pelo arquipélago do sudeste da Ásia.

Muitos dos obstáculos ao progresso encontram-se no mundo industrializado; de fato, um dos maiores obstáculos a um Plano Marshall Global é a exigência de que as economias avançadas sofram, elas próprias, profundas transformações. O Plano Marshall lançou o fardo da mudança e da transição apenas sobre as nações que recebiam recursos. O financiamento coube inteiramente aos Estados Unidos que, naqueles mesmos anos, sem sombra de dúvida, passaram por várias transformações, mas não por injunção de uma potência estrangeira nem para se desobrigar de qualquer senso de dever imposto por um acordo internacional.

O novo plano exigirá que as nações ricas distribuam verbas, tanto para transferir tecnologias ambientalmente úteis ao Terceiro Mundo quanto para ajudar nações pobres a conseguir uma população estável e um novo padrão de progresso econômico sustentável. Para dar resultados, contudo, tal esforço também exigirá que os países ricos façam a própria transição, que em alguns casos será mais violenta que a do Terceiro Mundo, simplesmente porque serão rompidos padrões firmemente estabelecidos. Assim, é grande a oposição à mudança, mas essa transição é possível e necessária – não só no mundo desenvolvido, como também no subdesenvolvido. E quando ocorrer, provavelmente, será em um contexto de acordos globais, que obrigarão todas as nações a agir em conjunto. A fim de serem respeitados, esses acordos devem fazer parte de um plano geral, centrado na elaboração de um padrão mais saudável e equilibrado da civilização mundial, capaz de integrar o Terceiro Mundo à economia mundial. E, em condição de idêntica importância, as nações desenvolvidas devem mostrar-se dispostas a liderar pelo exemplo. Caso contrário, é pouco provável que o Terceiro Mundo pense em realizar as mudanças exigidas – mesmo em troca de considerável assistência. Por fim, assim como o Plano Marshall respeitou escrupulosamente a soberania de cada país, exigindo, ao mesmo tempo, que todos trabalhassem em conjunto, o novo plano precisa destacar a cooperação – nas diferentes regiões do mundo, em nível global – respeitando, ao máximo, a integridade de cada nação-estado.

Esse ponto merece atenção especial. A simples referência a qualquer plano que vise a uma cooperação mundial desperta, de imediato, preocupações em muitos – especialmente nos conservadores – que, há algum tempo, nela veem a defesa de uma autoridade supranacional como governo mundial. De fato, alguns que são favoráveis ao esforço comum e global tendem a pressupor ser inevitável uma autoridade supranacional. Entretanto, essa ideia é inviável em termos políticos e inexequível em termos práticos. O problema político é óbvio: a ideia suscita tanta oposição que impede a realização de outros debates sobre os objetivos prioritários – especialmente nos Estados Unidos, onde somos zelosos guardiães da liberdade individual. O temor de que nossos direitos possam ser ameaçados mediante o delegar de uma soberania, mesmo que parcial, a alguma autoridade global garante que essa ameaça simplesmente não vai-se configurar. Podemos ilustrar o problema prático com uma pergunta: qual seria o sistema concebível de governo mundial, capaz de impelir nações isoladas a adotar políticas ambientalmente corretas? Os problemas administrativos seriam colossais, na pior das hipóteses porque a incompetência governamental, não raro, parece crescer geometricamente com o aumento da distância entre o centro de poder e os indivíduos por ele afetados. Porém, dado o estado caótico de alguns dos governos que estariam sujeitos a essa entidade global, é quase certo que qualquer instituição semelhante teria efeitos secundários e complicações indesejadas, que interfeririam com o objetivo prioritário. Como afirmou Dorothy Parker a respeito de um livro de que não gostava, a ideia de um governo mundial "não deve ser apenas encostada; deve ser atirada fora com toda a força".

Entretanto, se um governo mundial não é factível nem desejável, como conseguiremos organizar um esforço mundial de cooperação para salvar o meio ambiente? Só há uma resposta: precisamos negociar acordos internacionais, que imponham restrições globais quanto a comportamentos aceitáveis, mas que sejam assumidos voluntariamente – embora com a compreensão de que deverão conter tanto incentivos quando penalidades legalmente válidas quando do não cumprimento.

A mais importante organização supranacional do mundo – as Nações Unidas – tem, de fato, um papel a cumprir – embora eu duvide de sua capacidade de fazer muito. Em termos específicos, a fim de ajudar a monitorar a evolução de um acordo global, a ONU deveria estudar a ideia de estabelecer um Conselho de Administração para ocupar-se dos assuntos relativos ao meio ambiente global – assim como o Conselho de Segurança hoje se ocupa de assuntos da guerra e da paz. Tal fórum pode mostrar-se cada vez mais útil e até necessário, conforme a crise ambiental se revelar em toda a sua extensão.

De modo análogo, seria aconselhável iniciar uma tradição de reuniões de cúpula anuais sobre o meio ambiente, semelhantes às conferências hoje realizadas sobre economia, nas quais só raramente se encontra tempo para tratar do meio ambiente. As discussões preliminares sobre um Plano Marshall Global deveriam, de qualquer forma, ser realizadas no mais alto nível. E, ao contrário das reuniões de cúpula sobre economia, delas deveriam participar chefes de estado do mundo desenvolvido e do mundo em desenvolvimento.

Em qualquer acordo global como o que estou propondo, o relacionamento mais difícil é aquele entre nações ricas e pobres; deve haver um equilíbrio cuidadoso entre os encargos e as obrigações impostas a esses dois grupos de nações. Se, por exemplo, qualquer acordo produzir maior impacto sobre os países pobres, talvez tenha de ser contrabalançado por um acordo concomitante, que cause maior impacto sobre as nações ricas. Essa abordagem já está sendo adotada naturalmente em algumas das primeiras discussões sobre problemas ambientais globais. Um exemplo é a ligação implícita entre as negociações para salvar as florestas tropicais – que se situam, quase todas, em países pobres – e aquelas para reduzir a emissão de gases causadores do efeito estufa – problema especialmente complexo para as nações ricas. Se tais negociações tiverem êxito, os acordos delas resultantes serão reciprocamente vantajosos.

O projeto de um Plano Marshall Global deve reconhecer também que muitos países encontram-se em diferentes estágios de desenvolvimento, e que cada novo acordo precisa ser sensível ao abismo entre os países envolvidos, não só em termos de sua relativa riqueza mas também de seus respectivos estágios de desenvolvimento econômico, cultural e político. Essa diversidade é importante, tanto entre as nações que receberiam ajuda, em um plano global, quanto entre aquelas que, espera-se, seriam responsáveis por prestar assistência. A coordenação e o acordo entre estas, por exemplo, talvez propusessem o maior desafio. Os dois patrocinadores do Plano Marshall – Estados Unidos e Grã-Bretanha – haviam trabalhado, durante a guerra, em estreita colaboração, que serviu como modelo para a colaboração no período pós-guerra. Hoje, é claro, os Estados Unidos não podem ser o patrocinador principal de um programa de recuperação global e tampouco tomar as decisões-chave sozinhos, ou apenas com um aliado próximo. Os recursos financeiros devem agora vir do Japão, da Europa e dos países ricos produtores de petróleo.

A aliança ocidental tem-se mostrado, com frequência, inflexível e improdutiva quando estão em jogo vultosas quantias. Apesar disso, podemos constatar sua expressiva cooperação em inúmeras questões políticas, econômicas e militares, na longa luta contra o comunismo, e o mundo deve ter condições de inspirar-se neste exemplo, como fizeram os Estados Unidos e a Grã-Bretanha ao se valerem de sua cooperação durante a guerra para implementar o Plano Marshall. Ironicamente, o colapso do comunismo tirou da aliança seu inimigo comum, mas a possível liberação de recursos pode criar a oportunidade ideal para que escolham um novo objetivo grandioso pelo qual trabalharão em conjunto.

Não obstante, há diversos obstáculos sérios para a cooperação, mesmo entre as grandes potências – os Estados Unidos, o Japão e a Europa – antes que possam pensar em um Plano Marshall Global. O Japão, apesar de seu enorme poderio econômico, tem-se mostrado relutante em dividir a responsabilidade pela liderança política mundial e até agora parece cego à necessidade de desempenhar tal papel. E a Europa, por sua vez, estará ocupada por muitos anos no intrincado processo de se unificar – desafio que se torna ainda mais complexo devido às solicitações das nações da Europa Oriental que repentinamente se libertaram e agora desejam unir-se à Comunidade Econômica Europeia.

Como consequência, a responsabilidade de tomar a iniciativa, de inovar, de catalisar e liderar tal esforço cabe desigualmente aos Estados Unidos. Hoje, porém, início da década de 1990, nossa natural aptidão para a liderança mundial parece muito menor do que no final da década de 1940. Isso se deve, em parte, à amarga experiência da guerra do Vietnã, e o desgaste de arcar com o fardo da liderança mundial ainda faz sentir seus efeitos. Além disso, estamos longe de ocupar a posição de destaque na economia mundial que então ocupávamos – o que necessariamente se reflete em nossa disposição de assumir grandes responsabilidades. Nosso déficit orçamentário é hoje tão grande que nos prejudica a disposição de pensar até mesmo nas tarefas mais urgentes. Charles Maier assinala que os gastos anuais dos Estados Unidos com o Plano Marshall, de 1948 a 1951, chegaram a quase a dois por cento de nosso produto interno bruto. Hoje, uma porcentagem semelhante deveria atingir quase 100 bilhões de dólares por ano (comparado a nosso orçamento total de ajuda externa não militar, de cerca de 15 bilhões de dólares anuais).

Entretanto, o Plano Marshall contou com grande apoio bipartidário no Congresso. Havia poucas dúvidas, na época, de que a intervenção governamental, longe de prejudicar o sistema de livre-empresa na Europa, constituía a forma mais eficaz de estimular seu bom funcionamento. Nossos atuais líderes, no entanto, parecem temer quase todas as formas de intervenção. De fato, a causa mais grave da relutância em assumir a liderança na criação de uma estratégia ambiental eficaz parece ser o temor de que, se tomarmos a iniciativa, só nos restará liderar pelo exemplo e buscar com empenho as mudanças que poderiam afetar a política econômica que preferem, de *laissez-faire*, ou seja, de não interferência.

Tampouco parecem nossos líderes dispostos a ter uma visão tão grande do futuro como a de Truman e Marshall. Naquele confuso período de pós-guerra, um ex-colega de Marshall, o general Omar Bradley, afirmou: "Está na hora de nos guiarmos pelas estrelas, e não pelas luzes de cada navio que passa". Este parece, sem dúvida, ser outro momento em que se faz necessário esse tipo de navegação, embora muitos responsáveis por nosso futuro pareçam sentir-se distraídos pelas "luzes de cada navio que passa", ou seja, as constantes pesquisas de opinião pública.

Em qualquer esforço de formular um plano para sanar as condições ambientais, o realismo máximo consiste em reconhecer que as atitudes do público ainda estão mudando – e que as propostas, hoje consideradas por demais ousadas para serem politicamente viáveis, logo serão ridicularizadas como lamentavelmente inadequadas para a tarefa em questão. Todavia, embora a aceitação pública da magnitude da ameaça esteja de fato aumentando – e deverá, no fim, subir quase verticalmente, quando a consciência da terrível verdade fizer da busca de soluções uma paixão absorvente – é importante reconhecer também que estamos ainda em um período em que a curva apenas começa a se inclinar. Por ironia, neste estágio, o máximo politicamente viável ainda está longe do mínimo verdadeiramente eficaz. E, para piorar a situação, a curva de viabilidade política nos países desenvolvidos pode muito bem se mostrar completamente diferente daquela que corresponde aos países em desenvolvimento, onde as ameaças imediatas ao bem-estar e à sobrevivência em geral fazem a salvação do meio ambiente parecer um luxo a que ninguém pode se permitir.

Parece fazer sentido, portanto, implantar um conjunto de políticas capaz de fazer frente às exigências de ação em todo o mundo, quando se tornar evidente a magnitude da ameaça. E também é essencial propor medidas enérgicas, que sejam politicamente exeqüíveis agora – mesmo antes da grande mudança da opinião pública sobre o meio ambiente global – e rapidamente passíveis de aprimoramento, à medida que aumenta a consciência da crise e se tornam possíveis medidas ainda mais decisivas.

Com o Plano Marshall original funcionando como modelo e fonte de inspiração, podemos começar a traçar uma linha de ação. Precisamos organizar o esforço mundial de salvar o meio ambiente em torno de objetivos estratégicos, que ao mesmo tempo representem as mudanças mais importantes e permitam-nos reconhecer, medir e avaliar nosso progresso na realização dessas mudanças. Cada objetivo deve apoiar-se em um conjunto de medidas que permitam a toda a civilização alcançá-lo com a maior rapidez, eficiência e exatidão possíveis.

A meu ver, cinco objetivos estratégicos precisam orientar os esforços de salvação do meio ambiente. Gostaria de fazer um rápido esboço de cada um deles, antes de analisá-los em maior profundidade.

O primeiro objetivo estratégico deve ser **a estabilização da população mundial**, com políticas formuladas para criar, em todas as nações, as condições necessárias à chamada transição demográfica – a mudança histórica e bem documentada de um equilíbrio dinâmico entre altas taxas de natalidade e mortalidade para um equilíbrio estável entre taxas baixas de natalidade e mortalidade. Tal mudança ocorreu na maioria das nações industrializadas (onde são baixas as taxas de mortalidade infantil e altas as de alfabetização e instrução) e em quase nenhum dos países em desenvolvimento (onde se dá o inverso).

O segundo objetivo estratégico deve ser **a criação e o desenvolvimento acelerados de tecnologias ambientalmente adequadas** – principalmente nos setores de energia, transporte, agricultura, construção civil e manufatura – que permitam o progresso econômico sustentável sem a concomitante degradação ambiental. As novas tecnologias devem, então, ser transferidas sem demora para todas as nações – especialmente as do Terceiro Mundo –, que pagariam por elas mediante o cumprimento de várias obrigações em que incorreriam como participantes do Plano Marshall Global.

O terceiro objetivo estratégico deve ser **uma mudança abrangente e generalizada nas regras da economia pelas quais medimos o impacto de nossas decisões sobre o meio ambiente.** Devemos estabelecer, por consenso global, um sistema de contabilidade econômica que atribua os devidos valores às consequências ecológicas, tanto das escolhas rotineiras de mercado feitas por indivíduos quanto das escolhas macroeconômicas, mais amplas, feitas pela nação.

O quarto objetivo estratégico deve ser **a negociação e aprovação de uma nova geração de acordos internacionais** que incluiriam regulamentações, proibições específicas, mecanismos para obrigar o cumprimento, planejamento cooperativo, acordos comuns, incentivos, penalidades e obrigações mútuas – itens necessários para que o plano, como um todo, tenha êxito. Tais acordos devem ser especialmente sensíveis às grandes diferenças de capacidade e necessidades entre as nações desenvolvidas e aquelas em desenvolvimento.

O quinto objetivo estratégico deve ser **o estabelecimento de um plano de cooperação para a educação dos cidadãos de todo o mundo sobre o meio ambiente global** – em primeiro lugar, mediante o estabelecimento de um abrangente programa para pesquisas e monitoração das mudanças que hoje ocorrem no meio ambiente, de forma a incluir povos de todas as nações, especialmente os estudantes; em segundo, mediante um esforço gigantesco para divulgar informações sobre ameaças locais, regionais e estratégicas ao meio ambiente. O objetivo máximo desse esforço seria o estímulo a novos padrões de pensamento sobre a relação entre a civilização e o meio ambiente global.

Cada um desses objetivos tem estreita relação com os demais e todos devem ser perseguidos simultaneamente dentro da estrutura mais ampla do Plano Marshall Global. Por fim, ele deve ter como objetivo mais geral e integrador **o estabelecimento, especialmente no mundo em desenvolvimento, das condições políticas e sociais mais propícias ao surgimento de sociedades sustentáveis** – como justiça social (inclusive padrões equitativos de propriedade de terras), compromisso com os direitos humanos, nutrição adequada, programas de saúde e habitação, além de aumento nos índices de alfabetização e na responsabilidade, participação e liberdade políticas. Evidentemente, cada uma dessas diretrizes específicas deve ser escolhida como elemento a serviço do princípio organizador central para a salvação do meio ambiente global.

Examinemos agora cada objetivo em maiores detalhes. Para cada um deles, apresentarei uma discussão genérica sobre a razão de sua importância, além de propostas específicas para sua consecução, e o papel dos Estados Unidos nesse processo.

I. ESTABILIZAÇÃO DA POPULAÇÃO MUNDIAL

Não há objetivo mais crítico para sanar as condições do meio ambiente global do que a estabilização da população humana. A rápida explosão populacional desde o início da revolução científica – em especial na segunda metade do século – constitui o exemplo isolado mais claro da enorme mudança na relação geral entre a espécie humana e o sistema ecológico terrestre (ver ilustração da p. 44). Além disso, a velocidade com que se verificou tal mudança foi, por si só, uma importante causa da desagregação ecológica, pois sociedades que aprenderam, durante centenas de gerações, a ganhar a vida com dificuldade, dentro de frágeis ecossistemas, defrontaram-se – em uma única geração – com a necessidade de alimentar, vestir e abrigar o dobro ou o triplo de pessoas dentro dos mesmos ecossistemas.

Só os números já contam uma história dramática: como vimos no Capítulo I, dos primeiros humanos reconhecíveis, há mais de dois milhões de anos, ao fim da última Era Glacial, a população da Terra jamais ultrapassou alguns milhões. Dez mil anos depois, ainda era formada por apenas dois bilhões. Contudo, só nos últimos 45 anos, aumentou em mais do que este total – para quase 5,5 bilhões. E, nos próximos 45 anos, dobrará outra vez, elevando-se a cerca de 9 bilhões. Embora, até recentemente, os especialistas houvessem previsto que a população se estabilizaria em 10 bilhões durante o século XXI, agora afirmam que esse total poderá atingir 14 bilhões ou mais, antes de começar a estabilizar-se. E – fato ainda mais notável –, cerca de 94 por cento dos aumentos ocorrerão no mundo em desenvolvimento, onde a pobreza e a degradação ambiental já são as mais graves.

Para examinar esses números em uma perspectiva diferente, consideremos que o mundo está crescendo, em população, o equivalente a uma China a cada dez anos, a um México a cada ano, a uma cidade de Nova York a cada mês e a uma Chattanooga a cada dia. Se os aumentos continuarem nesse ritmo, será inimaginável o impacto sobre o meio ambiente no século XXI. Ao pensarmos em formas de limitar o crescimento demográfico, é importante avaliar o forte impulso no sentido de aumentos continuados, decorrentes das dimensões da atual população, principalmente do enorme número de pessoas que estão chegando – ou chegarão em breve – à idade fértil. Mesmo que, no mundo inteiro, as taxas de natalidade diminuíssem de uma hora para outra, esse impulso ainda resultaria, por muitas décadas, em um crescimento continuado no total de habitantes. É também imprescindível lembrar que há uma profunda diferença entre conseguir estabilizar a população em 10 ou 11 bilhões, e não em 14 ou 15 bilhões, em termos do impacto humano sobre o meio ambiente – assim como sobre os habitantes da Terra.

Números à parte, o modo como vivem essas massas de pessoas e as tecnologias que usam têm importância crítica na determinação do impacto que causam sobre o meio ambiente. Qualquer criança nascida onde predomine um estilo de vida altamente consumista, tão comum no mundo industrializado, produzirá, sobre o meio ambiente, um impacto em média muitas vezes mais destruidor do que aquele produzido por uma criança nascida no mundo em desenvolvimento. Por essa razão, alguns líderes do Terceiro Mundo ficam indignados com o argumento de que a maior ameaça ao meio ambiente global é o crescimento populacional em seus países.

Mas os números absolutos são assustadores. Consideremos o drama de muitos países, segundo as estimativas "mais otimistas", feitas pelo Fundo das Nações Unidas para Atividades Populacionais. O Quênia, que hoje tem 27 milhões de habitantes, em trinta anos terá cerca de 50 milhões. A população do Egito, hoje 55 milhões de pessoas, está aumentando em um número igual ao de toda a população de Israel a cada quatro anos; dentro de trinta anos chegará a pelo menos 100 milhões. A Nigéria, cuja população já atinge 100 milhões, terá nos próximos trinta anos no mínimo 300 milhões de habitantes. Nesses três países já se exploram exageradamente os recursos naturais e se ameaça a integridade dos sistemas ecológicos, portanto é de fato assustador imaginar o impacto desses aumentos populacionais. Além disso, esses milhões de pessoas a mais teriam um padrão de vida lastimável. Novas epidemias – da cólera à Peste Negra e à Aids – já estão surgindo em sociedades desequilibradas pelo rápido aumento demográfico, pela consequente ruptura de seu padrão de vida tradicional e pela degradação do meio ambiente. Além disso, em algumas áreas onde o crescimento é rápido, como no Sahel, períodos de fome em grande escala não são mais ocasionais, mas representam uma nova endemia.

As tensões sociais e políticas, decorrentes de índices de crescimento como esses, ameaçam causar um colapso na ordem social em muitos dos países que crescem rapidamente – e isso, por sua vez, aumenta a perspectiva de guerras, devido à escassez de recursos naturais, em regiões onde as populações em expansão dividem as mesmas provisões. Consideremos a água, por exemplo. Nos 14 países que dependem do Rio Nilo, está havendo uma explosão demográfica, embora o volume de água do rio seja igual, hoje, ao dos tempos bíblicos. De modo análogo, todas as nações que dependem do rio Jordão tem rápido crescimento populacional e o conflito causado por esse pequeno curso d'água começa a aumentar consideravelmente as tensões religiosas, sociais e políticas, há muito existentes na região. O Tigre e o Eufrates vivem o mesmo dilema: dividir limitados suprimentos de água entre diversas populações, cujo crescimento é notável.

Consideremos o problema de outra forma. Suponhamos que alguém tenha inventado uma tecnologia miraculosa que possibilitou à civilização humana reduzir à metade a emissão *per capita* de gases causadores do efeito estufa. Pensemos em quanto isso poderia diminuir nossa preocupação com o aquecimento global.

(Na verdade, talvez tenhamos dificuldade maior em imaginar que precisaremos reduzir ainda mais a emissão.) Mas, com a população mundial duplicando em menos de meio século, seria eliminada por completo qualquer possibilidade de reduzir os gases causadores do efeito estufa, mesmo que advinda de extraordinários avanços tecnológicos. Assim, esses gases logo se acumularão com a mesma rapidez de hoje.

Consideremos também o aumento na erosão do solo, provocado pelos atuais esforços de alimentar 5,5 bilhões de pessoas, procurando imaginar o impacto da tentativa de colhermos o dobro de alimentos no mundo, em apenas quatro décadas. E quanto à água de poços e à lenha para cozinhar? Em muitas áreas, mulheres já caminham vários quilômetros por dia, à procura de lenha e água potável. Árvores e arbustos desapareceram de seus horizontes e os lençóis de água estão secando. Quando dobrar o número desses predadores humanos – e, em alguns países, triplicar – o resultado sem dúvida será catastrófico em termos sociais e ecológicos. Em muitas regiões, na verdade, já é.

Há, porém, muitos motivos para nutrirmos esperanças de resolver o problema, se as soluções corretas forem buscadas de forma apropriada. Felizmente, os demógrafos hoje conhecem, com grande segurança, os fatores que em muito reduzem as taxas de natalidade. Essa redução evidentemente exigirá tempo e dinheiro, mas não tanto comparado aos ingredientes que têm estado mais em falta: vontade política, imaginação, liderança e disposição para enfrentar o problema em âmbito verdadeiramente global. Nenhum outro problema ilustra melhor a enorme mudança no impacto da humanidade sobre todo o meio ambiente – e nenhum ilustra melhor a necessidade de adotarmos uma solução mundial e de projetá-la estrategicamente.

Na maior parte do mundo em desenvolvimento (com algumas exceções importantes), são altas as taxas de natalidade e mortalidade – e a população cresce rapidamente. Em contrapartida, nos Estados Unidos, Canadá, Japão, Taiwan, na Coréia do Sul, em Hong Kong, Cingapura, na Austrália, Nova Zelândia, bem como em todas as nações da Europa Ocidental e da Escandinávia, hoje essas taxas são reduzidas – e a população, relativamente estável. Porém as nações desta última categoria – inclusive os Estados Unidos – já estiveram na primeira. De fato, quase nenhuma realizou a transição demográfica até os anos 1930 e, em alguns casos, só depois. Contudo, no mundo em desenvolvimento, as taxas de mortalidade diminuíram drasticamente nos anos 1960, mas não as de natalidade. Por quê?

Em uma análise inicial das mudanças pelas quais passaram os países industrializados, quando começaram a atingir taxas relativamente estáveis de crescimento populacional, somos tentados a nos concentrar principalmente nos enormes aumentos de renda *per capita* – e então concluir que rendas maiores são o segredo. De fato, a renda nesses países cresceu, mas contribuiu indireta e não diretamente, para as mudanças no modo de pensar, que resultaram em famílias menos numerosas.

Uma análise mais cuidadosa indica que o aumento na renda *per capita* está ligado também a várias das causas básicas da transição demográfica. *Altos índices de alfabetização e de instrução* são importantes, em especial para as mulheres: quando se sentem mais habilitadas, intelectual e socialmente, tomam decisões sobre o número de filhos que desejam ter. *Baixas taxas de mortalidade infantil* deixam os pais confiantes de que, mesmo com uma família pequena, alguns dos filhos atingirão a maturidade, perpetuando o nome e os genes da família (e, segundo a crença de certas sociedades, o espírito dos ancestrais), e proporcionando aos pais, na velhice, segurança material. *O amplo acesso a uma grande variedade de métodos de controle da natalidade* permite aos pais decidir se devem ter filhos e quando tê-los.

São esses os principais fatores, mas há um segredo decisivo para conseguirmos êxito. A experiência mostra que a crise só poderá ser resolvida se for encarada holisticamente – isto é, se abordar ao mesmo tempo todas as dimensões importantes, com profunda atenção à forma pela qual se inter-relacionam. Nesse sentido, o problema desafia-nos a compreender o crescimento populacional como um complexo sistema de causas e efeitos. E, como todas as condições necessárias à estabilidade precisam estar simultaneamente presentes e ser mantidas – em alguns casos durante décadas – antes que possa ter início a transição para a estabilidade, a explosão demográfica também propõe um desafio à nossa energia e persistência. Exigem-se, portanto, visão, maturidade para compromissos e coerência filosófica – fatores que terão probabilidade muito maior de surgir se o desafio for enfrentado em âmbito global.

Muitas confusões, frustrações e desesperança têm acompanhado os esforços de controle do crescimento populacional. Em geral, não dão certo quando os políticos deixam de criar todas as condições necessárias para produzir as mudanças desejadas na dinâmica do sistema. Por exemplo, muito se destacou a disponibilidade de métodos e dispositivos de controle da natalidade. Entretanto, se diversas outras mudanças não ocorrerem ao mesmo tempo, o simples fato de inundar um país de preservativos, pílulas, DIUs e cirurgias de esterilização pouco alterará a taxa de natalidade. E hoje, no entanto, a maioria das controvérsias sobre política populacional diz respeito a programas que tornam mais acessível o controle da natalidade. Organizam-se poucas discussões sobre os índices de alfabetização e de instrução – e a eles se dedica ainda menos esforço. E, embora a mortalidade infantil receba muita atenção, normalmente se ignora sua relação com o crescimento populacional.

Infelizmente, muitos dos que apoiam programas sérios para o desenvolvimento econômico do Terceiro Mundo pressupõem que a agressiva promoção do controle da natalidade e do aumento da renda nacional terminará por estabilizar as taxas de crescimento demográfico. Porém um excessivo número desses programas aumenta a renda nacional, destruindo todos os recursos naturais que podem ser vendidos rapidamente no mercado mundial, empobrecendo ainda mais a região rural. Os países tropicais, por exemplo, muitas vezes têm sido incentivados a derrubar suas florestas e a vender a madeira, como estratégia de desenvolvimento, mas grande parte do dinheiro obtido acaba nas mãos de uma elite abastada (e em contas bancárias em países industrializados), deixando a população em situação ainda pior, sem recursos naturais, em troca dos quais receberam muito pouco. Nessas circunstâncias, a disponibilidade do controle da natalidade em geral pouca diferença faz. Na verdade, em certos casos, as taxas de crescimento populacional chegam a subir com esse tipo de desenvolvimento, à medida que o ciclo de empobrecimento rural e crescimento demográfico foge ao controle com rapidez ainda maior.

O dinheiro destinado a desenvolver os meios para o crescimento econômico e a proporcionar um aumento na renda *per capita* também pode ser aproveitado para prover a subsistência de contingentes maiores de novos habitantes – e o ciclo continua. Além disso, com a degradação da zona rural, aceleram-se tanto a migração para as áreas urbanas quanto a consequente ruptura dos padrões sociais tradicionais (alguns dos quais haviam restringido o crescimento populacional). A Etiópia é um exemplo desse ciclo: embora tenha recebido considerável assistência para o desenvolvimento, esta foi mal utilizada por seus líderes e a renda *per capita* não cresceu. O índice de alfabetização é extremamente baixo e o de mortalidade infantil está entre os mais altos do mundo. É claro que a taxa de crescimento demográfico também se mantém elevada.

Mas há surpreendentes histórias de êxito que mostram o que pode resultar de uma abordagem estratégica. Um dos exemplos mais interessantes de transição demográfica no Terceiro Mundo é a província de Kerala no sudoeste da Índia, onde o crescimento populacional estabilizou-se em zero, embora a renda *per capita* continue extremamente baixa. Os líderes da província, com a ajuda de verbas internacionais para a população, formularam um plano sintonizado com as características religiosas, sociais, culturais e políticas específicas de Kerala e centrado em alguns fatores de importância crítica. Em primeiro lugar, conseguiram um índice extremamente alto de alfabetização, especialmente entre as mulheres. Em segundo, graças à boa assistência médica, aliada à nutrição adequada, reduziram drasticamente o índice de mortalidade infantil. E, em terceiro, tornaram os métodos de controle da natalidade gratuitos e prontamente disponíveis. As consequências são quase extraordinárias: em uma região do mundo, caracterizada pelo crescimento populacional desenfreado, a taxa em Kerala mostra-se mais próxima da encontrada na Suécia do que em Bombaim.

A estratégia mundial para provocar uma transição demográfica global caracterizada por taxas de crescimento mais baixas deve tomar como base aquela usada em Kerala e em outros lugares. Especificamente, o Plano Marshall Global deve:

1. Alocar recursos para financiar programas de alfabetização funcionais e cuidadosamente orientados, adaptados a todas as sociedades em que a transição demográfica ainda deve ocorrer. Embora devam ser voltados principalmente para as mulheres, os programas precisam incluir também os homens. Em conjunto com esse programa, deve haver um plano para instrução básica, que destaque técnicas simples para a agricultura sustentável e lições específicas sobre plantio de árvores, proteção às reservas de água limpa e prevenção da erosão do solo. Embora a alfabetização e a instrução sejam sempre encaradas como objetivos meritórios, no passado estiveram subordinadas à meta mais ampla do desenvolvimento econômico. Agora é preciso dar prioridade máxima a esse esforço.

2. Desenvolver programas eficazes para reduzir a mortalidade infantil e assegurar a sobrevivência e a saúde das crianças. Há muitas décadas, o líder africano Julius Nyerere afirmou: "O melhor contraceptivo é a confiança dos pais de que os filhos sobreviverão". Em muitas sociedades, evidentemente, não existe nada que se assemelhe à "previdência social" e os pais em geral contam com os filhos adultos para cuidar deles na velhice. Caso acreditem que existe uma grande possibilidade de que os filhos morram jovens, os pais têm grandes incentivos para ter numerosa prole, a fim de garantir que pelo menos alguns cheguem à idade adulta. Além disso, em uma economia de subsistência, as crianças podem ajudar a apanhar lenha e água, ajudar na colheita, cuidar da horta e de animais domésticos. Também nesse caso, os programas para reduzir a mortalidade infantil e melhorar a saúde de mães e crianças foram implantados no passado, mas também foram vistos como secundários em relação à meta geral – mesmo que mal definida – do desenvolvimento.

3. Assegurar amplo acesso aos métodos de controle da natalidade, com instruções culturalmente adequadas. Ao mesmo tempo, os cientistas devem ser encarregados de acelerar as pesquisas destinadas a aprimorar técnicas contraceptivas e facilitar sua aceitação. Conforme a cultura, deve-se ressaltar a importância do adiamento de casamentos e do espaçamento entre os filhos, bem como de costumes tradicionais, como o aleitamento materno (que, ao mesmo tempo, contribui para a saúde das crianças e diminui a fertilidade da mulher, enquanto amamenta).

O Papel dos Estados Unidos

Está na hora de agirmos com coragem, a fim de implementar essas três políticas específicas, formuladas de modo a dar ao mundo condições de atingir o objetivo estratégico de transição demográfica. Está na hora de os Estados Unidos assumirem o papel de líder – pois nenhum outro país pode assumi-lo ou vai assumi-lo. Mas, em face deste claro desafio, os Estados Unidos estão – inacreditavelmente – reduzindo seu compromisso com programas demográficos internacionais, em especial porque o presidente Bush depende de uma coalizão política formada por uma minúscula minoria dentro de outra minoria, totalmente contrária à contracepção e à utilização de fundos governamentais para a aquisição de qualquer tecnologia de controle da natalidade.

Ironicamente, a imensa maioria do movimento antiaborto não se opõe, de forma alguma, ao controle da natalidade, mas para satisfazer a coalizão política a que pertence, não enfrenta os poucos que insistem em se opor a ele. O movimento, como um todo, concorda com a alegação exagerada de que praticamente todos os programas de controle da natalidade implicam a adoção do aborto. Como resultado, mesmo quando o Congresso formula legislação sobre ajuda externa que explicitamente proíbe o uso de qualquer verba governamental para abortos, o movimento ainda se opõe. Devido a essa postura, os Estados Unidos já chegaram a proibir a participação desse movimento em qualquer programa de controle da natalidade, em que algum participante aprove o aborto, com o uso de recursos de qualquer outra fonte. Embora tentem mostrar como nossa ajuda externa poderia ser aproveitada para fazer abortos, na verdade os defensores da posição antiaborto estão, primordialmente, apenas mantendo a paz em sua própria família política, ao combaterem o controle da natalidade.

É particularmente irônico que George Bush – de todos os líderes em potencial de sua geração de políticos republicanos – viesse, como presidente, a considerar impossível reunir a coragem para resistir à reivindicação tão pouco razoável, de uma ínfima parcela de sua coalizão eleitoral. Como congressista, Bush tornou-se presidente da força-tarefa republicana sobre a questão demográfica no Congresso e propôs leis apropriadas. Na verdade, foi um líder nessa questão. Tanto na época quanto depois, na condição de representante do presidente Nixon junto às Nações Unidas, Bush fez eloquentes discursos sobre a necessidade de forte liderança dos Estados Unidos em programas de planejamento familiar. Chegou até a redigir o prefácio de um livro, publicado em 1973, sobre a crise populacional. Nele conta que a determinação de lutar pelo controle da natalidade foi herdada de seu pai, que fora vítima de críticas injustas e demagógicas nesse particular:

> Quando pela primeira vez me conscientizei do controle da natalidade como questão de política pública, em 1950, tive um choque. Meu pai era candidato ao Senado por Connecticut e Drew Pearson, no domingo anterior ao dia das eleições, "revelou" que ele estava envolvido com o programa Paternidade Planejada. Meu pai perdeu a eleição por uma diferença de algumas centenas de votos em quase um milhão. Para muitos observadores políticos, um número suficiente de eleitores foi influenciado por seus supostos contatos com os adeptos do controle da natalidade, o que lhe custou a eleição.

Bush parecia, então, cheio de coragem sobre o assunto, proclamando orgulhosamente seu desafio aos riscos políticos, que afirmou conhecer tão bem. Mas essa coragem desvaneceu-se – e, acredito, isso aconteceu porque ele se mostra especialmente vulnerável ao se defrontar com reivindicações de uma parcela da coalizão inicialmente formada pelo presidente Reagan, coalizão que Bush herdou e precisava manter unida a qualquer preço para chegar à Casa Branca.

Entretanto, mais uma vez, é um erro concentrarmo-nos apenas no controle da natalidade. A excessiva simplificação resultante, daquele que constitui um problema extremamente complexo é, a meu ver, uma das razões para a estranha falta de urgência que muitos norte-americanos parecem sentir quando se trata da crise populacional. Há também muito mais trabalho produtivo por ser realizado, se pretendemos atingir o objetivo estratégico da transição demográfica.

Formas tacanhas de encarar o problema também concorrem para afastar alguns aliados naturais. A Igreja Católica, por exemplo, apesar de se opor à contracepção, é uma das mais vigorosas e eficazes defensoras dos programas de alfabetização e de instrução, e de medidas destinadas a reduzir drasticamente a mortalidade infantil. É significativo que ela tenha trabalhado com empenho nessas questões em muitos países em desenvolvimento, como parte de coalizões em que havia outros membros distribuindo dispositivos de controle da natalidade. Além disso, países católicos e não-católicos, com condições sociais semelhantes, têm taxas idênticas de uso de contraceptivos e crescimento demográfico. Porta-vozes da Santa Sé têm indicado, repetidas vezes, que apesar de ser pouco provável qualquer mudança na posição formal da Igreja, ela não cerceará o trabalho de outros que desejam promover a contracepção, e está ansiosa por desempenhar um importante papel no tocante aos demais fatores que contribuem para acelerar a transição demográfica. Essa disposição já não basta? Não está na hora de deixarmos de lado antigas discussões e encontrar formas de trabalhar em conjunto?

Por outro lado, a discussão a respeito do aborto parece que não se encerrará tão cedo. Eu, pessoalmente, respeito o direito da mulher de escolher se deve gerar um filho e tê-lo. Estou profundamente preocupado com notícias que vêm da China sobre abortos forçados e com a invasão, pelo totalitarismo, dos locais de trabalho, onde supervisores às vezes monitoram o ciclo menstrual de cada mulher. Estou preocupado também com os indícios de que, em alguns países industrializados, onde não há fácil acesso ao controle da natalidade, o número de abortos realizados é impressionante. Por exemplo, na República Russa, a mulher submete-se, em média, a mais de dez abortos durante a vida. A meu ver, a política norte-americana de forma alguma deve apoiar ou incentivar tais práticas. Mas não é óbvio que a maior disponibilidade de métodos de controle da natalidade terminaria por reduzir o número de abortos? Esse fato já foi comprovado.

Os Estados Unidos devem reassumir o financiamento integral da parte que lhes cabe no custo dos programas de estabilização da população mundial e aumentar os esforços de tornar os métodos de controle da natalidade disponíveis em todo o mundo – mas devem fazer ainda muito mais. Precisam assumir a liderança na organização de esforços internacionais para aumentar a alfabetização e reduzir as taxas de mortalidade infantil – caso contrário, será vã a tentativa de promover o controle da natalidade.

Alguns teóricos sustentam que a transição demográfica é um processo quase inevitável, que cedo ou tarde ocorrerá em todos os países, conforme se desenvolverem economicamente. Mas cometem dois erros de importância crítica. Primeiro, o processo por eles descrito pode demorar séculos, partindo-se do princípio de que não será revertido por certos eventos. Segundo, com as populações atuais tão grandes, o impulso de um crescimento maior, já incorporado à população, está levando muitos países à beira de um abismo econômico, com a exaustão de seus recursos e o aceleramento do ciclo de pobreza e destruição ambiental. Evidentemente, está na hora de um esforço global para criar, em toda a Terra, condições propícias a uma estabilização populacional.

II. DESENVOLVIMENTO E ADOÇÃO DE TECNOLOGIAS ADEQUADAS

O segundo objetivo estratégico do Plano Marshall Global deve ser um programa bem financiado, com metas extremamente definidas, destinado a acelerar o desenvolvimento de tecnologias ambientalmente adequadas, que não só favoreçam o progresso econômico sustentável, como possam também substituir as tecnologias ecologicamente destrutivas hoje existentes. É preciso transferir as novas tecnologias, com rapidez e eficiência, para os países sem condições de desenvolvê-las ou de comprá-las com recursos próprios.

É importante, contudo, lembrar que existe um grande perigo em ver, apenas na tecnologia, a solução para a crise ambiental. De fato, a ideia de que novas tecnologias representam a solução para todos os problemas constitui o elemento básico de um modo de pensar distorcido que é o responsável por engendrar a crise.

Se não adquirirmos uma melhor compreensão, tanto do potencial como do perigo da tecnologia, o aumento de poderio tecnológico só garantirá maior degradação ambiental. E, quaisquer que sejam as novas tecnologias que venhamos a descobrir e por maiores que sejam a inteligência ou a eficiência com que consigamos torná-las acessíveis em todo o mundo, a crise subjacente se agravará se ao mesmo tempo não redefinirmos o relacionamento com o meio ambiente, se não estabilizarmos a população humana e não usarmos todos os meios possíveis para restaurar o equilíbrio da Terra.

Ainda assim, a difusão de tecnologias novas e adequadas deverá ser fator crítico para lograrmos êxito na salvação do meio ambiente. Afinal, depois de uma tecnologia – seja ou não ambientalmente destrutiva – tornar-se bem estabelecida, fica muito difícil substituí-la. Indivíduos, empresas, instituições sociais e até culturas inteiras adaptam-se às exigências das tecnologias que usam e, nesse processo, investem tanto dinheiro, esforço, tempo e experiência, que se torna inviável, ou até inimaginável qualquer perspectiva de mudança. A intrincada rede de incentivos e desincentivos econômicos que se forma em torno dessas tecnologias e das atividades a elas relacionadas funciona como mais uma barreira.

Tampouco se devem adotar novas tecnologias com muito entusiasmo; é imprescindível estudar cuidadosamente seu impacto ambiental. Os CFCs oferecem um bom exemplo. Desenvolvidos originalmente como substitutos para uma geração de produtos químicos de manipulação perigosa, foram considerados não tóxicos, antes de serem lançados no mercado. Por ironia, não reagem quimicamente ao contato humano devido a sua estabilidade molecular, que também lhes permite flutuar livremente para o alto – sem sofrer qualquer reação transformadora na baixa atmosfera – até chegarem à estratosfera, onde os raios solares ultravioleta os decompõem, iniciando a destruição por eles causada na camada de ozônio. Por mais extensas que sejam as pesquisas, não conseguem determinar todos os possíveis impactos de uma tecnologia. Não obstante, a experiência com os CFCs lembra-nos da importância de usarmos de cautela, quando nos maravilhamos com os poderes mágicos de qualquer novo instrumento ou tecnologia.

O último capítulo da história dos CFCs ensina-nos outra lição importante – e muito mais auspiciosa: a busca por novos compostos químicos que possam substituir rapidamente os CFCs, institucionalizada no Protocolo de Montreal – o tratado internacional sobre CFCs assinado em 1987 – pode ser encarada como importante precedente para o desafio muito maior com que nos defrontamos. Ao incentivar a busca de substitutos para o CFC, o Protocolo de Montreal não se limitou às instituições de pesquisas governamentais, mas impôs várias medidas ao setor privado. O protocolo incluía acordos sobre cotas cada vez menores na quantidade de CFCs e de produtos químicos afins que as empresas de cada país podem produzir por ano, altos impostos sobre aqueles ainda em produção e a perspectiva de proibir, em poucos anos, praticamente toda a produção de CFCs. Em virtude da crescente demanda por ar condicionado, refrigeração e todos os demais usos importantes desta família de produtos químicos, tais medidas significam que qualquer companhia que consiga descobrir com rapidez alternativas aceitáveis para os CFCs terá enormes lucros. Isso, por sua vez, significa que vultosas quantias têm sido investidas na corrida para desenvolver tais alternativas.

Durante os debates sobre o Protocolo de Montreal, porta-vozes da indústria do CFC afirmaram que seria inútil o mundo esperar que logo se descobrissem substitutos. Felizmente, porém – em muitos casos –, produtos químicos para substituí-los já estão sendo encontrados e vêm sendo desenvolvidos com rapidez muito maior do que previam os eternos opositores. Além disso, de acordo com o protocolo, os substitutos também estarão disponíveis para os países em desenvolvimento, aos quais caberá assegurar que essa tecnologia seja difundida o mais depressa possível.

Assim, embora seja preciso fazer muito mais para eliminar do mundo os CFCs e produtos afins, estamos vislumbrando uma vitória, que deve dar-nos a confiança de que conseguiremos êxito mesmo em um esforço ainda maior. O desafio é gigantesco, e o problema fundamental reside em encontrar um mecanismo que consiga, de fato, incentivar um esforço mundial, a fim de desenvolver rapidamente tecnologias alternativas para o largo espectro daquelas que hoje são comumente usadas em todo o mundo. Evidentemente, todas as nações precisam formular um programa cooperativo e amplo, que tenha alcance estratégico e abordagem agressiva.

Tendo em mente essa necessidade urgente, proponho o desenvolvimento, em todo o mundo, de uma **Iniciativa Ambiental Estratégica** (IAE), ou seja, um programa que desestimule e descontinue as tecnologias inadequadas e mais antigas e, ao mesmo tempo, desenvolva e difunda uma nova geração de tecnologias alternativas aperfeiçoadas e ambientalmente favoráveis. Assim que possível, a IAE deve ser objeto de intensas discussões internacionais entre as nações industrializadas e, depois, entre elas e o mundo em desenvolvimento. A iniciativa deve incluir, no mínimo:

1. **Incentivos fiscais para as novas tecnologias e desincentivo para as antigas.**
2. **Financiamento para pesquisas e desenvolvimento de novas tecnologias e futura proibição das antigas.**
3. **Programas governamentais de compra das primeiras versões vendáveis das novas tecnologias.**
4. **Promessa de altos lucros em um mercado que certamente surgirá quando se descontinuarem as antigas tecnologias.**
5. **Estabelecimento de procedimentos rigorosos e sofisticados de avaliação tecnológica, com especial atenção a todos os custos e benefícios – tanto monetários como ecológicos – das novas tecnologias alternativas sugeridas.**
6. **Estabelecimento de uma rede de centros de treinamento no mundo todo, criando, assim, um núcleo de técnicos e planejadores com conhecimento dos problemas ambientais e assegurando que as nações em desenvolvimento estejam dispostas a aceitar tecnologias e práticas ambientalmente benignas.** Temos um modelo também para esta iniciativa: durante a Revolução Verde, organizaram-se centros de pesquisa agrícola exatamente como esses no mundo todo.
7. **Imposição, em países desenvolvidos, de controles de exportação que avaliem o efeito ecológico de cada tecnologia,** da mesma forma que o regime de controle tecnológico da Guerra Fria realizava análises cuidadosas e extraordinariamente precisas sobre o possível impacto militar das tecnologias que se pretendiam exportar.
8. **Melhorias significativas no mosaico de leis em vigor, em especial naqueles países que hoje não protegem os direitos dos inventores, nem dos que desenvolvem novas tecnologias.** Esse não é um item secundário – constitui uma das principais formas de garantir a viabilidade de qualquer programa importante de transferência de tecnologia, pois a devida proteção dos direitos de propriedade industrial já ocasiona muita discórdia nas negociações comerciais mundiais.
9. **Maior proteção para patentes e direitos autorais, aprimoramento de acordos de licenciamento, joint ventures, franquias, franquias de distribuição e inúmeras outras medidas semelhantes.** Todas serão essenciais para desencadear a genialidade criativa que se fará necessária.

Escolhi deliberadamente o termo Iniciativa Ambiental Estratégica para sugerir um equivalente à Iniciativa de Defesa Estratégica (IDE), o programa intensivo destinado a desenvolver uma série de inovações tecnológicas voltadas para um objetivo militar comum, embora altamente controverso. Sempre me opus ao estabelecimento em grande escala da IDE. Apesar disso, o programa de pesquisas tem obtido notável êxito ao reunir programas governamentais antes isolados, ao estimular o desenvolvimento de novas tecnologias e ao nos impor uma sucessão de novas e profundas análises sobre assuntos que considerávamos esgotados.

Necessitamos da mesma concentração e energia, bem como de níveis semelhantes de investimento, para enfrentar de modo amplo a crise do meio ambiente global. Assim como a IDE conduziu a programas bem orientados, destinados a atividades como localização de alvos, gerenciamento instantâneo de fluxos complexos de dados computadorizados, interceptação a velocidades ultrarrápidas e detecção de lançamento de mísseis a partir da órbita, a IAE deve concentrar-se no desenvolvimento de tecnologias ambientalmente apropriadas. Cabe, contudo, uma advertência: não devemos cometer o erro de considerar tecnologia só a "alta" tecnologia. Muitas vezes, o modelo mais apropriado e ambientalmente favorável envolve "baixa" tecnologia – uma abordagem inteligente mas descomplicada, ou uma abordagem passiva, e não ativa. No esforço de desenvolver rapidamente as novas tecnologias de que necessitamos, todas as políticas aqui sugeridas podem e devem ser aplicadas em uma variedade de setores, especialmente agricultura, silvicultura, uso e produção de energia (no transporte e na indústria, por exemplo), geração de tecnologia e reciclagem e redução de rejeitos. Segue-se uma breve discussão sobre como a IAE poderia abordar as necessidades de cada área.

Agricultura. Embora a Revolução Verde tenha aumentado muito a produção de alimentos no Terceiro Mundo, não raro se apoiou em técnicas ambientalmente destrutivas: pesticidas e fertilizantes altamente subsidiados, desperdício de água em projetos de irrigação mal-elaborados, exploração da produtividade dos solos a curto prazo (que em alguns casos resultou em erosão do solo), monoculturas (que deslocaram diversas espécies nativas) e mecanização geral acelerada, que muitas vezes proporcionou enormes vantagens para os fazendeiros ricos sobre os pobres. Agora que sabemos muito mais sobre as consequências ecológicas de algumas práticas agrícolas modernas, precisamos de uma segunda Revolução Verde, voltada para as necessidades dos pobres do Terceiro Mundo, para o aumento da produtividade de pequenas propriedades, com métodos agrícolas de baixo investimento e para políticas e práticas ambientalmente sadias. A nova Revolução Verde, cujos elementos não devem ser apenas científicos, mas também financeiros, sociais e políticos, pode ser a solução para satisfazer a fome de terra de dezenas de milhares de pessoas pobres e sem-teto, que hoje são levadas a exercer atividades que destroem seus frágeis meios ambientes. O reconhecimento internacional de que o drama dessa gente tem características que são, em essência, iguais em todo o mundo – e de que elementos para uma solução justa, como a reforma agrária, são os mesmos em muitos países – pode resultar em um esforço global profundo e eficaz, a fim de vincular as garantias de justiça para os necessitados à concessão de assistência financeira e de transferências de tecnologia de acordo com a IAE.

Felizmente, hoje há muitas tecnologias agrícolas novas e ambientalmente adequadas, e todas seriam promovidas sob a IAE:

- Novos aperfeiçoamentos na tecnologia de irrigação possibilitariam ao mesmo tempo reduzir o consumo de água, aumentar o rendimento e restituir a produtividade de solos excessivamente salinizados.
- Novas técnicas de manejo de lavouras com baixo investimento tornariam possível reduzir drasticamente a erosão do solo, mantendo a produtividade e os baixos custos.
- Novos avanços na genética das plantas possibilitariam a introdução de resistência "natural" a predadores e a algumas pragas, sem o uso exagerado de pesticidas e herbicidas.
- Novas abordagens à rotação de culturas e usos múltiplos do solo, inclusive silvicultura, poderiam fornecer alternativas à prática, comum no Terceiro Mundo, de queimar periodicamente grandes extensões de terra.
- Novas descobertas na aquacultura e em técnicas de pesca proporcionariam alternativas a práticas extremamente destrutivas, como a pesca de arrastão.
- Técnicas mais aperfeiçoadas de distribuição de alimentos ofereceriam formas de reduzir em muito as perdas absurdamente grandes ocorridas durante a distribuição, em muitas nações menos desenvolvidas. Permitiriam também menores gastos de energia.

Silvicultura. Uma iniciativa estratégica de plantar bilhões de árvores em todo o mundo, especialmente em terras degradadas, é um dos esforços de mais fácil compreensão, maior potencial popular e inteligência ecológica em que se deve concentrar o Plano Marshall Global. O simbolismo – e o significado real – de plantar uma árvore tem uma força universal em todas as culturas e sociedades e é uma forma de homens, mulheres e crianças participarem individualmente da criação de soluções para a crise ambiental. A fim de realmente funcionar, porém, um programa de plantio de árvores implica a realização de duas outras tarefas, uma antes e a outra depois. Em primeiro lugar, as mudas devem ter as características genéticas adequadas a seu nicho ecológico específico; também devem estar disponíveis em número suficiente na época e local certos. Em segundo, sejam quais forem os incentivos para aumentar o plantio de árvores, devem ser ligados não à plantação em si, mas às oportunas visitas de acompanhamento que visam assegurar a sobrevivência das mudas, com água suficiente e proteção contra animais soltos, até que consigam crescer naturalmente.

Quanto ao primeiro pré-requisito, não há dúvidas de que uma IAE, devidamente organizada, conseguiria identificar as espécies de árvores mais adequadas a certas áreas e então reproduzir muitas centenas, milhares ou milhões das mudas necessárias. Em alguns locais, de fato, isso já é feito em pequena escala, mas precisa ser realizado em escala muito maior, como relatou o Conselho

Nacional de Pesquisas da Academia Nacional de Ciências dos Estados Unidos, em detalhado estudo de 1991:

> Hoje, não existe qualquer estratégia global adequada para, sistematicamente, identificar, recolher amostras, testar e cultivar árvores para possível aproveitamento. O desenvolvimento de variedades melhoradas de espécies de árvores para uso na indústria, na silvicultura e na recuperação de terras degradadas tem recebido pouca atenção... Devem-se oferecer apoio político sustentado e maior financiamento independente para as operações de preservação florestal a longo prazo, para o treinamento de pessoal técnico e profissional e para a estabilização de instituições voltadas para as necessidades de gerenciamento e preservação de recursos genéticos de árvores... Esta deixou de ser responsabilidade de algumas nações – trata-se de meta que só será atingida por meio de um esforço global e cooperativo.

Quanto ao segundo pré-requisito – incentivos para o cultivo de mudas – começaram a surgir alguns modelos úteis no mundo em desenvolvimento. Visitei alguns locais onde se implantou um projeto com excelentes resultados, o Movimento Cinturão Verde, no Quênia, liderado por Wangari Matthai, que alia a plantação de árvores a um programa educativo para mulheres sobre o controle da natalidade. Sobreviveram quase todos os 7 milhões de árvores plantados por integrantes desse movimento, pois a compensação de cada muda plantada só é paga depois de ela ter sido suficientemente cultivada e protegida, de modo a contar com ótima chance de sobreviver por si mesma. O movimento agora oferece cursos sobre autossuficiência em agricultura e reserva um certo espaço nos viveiros para o desenvolvimento de sementes para jardins e campos.

Outro exemplo de movimento que recupera terras degradadas, enquanto atende a objetivos afins, é o esforço feito pelos sionistas, desde o início do século, para incluir os judeus da diáspora no plantio de milhões de árvores em Israel e criar novas florestas. Na verdade, a recuperação de terras degradadas e desérticas em Israel é uma das grandes histórias de vitórias ecológicas, revertendo séculos de mau uso da terra e restabelecendo a produtividade. (Infelizmente, abordagens industriais mais recentes de práticas agrícolas resultaram na inadmissível exaustão da água e do solo, em algumas áreas de Israel.)

Entrementes, o movimento para o plantio de árvores do Fundo Nacional Judeu continua a funcionar como modelo para aquilo que poderia ser conseguido em todo o mundo, tanto em áreas degradadas, nos países subdesenvolvidos, como em nações industrializadas. Gerações de filhos de judeus, nos Estados Unidos, por exemplo, têm arrecadado fundos para plantar florestas inteiras em memória de um parente ou em homenagem a um amigo. Nesse processo, tais crianças recebem uma valiosa lição sobre a dinâmica da conservação da água e do solo – e, indiretamente, sobre a importância de amar a terra.

Se, por um lado, é necessário plantar milhões de árvores, por outro é preciso elaborar novas técnicas de silvicultura que melhorem os métodos de extração da madeira. Embora se alegue que a derrubada – a prática de cortar indiscriminadamente grandes extensões de floresta – tem o melhor custo-benefício para as companhias madeireiras, geralmente provoca enorme erosão e, assim, impõe custos devastadores a longo prazo. Em contrapartida, técnicas de corte seletivo de árvores têm sido seguidas de forma pioneira no norte da Europa e, com algumas modificações, poderiam melhorar as práticas adotadas em muitas regiões do mundo.

Energia. A energia é, evidentemente, o elemento vital do progresso econômico. Infelizmente, as tecnologias mais comuns para conversão de energia em formas utilizáveis de eletricidade liberam enormes quantidades de poluentes, como a crescente concentração de dióxido de carbono (CO_2) hoje presente na atmosfera da Terra. O item sobre energia de uma IAE deve, portanto, concentrar-se no desenvolvimento de tecnologias energéticas que não produzam grandes quantidades de CO_2 nem de outros poluentes. A curto prazo, as tecnologias mais eficazes para a consecução desse objetivo são, sem dúvida, aquelas que aprimoram a conservação e a eficiência da energia. Por exemplo, fornos e fogões baratos, porém eficientes em termos energéticos, distribuídos em caráter experimental em algumas sociedades do Terceiro Mundo que dependem de lenha e carvão, em muito reduziram a quantidade de recursos energéticos retirados das zonas rurais.

Economias de energia muito maiores, é claro, bem como a redução de CO_2, serão possíveis quando o mundo industrializado desenvolver motores de combustão interna mais eficientes. E, nesse caso, o automóvel merece atenção especial.

Consideremos que, nos Estados Unidos, gastamos dezenas de bilhões de dólares, empenhando-se em programas para desenvolver e aprimorar a tecnologia de aviões de caça e bombardeiros, destinados a evitar uma ameaça cada vez mais remota à segurança nacional, mas damo-nos por satisfeitos com centenas de milhões de carros usando uma tecnologia antiga, não muito diversa daquela usada pela primeira vez, há décadas, no Modelo A da Ford. Hoje sabemos que o impacto cumulativo sobre o meio ambiente global propõe uma ameaça mortal à segurança de todas as nações – mais perigosa que a de qualquer inimigo militar que algum dia possamos enfrentar. Embora seja tecnicamente possível construir carros e caminhões de baixo consumo de combustível, somos informados de que obrigar a uma transição rápida para veículos mais eficientes causará grandes transtornos à atual estrutura da indústria automobilística. Os executivos da área argumentam ser injusto enfocar apenas esse setor, enquanto se ignoram outros que também concorrem para o problema. Concordo com eles, no entanto, suas razões evidenciam ainda mais a necessidade de uma abordagem verdadeiramente estratégica, ampla e global ao problema energético. Apoio novas leis que determinam aperfeiçoamentos no tocante a consumo de combustível dos automóveis, mas é necessário muito mais. Dentro do contexto da IAE, deveria ser possível estabelecer um programa global coordenado para atingir o objetivo estratégico de eliminar completamente o motor de combustão interna em, talvez, 25 anos.

Há sessenta anos, Will Rogers notou a ironia de uma grande nação, no meio da depressão, tornar-se a primeira a "ir de automóvel para o asilo de indigentes". Hoje, devemos reconhecer que nossa excessiva dependência do automóvel como principal meio de transporte é responsável por grande parte do CO_2 que o mundo industrializado lança na atmosfera. Em termos objetivos, faz pouco sentido que cada um de nós queime toda a energia necessária para viajar com centenas de quilos de metal para todos os lugares a que vamos. Mas é por não pensarmos estrategicamente a respeito de transportes que nos vemos nessa situação absurda.

No início dos anos 1990, duas companhias automobilísticas japonesas anunciaram enormes aperfeiçoamentos na relação quilometragem por litro que, afirmavam, teriam sido obtidos sem grandes inovações tecnológicas. Verificou-se que o segredo consistia na mistura de quantidades mais elevadas de ar na gasolina no momento da ignição. Já se sabia, há muito, que tais misturas eram mais eficientes, mas no passado não havia total domínio dessa técnica; com frequência, introduzia-se ar em excesso e o motor parava de funcionar. Entretanto, níveis melhores de tolerância industrial, aliados ao uso de microprocessadores para controlar o fluxo de ar e gasolina tornaram a técnica viável. Nas políticas públicas, o segredo é uma mistura de inteligência e dinheiro; uma quantidade maior de inteligência é em geral eficiente e preferível, mas, frequentemente, todo o aparelho pára de funcionar quando a mistura é pobre em dinheiro. O verdadeiro desafio hoje é aprimorar nossa compreensão o suficiente para manter uma razão mais elevada entre inteligência e dinheiro.

Devemos enfatizar formas confortáveis e eficientes de transporte coletivo. Em primeiro lugar, mais dinheiro do fundo para financiamento de rodovias deveria ser colocado à disposição das comunidades que desejem aperfeiçoar e ampliar suas linhas de tróleibus, ônibus e metrô. Devem ser grandemente incentivados novos e aperfeiçoados meios de transporte coletivo, como os trens japoneses e franceses, suspensos magneticamente. Podemos também substituir os trajetos diários convencionais entre casa e trabalho, valendo-nos dos recursos oferecidos pelas telecomunicações. Essa tecnologia já vem sendo amplamente usada por um número cada vez maior de pessoas, que trabalham em casa mas mantêm uma conexão direta com os colegas através de linhas de comunicação entre estações de trabalho computadorizadas. À medida que cresce a capacidade das redes de computadores, essa tendência deve-se acelerar. Sou autor e, por mais de uma década, tenho defendido uma proposta para construir uma rede nacional de "rodovias de informação" que interligaria supercomputadores, estações de trabalho e "bibliotecas digitais" para criar "laboratórios comunitários" e possibilitar às pessoas o trabalho em conjunto, apesar de se encontrarem em locais diferentes.

Mas esse recurso é inviável em nações que não possuem modernas instalações de comunicações eletrônicas e vastas redes de distribuição de energia. E as próprias redes de energia já não são necessariamente desejáveis: a economia de geração de eletricidade descentralizada está aos poucos superando tecnologias mais antigas, que geram enormes quantidades de eletricidade em uma única e grande usina e as distribuem por linhas de transmissão através do país. A mais promissora dessas técnicas descentralizadas é a geração de eletricidade a partir dos raios solares, por pilhas fotovoltaicas, em pequenos painéis planos de silício ou material semelhante, projetados para produzir correntes elétricas. Mas essa tecnologia é ainda incipiente, e o que se exige – como parte da IAE proposta – é um esforço global de acelerar o desenvolvimento de pilhas fotovoltaicas que tenham uma boa razão custo-benefício. Os obstáculos técnicos para seu desenvolvimento estão-se tornando menos importantes que as barreiras institucionais e políticas, e a IAE deverá cuidar desse problema. Se, de fato, puderem ser encontradas formas de tecnologia fotovoltaica com boa razão custo-benefício, a demanda do público poderá derrubar rapidamente as barreiras organizacionais e políticas e, nesse processo, criar a perspectiva de enormes lucros para os empresários que com maior rapidez adaptarem a tecnologia fotovoltaica a novos usos.

Quase todas as discussões sobre alternativas aos combustíveis fósseis incluem o papel da energia nuclear em nosso futuro energético. De fato, alguns adversários de medidas concretas para salvar o meio ambiente procuram abreviar as discussões sobre o aquecimento da Terra, ignorando as dificuldades políticas envolvidas na construção de novos reatores nucleares e manifestando frustração exagerada com os ambientalistas, que, insinuam eles, representam o principal obstáculo à adoção da energia nuclear como substituto lógico do carvão e do petróleo.

Na verdade, as incertezas a respeito de previsões sobre demanda de energia e problemas econômicos, como custos excessivos, foram as principais causas do abandono de reatores pelas companhias energéticas, bem antes que acidentes como os de Three Mile Island e Chernobyl aumentassem a apreensão do público. A crescente preocupação sobre nossa capacidade de aceitar a responsabilidade de armazenar com segurança rejeitos nucleares de meias-vidas extremamente longas também contribui para a resistência de muitos a um drástico aumento no uso da energia nuclear.

A meu ver, a atual geração de tecnologia nuclear, com reatores pressurizados a água leve, hoje parece encontrar-se claramente em um impasse tecnológico. A pesquisa e o desenvolvimento de abordagens alternativas devem concentrar-se em descobrir como criar um projeto passivamente seguro (cuja segurança não dependa da atenção constante de técnicos sempre exaustos), que elimine os muitos riscos dos atuais reatores e, depois, determine se existe um meio aceitável, científica e politicamente, para a deposição – de fato, o isolamento – dos rejeitos nucleares.

De qualquer forma, a proporção de uso de energia no mundo, que poderia derivar da energia nuclear, é relativamente pequena e provavelmente continuará assim. É um erro, portanto, argumentar que a energia nuclear é o segredo para resolver o problema do aquecimento global. Apesar disso, a pesquisa e o desenvolvimento devem prosseguir com empenho, especialmente em tecnologias como a fusão nuclear, que oferece a perspectiva, embora distante, de mais segurança e de fontes mais abundantes de eletricidade. Enquanto isso, devem-se enfatizar, a curto prazo, a conservação e eficiência, e a IAE estimularia a exploração agressiva de diversas outras opções.

• A mudança de combustíveis pode desempenhar papel importante na redução da emissão de CO_2 e de outros poluentes. O gás natural, por exemplo, pode substituir o carvão e o petróleo em muitos usos e fornecer a mesma quantidade de energia, com apenas uma pequena fração de subprodutos indesejáveis. A tecnologia para obtenção, transporte e queima de gás natural – combustível mais eficiente e menos poluidor – deve receber especial atenção para permitir nossa maior dependência em relação a ele como combustível.

• Talvez a medida mais sensata, a curto prazo, seja aumentar a eficiência dos gasodutos de gás natural da Europa Oriental e da União Soviética, que hoje liberam na atmosfera quantidades enormes de gás natural, que muito contribuem para o efeito estufa. De fato, segundo algumas estimativas, até 15 por cento de todo o metano liberado anualmente na atmosfera vaza desses gasodutos mal projetados. Ao transferirmos a tecnologia de gasodutos modernos para esses países, conseguiremos, ao mesmo tempo, reduzir a emissão de gases causadores do efeito estufa e aumentar o uso desse combustível para substituir outros mais poluentes, como o carvão e o petróleo.

• Outra necessidade urgente de nova tecnologia é a recuperação do metano que hoje se desprende de aterros sanitários, e que pode deixar de ser simplesmente outro causador do efeito estufa para tornar-se um substituto do petróleo e do carvão.

• Em geral, a fonte de energia mais valiosa que poderia substituir tecnologias nocivas é composta de toda a energia hoje gerada como subproduto de outras atividades e desperdiçada nesses processos. A maioria das indústrias, por exemplo, gera enormes quantidades de calor no processo de fabricar, montar, transportar ou transformar os diversos materiais que entram nas fábricas e saem como produtos acabados.

• Os métodos para recuperar o calor gerado e aproveitá-lo na produção de energia – seja contribuindo para a geração de eletricidade em turbinas a vapor, seja através de qualquer outra técnica – são chamados de co-geração. Segundo muitas estimativas, uma enorme quantidade de energia pode ser obtida da exploração adequada de novas tecnologias para co-geração. Infelizmente, muitas companhias energéticas desestimulam de diversas formas o uso da co-geração, inclusive relutando em comprar eletricidade de co-geradores como fonte de energia para outros usuários ligados à mesma rede elétrica. Leis que incentivem e até mesmo exijam o uso eficiente da tecnologia de co-geração têm um papel importante a desempenhar na redução do consumo de combustíveis fósseis. Só os poucos projetos de co-geração já implantados evitam a emissão de até 80 milhões de toneladas de CO_2 por ano, apenas nos Estados Unidos, segundo estudo do Instituto de Pesquisas sobre Gás. Além disso, como ocorre com o plantio de árvores, a adoção generalizada de técnicas de co-geração também difunde uma nova forma de pensar sobre a importância da conservação de energia e as vantagens de planejar as atividades humanas tendo em mente o modo como seus vários componentes se inter-relacionam e todas as consequências que qualquer atividade terá sobre o todo.

• Novas formas de pensar sobre os processos de fabricação podem resultar em grandes economias, não só no consumo de energia, como também de matérias-primas. Técnicas industriais avançadas que enfatizam projetos e fabricação assistidos por computador podem reduzir drasticamente os custos e os impactos adversos sobre o meio ambiente.

• Os mais avançados processos de fabricação incluem até mesmo o conceito de "estoques eletrônicos" – o armazenamento, em forma digital, de produtos que podem ser criados com rapidez e precisão em metal e em plástico, sempre que a rede de distribuição da fábrica detectar a demanda por uma determinada variedade, estilo ou tamanho. É assombrosa a economia que poderá advir da eliminação dos estoques tradicionais. Essa economia é um exemplo da convergência de tendências que talvez consigam transformar nosso impacto sobre o meio ambiente, sem interferir com aquele que consideramos nosso padrão de vida.

• Uma fonte de energia elétrica poucas vezes lembrada mas surpreendentemente competitiva é a energia eólica, que usa uma nova geração de moinhos de vento com avançados desenhos aerodinâmicos.

• Novas tecnologias para armazenamento e distribuição de energia das fontes atuais podem proporcionar uma economia quase tão grande quanto a que se pode obter com as novas formas de geração de energia. Isso se aplica, em especial, à eletricidade, que exige instalações caras, capazes de gerar a quantidade máxima de energia que pode ser necessária em um dado momento (por exemplo, quando todos usam o ar condicionado de uma vez, mesmo que isso ocorra apenas em um dia do ano). Formas mais eficientes de armazenar eletricidade (por exemplo, Armazenamento Magnético por Supercondutores) podem aproveitar as quantidades geralmente desperdiçadas fora das "horas de pico". A ineficiência das atuais técnicas de armazenamento é também a principal razão pela qual ainda se consideram inviáveis os carros elétricos.

• De modo análogo, é tão grande a quantidade de energia perdida na transmissão de eletricidade de um local para outro, que o transporte a longa distância torna-se extremamente ineficiente. Novas tecnologias, como a supercondutividade, podem trazer notáveis mudanças, possibilitando a distribuição de energia a longas distâncias e novas formas de gerenciar as cargas de pico. (Tais avanços podem até mesmo acabar viabilizando a sugestão visionária de Buckminster Fuller, feita há duas décadas, de ligar os hemisférios ocidental e oriental por cabos submarinos para colaborarem no gerenciamento da demanda energética de pico, pois o alto consumo durante o dia em um dos hemisférios ocorre precisamente na hora de baixo consumo noturno no outro.)

• As consequências da transição às novas tecnologias para aqueles cujos empregos dependem de tecnologias antigas – como os mineiros de carvão, por exemplo –, devem ser cuidadosamente ponderadas, no projeto de uma IAE energética. Devem-se incluir retreinamento em grande escala, assistência financeira durante a transição para novos empregos e uma busca contínua de tecnologias que possam usar as antigas fontes de energia de forma não-prejudicial ao meio ambiente. Isso não é apenas essencial para manter apoio político suficiente – trata-se, também, de uma questão de compaixão e bom senso.

• Provavelmente, a maior contribuição que as novas tecnologias poderão fazer consistirá em uma relação muito mais eficiente entre nossas atividades e a demanda de energia. Hoje, microprocessadores já reduzem o consumo de energia e controlam os fluxos de energia no interior das máquinas, causando algumas reduções de fato notáveis nas quantidades de energia exigidas. De modo análogo, podemos usar de muito mais inteligência no gerenciamento de nosso uso de energia em quase todas as atividades – e essas manifestações de bom senso podem resultar nas maiores de todas as economias.

Tecnologia da Construção Civil. Os benefícios de melhores projetos para reduzir o consumo de energia evidenciam-se com regularidade a todos os que pagam as contas de eletricidade de suas casas e empresas. Quando os preços da energia subiram de repente em 1973, e mais uma vez em 1979, as melhores respostas ao pedido de conservação vieram, sem dúvida, dos moradores de residências, que colocaram materiais isolantes em paredes e tetos, instalaram janelas extras de proteção e tomaram centenas de outras medidas pequenas e corriqueiras. Alguns descobriram que as chamadas técnicas solares passivas contribuíam para diminuir as despesas com aquecimento. Em menos de dois anos, algumas companhias energéticas acusaram uma redução no crescimento da demanda de eletricidade – de sete por cento para menos de um por cento ao ano. Em alguns casos, a demanda total de energia chegou a cair. Evidentemente, quando os preços da energia se estabilizaram e em seguida caíram em termos reais, o uso de energia voltou a aumentar.

Mas essa experiência ensinou uma lição: as construções atuais podem ser modificadas para consumir muito menos energia. Além disso, quando se projetam e constroem novos edifícios, com a preocupação de menor gasto de energia, os resultados podem ser surpreendentes. Algumas medidas com tecnologias nada sofisticadas, como a colocação de árvores frondosas para reduzir a necessidade de ar condicionado, o uso do próprio terreno para isolar paredes que têm parte abaixo do nível do solo, o alinhamento estratégico de janelas, portas, clarabóias e da própria construção com os padrões predominantes de vento e com a trajetória do sol nas várias estações, além de isolamentos mais espessos e eficazes, podem proporcionar economias substanciais.

O redesenho dos aparelhos que usam energia dentro dos edifícios também pode ter grande impacto. Um dos exemplos mais extraordinários é a nova geração de lâmpadas – de uso ainda restrito – que fornecem a mesma quantidade de luz da geração anterior, com enorme redução no consumo de eletricidade. Como há muito argumentam os especialistas em energia, Amory e Hunter Lovins, o uso generalizado das novas lâmpadas poderia, sozinho, reduzir consideravelmente o consumo de energia em todo o mundo industrializado. As lâmpadas elétricas hoje comumente usadas baseiam-se em um projeto anterior à Primeira Guerra Mundial: uma corrente elétrica passa por um filamento de metal feito basicamente de tungstênio; o filamento torna-se incandescente e emite luz, produzindo, porém, quase vinte vezes mais calor do que luz, o que significa a perda de quase toda a eletricidade – em especial no verão, quando o aumento de calor geralmente obriga ao maior uso de ar condicionado. As novas lâmpadas baseiam-se em um projeto aperfeiçoado de fluorescência, segundo o qual a corrente elétrica passa, não através de metal, mas através de um gás, que se torna incandescente, gerando luz, mas que perde muito pouca energia em forma de calor. Ao contrário das lâmpadas fluorescentes mais antigas, as novas encaixam-se nos soquetes das luminárias comuns e oferecem uma qualidade de luz tão agradável e intensa como a das lâmpadas incandescentes convencionais. No entanto, têm uma vida útil dez vezes maior.

Pode-se perguntar por que essas lâmpadas ainda não estão sendo usadas. As respostas são esclarecedoras: em primeiro lugar, existe a inércia. Os consumidores em geral ignoram a existência das novas lâmpadas, pois poucas lojas as vendem, atacadistas não as mantêm em estoque e a pequena procura resultante limita o interesse dos fabricantes na produção em grande escala, que poderia reduzir o preço. Além disso, o governo não oferece qualquer incentivo à transição. Mas existe também outro fator: o custo inicial de compra de cada nova lâmpada é de cerca de 15 dólares, muitas vezes superior ao da lâmpada incandescente comum. Durante a vida útil da lâmpada, a economia de eletricidade em muito supera o custo, mas a maioria das pessoas – e dos governos – não calcula custos e benefícios a tão longo prazo. É lamentável, pois uma só dessas lâmpadas, comparada a uma convencional, economiza o equivalente a *uma tonelada de carvão* durante sua vida útil.

A IAE aprimoraria nossa abordagem à tecnologia de construções de duas outras formas:

• Os eletrodomésticos devem ser reprojetados para economizar energia. Tais melhorias também ajudariam a reduzir as emissões de CO_2, o que, sem dúvida, é muito importante, uma vez que o Departamento de Energia estimou que refrigeradores, freezers, iluminação, ar-condicionado, aquecimento de ambientes e aquecimento de água são responsáveis, nos Estados Unidos, pela emissão anual de aproximadamente 800 milhões de toneladas de CO_2. Embora o secretário de Energia tenha recomendado leis e programas para incentivar o uso de aparelhos que causem menor desperdício, o governo Bush tem lutado acirradamente contra essas propostas, sob pressão dos fabricantes de eletrodomésticos. Estes argumentam que acelerar a transição para um uso mais racional de energia interfere com as forças de mercado. (Alguns empresários de uma geração anterior pensavam o mesmo sobre a semana de trabalho de cinco dias, o salário mínimo e as leis que regulamentavam o trabalho de menores.)

• Os atuais códigos de obras estabelecem padrões de segurança contra incêndios e de integridade estrutural para minimizar as possibilidades de desmoronamento. Dado o enorme perigo proposto por nossa destruição do meio ambiente e o papel que construções mal projetadas desempenham nesse processo, por que os códigos de obras não deveriam exigir tecnologias não nocivas ao meio ambiente, em especial se custam menos? Os construtores hoje não têm incentivo para usar essas novas tecnologias, pois os compradores estão mais interessados no preço inicial que no custo do imóvel a longo prazo. Se códigos de obras aprimorados eliminassem projetos ineficientes e antieconômicos, os construtores não teriam mais que temer aqueles concorrentes dispostos a reduzir os gastos em prejuízo de um projeto responsável e eficiente em termos de energia. A IAE deve recomendar novas regras básicas, que exijam a adoção desses projetos mais eficientes e de melhor razão custo-benefício e, com novos códigos em vigor, a indústria da construção pode-nos ajudar a realizar, com certa rapidez, esse aspecto da transição para um uso mais sensato de energia.

Redução e Reciclagem de Lixo. Conservação e eficiência não são apenas técnicas – representam uma forma de pensar sobre a atividade humana, que difere fundamentalmente da abordagem esbanjadora refletida na atual preocupação com resultados a curto prazo, apesar dos custos a longo prazo. Acontece que as mesmas novas tecnologias que possibilitam a redução do consumo de energia resultam normalmente em reduções na quantidade de rejeitos produzidos. Mas isso não basta: a IAE também se concentraria em formas de melhorar o tratamento, recuperação e reciclagem do lixo. É preciso tomar medidas nas seguintes frentes:

• Em alguns casos, linhas inteiras de produtos devem ser reprojetadas para torná-los mais facilmente recicláveis. Por exemplo, certos recipientes plásticos de bebidas contêm minúsculas quantidades de metal que impossibilitam a reciclagem. Alguns suplementos de jornais contêm um revestimento brilhante à base de argila, que impede os recicladores de colocar o jornal inteiro na maquinaria. Pagar a pessoas para que selecionem centenas de milhares de jornais todos os dias e separem manualmente esses suplementos pode tornar antieconômico todo o processo. Há muitas falhas de projeto semelhantes em produtos que poderiam ser facilmente reciclados, com pequenas mudanças no processo geral pelo qual são fabricados e distribuídos.

• Em grande escala, a mesma "falha de projeto" é responsável pela maioria das descargas de esgotos não tratados nos rios de todo o mundo industrializado.

A água da chuva entra nas redes de esgoto e é "reciclada" juntando-se à dos rios e, finalmente, à de todos os oceanos. Já o esgoto é conduzido até as estações de tratamento, a fim de minimizar as consequências do despejo de grandes quantidades de rejeitos no meio ambiente. Entretanto, em quase todas as cidades mais antigas, devido a projetos deficientes, os dois sistemas de coleta de rejeitos – água servida e água de chuvas – acabam-se misturando. Assim, quando chove, as estações de tratamento ficam sobrecarregadas pelo grande volume de água e precisam abrir as comportas, despejando o esgoto diretamente em lagos e rios.

• Não são necessários apenas novos projetos para as tecnologias existentes, mas também métodos inteiramente novos de tratamento de rejeitos – em especial para algumas novas formas de lixo particularmente perigosas que surgiram com a revolução química. Além disso, a IAE deve enfatizar o desenvolvimento imediato de meios de avaliar, com maior rapidez e precisão, o potencial tóxico das novas substâncias químicas geradas como rejeitos nos processos industriais. Em alguns casos, os problemas de deposição podem ser tão graves que justifiquem a decisão de proibir até mesmo o início do processo.

Em geral, como foi discutido no Capítulo 8, o objetivo deve ser o de reaproveitar tudo o que se torna parte de um novo produto e tudo o que resulta como subproduto do processo.

O Papel dos Estados Unidos

A criação de uma IAE, para acelerar o desenvolvimento e a difusão de tecnologias ambientalmente adequadas, pode ser a única das facetas do Plano Marshall Global que outras nações se mostrarão interessadas em liderar, se os Estados Unidos preferirem não fazê-lo. Não é por coincidência que este é o elemento com a maior probabilidade de produzir grandes benefícios econômicos para a nação que assumir o papel de maior liderança.

O Japão, que tem-se superado no desenvolvimento de novas tecnologias lucrativas, identificou publicamente esse desafio como um daqueles que pretende enfrentar. No tocante ao aquecimento global, por exemplo, esse país anunciou um plano de abrangência assombrosa – embora decepcionantemente lento – para, em 100 anos, desenvolver sucessivas gerações de tecnologia que ajudem a deter esse processo e a enfrentar as consequências das transformações que já desencadeamos. Entretanto, em vez de limitar-se à questão do aquecimento global, o Japão está corajosamente assumindo a liderança em quase todas as áreas tecnológicas relevantes para a crise ambiental. O frustrante para muitos norte-americanos, que têm defendido a liderança dos Estados Unidos nessa área, é que quase todas as principais descobertas que levaram às novas tecnologias foram feitas em seu país e, depois, ignoradas pela indústria e pelo governo. Por exemplo, depois de realizar praticamente todos os avanços na tecnologia de energia solar, os Estados Unidos hoje são o importador por excelência de aparelhos e sistemas de energia solar, pois a maioria vem do Japão e de subsidiárias em outros pontos da Ásia. De modo análogo, depois que a General Motors investiu dinheiro, tempo e esforço no desenvolvimento da mais avançada tecnologia do mundo para carros elétricos, o esforço foi abandonado. Agora, segundo quase todas as estimativas, os fabricantes japoneses de automóveis serão os primeiros a lançar no mercado veículos elétricos comercialmente viáveis (apesar de parecerem estar à frente na corrida por carros a gasolina de baixo consumo). Mais uma vez, as companhias automobilísticas japonesas desmentiram a piada mercantilista: "O que é bom para a General Motors é bom para os Estados Unidos".

Mas nem tudo está perdido: aquele que parece outro exemplo de uma séria deficiência na capacidade de concorrência dos Estados Unidos pode, na verdade, constituir uma oportunidade ideal para que enfrentem um problema estrutural persistente e generalizado em sua abordagem à concorrência econômica. A premente necessidade de tecnologias ambientalmente compatíveis levanta uma questão crucial: como conseguiremos traduzir da melhor forma nosso grande talento em pesquisa e desenvolvimento para uma melhor pesquisa aplicada e, em seguida, para produtos e processos comercialmente lucrativos?

Nos últimos anos esse problema tem provocado grande controvérsia sobre o papel que cabe ao governo na coordenação de uma abordagem nacional ao desenvolvimento tecnológico, às vezes chamado de política industrial. Os adversários de uma abordagem coordenada – o governo Bush, por exemplo –, acreditam que a coordenação governamental distorceria o mercado e resultaria em decisões ineficientes sobre a alocação de esforços, capital e recursos. É interessante notar, porém, que em outra área relevante para nossos interesses nacionais, os mesmos adversários da política industrial são os maiores defensores de um papel agressivo do governo – ou seja, nos assuntos relativos à Iniciativa de Defesa Estratégica e em outros programas onerosos para o desenvolvimento de novas tecnologias militares.

Os Estados Unidos têm, quase sempre, adotado uma política industrial para o setor militar; de fato, os primeiros contratos para a hoje chamada produção em massa foram outorgados pelo governo a Eli Whitney para a fabricação de rifles com peças intercambiáveis. Em todas as guerras de que participamos, em especial neste século, nosso governo tem seguido políticas agressivas, destinadas a estimular a atividade industrial em áreas diretamente relevantes ao esforço de guerra. Porém a liderança governamental coordenada da indústria privada também tem sido dirigida ao estímulo de alguns esforços não-militares com implicações para a segurança nacional. O programa intensivo para a chegada do homem à lua em dez anos foi um esforço desse tipo e, como aconteceu com esforços semelhantes nas duas guerras mundiais, o Programa Apollo resultou em importantes avanços da liderança norte-americana em uma ampla variedade de tecnologias. Na verdade, toda a moderna indústria de computadores nasceu como um prolongamento dos esforços realizados inicialmente na tentativa de mandar o homem à lua.

Um dos problemas com o atual debate sobre a política industrial é que, ao contrário do que ocorria no passado, essa política não tem um ponto focal claro.

Em vez disso, ouvimos apenas vagas afirmações sobre a necessidade de concorrência mais eficiente ou de aumento da produtividade. O debate parece estéril, uma discussão sobre os meios e não os fins, portanto não é de surpreender a conclusão a que chegaram muitos americanos, de que, em princípio, é melhor limitar o papel do governo no direcionamento ou na distorção das atividades das empresas privadas. Mas tão logo um objetivo digno se torne o foco de um esforço nacional, que exija liderança nacional coordenada, muito mudarão os termos do debate, que passará a se concentrar em fins e meios. Além disso, começará a se manifestar o instinto natural americano do "pode ser feito" para alcançar o objetivo determinado.

A meta básica da IAE é dar-nos condições de realizar enormes progressos no esforço de salvar o meio ambiente global. A meu ver, tal meta por fim se tornará tão instigante, que os Estados Unidos exigirão o empenho determinado que tornou o Programa Apollo tão produtivo e inspirador. O novo programa poderia revigorar a capacidade de nos sobressairmos na pesquisa aplicada, assim como na básica, impulsionar os ganhos de produtividade, conduzir a inovações, avanços e desenvolvimentos em outros campos de pesquisa, além de reintegrar os Estados Unidos como líder mundial em tecnologia aplicada.

III. UMA NOVA ECONOMIA GLOBAL

O terceiro objetivo estratégico do Plano Marshall Global deve ser a mudança drástica das regras econômicas segundo as quais a civilização – pelo menos a grande maioria dela, que está comprometida com a economia de mercado – determina o valor de nossas escolhas. É necessário um esforço grande e determinado para substituir tecnologias bem estabelecidas, mesmo quando têm, reconhecidamente, consequências nefastas; da mesma forma, é quase impossível mudar métodos consagrados de cálculo de custos e benefícios, uma vez adotados como bíblia.

A assombrosa vitória da economia de livre mercado sobre o comunismo, na guerra global de ideias, impôs uma nova obrigação de mudar aquelas características de nossa filosofia econômica que, como sabemos, são imperfeitas, à luz da destruição ecológica que legitimizam e até incentivam. Por exemplo, como vimos no Capítulo 10, o atual método de cálculo do produto nacional bruto (PNB) exclui por completo qualquer medição da exaustão dos recursos naturais. Tudo na natureza é considerado simplesmente sem limites e sem custos. Uma nação em desenvolvimento, que derruba sua floresta tropical, pode acrescentar à receita o valor da venda da madeira, mas não se exige que atribua qualquer valor à depreciação dos recursos naturais nem que deixe claro, de alguma forma, no cálculo do PNB, a impossibilidade de vender a floresta tropical no ano seguinte, pois a destruiu.

Entretanto, não basta reconhecer o problema: a comunidade internacional, liderada pelos Estados Unidos, deve tomar as providências para mudar essa fórmula largamente utilizada – e outras semelhantes, que muito enganam os tomadores de decisões. Em outras circunstâncias, eles talvez atribuíssem valores econômicos mais justos à proteção do meio ambiente global. Não há desculpas para não mudar a definição do PNB.

Como membro do Comitê Econômico Conjunto, tentei, em uma série de audiências, catalogar todas as fórmulas, em nossa versão atual da teoria econômica, que precisam ser mudadas, a fim de eliminar as sérias distorções na forma como o livre mercado calcula o valor do meio ambiente. Mas, no lugar de cada fórmula enganosa, precisamos adotar um método adequado para avaliar as consequências ecológicas das decisões do mercado.

Embora essa tarefa possa parecer uma questão teórica, tenho certeza de que é uma das mudanças mais importantes e abrangentes que podemos ter a esperança de realizar. Para cada grande decisão de uma autoridade nacional há bilhões de pequenas escolhas feitas por indivíduos, que contribuem para uma força agregada – e essa eclipsa por completo a maioria das decisões políticas governamentais. Segue-se, então, que influenciar os critérios e valores adotados para informar e orientar esses bilhões de escolhas diárias representa o verdadeiro segredo para mudar os rumos da civilização humana.

Já existe um mecanismo específico para mudar a forma como calculamos o PNB – o Sistema de Contas Nacionais das Nações Unidas – mas até hoje ninguém elaborou alternativas para outras fórmulas econômicas distorcidas. Tomemos, por exemplo, a fórmula que usamos atualmente para medir a produtividade. Ao excluirmos a maioria dos custos e benefícios ambientais de nossos métodos de avaliação do potencial produtivo de mudanças em nossas políticas, distorcemos gravemente essas avaliações. Para remediar essa cegueira ecológica, devemos trabalhar com as categorias profissionais competentes (por exemplo, contadores, atuários, auditores, advogados de empresas, estatísticos, economistas de todas as correntes, planejadores urbanos, banqueiros de investimentos e assim por diante) e incentivá-los a mudar suas formulações. Essa tarefa pode parecer quase tão difícil como reduzir a emissão de CO_2 chaminé por chaminé, mas as ideias e formas de pensar incorporadas a essas fórmulas econômicas distorcidas são as responsáveis pelas emissões das chaminés, e é importante tentar mudá-las.

Devemos mudar também nosso uso atual de taxas de descontos, instrumento através do qual sistematicamente subestimamos as consequências futuras de nossas decisões. Nosso poder, aumentado pela tecnologia, mudou consideravelmente nossa capacidade de alterar o mundo que nos cerca, de tal forma que as consequências podem ser sérias. No entanto, ainda calculamos os efeitos de nossos atos basicamente do mesmo modo que fazíamos no início da Revolução Industrial: continuamos a acreditar que todos eles terão pouco impacto sobre o futuro. Se essa premissa já foi válida, hoje é de clara má-fé, e é preciso mudar as fórmulas nela incorporadas. Porém, mais uma vez, a tarefa propriamente dita de mudá-las exige um plano estratégico e um programa sistemático.

Para efetuar a transição à nova economia de sustentabilidade, precisamos começar a quantificar os efeitos de nossas decisões sobre as gerações futuras que com eles conviverão. Nesse aspecto temos muito a aprender com a nação Iroquesa, que exige de seus conselhos tribais que estudem formalmente o impacto das decisões tomadas até a sétima geração, aproximadamente 150 anos depois. Sem dúvida, às vezes é muito difícil projetar o futuro, mas, mesmo quando não é, recusamo-nos obstinadamente até mesmo a pensar no assunto. Essa atitude deve mudar – mais uma vez, não só na teoria como na prática, com a sustentabilidade das opções econômicas incluída como fator na tomada de decisões em todos os níveis do comércio.

É possível tomar várias medidas específicas, a fim de acelerar a mudança para regras econômicas que promovam a sustentabilidade. As primeiras e mais óbvias mudanças incluem a eliminação dos gastos públicos – tanto nacionais como internacionais – que estimulam e subsidiam atividades econômicas ambientalmente destrutivas. Por exemplo, o Banco Mundial deve suspender os fundos que subsidiam a construção de estradas através da Floresta Amazônica, enquanto não houver salvaguardas confiáveis para impedir aquele que tem sido até hoje o uso primordial dessas estradas: permitir que as serras elétricas e as queimadas tenham acesso direto ao coração da floresta.

Esses subsídios governamentais irresponsáveis devem ser os erros mais fáceis de corrigir e, no final, quando aumentar nossa consciência das consequências ecológicas, de fato o serão. Mas, neste exato momento, é muito difícil mudá-los, tanto em nível internacional como nacional. No mundo desenvolvido, em especial na Comunidade Econômica Europeia, Austrália, Canadá e Estados Unidos, as forças de oferta e procura estão sendo distorcidas por subsídios agrícolas que estimulam a aragem repetida de terras marginais, até que se tornem altamente vulneráveis e sejam irremediavelmente perdidas devido à erosão do solo.

De modo análogo, a derrubada de muitas florestas antigas talvez nunca tivesse ocorrido sem gigantescos subsídios provenientes de impostos, que permitiram a construção de estradas para transporte de madeira até o coração de áreas com as árvores mais antigas. E, na Flórida, a destruição dos Everglades está sendo subsidiada por contribuintes e consumidores, através de garantias de preços artificiais para a cana-de-açúcar – lavoura que, de outra forma, nunca seria cultivada naquela área. Na verdade, eu mesmo apoiei as garantias de preço para o açúcar e – até agora – sempre votei nelas sem avaliar todas as consequências de meu voto.

Talvez uma breve explicação de meus motivos nessas votações fosse esclarecedora, pois, em retrospectiva, reconheço, em mim mesmo, muitos dos hábitos de pensamento e ação que estou tardiamente tentando mudar nos outros. Muitos de meus colegas há anos tentam me persuadir a deixar de apoiar os subsídios ao açúcar, mas, em vista de outras considerações mais importantes, nunca pensei seriamente no que tinham a dizer. Como membro do "bloco rural" sulista no Congresso, tenho seguido a regra geral de que devo votar a favor dos programas agrícolas defendidos por outros parlamentares de estados agrários – especialmente aqueles importantes para a minha região – em troca de seus votos a favor de programas importantes para o meu Estado. É claro que esse princípio de reciprocidade não é intrinsecamente um mal – é parte daquilo que contribui para a união de nosso país. Mas, quando se permite que predomine sobre todas as outras considerações, pode causar aquela cegueira premeditada que impossibilita a análise objetiva de qualquer outra questão. Considerei o problema duplamente difícil de estudar objetivamente, pois eu também estava sob o lobby de proprietários e funcionários de uma empresa de meu estado, que fabrica um substituto para o açúcar – o xarope de glicose de milho – cujo preço é fixado de acordo com o preço do açúcar. Teoricamente, se cair o preço do açúcar com a retirada do subsídio, pode haver perda de empregos, não só nas plantações que estão acelerando a destruição dos Everglades, mas também na fábrica do Tennessee que produz o xarope de milho. Assim são estabelecidos os padrões de cálculo político que se revelam difíceis de mudar. (Mas a mudança é possível: eu mesmo, por exemplo, decidi, ao escrever este livro, que não devo mais votar a favor dos subsídios da cana-de-açúcar e, em vez de me limitar a este caso particular, quero transferir o ônus da prova para os defensores dos subsídios, a fim de que provem que não ocorrerão problemas ecológicos como resultado da distorção do mercado.) Consideremos a dificuldade muito maior de mudar padrões destrutivos ainda mais profundamente arraigados em nossa sociedade – como as constantes e abusivas queimas de combustíveis fósseis.

Quando aumentar nossa consciência da extensão da crise ecológica, será cada vez mais importante assegurar que estejam disponíveis ao público informações sobre as consequências ecológicas de nossas opções. Uma das formas mais eficazes de incentivar as forças de mercado a atuar de modo não-prejudicial à natureza consiste em proporcionar, aos cidadãos interessados, melhores oportunidades de levar em conta o meio ambiente, ao comprarem mercadorias ou tomarem outras decisões econômicas. Mas os consumidores devem ter confiança nas informações recebidas e, infelizmente, diversas empresas tentam enganá-los com falsas afirmações de consciência ambiental. Para combater essa atitude, alguns ambientalistas, como Denis Hayes, um dos criadores do Dia da Terra, estão tentando instituir um "rótulo verde" que seja universalmente reconhecido e identifique produtos que satisfaçam a justas exigências ecológicas, inclusive a possibilidade de reciclagem. O governo também pode colaborar com a solução desse problema, ao garantir a exatidão de informações, como consumo de combustível dos automóveis e eficiência energética de eletrodomésticos. Além disso, a meu ver, o governo deve estabelecer padrões legais para os rótulos verdes. Há grande interesse do setor privado por essa iniciativa, mas dificilmente ela funcionará sem a força da lei.

Informações completas sobre quem é responsável pela destruição ambiental também representarão uma forma cada vez mais importante de fazer com que as forças de mercado atuem *em prol* do meio ambiente e não contra ele. Por exemplo, algumas das grandes empresas antes ligadas à pesca por arrastão suspenderam-na devido aos danos à sua imagem empresarial. Esse é um começo promissor. Porém, em recente audiência sobre o surgimento das chamadas frotas piratas de pesqueiros de arrastão, ouvi testemunhos de que alguns dos barcos ainda são, secretamente, propriedade de algumas das grandes empresas que, acreditava-se, haviam abandonado essa atividade. Em pelo menos um dos casos, um barco ainda descarregava o produto da pesca em instalações pertencentes a uma subsidiária de uma dessas companhias, a Mitsubishi. Se tal informação vier a se tornar pública, quando mais e mais pessoas se interessarem pelo assunto, os produtos da empresa matriz poderão sofrer as consequências no mercado.

A preocupação pública pode estimular mesmo as maiores empresas a tomar providências e algumas descobriram que, no processo de abordar os problemas ambientais, conseguiram, ao mesmo tempo, melhorar a produtividade e a lucratividade. Por exemplo, a 3M, em seu programa Benefícios da Prevenção da Poluição, tem anunciado aumentos significativos nos lucros, como resultado direto da crescente atenção dispensada à eliminação de todas as fontes de poluição que conseguiu encontrar. Algumas de nossas melhores empresas compreenderam que, quando mudam a forma de encarar as consequências ambientais do processo industrial, muda também sua forma de encarar outras consequências do processo. Um programa eficaz de controle de qualidade, que reduza o número de defeitos, por exemplo, exige um certo nível de atenção a detalhes, bem como à interação de todos os aspectos do processo de produção, e essa é precisamente a abordagem exigida para identificar as melhores formas de eliminar a poluição. Esta é ainda outra razão pela qual algumas empresas começaram a sentir que a preocupação com a responsabilidade ambiental faz muito sentido no âmbito dos negócios. Algumas, como a du Pont, até começaram a calcular bônus e gratificações para os executivos, tomando como base, em parte, seu desempenho na administração do meio ambiente.

Algumas empresas que não mudaram sua abordagem começam a enfrentar problemas com acionistas institucionais. Na realidade, um programa grande e altamente organizado – a Coalizão para uma Economia Ambientalmente Responsável – hoje trabalha em tempo integral para chamar a atenção de investidores e de conselhos de empresas para o desempenho de empresas de capital aberto nas questões ambientais. E um número crescente de grandes fundos de pensão, universidades e igrejas está baseando suas decisões de investimentos nos Princípios Valdez, que já incorporam os critérios para avaliar o desempenho das empresas em questões ambientais.

A fim de nos proteger contra prioridades distorcidas e promover tomadas de decisão seguras pelas empresas, devemos também tentar aprovar uma nova geração de leis ambientais antitrustes que insistam no exame cuidadoso das formas pelas quais a integração vertical, por exemplo, pode prejudicar o meio ambiente. De acordo com as atuais aplicações das leis antitrustes, as empresas ferroviárias não podem ser proprietárias de empresas transportadoras, pois essa combinação pode sufocar uma concorrência saudável entre os dois meios de transporte. Mas, e quanto aos grandes usuários de papel que adquirem áreas florestais, assim reduzindo a zero quaisquer incentivos que poderiam ter tido para usar papel reciclado em vez de derrubar florestas virgens? E quanto às companhias químicas, produtoras de pesticidas e fertilizantes, que compram empresas de sementes para selecionar e cultivar sementes que maximizem o uso de seus produtos químicos, negligenciando outras variedades que poderiam se caracterizar por grande resistência natural a pragas? Em nenhum desses casos deveria ser obrigatória a proibição de propriedades cruzadas, mas é preciso haver a exigência de avaliar o potencial de consequências nocivas ao meio ambiente e, se necessário, o direito de impedir tais incorporações.

Será também cada vez mais importante incluir padrões de responsabilidade ambiental às leis e tratados sobre comércio internacional. Assim como os subsídios governamentais para uma determinada indústria são às vezes considerados injustos segundo as leis do comércio, a imposição fraca e ineficiente de medidas de controle da poluição também deve ser incluída na definição das práticas comerciais injustas.

Especialmente agora, quando os Estados Unidos tentam expandir os princípios do livre mercado e estimular o comércio mais justo e livre em toda a América Latina, é preciso incluir padrões ambientais nos critérios para decisão de quando liberalizar os acordos comerciais com cada país. É delicada a combinação de proteção ambiental e negociações comerciais, mas o mesmo ocorre com a combinação de considerações de qualquer outra ordem e conversações sobre comércio. Além disso, importantes precedentes estão sendo estabelecidos exatamente neste momento – observemos o esforço agressivo da Alemanha em impor padrões ambientais mais rígidos dentro da CEE e a decisão do Acordo Geral sobre Tarifas e Comércio (GATT) de realizar uma reunião para analisar a relação entre comércio e meio ambiente.

Retomando o difícil tema do desenvolvimento econômico estrangeiro, concluí, relutantemente, que diversas das instituições de financiamento internacional estabelecidas com o meritório objetivo de, "desenvolver" o Terceiro Mundo estão – por ignorarem as consequências ecológicas dos projetos em grande escala –, geralmente, fazendo mais mal que bem. Embora tenham conseguido algum progresso ao incluir as questões ambientais em seus critérios para empréstimos, ainda ficam muito aquém do cumprimento de suas responsabilidades. Assim, vários de nós, no Senado, começamos a procurar formas de não deixá-las escapar. Uma solução pode ser a união de todas as instituições que fazem empréstimos a determinado país para criar um pacote de "amplo espectro". Entretanto, alguns ambientalistas são tão impacientes que estão pensando seriamente em tentar suprimir por completo o financiamento norte-americano a qualquer instituição internacional que não proceda a uma total reformulação dos mecanismos pelos quais considera seguras determinadas práticas ambientais. Tais instituições precisam simplesmente tornar-se parte da solução e não do problema.

E, como já foi mencionado, hoje há problemas semelhantes com os quais se defronta o sistema internacional de comércio, cujas regras não foram estabelecidas levando em conta o meio ambiente e devem agora ser adaptadas rapidamente para protegê-lo.

Ao mesmo tempo, as instituições financeiras devem reconsiderar sua abordagem a definições de moedas. A rígida distinção entre moeda forte (o dinheiro de uma nação industrializada, que é aceitável no pagamento de dívidas internacionais) e moeda fraca (a moeda tipicamente inflacionada e instável de uma nação devedora, que geralmente pode ser usada somente para compras internas) distorce os padrões de uso da terra e a alocação de recursos nos países em desenvolvimento. Por exemplo, grande parte de uma área tradicionalmente usada para cultivar lavouras nativas é rotineiramente arada para dar lugar a outros alimentos que possam ser vendidos no mercado de exportação; a exportação gera moeda forte e o cultivo interno, moeda fraca. É uma triste ironia que em geral se use a moeda forte na compra de alimentos estrangeiros de importadores para alimentar as populações, que não podem mais cultivar seus próprios alimentos. Toda essa situação faz muito pouco sentido.

Embora seja uma tarefa difícil, deveremos também tentar reformas financeiras nos países em desenvolvimento, que estarão recebendo assistência e novas tecnologias sob o Plano Marshall Global. Um dos problemas mais sérios, mas menos reconhecidos, é a evasão de capital, ou seja, o processo pelo qual as elites abastadas de países em desenvolvimento desviam vultosas quantias da economia nacional para contas particulares em bancos do Primeiro Mundo. Na verdade, em muitas nações do Terceiro Mundo, o nível de evasão de capital aumenta ou diminui quase na proporção direta da quantidade de ajuda estrangeira. Uma distribuição mais equitativa de poder político, riqueza e terras é um pré-requisito, em muitos desses países, para o êxito de qualquer esforço de salvação de seu meio ambiente e de sua sociedade.

Uma das melhores ideias para o desenvolvimento nos últimos dez anos foi a proposta, do biólogo Tom Lovejoy, do Instituto Smithsonian, chamada "troca de dívidas por natureza". Segundo esse plano, em versão finalmente aceita pelo Brasil em meados de 1991, as dívidas das nações em desenvolvimento com as industrializadas são perdoadas em troca de acordos firmes de proteção de partes vulneráveis do meio ambiente pelo país devedor. Como a maioria das dívidas provavelmente jamais será paga, e a proteção desses meios ambientes é do maior interesse do país devedor, assim como do restante do mundo, todos saem ganhando. Além disso, faz-se necessária uma drástica redução no enorme fardo da dívida que debilita o mundo em desenvolvimento para criar a perspectiva de sociedades sustentáveis – e finalmente uma economia global que inclua essas nações como participantes integrantes e saudáveis.

A insensatez de nossos bizarros acordos financeiros com o Terceiro Mundo evidencia-se ainda mais quando compreendemos que a metade da dívida dos países do Terceiro Mundo foi acumulada para comprar armas, com as quais travam guerras uns com os outros – seguidas por assassinatos e distúrbios de toda espécie, às vezes destruindo sociedades inteiras e geralmente com horrível devastação ambiental. Foi o que ocorreu na invasão do Kuwait pelo Iraque em 1991. Pôr fim a esses conflitos (em parte detendo a venda imoral de sofisticados armamentos pelos países industrializados) é um dos mais importantes passos para a proteção ambiental a ser dado pelo mundo.

Além das trocas de dívidas por natureza, outra ideia nova para usar os mecanismos de mercado a fim de ajudar o mundo a enfrentar a crise do meio ambiente global é a criação de um mercado para "créditos" de emissão de CO_2, não só em nível doméstico mas também internacional. Sou favorável a um tratado internacional que limite a quantidade anual de CO_2 que cada nação pode produzir e inclua um mecanismo para determinação desses créditos. Uma vez em vigor o tratado, as nações que conseguissem reduzir mais a emissão poderiam vender seus direitos de emissão a outras que precisassem de mais tempo para se ajustar. Na prática, isso se tornaria uma forma de racionalizar investimentos nas alternativas mais eficientes para todas as atividades geradoras de CO_2, substituindo combustíveis fósseis por formas de energia renováveis, desenvolvendo novas técnicas para eficiência e conservação, ou formulando abordagens inteiramente novas a atividades de grande porte, hoje tidas como imutáveis. Obviamente, não será fácil chegar a um acordo sobre como distribuir os direitos de emissão; tampouco será fácil a determinação da viabilidade de reduzir os limites globais a cada ano. Mas, uma vez que um número suficiente de países venha a reconhecer a grave ameaça proposta pela emissão de CO_2, a elaboração de um tratado talvez não se mostre um desafio invencível.

É claro, portanto, que, se o desenvolvimento sustentável vier a se tornar possível, precisaremos mudar nossa abordagem à política econômica. Na primeira oportunidade, os líderes mundiais e os ministros da economia devem convocar uma reunião de cúpula para discutir novas abordagens a esse desafio. As pautas devem incluir a adoção imediata de um novo conjunto de regras para a economia. Segue-se um resumo daquelas que propus.

1. A definição de PNB deve ser mudada para incluir os custos e benefícios ambientais.

2. A definição de produtividade deve ser mudada para refletir avaliações de melhoras ou pioras das condições ambientais.

3. Os governos devem concordar em eliminar o uso de taxas de descontos inadequadas e adotar métodos melhores de quantificar os efeitos de nossas decisões sobre as gerações futuras.

4. Os governos devem eliminar os gastos públicos que subsidiam e incentivam atividades ambientalmente destrutivas.

5. Os governos devem aumentar a quantidade e a precisão das informações sobre o impacto ambiental de produtos e divulgá-las aos consumidores.

6. Os governos devem adotar medidas para incentivar a ampla divulgação da responsabilidade das empresas por danos ambientais.

7. Os governos devem adotar programas de ajuda às empresas na análise de custos e benefícios da eficiência ambiental.

8. As nações devem rever suas leis antitrustes para incluir os danos ambientais.

9. Os governos devem exigir a adoção de padrões de proteção ao meio ambiente em tratados e acordos internacionais, inclusive acordos comerciais.

10. As preocupações ambientais devem ser integradas aos critérios adotados pelas instituições financeiras internacionais na avaliação de todas as subvenções propostas pelos fundos de desenvolvimento.

11. Os governos devem agilizar o uso das trocas de dívidas por natureza para incentivar a administração ambiental, em troca da redução das dívidas.

12. Os governos devem elaborar um tratado internacional que imponha limites à emissão de CO_2 em cada país e um mercado para a troca de direitos de emissão entre países que precisam de mais créditos e aqueles que têm excedentes.

O Papel dos Estados Unidos

Na condição de principal exemplo mundial de economia de livre mercado, os Estados Unidos têm a obrigação especial de descobrir formas eficazes de usar o poder das forças de mercado para ajudar a salvar o meio ambiente global. No entanto, mesmo quando apontamos acertadamente os lamentáveis fracassos do comunismo e pressionamos o mundo subdesenvolvido – com razão, a meu ver – para adotar uma abordagem de mercado para a economia, relutamos em admitir que deixamos de incorporar valores ambientais em nossas decisões econômicas. Além disso, o governo Bush tem mostrado pouco interesse em mudar as políticas governamentais que provocam nos princípios econômicos de mercado uma distorção que estimula a destruição do meio ambiente.

Muitas lideranças políticas parecem satisfeitas em relegar as consequências ambientais de nossas opções econômicas à grande lata de lixo da teoria econômica rotulada externalidades. Como afirmei no Capítulo 10, tudo o que os economistas querem esquecer é chamado de externalidade e excluído de considerações mais sérias. Tomemos como exemplo esta análise do Conselho de Consultores Econômicos de Bush sobre o impacto do aquecimento global na agricultura: "Estima-se que os custos das atuais políticas agrícolas sejam mais importantes em termos econômicos que até mesmo as estimativas pessimistas dos efeitos do aquecimento global, em grande parte porque temos de arcar com os primeiros no momento presente e os últimos podem ocorrer, se vierem a ocorrer, em um futuro relativamente distante".

Pois bem. No tocante ao Conselho, o aquecimento global dispensa maiores preocupações. Como minimizaram sua importância até torná-lo insignificante, os membros do Conselho acreditam que podemos simplesmente esquecê-lo. E, enquanto isso, continuamos apregoando ao restante do mundo que nossa economia de mercado abrange tudo com a maior eficiência possível.

E se adotássemos uma abordagem mais ampla e começássemos a incorporar em nosso sistema econômico fatores que afetam o meio ambiente? Como o faríamos? Apresento algumas propostas específicas.

A mais eficaz provavelmente será a proposta de encontrar formas de atribuir um valor às consequências ambientais de nossas opções, valor esse que se refletiria, então, no mercado. Por exemplo, se taxássemos a poluição despejada pelas fábricas no ar e na água, ela diminuiria. E poderíamos muito bem observar um súbito aumento no interesse por parte das empresas em aumentar a eficiência de seus processos, a fim de reduzir a poluição que causam.

Para a maioria de nós, o princípio soa inatacável: que o poluidor pague. Mas e se ele se aplicar a cada um de nós, e não a uma empresa sem nome e sem rosto? Por exemplo, em vez de exigir que proprietários de residências paguem impostos prediais mais altos para cobrir os custos da coleta de lixo, por que não diminuir esses impostos e cobrar diretamente pela coleta de lixo – por quilo? Os responsáveis por gerar mais lixo pagariam mais e aqueles que encontrassem formas de reduzi-lo pagariam menos. O interesse pela reciclagem aumentaria consideravelmente. E, ao escolherem produtos em lojas, as pessoas poderiam até começar a recusar embalagens pesadas e volumosas, se soubessem que acabariam no lixo. Existe uma regra econômica prática: tudo aquilo que é taxado é adquirido em menor quantidade; tudo o que é subsidiado é adquirido em maior quantidade. Hoje, taxamos o trabalho e subsidiamos a destruição dos recursos naturais – e ambas as políticas têm contribuído para maior desemprego e para o desperdício de recursos naturais. E se reduzíssemos os impostos sobre o trabalho e ao mesmo tempo elevássemos aqueles sobre a queima de combustíveis fósseis? É totalmente possível mudar a legislação fiscal, de forma a manter a quantidade total de impostos em um mesmo nível, evitar injustiças e "regressividade", mas a desincentivar a produção constante de gigantescas quantidades de poluição.

Tendo isso em vista, proponho:

1. Que criemos um Fundo de Segurança Ambiental, com pagamentos ao fundo calculados com base na quantidade de CO_2 lançada na atmosfera. A produção de gasolina, de óleo para aquecimento e de outros combustíveis à base de petróleo, de carvão, de gás natural e de eletricidade gerada a partir de combustíveis fósseis incorreria em crescentes impostos sobre o CO_2, de acordo com o conteúdo de carbono dos combustíveis produzidos. Esses pagamentos seriam mantidos em um fundo, a ser usado para subsidiar a compra pelos consumidores de tecnologias não-prejudiciais ao meio ambiente – como lâmpadas elétricas de baixo consumo de energia ou automóveis de baixo consumo de combustível. Uma redução correspondente no total de impostos pagos sobre as receitas e folhas de pagamentos, no mesmo ano, asseguraria que esse plano não aumentasse os impostos, mas os mantivesse como estão – embora com flexibilidade suficiente para assegurar progressividade e para enfrentar devidamente as dificuldades específicas encontradas na transição para as fontes de energia renováveis (como as enfrentadas por alguém sem alternativas imediatas à compra de grandes quantidades de óleo para aquecimento, gasolina e similares). Estou convicto de que um imposto sobre o CO_2, que seja completamente contrabalançado pelas reduções em outros impostos, está se tornando com rapidez politicamente viável.

Porém só os impostos sobre o CO_2 não serão suficientes para deter o desperdício de praticamente todos os demais recursos naturais, e assim proponho também:

2. Que se imponha uma Taxa sobre Materiais Virgens para produtos em fase de fabricação ou de importação, com base na quantidade de materiais virgens não-renováveis incorporados ao produto. Por exemplo, deveria ser cobrada das fábricas de papel uma taxa sobre materiais, com base na porcentagem de papel que fabricam a partir de árvores recém-cortadas, em relação àquele produzido por reciclagem. Os fabricantes e processadores que pagassem o imposto estariam qualificados para a obtenção de créditos fiscais, destinados a subsidiar a compra de equipamento necessário para reciclagem e para coleta e uso eficientes de materiais reciclados, desde que se tenha certeza de que serão ambientalmente benéficos.

Além destas duas amplas propostas, recomendo também várias outras mudanças específicas na política dos Estados Unidos, que reformulariam nossas regras da economia em prol do meio ambiente:

3. O governo deve adotar uma política de compra de substitutos ambientalmente adequados, sempre que competitivos – levando em conta os custos durante toda a sua vida útil – em relação às tecnologias mais antigas e mais nocivas. Por exemplo, deve trocar todas as lâmpadas elétricas pelas novas lâmpadas de longa vida, que consomem apenas uma fração da eletricidade para produzir a mesma quantidade de luz. O governo deve também ser obrigado a comprar papel reciclado em quantidades que representem, a cada ano, uma porcentagem maior de suas necessidades totais, até que praticamente todo o papel que usa seja reciclado. Se o governo – com suas enormes necessidades – conseguir liderar pelo exemplo, em muito aumentará a capacidade dos fabricantes dos novos produtos de obter consideráveis economias e torná-los viáveis o bastante para entrar no mercado.

4. O governo deve estabelecer exigências de menor consumo para todos os carros e caminhões vendidos nos Estados Unidos. Embora os impostos sobre CO_2 e os subsídios correspondentes do Fundo de Segurança Ambiental venham a ser muito mais eficazes na aceleração da transição para veículos mais eficientes, melhorias obrigatórias na economia média de combustível podem ser uma medida complementar importante. Com duas das maiores fábricas de automóveis do mundo localizadas em meu próprio estado, tenho enfrentado um constrangedor problema político ao apoiar exigências mais rígidas sobre consumo de combustível e reconheço, de fato, algumas das dificuldades práticas bastante reais na legislação proposta. Não obstante, é tão grande a emissão de CO_2 nos Estados Unidos que acredito ser melhor tomar medidas imperfeitas para obrigar a uma ação corretiva do que não tomar medida alguma.

5. Padrões de eficiência em toda a economia – para construções, motores e máquinas industriais e eletrodomésticos – devem tornar-se mais rígidos. Com padrões mais rígidos, os fabricantes sentem-se menos tentados a cortar despesas para se tornar competitivos. O governo Bush, inexplicavelmente, tem lutado muito contra tais padrões.

6. As reformas na filosofia das empresas energéticas devem incentivar o uso integral de medidas de conservação e eficiência. Hoje, alguns governos estaduais estão atuando fortemente nesse sentido, mas a política federal deixa muito a desejar. Todas as empresas energéticas deveriam incentivar a conservação em vez de aumentar a capacidade geradora. Ajudar a financiar a conservação tem-se revelado extremamente eficaz. Por fim, essas empresas deveriam ser incentivadas a plantar florestas para compensar em parte as quantidades de CO_2 que geram.

7. Programas de plantio de árvores – com mudas cuidadosamente selecionadas e adequadas às áreas de plantio e acompanhamento cuidadoso para assegurar a sobrevivência da árvore – devem ser parte de programas de trabalho nas comunidades em que a concessão de pagamentos assistenciais está vinculada a exigências de trabalho. Da mesma forma, os projetos de plantio de árvores devem ser altamente prioritários nos programas de trabalho de férias para adolescentes.

8. Rápido abandono de todas as substâncias químicas que destroem a camada de ozônio. Devemos subsidiar também o desenvolvimento de substitutos realmente benignos.

Há, é claro, muitos outros problemas que devem ser tratados se o governo estiver pronto para desempenhar o papel-chave, construtivo e imprescindível na liderança do movimento ambientalista mundial. Precisamos prestar grande atenção às profundas causas sociais e comportamentais do relativo declínio econômico dos Estados Unidos, algumas das quais também contribuem para a crise ambiental:

• Nossa falta de preocupação com os recursos humanos e com os níveis cada vez mais baixos de instrução, seja em aritmética, geografia, ou em habilidades básicas de raciocínio.

• Nossa relutância em tomar decisões, prevendo seus efeitos a longo prazo, aliada à nossa insistência em basear estratégias em curtos horizontes de tempo: por exemplo, a prática de recompensar líderes empresariais com base em seus vencimentos trimestrais; a disposição dos investidores de alocar capital com base nos lucros a curto prazo, e não na qualidade dos artigos produzidos, nos empregos criados e na obtenção de uma participação no mercado a longo prazo; a tendência dos líderes políticos de fundamentar decisões importantes na percepção de seu impacto sobre a próxima eleição ou mesmo sobre a próxima pesquisa de opinião pública.

• Nossa acomodação a estratégias antiquadas, que funcionavam nos mercados de pós-guerra, quando éramos a única economia forte restante em todo o mundo livre, mas que há muito foram suplantadas por estratégias mais dinâmicas e eficazes.

• Nossa tolerância com o fato de que governo e indústria trabalham com objetivos contraditórios e deixam de planejar em conjunto ou de procurar formas de resolver conflitos persistentes, não conforme o modelo japonês, mas conforme um modelo próprio original e inovador, a exemplo daquele que existiu em esforços nacionais do passado, como o Programa Apollo.

• Nossa incapacidade de transformar novas descobertas feitas em laboratórios em novas vantagens para os trabalhadores e empresas americanas.

Todos esses problemas estão profundamente inter-relacionados e, acredito, podem ser solucionados com a mesma mudança de pensamento e esforço nacional concentrado representada pela Iniciativa Ambiental Estratégica e pelo Plano Marshall Global.

IV. UMA NOVA GERAÇÃO DE TRATADOS E ACORDOS

O quarto objetivo estratégico do Plano Marshall Global deve ser uma frutífera negociação e a elaboração de todo um novo conjunto de tratados e acordos internacionais, destinados a proteger o meio ambiente. Tanto quanto a democracia e a economia de mercado, uma extensão dos instrumentos legais é importante para o êxito do esforço de restaurar o equilíbrio ecológico da Terra.

A discussão inicial deste capítulo, sobre os elementos essenciais à elaboração bem-sucedida do Plano Marshall Global – o equilíbrio entre os países industrializados e aqueles em desenvolvimento – tem relação direta com quase toda essa nova geração de tratados e acordos, e haverá um bom número deles.

O protótipo desse novo tipo de acordo foi o Protocolo de Montreal, que era de âmbito global e exigia a eliminação, no mundo todo, da produção das substâncias químicas (como os CFCs) que estão destruindo a camada de ozônio; o protocolo propunha um acordo de compartilhamento de custos entre as nações industrializadas e as mais pobres. Além disso, previa a necessidade de análises regulares, à medida que se obtivessem novas informações sobre a atmosfera. Na verdade, as cláusulas do acordo original já se tornaram consideravelmente mais rígidas com o acréscimo das emendas de Londres, e espera-se ainda mais na esteira das últimas provas – que continuam a apontar para uma ameaça ainda mais séria.

Grande atenção está hoje concentrada nos esforços da comunidade internacional para elaborar um equivalente ao Protocolo de Montreal, que aborde os gases causadores do efeito estufa, especialmente o CO_2. E muitas das inovações do acordo de Montreal poderão serão aplicadas diretamente ao novo acordo. Mas este será infinitamente mais difícil de concluir que o anterior e, como resultado, alguns países que hoje se encontram no processo de negociações serão tentados a procurar alguma forma de fugir à necessidade de concordar com a redução drástica nos gases que estão causando o aquecimento da Terra, e tentarão substituí-la por providências simbólicas.

Como co-presidente do Grupo de Observadores do Senado para as negociações sobre as mudanças climáticas, tenho prestado muita atenção às idas e vindas dessas discussões. Por exemplo, testemunhei uma mudança interessante nos primeiros estágios da negociação, em 1991, quando o Japão propôs formalmente uma abordagem chamada promessa e revisão: estipulava que cada país simplesmente prometeria agir por conta própria e que a comunidade internacional revisaria posteriormente os registros para acompanhar os progressos. O governo Bush, naturalmente, ficou entusiasmado, pois a proposta lhe oferecia a oportunidade de dar a impressão de estar tomando medidas antes da eleição de 1992, sem que, na realidade, precisasse fazer coisa alguma. Mas o grande problema é que os políticos que estão no poder por ocasião da promessa talvez não sejam os mesmos que lá estarão na época da revisão. E os políticos são sempre tentados a fazer promessas que não sejam comprometedoras, esperando que surja alguma forma fácil de cumpri-las, embora alguns, como Bush, estejam perfeitamente preparados para quebrar promessas, se não aparecer uma forma fácil e indolor de mantê-las. Os japoneses, mais tarde, propuseram atitudes mais drásticas.

O Papel dos Estados Unidos

É notável a diversidade e complexidade desta nova geração de acordos globais. Há, por exemplo, dois tratados diferentes e uma terceira "declaração de princípios", agora sendo negociados na preparação para a Eco-92, a se realizar em junho de 1992, no Rio de Janeiro. Além do tratado "estrutural" sobre mudanças climáticas, os negociadores estão trabalhando em um tratado para proteger a biodiversidade e em uma declaração de princípios para preservar as florestas do mundo. Enquanto esses documentos estavam sendo negociados, outro tratado foi efetivamente concluído e assinado em 1991: um tratado para proteger a Antártica da extração de petróleo e mineração de carvão. Mas a forma como foi finalmente decidido deixou muitos observadores preocupados, em dúvida se os Estados Unidos permitiriam, nas outras negociações, o progresso necessário para completar os acordos a tempo da reunião de cúpula no Brasil. Mesmo após todos os outros países participantes haverem concordado com os termos – que haviam sido negociados durante vários anos – e mesmo após nossos próprios negociadores terem concordado em caráter provisório, dependendo da aprovação final da Casa Branca, o presidente Bush insistiu em que os termos propostos eram muito restritivos – embora nenhuma empresa americana de prospecção ou mineração tivesse expressado qualquer interesse na exploração dos depósitos minerais da Antártica. Ironicamente, o presidente Bush havia assinado, um ano antes, uma lei proibindo as empresas norte-americanas de se envolverem em tais atividades na Antártica – dependendo da assinatura do tratado.

Ao ser anunciada a recusa da Casa Branca, os outros países envolvidos ficaram indignados e exigiram que Bush reestudasse o assunto. Finalmente, após os

Estados Unidos sofrerem uma constrangedora avalanche de críticas, o presidente cedeu sem alarde e fez o que os negociadores haviam recomendado o tempo todo.

O problema com esse tipo de abordagem não é o constrangimento ou a crítica. O problema é que tal comportamento demonstra exatamente o oposto de liderança. E, para que o mundo tenha alguma chance de negociar com êxito os tratados extremamente difíceis que se fazem necessários hoje, os Estados Unidos precisarão simplesmente assumir o papel de liderança. Após o fiasco no caso da Antártica, parecia haver poucas chances de o governo Bush estar preparado para tanto. Contudo, também parece claro que ele poderá mudar, se sentir uma mudança nos ventos políticos, suficientemente significativa para obrigá-lo a reavaliar sua linha de ação.

Assim, com o tempo se esgotando, a única esperança ainda reside na perspectiva de mudança na forma pela qual o povo em geral pensa a respeito do meio ambiente global.

V. UM NOVO CONSENSO AMBIENTAL GLOBAL

O quinto objetivo principal do Plano Marshall Global deve ser a busca de mudanças fundamentais na forma como obtemos informações sobre o que está acontecendo ao meio ambiente, bem como a organização de um programa educacional mundial para promover uma compreensão mais completa da crise. Nesse processo, devemos procurar com empenho maneiras de promover uma nova forma de pensar sobre a atual relação entre a civilização humana e a Terra.

Este talvez seja o desafio mais difícil e também o mais importante que enfrentamos. Se surgir uma nova forma de pensar sobre o mundo natural, todas as outras medidas necessárias se tornarão imediatamente mais viáveis – assim como o surgimento de uma nova forma de pensar sobre o comunismo na Europa Oriental possibilitou os passos rumo à democracia, simplesmente "impensáveis" alguns meses antes. E, de fato, o modelo de mudança que usarmos no projeto e implementação de nossa estratégia deve basear-se na premissa de que existe um limiar que devemos transpor e que não se evidenciarão muitas mudanças enquanto não o fizermos; mas, quando finalmente isso acontecer, as mudanças serão súbitas e notáveis.

O cerne de qualquer estratégia para mudar a forma como as pessoas pensam sobre a Terra deve ser um esforço conjunto para convencê-las de que o meio ambiente global é parte de seu "quintal" – como de fato é. Sempre me impressiona a forma como uma proposta de instalação de um incinerador ou de um aterro sanitário mobiliza tantas pessoas, que não querem esses transtornos perto de casa. No decorrer dos protestos, ninguém parece se preocupar muito com a economia ou com o índice de desemprego: a única coisa que importa é proteger o seu quintal. A famosa síndrome "não no meu quintal" tem sido muito criticada, mas é encontrada com frequência e constitui uma inegável e poderosa força política. Como poderíamos fazer essa força voltar-se contra as ameaças ao meio ambiente? Será isso possível? O segredo consiste na definição de "quintal" e, na verdade, nossos quintais estão ameaçados por problemas como o aquecimento da Terra e a rarefação da camada de ozônio.

Um passo importante na direção certa seria adotar uma nova abordagem à coleta de informações sobre o que está acontecendo exatamente ao meio ambiente global. Como presidente do Subcomitê sobre o Espaço, no Senado, recomendei veementemente o estabelecimento de um novo programa que a Nasa chama de Missão ao Planeta Terra. Sally Ride, a primeira norte-americana a viajar pelo espaço, cunhou esse nome, que tinha intenção jocosa. Como observa ela, empreendemos estudos planetários altamente sofisticados, colocando foguetes em órbita ao redor de Marte e de Vênus, e usamos essa perspectiva para estudar outros planetas mais distantes. Contudo, não usamos as mesmas técnicas para melhorar o conhecimento sobre nosso próprio planeta, exatamente quando tanto precisamos compreender mais a respeito das mudanças que estão ocorrendo.

Ainda mais importante que coletar novas informações, porém, é começar a agir agora – e o sistema de coleta de informações deve aperfeiçoar esse objetivo. Esta conclusão contém duas implicações: as informações devem ser coletadas rapidamente e – sempre que possível – de forma a facilitar a educação do público e estimular uma compreensão maior do que significam no contexto mais amplo da rápida mudança global.

Em outras palavras, a Missão ao Planeta Terra deve ser uma Missão do povo do Planeta Terra. Proponho, especificamente, um programa envolvendo o maior número possível de países, que recorreriam a seus professores e estudantes para monitorar toda a Terra diariamente, ou pelo menos aquelas partes da Terra que possam ser observadas pelas nações participantes. Mesmo medições relativamente simples – temperatura da superfície, velocidade e direção do vento, umidade relativa, pressão atmosférica e precipitações pluviométricas – poderiam, se disponíveis rotineiramente em base global, produzir melhorias consideráveis em nossa compreensão dos padrões climáticos. Medições ligeiramente mais sofisticadas, de itens como poluentes do ar e da água, bem como da concentração de CO_2 e de metano seriam ainda mais valiosas. Mas o primeiro passo é coletar as informações básicas necessárias à cuidadosa monitoração do meio ambiente, da mesma forma que as UTIs de hospitais monitoram os sinais vitais de pacientes que estão recebendo tratamento intensivo.

A produção em massa de instrumentos uniformes para esse programa poderia baixar enormemente os custos unitários, e os próprios instrumentos poderiam ser projetados para facilitar a coleta eletrônica diária de dados. Com a colocação de satélites relativamente baratos em órbitas baixas, em condição de redistribuir rapidamente as informações coletadas, a partir de muitas estações de monitoramento espalhadas pelo mundo, os dados poderiam ser enviados a centros regionais, nacionais e mundiais, para análise e classificação; poderiam então ser estudados e incluídos periodicamente em modelos computadorizados. À medida que as escolas adquirissem experiência e segurança, a gama de atividades do programa poderia ser ampliada para incluir, por exemplo, amostragens de solo (para mapear tipos de solos, monitorar o ritmo de erosão e medir os resíduos de salinização e pesticidas) e um censo anual de árvores, usando técnicas de amostragem que monitorassem o desmatamento e a desertificação.

Se o programa funcionar como planejado, as pessoas envolvidas poderiam ser persuadidas a fazer ainda mais e realmente plantar árvores e criar viveiros para árvores e lavouras nativas de cada região. E outro tipo de semente poderia ser plantado nesse processo: por exemplo, o maior cientista do mundo no que se refere ao problema da camada de ozônio, dr. Sherwood Rowland, começou a se interessar por ciências atmosféricas quando, ainda garoto, um vizinho pediu-lhe que tomasse conta de sua estação meteorológica de fundo de quintal, durante as semanas em que estaria ausente, em férias. A importância de envolver crianças de todo o mundo em uma Missão ao Planeta Terra verdadeiramente global tem, pois, três aspectos. Primeiro, as informações são muito necessárias (e a qualidade dos dados pode ser assegurada por amostragem regular). Segundo, o melhor modo de atingir os objetivos da educação ambiental é realmente envolver estudantes no processo de coleta de dados. E, terceiro, o programa pode criar, entre os jovens participantes, um comprometimento com a salvação do meio ambiente global.

Há hoje esforços para aperfeiçoar a Missão ao Planeta Terra, que a Nasa organizou, inicialmente, em moldes que se assemelham aos programas de aquisição de armas do Departamento de Defesa: a maior parte do dinheiro foi destinada a grandes equipamentos, que demorarão de dez a quinze anos para ser construídos e em seguida colocados no espaço. Precisamos de informações mais rápidas e baratas, se possível – e tenho certeza de que é. Com esse objetivo, a senadora Barbara Mikulski e eu temos trabalhado juntos, com algum êxito, para impor mudanças ao programa da Nasa. Enquanto a Nasa propõe a construção de novas plataformas espaciais para coletar mais dados, o governo Bush recusa-se a gastar ínfimas quantias para preservar as valiosas informações já coletadas – pelo sistema Landsat, por exemplo, uma série de satélites que fizeram um registro fotográfico ímpar da superfície da Terra durante vinte anos. O governo jamais aproveitou os dados coletados e agora pretende suspender o lançamento do próximo satélite Landsat, eliminando assim a possibilidade de montar novas fotografias de nosso planeta e de propiciar uma perspectiva rara e inestimável das mudanças que estamos provocando na superfície da Terra.

Outra dificuldade com o atual projeto da Missão ao Planeta Terra é que ninguém sabe ainda o que fazer com o enorme volume de dados a ser transmitido rotineiramente da órbita terrestre e que jamais chegou a ser imaginado. Para ajudar a organizar e interpretar esses dados, propus aquele que rotulei de programa Terra Digital, projetado para criar um novo modelo climático global, que pode receber dados de diversas fontes diferentes que, segundo as atuais definições, não são consideradas compatíveis. Além disso, o programa será projetado para aprender efetivamente com seus erros: quando previsões baseadas em informações obtidas dos registros climáticos conhecidos forem processadas nos modelos de mudança ambiental, os resultados poderão ser comparados ao que realmente aconteceu. Embora todos os modelos climáticos globais tenham sérias limitações, ainda nos fornecem as melhores indicações sobre o que provavelmente acontecerá ao clima no futuro, e acredito que esta nova abordagem pode melhorar substancialmente a qualidade e utilidade dos modelos.

Devido ao enorme volume de dados, pode ser necessário dispersar os meios de armazenamento e processamento de forma muito mais ampla. Muitos especialistas, nos Estados Unidos e no Japão, acreditam hoje nas vantagens inerentes a uma arquitetura de computadores ou projeto de sistemas chamado de paralelismo maciço, e tais computadores sem dúvida desempenharão papel importante na Missão ao Planeta Terra. Esses computadores são valiosos em outro aspecto, também, pois oferecem uma metáfora que considero particularmente útil para resolver como enfrentar a tarefa de coletar e processar a enorme quantidade de dados e qual a melhor forma de, nesse processo, mudar corações e mentes no mundo todo, no que se refere ao meio ambiente.

A potência dos computadores de paralelismo maciço vem de sua capacidade de processar informações, não em uma unidade central de processamento, mas em unidades pequenas e menos potentes em todo o campo de memória do computador, em locais próximos ao ponto em que as informações estão armazenadas. Para muitas aplicações, a vantagem intrínseca desse projeto é enorme: o computador gasta menos tempo e energia em recuperar dados brutos do campo de memória, trazendo-os para o potente processador central, esperando o processamento e em seguida levando os dados processados de volta ao campo de memória para serem novamente armazenados. Com a colocação de cada pequena porção de dados em um local com capacidade de processamento suficiente para manipulá-la, mais dados podem ser processados ao mesmo tempo e em seguida transportados apenas uma vez, e não duas, entre o campo de memória e o centro.

Ao pensarmos nessa abordagem em termos genéricos, parece óbvio que tanto a democracia, enquanto sistema político, como o capitalismo, enquanto sistema econômico, funcionam com o mesmo princípio e têm a mesma "vantagem de projeto" inerente, em virtude da forma como processam informações. No capitalismo, por exemplo, pessoas livres para comprar e vender produtos ou serviços de acordo com seus cálculos individuais de custos e benefícios de cada opção estão na realidade processando uma quantidade relativamente limitada de informações – e o fazem rapidamente. E, quando milhões processam informações ao mesmo tempo, o resultado são decisões incrivelmente boas sobre oferta e procura para a economia como um todo. O comunismo, ao contrário, tentou levar todas as informações sobre oferta e procura para um processador central de grande porte. Obrigado a manipular informações cada vez mais complexas, as ineficiências inerentes ao sistema levaram ao seu colapso e ao colapso das ideias em que se baseava.

De modo análogo, a democracia representativa opera com base na premissa, ainda revolucionária, de que a melhor forma de uma nação tomar decisões políticas sobre o futuro é dar condições a todos os cidadãos para processarem as informações políticas relevantes a sua vida e enunciarem suas conclusões com liberdade de expressão destinada a persuadir outros e por meio de votos – que são então reunidos a milhões de outros votos para produzir uma orientação unificada para o sistema como um todo. Outros governos, que centralizavam a tomada de decisões, fracassaram, em grande parte por literalmente não "saberem" o que eles ou os cidadãos faziam.

Infelizmente, estamos agora praticamente ignorando essa grande verdade ao planejar a Missão ao Planeta Terra. O plano atual consiste em levar todos os dados para apenas alguns centros de grande porte, onde serão processados; de alguma forma, os resultados serão traduzidos em mudanças de políticas que serão, por sua vez, compartilhadas no mundo todo. A esperança é que essa missão termine por contribuir para a mudança de pensamento e comportamento em todo o mundo, na medida necessária para salvar o meio ambiente global.

A abordagem – ou arquitetura – alternativa que estou recomendando aqui consiste em distribuir a capacidade de coleta e processamento de informações em uma forma de paralelismo maciço por todo o mundo, envolvendo estudantes e professores de todos os países. Dessa forma, parte do trabalho essencial pode ser realizada muito mais rápida e eficientemente – e poderemos então trabalhar para aperfeiçoar e aumentar a capacidade de manipulação de informações em cada local. Além disso, deveremos criar centros de treinamento ambiental e centros de avaliação tecnológica em todas essas partes do mundo (em especial no Terceiro Mundo), onde são necessários grandes esforços para a salvação do meio ambiente e se esperam grandes transferências de tecnologia do Primeiro Mundo.

Ao discutir informações e seu valor, deve-se lembrar que alguns cínicos, movidos por interesses próprios, estão tentando obscurecer o tema subjacente do meio ambiente com desinformações. A indústria carvoeira, por exemplo, vem levantando fundos para realizar uma campanha, em âmbito nacional, por meio de televisão, rádio e revistas, destinada a convencer os norte-americanos de que o aquecimento da Terra não é um problema. Documentos que vazaram da Associação Nacional do Carvão e chegaram até mim revelam o grau de cinismo envolvido na campanha. Por exemplo, o memorando sobre estratégia menciona seus "grupos-alvo" da seguinte forma: "As pessoas que reagem mais favoravelmente a tais afirmativas são homens mais velhos, de pouca instrução, de famílias grandes, que não constituem o tipo de pessoas interessadas em informações... outro possível alvo são mulheres mais jovens, de mais baixa renda, que provavelmente diminuirão seu apoio à legislação federal após ouvirem novas informações sobre o aquecimento global. Essas mulheres são bons alvos para propagandas em revistas".

Para enfrentar interesses ilícitos como esses, precisaremos confiar na capacidade de uma população instruída para não se deixar enganar pela propaganda. E há tanto em jogo nesta batalha, não só do ponto de vista político como também do econômico, que haverá uma investida de propaganda sem trégua.

A solução, mais uma vez, será uma nova conscientização pública da gravidade da ameaça ao meio ambiente global. Aqueles que têm interesses próprios na manutenção do *status quo* continuarão provavelmente a reprimir qualquer mudança significativa, até que um número suficiente de cidadãos, preocupados com o sistema ecológico, se disponha a erguer a voz e exigir de seus líderes que tragam a Terra de volta ao equilíbrio.

Conclusão

A vida é sempre movimento e mudança. Impelidos pelos frutos do sol e do solo, da água e do ar, estamos incessantemente crescendo e criando, destruindo e morrendo, cultivando e organizando. E, conforme mudamos, o mundo muda conosco. A comunidade humana torna-se cada vez maior e mais complexa e, nesse processo, exige sempre mais do mundo natural. A cada dia avançamos mais no celeiro de recursos da Terra, usamos mais deles e, ao fazê-lo, geramos mais rejeitos de todos os tipos. Mudança gera mudança e se realimenta de seu próprio impulso até que, por fim, todo o globo parece estar rumando aceleradamente para uma profunda transformação.

Já descrevi dois tipos de mudanças: aquela lenta e gradativa, característica de nossa vida diária, e aquela rápida e sistêmica, que ocorre quando um padrão passa de um estado de equilíbrio para outro, transição que ocorre inesperadamente. Existe, porém, um terceiro tipo de mudança que reúne elementos dos dois primeiros; uma de suas versões é descrita em uma nova teoria chamada criticalidade auto-organizada, apresentada por Per Bak e Kan Chen, físicos do Laboratório Nacional de Brookhaven. De início, talvez pareça um pouco complicada, mas acredito que esclarece muito a dinâmica da mudança – tanto em nossa vida como no mundo em geral.

Bak e Chen começam estudando algo profundamente simples: montes de areia. Observam com muita atenção a areia ser despejada – grão por grão – sobre uma mesa, primeiro formando um monte e depois o aumentando. Com videoteipes em câmera lenta e simulações por computador, contam exatamente quantos grãos de areia são deslocados à medida que cada novo grão cai no alto do monte. Às vezes, com o aumento do monte, um único grão provoca uma pequena avalanche. Com menos frequência, ocorrem avalanches maiores – também provocadas por um único grão. Mas o potencial para cada avalanche, independente de suas dimensões, cresce aos poucos, como resultado do impacto acumulado de todos os grãos de areia. Pequenas mudanças alteram a configuração do monte de areia e terminam por torná-lo vulnerável a mudanças maiores.

Como nos levaria a crer a lógica, a maioria dos grãos de areia que caem desloca só alguns outros e tem pouco impacto aparente sobre o monte como um todo. No entanto, essa mesma maioria tem profunda influência sobre o que acontece mais tarde. Na verdade, cria o potencial para futuras mudanças, tanto grandes como pequenas. Surpreendentemente, existe uma relação matemática precisa entre o número de grãos de areia deslocados pelo novo grão e a frequência com que ocorrem avalanches de várias intensidades.

É importante observar, porém, que essa reação previsível do monte de areia a cada grão que cai não pode ocorrer enquanto o monte não atingir o chamado estado crítico, no qual cada grão está em contato físico direto ou indireto com o restante do monte de areia. (Esses montes de areia nunca atingem o equilíbrio.) Mas, uma vez que se despeje areia suficiente para formar um único monte e que haja contato físico entre todos os grãos, cada novo grão envia "ecos de força" de seu impacto, deslizando – ainda que ligeiramente – monte abaixo, transmitindo de fato seu impacto ao restante do monte, fazendo com que alguns grãos mudem de posição e, nesse processo, deslocando ou mudando a configuração de todo o monte de areia. Nesse sentido, o monte de areia "lembra" o impacto de cada grão que é jogado e o memoriza holisticamente (ou holograficamente) na posição física de todos os grãos em relação uns aos outros e na forma tridimensional total do próprio monte.

A teoria do monte de areia – criticalidade auto-organizada – é irresistível como metáfora: podemos começar a aplicá-la aos estágios de desenvolvimento de uma vida humana. A formação da identidade é análoga à formação do monte de areia, sendo cada pessoa única e portanto diferentemente afetada pelos eventos. Uma personalidade atinge o estado crítico quando se revelam os contornos básicos de sua forma identificadora; então, o impacto de cada nova experiência reverbera pela pessoa inteira, tanto diretamente, no momento em que ocorre, quanto indiretamente, preparando o palco para mudanças futuras. Depois de atingir essa configuração madura, a pessoa continua a acumular grãos de experiência, sobre a base existente. Mas às vezes, na meia-idade, os grãos começam a se acumular como se todo o monte estivesse projetando-se para cima, ainda em busca de sua forma madura. A configuração instável daí resultante torna a pessoa vulnerável a uma torrente de mudanças. Em termos psicológicos, esse fenômeno é às vezes chamado de mudança da meia-idade, uma avalanche emocional que libera a força total de muitas mudanças pequenas e sutis acumuladas com o tempo. Quando ocorre – e pode ser desencadeada por um único evento traumático – essa grande mudança pode causar uma consolidação da personalidade, deixando sua configuração amadurecida essencialmente inalterada, mas um tanto reforçada.

Ao descrever os montes de areia, Bak e Chen empregam termos diferentes: aquele que denominei estágio "formativo" corresponde ao que chamam de estado "subcrítico"; o que chamei de "configuração madura" chamam de estado "crítico". E o que descrevi como configurações instáveis formadas por acumulação é o que chamam de estado "supercrítico". Tendo em mente essa terminologia, consideremos uma de suas conclusões:

> O monte subcrítico cresce até atingir o estado crítico. Se a encosta for maior que o valor crítico – o estado supercrítico – as avalanches serão muito maiores do que aquelas geradas pelo estado crítico. Um monte supercrítico desaba até chegar ao estado crítico. Tanto os montes subcríticos quanto os supercríticos são naturalmente atraídos para o estado crítico.

Um dos motivos pelos quais me sinto atraído por essa teoria é que me ajudou a compreender a mudança em minha própria vida. E, ainda mais importante, ajudou-me a aceitar o terrível acidente sofrido por meu filho e a difícil etapa que se seguiu. Após as diversas mudanças acumuladas imediatamente antes do acidente com meu filho e após ele ter quase morrido, senti que minha vida se tornara – usando um termo de Bak e Chen – supercrítica: diversas experiências dolorosas haviam-se acumulado. Veio a mudança, porém, deslizando avassaladora pela minha existência e reacomodei-me ao que antes considerara maturidade, mas que era, agora, mais completa e profunda. Hoje, aguardo o futuro com grande expectativa, sabendo com mais clareza quem sou e qual o trabalho que pretendo realizar no mundo.

O lendário psicólogo Erik Erikson foi o primeiro a documentar e a descrever os estágios de desenvolvimento da vida vivenciados por todos nós. Observou também as crises sucessivas e previsíveis com que nos defrontamos ao passar de um estágio para o seguinte, explicando que essas crises são às vezes necessárias para não ficarmos presos a um conflito não-resolvido que impede o futuro crescimento. Tive o privilégio de estudar com o professor Erikson quando me encontrava naquele difícil estágio da vida em que o desafio de descobrir e definir a própria "identidade" é a tarefa psicológica primordial. Hoje, na maturidade, cheguei ao estágio em que, na definição de Erikson, a "geratividade" é o ponto central. É a fase da vida em que a maioria das pessoas, segundo Erikson e seus seguidores, está pronta a superar a fase de conseguir a comunhão e a total confiança mútua. A saudável resolução desse conflito resulta na capacidade de nos preocuparmos com muitos outros e de proporcionar as bases e a orientação para a geração seguinte. A geratividade, portanto, surge durante o estágio mais produtivo e profícuo da vida: a pessoa se preocupa em produzir frutos para o futuro.

Podem as duas metáforas ajudar-nos a compreender o atual estágio da relação humana com a Terra? Talvez se possa dizer que a civilização ultrapassou o estágio formativo, ou subcrítico, e atingiu recentemente uma configuração madura, ou seja, tornou-se uma comunidade mundial ou aldeia global. Porém estaria a espécie humana hoje na iminência de uma crise da meia-idade? Cada vez mais as pessoas se angustiam com o acúmulo das enormes mudanças que anunciam avalanches de dimensões ainda maiores, deslizando avassaladoras pelos declives da cultura e sociedade, extirpando instituições como a família e soterrando valores como aqueles que sempre alimentaram nossa preocupação com o futuro. Os atos de todos os grupos isolados hoje reverberam pelo mundo inteiro, mas parecemos não ter condições de transpor os abismos que nos separam uns dos outros. Estaria nossa civilização enredada no conflito entre nações, religiões, tribos e sistemas políticos isolados – divididos por sexo, raça e idioma? E agora que temos a capacidade de interferir com o meio ambiente em escala global, conseguiremos mostrar-nos amadurecidos o bastante para cuidar da Terra como um todo? Ou seremos ainda como adolescentes, dotados de novos poderes, mas desconhecedores da própria força e incapazes de adiar a satisfação instantânea? Ou estaremos no limiar de uma nova era de geratividade na civilização, em que nos concentraremos no futuro de todas as gerações por vir? O atual debate sobre o desenvolvimento sustentável é, em última análise, um debate sobre geratividade. Mas estaremos nós realmente prontos para passar de um pensamento a curto prazo para outro a longo prazo?

A resposta a essas perguntas é difícil, senão impossível, porque as mudanças ora em curso já vêm se acumulando há longo tempo e também porque o que está acontecendo à civilização e à relação entre a humanidade e o meio ambiente é hoje de âmbito verdadeiramente global. Voltando à metáfora do monte de areia, consideremos o seguinte fenômeno (também relatado por Bak e Chen), que complica a tarefa de prever ou até mesmo compreender mudanças muito grandes em um sistema crítico:

> O observador que estuda uma área específica de um monte pode identificar facilmente os mecanismos que provocam a queda da areia e prever a ocorrência de avalanches em um futuro próximo. Porém, para um observador local, será impossível prever grandes avalanches, pois ocorrem em consequência de toda a história do monte. Qualquer que seja a dinâmica local, as avalanches continuariam irredutivelmente a uma frequência relativa que não pode ser alterada. A criticalidade é uma propriedade global do monte de areia.

O buraco na camada de ozônio é um exemplo relevante, pois representa uma consequência imprevisível do padrão global segundo o qual a civilização tem provocado o acúmulo de gases químicos perigosos na atmosfera. O fenômeno geral da rarefação da camada de ozônio fora previsto, mas a súbita "avalanche" de rarefação quase completa sobre a Antártica constituiu grande surpresa. Como continuamos a acumular enormes quantidades dos mesmos gases, é certo que ocorram mais dessas mudanças, embora não tenhamos, necessariamente, condições de prevê-las. Sem dúvida, é provável que o mesmo padrão se aplique ao problema maior e muito mais sério do aquecimento da Terra: conforme lançarmos na atmosfera quantidades cada vez maiores de gases causadores do efeito estufa, vai se tornar mais e mais difícil acreditar que a única consequência será o fenômeno do aquecimento, já bem compreendido. Com certeza ocorrerão – e persistirão – "avalanches" de mudanças nos padrões climáticos, se continuarmos a tornar este monte de areia mais íngreme e maior. Além disso, a combinação de diversas mudanças significativas ocorrendo quase ao mesmo tempo aumenta bastante o risco de uma catástrofe.

Além da crescente ameaça que propomos à integridade do sistema ecológico global, é provável que as notáveis mudanças que hoje ocorrem na civilização contenham sérias ameaças à integridade e à estabilidade da própria civilização. O aumento populacional de um bilhão de pessoas a cada dez anos está criando toda uma série de difíceis problemas e, por si só, a população que aumenta provavelmente levará a civilização mundial a um estado supercrítico, deixando-a vulnerável a "avalanches" muito grandes de imprevisíveis mudanças. Para enfrentar essa perigosa situação, precisamos, de alguma forma, encontrar um modo de acelerar nossa transição para uma novo estágio de desenvolvimento, que inclua uma compreensão amadurecida de nossa capacidade de moldar o próprio futuro. Como escreveu Erikson: "A possibilidade de destruição no âmbito das espécies cria, pela primeira vez, a necessidade de uma ética no âmbito das espécies".

Quando pensamos em um problema das dimensões da degradação ambiental, é fácil nos sentirmos esmagados, completamente sem condições de empreender toda e qualquer mudança. Mas precisamos combater essa reação, pois a crise só será resolvida se nós, como indivíduos, assumirmos uma certa responsabilidade por ela. Educando-nos e a outros, fazendo a parte que nos cabe para minimizar o consumo e o desperdício de recursos, tornando-nos mais ativos politicamente e exigindo mudanças – como essas e muitas outras, cada um de nós pode colaborar. E, talvez mais importante, cada um de nós deve avaliar a própria relação com o mundo natural e restabelecer, no mais profundo nível de integridade pessoal, uma ligação com ele. E isso só poderá acontecer se renovarmos aquilo que é verdadeiro e autêntico em todos os aspectos de nossa vida.

O século XX não tem sido propício ao constante esforço humano de encontrar um propósito na vida. Duas guerras mundiais, o Holocausto, a invenção de armas nucleares e agora a crise do meio ambiente global levaram muitos a perguntar se é possível a sobrevivência – quanto mais uma vida cheia de luz, esperança e alegria. Buscamos o refúgio das sedutoras máquinas e tecnologias da civilização industrial, o que só cria outros problemas, conforme nos tornamos cada vez mais isolados uns dos outros e dissociados de nossas raízes. A preocupação com o eu – aqui definido como completamente dissociado de outros e do restante do mundo – ganha ainda mais força como a motivação básica de todas as interações sociais e da civilização como um todo. Começamos a valorizar imagens convincentes em vez de verdades comprovadas. Começamos a acreditar que, em face de possível destruição, só têm importância aquelas imagens que refletem e ampliam o eu. Mas essa reação não pode durar e, em última análise, dá lugar a uma sensação de que aquilo que é real e certo em nossa vida está fugindo de nós. Para mim, essa reação tornou-se tão insidiosa que sugere uma espécie de crise coletiva de identidade. Há anos venho buscando intensamente verdades sobre mim mesmo e minha vida; muitas pessoas que conheço estão fazendo o mesmo. Nunca tantos se perguntaram: "Quem somos?", "Qual nosso propósito?" O ressurgimento do fundamentalismo em todas as religiões, do islamismo ao judaísmo, ao hinduísmo e ao cristianismo; a proliferação de novos movimentos espirituais, ideologias e cultos de todos os gêneros imagináveis, a popularidade das doutrinas da Nova Era e o atual fascínio por histórias e mitos explicativos de culturas de todo o mundo – todos corroboram a conclusão de que de fato há uma crise espiritual na moderna civilização, que parece originar-se em um vazio essencial e na ausência de um propósito espiritual mais amplo.

Talvez por estar, enfim, procurando ao mesmo tempo uma maior compreensão de minha própria vida e daquilo que pode ser feito para salvar o meio ambiente global, passei a acreditar no valor de uma ecologia interna que se baseia nos mesmos princípios de holismo e de equilíbrio que caracterizam um meio ambiente saudável. Por exemplo, um excesso de egocentrismo parece resultar em um certo isolamento em relação ao mundo, que nos priva do alimento espiritual que pode ser encontrado no relacionamento com outros. Por outro lado, excesso de preocupação com outros — eliminando aquilo que podemos entender melhor silenciosamente com o coração — parece tornar as pessoas estranhas a si mesmas. O segredo é, de fato, o equilíbrio — equilíbrio entre meditação e atividade, entre preocupações individuais e compromissos com a comunidade, entre o amor pelo mundo natural e por nossa prodigiosa civilização — este é o equilíbrio que procuro em minha própria existência. Tenho fé e esperança de que todos nós encontraremos uma forma de resistir ao impulso acumulado de todos os hábitos, padrões e distrações que nos afastam daquilo que é verdadeiro e honesto, impelindo-nos para um lado e depois para o outro, arrastando-nos em um turbilhão até que nossa própria alma fique estonteada e confusa.

Se existe a possibilidade de determinar o próprio rumo — e acredito que existe — tenho certeza de que o ponto de partida é a fé, que para mim se assemelha a um giroscópio que gira em torno de seu próprio eixo, em harmonia estabilizadora com o que está em seu interior e exterior. Evidentemente, fé é apenas uma palavra, a menos que seja revestida de significado pessoal; minha própria fé está arraigada na crença inabalável em Deus como criador e protetor, em uma interpretação profundamente pessoal de Cristo e uma relação profundamente pessoal com Ele e na consciência de uma constante e sacra presença em todas as pessoas, em todas as formas de vida e em todas as coisas. Porém desejo afirmar também aquilo que pessoas de fé, que viveram em épocas passadas, aparentemente já sabiam e que nossa civilização esqueceu: que existe, no mundo um poder revelatório. Essa é a essência da fé: tomar uma decisão de entrega, de investir crença em uma realidade espiritual maior que nós mesmos. E acredito que a fé constitui a força básica que nos dá condições de escolher significado e rumo e depois prosseguir nele, apesar de todo o caos em meio ao qual vivemos.

Acredito também que — para todos nós — há um elo, muitas vezes malentendido, entre as opções éticas que parecem bastante pequenas em tamanho e aquelas cujas consequências evidentes são muito grandes, e que um esforço consciente de seguir princípios justos em todas as nossas escolhas — por pequenas que sejam — representa uma escolha em favor da justiça no mundo. De modo análogo, a disposição de nos deixarmos levar pelas distrações e, nesse processo, não perceber as consequências de uma pequena escolha, feita sem cuidado ou sem ética, aumenta nossa probabilidade de agir da mesma forma quando nos defrontamos com uma escolha maior. Tanto na vida pessoal quanto nas decisões políticas, temos a obrigação ética de prestar atenção, resistir à distração, ser honestos uns com os outros e aceitar a responsabilidade por nossos atos — juntos ou isoladamente. É o mesmo giroscópio – proporcione ou não equilíbrio. Nas palavras de Aristóteles: "A virtude é uma coisa única".

Para a civilização como um todo, a fé tão essencial à reintegração do equilíbrio que hoje falta em nossa relação com a Terra é a fé de que temos futuro. Podemos acreditar nesse futuro e trabalhar para chegar a ele e preservá-lo, ou podemos prosseguir às cegas, agindo como se, um dia, não haverá filhos para herdar nosso legado. A escolha é nossa; a Terra está na balança.

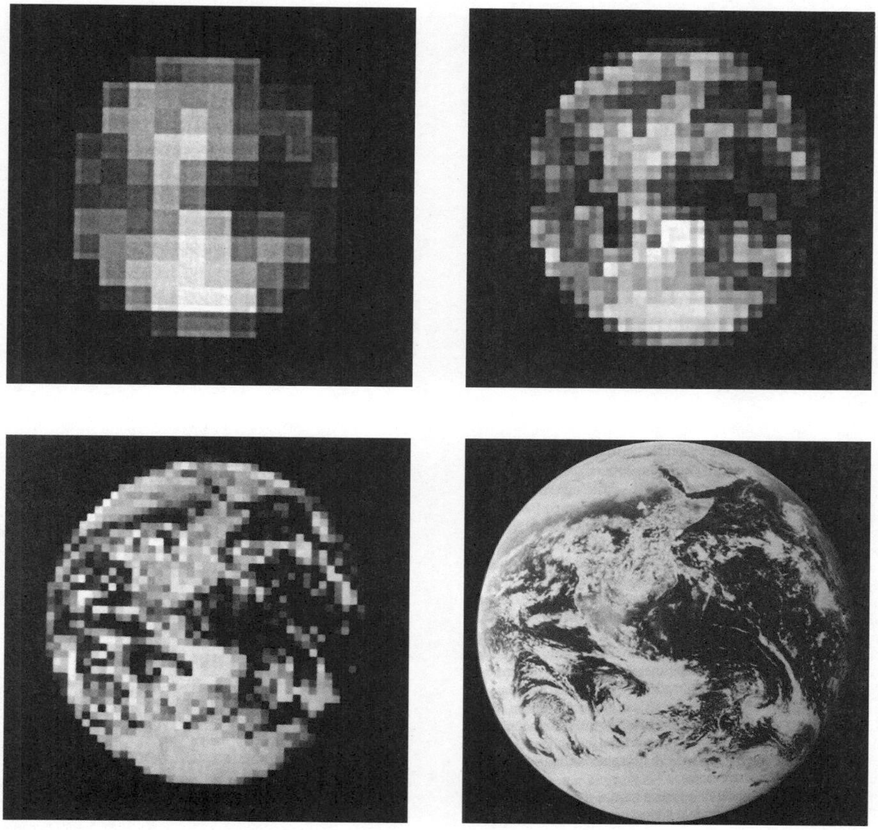

Agradecimentos

A pessoa com quem tenho a maior dívida de gratidão por ter tornado possível este livro é minha mulher, Tipper Aitcheson Gore. Foi a única a ler todas as palavras de todos os rascunhos – tarefa a que se prontificou com inabalável bom humor e entusiasmo, apresentando sempre excelentes sugestões para melhorar o encadeamento das ideias e a forma de expressá-las. Incentivou-me e apoiou-me o tempo todo e organizou as atividades familiares de modo a permitir que eu concentrasse toda a minha atenção na tarefa de escrever. Também a meus filhos Karenna, 18, Kristin, 14, Sarah, 13, e Albert, 9, devo gratidão pelas dádivas de incentivo, amor e tranquilidade, que me permitiram organizar minhas ideias. Foi para eles que escrevi este livro.

Iniciei-o em abril de 1989, depois de várias semanas no quarto de meu filho no Hospital Johns Hopkins. Agora que está pronto, passei a encarar todo esse empreendimento como parte do processo de cura e recuperação pelo qual minha família e eu passamos após o acidente descrito na introdução. Por esse motivo, antes de agradecer a cada um dos que ajudaram na elaboração do livro propriamente dito, quero agradecer aos homens e mulheres que deram início ao processo de cura: em primeiro lugar, as duas enfermeiras do Hospital Johns Hopkins, Victoria Costin-Siegel e Esther O'Campo, que haviam levado os estojos de emergência ao jogo de beisebol e passaram por acaso pelo local do acidente, assim que ocorreu. A equipe do pronto-socorro foi competentemente dirigida pelo dr. David Dudgeon, que operou Albert assim que este deu entrada no hospital e novamente após três dias, quando correu novo risco de morte em virtude de hemorragias internas. O dr. Paul Griffin cuidou de todas as fraturas; o dr. John Gearhart e o dr. William Zinkham, das lesões internas; o dr. Walter Tunnessen, da pele; o dr. Dave Cornblath, das lesões nervosas. Vários meses depois, quando Albert precisou submeter-se a uma microcirurgia necessária para recuperar o uso do braço direito, o dr. David Kline, da LSU e o dr. Alan Hudson, do Toronto Children's Hospital, operaram-no na Ochsner Clinic em New Orleans. Os fisioterapeutas Amy Kest, Keith Scott, Terri Pomeroy e John Cummings contribuíram com seus enormes conhecimentos e paciência durante longo período. Serei eternamente grato a cada um deles. E, durante toda a nossa provação, recebemos apoio emocional e espiritual de milhares de pessoas – a maioria das quais nem conhecíamos –, que entraram em contato conosco e oraram pela recuperação de Albert. Logo se tornou evidente que aqueles que mais haviam sofrido na vida pareciam ter o máximo de conforto e compreensão a oferecer-nos. Essa solidariedade comoveu-me profundamente; em certo sentido, deu-me permissão para assumir plenamente minha dor e dar vazão a todo o meu sofrimento.

Foi essa experiência de cura pessoal que, por sua vez, permitiu-me escrever este livro e convenceu-me de que sanar as condições do meio ambiente global depende antes de mais nada de nossa capacidade de chorar a enorme tragédia que está sendo causada por nosso choque com o sistema ecológico da Terra. E no entanto, se o fizermos, não tenho dúvidas de que o espírito humano será capaz de empreender a transformação que aquela cura e recuperação hão de exigir.

Além de Tipper, três amigos muito me incentivaram a levar este livro adiante: Gary Allison, Geoff Haines-Stiles e Peter Knight. Com eles conversei durante as últimas semanas passadas no Johns Hopkins; depois, em meados de 1989, todos nos reunimos para intensas discussões. Impeliram-me a ser mais específico e a enunciar com mais precisão os elos entre minhas ideias e conceitos. Todos eles têm sido fonte inesgotável de ajuda e incentivo.

Em dezembro eu já fizera progressos suficientes para passar à etapa seguinte e, com a colaboração de Peter, contratei Mort Janklow como meu agente. Não tardei a descobrir que sua excelente reputação era bem merecida. Foi ele quem me pôs em contato com o editor ideal para este livro, John Sterling, da Houghton Mifflin. Refiro-me a "este livro" como se ele pudesse ser essencialmente o mesmo nas mãos de qualquer outro editor, mas hoje sou incapaz de imaginar a possibilidade de trabalhar com qualquer outra pessoa e faço questão de ressaltar a inteligência, competência e paciência que Sterling dedicou ao livro. Durante sete anos eu havia trabalhado como repórter de jornal com excelentes editores (em especial John Seigenthaler, que me ensinou a redigir), mas não fazia ideia da diferença entre um livro e o jornalismo diário com que trabalhei. Foi Sterling que me guiou nas diversas etapas do trabalho, dando-me conselhos inestimáveis sempre que eu me via em um impasse.

Do final de 1990 até meados de 1991, quando eu estava escrevendo grande parte do rascunho, Yehudah Mirsky mostrou-se um assistente de pesquisas extremamente competente e erudito e uma fonte de bons conselhos e estímulo. Além disso, em uma fase crítica para mim do processo criativo, seu senso de humor, paciência e serenidade foram muito preciosos.

A outra pessoa mais importante para o projeto, na Houghton Mifflin, foi Luise Erdmann, editora do manuscrito, que também me ensinou muito e com quem foi um prazer trabalhar. Rebecca Saikia-Wilson e Chris Coffin fizeram um excelente trabalho na transformação do manuscrito em um livro encadernado e não há ninguém igual a Irene Williams para promoção de livros.

Entre as pessoas que atenderam a pedidos de ajuda com pesquisas estavam Charles Crawford, da Universidade Estadual de Memphis, Martha Cooper, do Smithsonian Institution, Julie Fisher, de Fisher-Peck Associates em New Haven, Mahnaz Ispahani, Nati Krivatsky da Biblioteca Folger, Cheryl McNab da Ashoka Foundation, Kevin O' Rourke da Universidade de Columbia, John Tuxill, do Cultural Survival e Leon Wieseltier, que me chamou a atenção para alguns livros importantes. Além disso, desejo agradecer às muitas pessoas competentes da Biblioteca do Congresso, que me orientaram na busca do material de que precisei.

Diversos cientistas foram generosos, despendendo tempo na leitura do penúltimo rascunho e ajudando-me a evitar erros. Em especial, Michael McElroy, presidente do Department of Earth and Planetary Sciences, em Harvard, passaram horas examinando o manuscrito e sou lhes muito grato pela contribuição de fatos e interpretações. Sherwood Rowland, da Universidade da Califórnia, em Irvine, encarregou-se da análise especializada do capítulo sobre a atmosfera, permitindo que eu o melhorasse muito. Wally Broecker, da Universidade de Columbia, revisou o capítulo sobre a água, com a colaboração de Jim Simpson, Peter Schlosser e Stephanie Pfirmann e agradeço a cada um deles pelas sugestões feitas. Entre os outros cientistas que se mostraram dispostos a dar-me conselhos quando escrevi este livro estão Per Bak, Lester Brown, Jacques Cousteau, Richard Leakey, Thomas Lovejoy, Norman Myers, Rajendra K. Pachauri, Carl Sagan, Robert Watson e Alexei Yablokov. Entre os especialistas em outras áreas, que colaboraram, lendo capítulos específicos ou dando conselhos relativos a eles, estão Robert Costanza, Herman Daly, Amy Fox, Paul Gorman, Lance Laurence, Charles Maier, Jerry Mande, Jim Morton, Michael Novak, Henry Peskin, Robert Repetto, Stephen Viederman e Jim Wall. Nenhum deles é responsável por qualquer erro que haja no texto. Entre aqueles que leram o manuscrito de seiscentas páginas e o devolveram com comentários – em um prazo ridiculamente curto – estão vários amigos, como Rick Adcock, Gary Allison, Tom Grumbly, Geoff Haines-Stiles, Nancy Hoit, Reed Hundt, Ward Hussey, Peter Knight, Jim Kohlmoos, Marty e Anne Peretz, Jack Robinson, sr., meu cunhado, Frank Hunger e meus pais, Albert e Pauline Gore.

Entre aqueles a quem devo agradecer pelas ilustrações aqui usadas estão Tom Van Sant, um verdadeiro visionário que produziu muitas imagens incomparáveis da Terra, sendo uma delas a da capa, Todd Gipstein e Patricia Corley, da Gipstein Multi-Media, que localizaram e ajudaram a produzir várias das ilustrações; Nancy Hoit, que deu sugestões inestimáveis, Gilbert Grosvenor, presidente da National Geographic Society e sua competente equipe, incluindo Karen Harshberger, Al Royce e Barbara Shattuck pela boa-vontade em encontrar diversas das fotografias; Adele Medina O' Dowd pela arte gráfica; Michael Kapetan por localizar o afresco de Platão e Aristóteles; Lorne Michaels pelo *Yard-a-pult*; William J. Kaufman III pelo Buraco Negro; Tom Boden, do Carbon Dioxide Information Analysis Center, em Oak Ridge, pelo gráfico do CO_2; Robert G. Rossi, Christopher J. "Ragging" Waters, Wrisney Tan e Brad Haynes por terem providenciado, de imediato, as longas transcrições das sessões em Carthage; e Bruce Reed, pela paciência, bom humor e colaboração durante a longa noite em que redigi a proposta.

E, por fim, quero agradecer a Liza McClenaghan, por sua inestimável ajuda ao localizar materiais e solucionar problemas – de todos os tipos, desde consertar meu processador de texto até alcançar o malote no último minuto antes do fechamento. Na verdade, tenho de lhe pedir isso exatamente agora.

NOTAS

Introdução. Grande parte das discussões no início da introdução baseou-se em audiências no Congresso, de que participei como deputado. O material sobre o Agente Laranja, por exemplo, veio de audiências perante o Comitê de Comércio da Câmera (House Commerce Committee) e de depoimentos de testemunhas.

O cálculo da erosão da camada superficial do solo e das quantidades carregadas pelo Rio Mississippi baseou-se em conversas que mantive com o Corpo de Engenheiros do Exército dos Estados Unidos e com o Departamento de Agricultura e de Administração da Terra, de Iowa. Em 1991, cerca de 260 mil toneladas de camada superficial do solo foram arrastadas, na altura de Memphis.

Na condição de congressita recém-eleito, fui designado para o Subcomitê de Investigação e Fiscalização do Comitê de Comércio da Câmera e persuadi seu presidente, John Moss, da Califórnia, a autorizar-me a iniciar uma investigação sobre a deposição de rejeitos químicos perigosos. Na primeira audiência, foram analisados os problemas de Christine e Woodrow Sterling e seus vizinhos, em Toone, Tennessee, bem como os problemas de Lois Gibbs e seus vizinhos na área próxima a Buffalo, em Nova York, chamada Love Canal. Essa série de audiências prosseguiu quando Bob Eckhardt, do Texas, assumiu a presidência do comitê. Como democrata-militante sob as duas presidências, tive condições de continuar a investigação durante várias dezenas de audiências, em um período de alguns anos, com a equipe do subcomitê. (Em especial Dick Frandsen, Pat MacLean, Thomas Greene, Mark Raabe, Ben Smethurst e Lester O. Brown.) A Lei "Superfund", resultado direto dessas audiências, foi aprovada na sessão de dezembro de 1980 e acabou caindo em mãos de pessoas que o presidente Reagan acabara de nomear: Rita Lavelle (posteriormente condenada por falso testemunho), Ann Gorsuch Burford e James Watt.

As audiências sobre o aquecimento da Terra foram realizadas perante o Subcomitê de Investigação e Fiscalização do Comitê de Ciência e Tecnologia da Câmera, que presidi. Essa série de audiências contou com a participação de Tom Grumbly e Jim Jensen. Após a primeira audiência com Roger Revelle, telefonei ao professor Carl Sagan, na Universidade de Cornell, e pedi-lhe para ser a primeira testemunha na série seguinte de audiências e para ajudar a popularizar a questão do aquecimento da Terra. Foi a segunda audiência que, pela primeira vez, teve cobertura da mídia nacional e despertou a atenção do público.

Sou especialmente grato ao professor Revelle, por ter-me conscientizado, quando eu era um jovem estudante, da imensa mudança na relação entre a espécie humana e o sistema ecológico da Terra. Ele chefiou o Centro para Estudos Populacionais, na Universidade de Harvard e, pouco antes de morrer, em 1991, trabalhou para o Scripps Institution, em La Jolla, na Califórnia. Ofereceu contribuições em diversos e abrangentes campos da ciência.

A Conferência Interparlamentar sobre o Meio Ambiente Global merece mais do que a breve alusão por mim feita no texto. Foi a primeira reunião do gênero e consistiu em três dias de discussões e acordos impressionantes entre participantes de 42 países. Porém lembro-me mais dela pelo extraordinário espírito de união demonstrado pelo grupo bipartidário de senadores, que me ajudou a dirigir a conferência, em especial pelo republicano militante do grupo, John Chafee, de Rhode Island. O coordenador desse evento foi Frank Potter e a maior responsável por seu êxito, Carol Browner, à época minha assistente e hoje secretária do Meio Ambiente da Flórida.

A citação de William Hutchinson Murray foi publicada pela primeira vez em um artigo de 1978, na Revista *Forbes*, mas, ao tentar determinar sua origem, descobri que Murray era uma daquelas pessoas fascinantes, que merecem um público maior – que, de fato, teve, no início do século. Alpinista escocês, escreveu muito sobre a prática de alpinismo na Escócia, no Tibete e no Nepal. Sua obra *The Story of Everest* foi traduzida para nove idiomas.

Capítulo 1. A discussão sobre o Mar de Aral baseou-se na análise de cientistas soviéticos no Uzbequistão e em Moscou, aos quais fui apresentado pelo vice-presidente do Comitê do Soviete Supremo sobre o Meio Ambiente, Alexei Yablokov. Também aprendi muito com o maior especialista norte-americano, dr. Philip Mecklin, da Western Michigan University, em Kalamazoo. Durante minha visita ao Mar de Aral, fiquei profundamente comovido com o sofrimento dos moradores de Karakalpak, a região do Uzbequistão que faz fronteira com o Aral, ao sul, e que sofreu a pior tragédia ecológica da região.

O experimento com núcleos de gelo, que visitei na Antártica, era administrado pela Universidade de New Hampshire; o mais conhecido desses experimentos fica próximo ao centro geográfico do continente, na estação russa de pesquisas em Vostok. Outros núcleos de gelo estão sendo perfurados até pontos correspondentes a épocas mais remotas, perto do centro da calota de gelo que cobre a Groenlândia.

A discussão sobre o Ártico baseou-se em duas viagens que fiz sob o gelo com a marinha, em 1990 e 1991. Sou partcularmente grato ao almirante Bruce DeMars, que, com sua equipe, tem-se mostrado muito receptivo aos pedidos da comunidade científica para facilitar pesquisas que seriam impossíveis sem a enorme cooperação dos submarinos nucleares da Marinha.

A discussão sobre extinção de espécies baseou-se em grande parte no trabalho de Tom Lovejoy, meu guia e professor durante uma visita à floresta tropical da Amazônia em 1988, bem como em diversas reuniões que, desde aquele ano, mantive com cientistas brasileiros. Entre estes, muito devo ao dr. Eneas Salati, do Brasil, o maior especialista mundial na hidrologia da Bacia Amazônica. Também me foi de grande valia o trabalho do professor E. O. Wilson, que teve a gentileza de discutir o material sobre a extinção de espécies, de seu livro a ser publicado, e devo muito também a Norman Myers, o biólogo e ativista político inglês.

Quanto à discussão sobre o Leste da África, devo muito ao dr. Richard Leakey, o antropólogo que concordou em gerenciar os esforços no Quênia, sua terra natal, voltados para a preservação, e que tem realizado um trabalho fantástico em condições inacreditavelmente difíceis.

Para a discussão sobre o descoramento de corais, recorri a diversos cientistas, entre eles, Thomas Goreau, Raymond Hayes, Walter C. Jaap, Robert L. Wicklund e o dr. Ernest Williams, que prestaram depoimento em uma audiência em 11 de outubro de 1990. Na mesma audiência, especialistas da Nasa, que compilaram um registro de temperaturas a partir de medições feitas por satélites, correlacionaram as datas dos principais episódios de descoramento e as datas em que as temperaturas atingiram picos nas latitudes dos recifes em questão.

Cabe aqui uma palavra sobre o número de crianças com menos de cinco anos que diariamente morrem de fome no mundo. Muitos consideram o número – 37 mil – assustador. Entretanto, está correto, segundo a Organização Mundial da Saúde e outros grupos que se ocupam da terrível tragédia que representam essas mortes evitáveis.

Para o cálculo de um aumento de 600 por cento no número de átomos de cloro na atmosfera, recorri ao dr. Sherwood Rowland, da Universidade da Califórnia, em Irvine, considerado, pela maioria, o mais importante especialista do mundo nesses assuntos. Os números exatos são 0,6 partes por bilhão (ppb) em 1950 e 3,9 ppb em 1992. Estabeleci, pela primeira vez, uma ligação emocional entre essas mudanças na atmosfera terrestre e a composição de minhas própria respiração a cada momento, ao ler *The End of Nature*, de Bill McKibben.

A referência a um aumento de 25 por cento nas moléculas que absorvem calor exige uma análise mais detalhada. Não inclui o aumento de vapor de água, que evidentemente é o principal gás causador do efeito estufa, mas os aumentos nele observados resultam do aquecimento desencadeado inicialmente por outros gases lançados à atmosfera devido a atividades humanas. Desses, o CO_2 aumentou em 13 por cento desde o início das medições, em 1958, além do aumento ocorrido durante os anos anteriores, em que não se fizeram medições; o metano (CH_4) aumentou, de cerca de 1.050 ppb em 1945, para mais de 1.700 ppb em 1991 – quase 60 por cento. A maior concentração, depois dessa, é a de CFCs que, como já observado, aumentou em mais de 600 por cento. Depois de determinar a capacidade de absorção e os volumes relativos dessas moléculas, Rick Adcock, da Universidade de Tufts, chegou ao cálculo de 23 por cento, mas acrescenta que seria mais correto, cientificamente, afirmar que o valor fica na faixa de 20 a 25 por cento.

A discussão sobre população baseou-se em cálculos feitos pelo Fundo Populacional das Nações Unidas e pelo Conselho de Pesquisas Populacionais, bem como em trabalhos de Paul e Anne Ehrlich.

Capítulo 2. A ampla discussão sobre nuvens e vapor de água baseou-se em uma mesa-redonda científica, realizada em 7 de outubro de 1991 (pode-se obter a transcrição junto ao Comitê de Comércio do Senado) e no trabalho dos 12 cientistas que dela participaram. De modo análogo, a discussão sobre a placa de gelo da Antártica Ocidental e a elevação do nível dos mares baseou-se em uma audiência que presidi, em 13 de maio de 1991, sobre o papel do gelo nas mudanças climáticas globais.

A citação do professor Richard Lindzen foi tirada de uma carta publicada no *New York Times*, em 19 de fevereiro de 1991.

O memorando da Casa Branca, com o conselho de "dar ênfase às muitas incertezas" em vez de debater os fatos específicos sobre o aquecimento da Terra, recebeu ampla cobertura da imprensa um dia depois do Dia da Terra; o vazamento foi supostamente responsabilidade de um indignado funcionário do Executivo, que se sentiu revoltado com o cinismo do memorando.

Embora eu tenha feito breve alusão à conhecida provação de Galileu, recomendo o texto integral do registro de seu julgamento, que só agora li e considerei totalmente fascinante. Da mesma forma, embora tenha mencionado a teoria da separação continental apenas de passagem, descobri que vale a pena ler as transcrições das reuniões científicas, em que os defensores da teoria radical eram alvo de enorme desprezo, publicamente manifestado por seus pares, que consideravam toda a ideia por demais absurda para ser aceita. Não me lembro do nome de meu colega do sexto ano, que para mim sempre será o co-descobridor da separação continental.

A discussão daqueles que acreditavam que a Terra era plana merece um breve comentário, já que este livro está sendo publicado no ano do quinto centenário da viagem de Colombo. Na verdade, segundo a interessante descrição de Carl Sagan em *Cosmos*, a esfericidade da Terra – e até mesmo sua circunferência quase exata – foram determinadas no século III a. C. por Eratóstenes, astrônomo que trabalhava na cidade egípcia de Alexandria. Colombo mostrou-se corajoso, mais tarde, não por desafiar a ideia predominante de que a Terra era plana, mas sim por desafiar a exatidão dos cálculos da circunferência terrestre, acreditando, erroneamente, que a Terra era um terço menor do que na verdade é. Colombo convenceu os reis que lhe financiaram a viagem de que seus navios podiam transportar alimentos suficientes para chegar até a Índia. Evidentemente, só não morreu de fome graças à descoberta casual daquele que mais tarde veio a ser chamado de Novo Mundo, e que ele acreditava ser a Índia.

Embora a frase que citei de Ivan Illich tenha sido publicada em outros lugares, li-a pela primeira vez em uma entrevista por ele dada ao *New Perspectives Quarterly*, em 1989.

A discussão sobre a Teoria do Caos e sua aplicação ao meio ambiente global baseou-se em parte em debates que mantive com climatologistas da Universidade de East Anglia, na Grã-Bretanha, embora, desde aquela ocasião, eu tenha encontrado trabalhos semelhantes em outros lugares. Há uma excelente discussão no *best-seller* de James Gleick, *Chaos*

A discussão sobre ciclos de realimentação positiva tornou-se bastante comum entre cientistas preocupados com a crise ambiental. Tomei como base, para a maior parte de minha discussão, os resultados de uma audiência que presidi em 8 de maio de 1989. A esse respeito, há dois pontos que frequentemente são mal compreendidos e merecem algum esclarecimento: primeiro, a descrição das florestas tropicais úmidas como "os pulmões do mundo" encobre um conjunto mais complexo de verdades. As florestas maduras, ou estáveis, apresentam caracteristicamente um equilíbrio neutro de CO_2, ou seja, consomem aproximadamente a mesma quantidade de CO_2 que produzem. As florestas que ainda não atingiram a maturidade, por outro lado, são grandes consumidoras de CO_2, e todas as florestas, ao serem queimadas, liberam enormes quantidades de CO_2. As implicações são: (1) deter a queimada de florestas é uma estratégia importante para reduzir o ritmo de aumento do CO_2 e (2) programas maciços de plantio de árvores representam uma boa forma de retirar carbono da atmosfera.

O segundo ponto refere-se aos oceanos. Diversas vezes ouvi a afirmação de que a fixação de grande quantidade de carbono nos oceanos ocorre com a produção de conchas, que em seguida vão para o fundo. Porém, como demonstrou o professor Michael McElroy, da Universidade de Harvard, a produção de conchas está, na verdade, associada à liberação de CO_2 e a uma mudança na alcalinidade dos oceanos através da remoção de cálcio. Além disso, embora o aquecimento dos oceanos interfira com sua capacidade de absorver CO_2, esse efeito provavelmente se limita às camadas superiores, e o aquecimento poderia isolar ainda mais da atmosfera as camadas oceânicas profundas (que contêm a maior quantidade de CO_2).

A elevação da temperatura na Sibéria foi registrada por Roy Spencer e John Christy, cientistas da Nasa em Huntsville. Embora a grande elevação que mencionei refira-se apenas a março de 1990, a tendência a um aquecimento exagerado na Sibéria pode ser observada em elevações menores, mas constantes, em todo o restante das observações.

Os argumentos sobre as vantagens decorrentes do degelo da tundra têm sido defendidos com mais insistência pelo cientista soviético Mikhail I. Budyko, mas a maioria de seus colegas soviéticos faz grandes ressalvas a suas conclusões.

Quanto à citação de Robert McNamara, ouvi-a pessoalmente várias vezes; a primeira foi no seminário do Aspen Institute, presidido pelo embaixador Richard Gardner.

Capítulo 3. Para a abordagem do "ano sem verão" recorri muito ao trabalho de John Dexter Post, em *A Última Grande Crise de Subsistência no Mundo Ocidental,* a pesquisas feitas pelo professor William Crawford na Universidade Estadual de Memphis, ao gigantesco trabalho de Emmanuel Le Roy Ladurie e ao trabalho de Hubert Lamb.

A primeira pessoa que chamou minha atenção para a correspondência entre erupções vulcânicas e mudanças de curta duração no meio ambiente global foi Stephen Schneider, que, em 1981, prestou depoimentos em várias das audiências iniciais sobre o aquecimento da Terra – inclusive na primeira – e tem sido um dos cientistas mais empenhados em fazer com que o público tome conhecimento desse problema. Considero extremamente valiosa – e a ela muito recorri

– a pesquisa original realizada pelo dr. Kevin D. Pang, do CalTech Jet Propulsion Laboratory, que ele apresentou em "The Legacies of Eruption", artigo publicado em 1991 em *The Sciences*. Recorri também a Le Roy Ladurie, autor do clássico trabalho sobre história do clima, para a discussão sobre vulcões.

As referências de Pang às argutas observações de Benjamin Franklin conduziram-me em uma instigante excursão pelo trabalho científico de Franklin, referente ao meio ambiente global. Quase todas as informações que obtive não têm relevância para este livro, mas são realmente fascinantes: por exemplo, a Corrente do Golfo foi descoberta por ele.

Nas discussões sobre migrações e mudanças climáticas na pré-história, baseei-me no trabalho de Randall White e Brian M. Fagan e Elisabeth S. Verga, Frederick E. Grine, Richard G. Klein e David Pilbeam.

Elaborei meu próprio calendário, no qual correlacionei os eventos, tanto climáticos como sociopolíticos – e não resisti à tentação de chegar a algumas conclusões com base na concomitância de eventos que me pareceram mais que meras coincidências. Por exemplo, foi essa tentativa de estabelecer uma correspondência entre clima e eventos históricos em diferentes regiões do mundo que deu origem à suposição de que a mesma tendência de aquecimento, que permitiu a Leif Eriksson chegar à Vinlândia, poderia ser considerada um dos fatores do súbito desaparecimento da civilização maia. De modo análogo, baseiam-se nessa técnica as especulações sobre a correlação entre a emigração da Europa setentrional, provocada pela súbita volta de glaciações 11.000 anos atrás, e o subsequente surgimento das primeiras cidades conhecidas no sul da Turquia e na Mesopotâmia. Em ambos os casos, porém, pesquisei cuidadosamente tudo que fora escrito sobre o assunto. Esses textos são mencionados na bibliografia.

Para a discussão da grande fome recorri ao trabalho de Cormac O'Grada, Cecil Woodham-Smith e Emmanuel Le Roy Ladurie.

Quanto ao Dust Bowl, recorri ao trabalho de Paul Bonnifield, Vernon Gill Carter e Tom Dale.

Capítulo 4. A discussão sobre a poluição do ar no Leste Europeu, Ásia, México e América Latina fundamentou-se em conversas com parlamentares e líderes ambientalistas dos países mencionados, observações pessoais e artigos em revistas e jornais. Foram especialmente valiosas as matérias publicadas nas revistas *Time, Newsweek, U.S. News and World Report, National Geographic* e nos jornais *New York Times e Washington Post*.

O cálculo da espessura da atmosfera terrestre deve ser explicado: tecnicamente, como um gás se expande para preencher um vácuo, não se pode dizer que a atmosfera da Terra tem uma demarcação definida entre a Terra e o espaço exterior, porém a maioria das moléculas que compõem a atmosfera encontra-se nos primeiros quilômetros acima da superfície. Se a densidade do ar, em todas as altitudes, permanesse com o mesmo valor que tem ao nível do mar, toda a atmosfera se expandiria a uma altitude de apenas sete quilômetros, aproximadamente.

A discussão sobre a menor oxidação da atmosfera baseou-se em longas conversas com Sherwood Rowland, Michael McElroy, Robert Watson e diversos outros cientistas. A limpeza, ou oxidação, ocorre principalmente nos trópicos, onde as radiações ultravioleta têm maior penetração e onde existe maior quantidade de vapor de água. Por esse motivo, a queima de enormes extensões de florestas nos trópicos é particularmente perigosa, pois produz quantidades tão grandes de monóxido de carbono, que monopoliza a hidroxila (o "detergente").

O efeito de níveis mais altos de radiação ultravioleta sobre o sistema imunológico constitui hoje importante área de pesquisa. A dra. Margaret Kripke, do Texas, é uma das pioneiras nessa área, e foi seu trabalho que me chamou a atenção para o problema.

A discussão sobre nuvens estratosféricas polares nas regiões ártica e antártica omite qualquer esforço de descrever as complicadas reações químicas envolvidas: os cristais de gelo são, na verdade, misturas de ácido nítrico e água. Essas partículas congeladas só se formam em temperaturas inferiores a -80 ºC, condições encontradas apenas em três lugares: as duas regiões polares e, ironicamente, as grandes altitudes na atmosfera dos trópicos, bem no alto das colunas convectivas de ar, que são muitos mais elevadas ali que em qualquer outro lugar. Além disso, embora as discussões sobre a diminuição da camada de ozônio em geral se concentrem nos clorofluorcarbonos, os brometos e halons deveriam receber mais atenção, devido ao importante papel que desempenham na química da destruição.

Algumas palavras sobre a quantidade de ozônio estratosférico perdida desde 1992: a imprensa popular geralmente se detém em cálculos cumulativos, desde o início das minuciosas medições, em 1978; isso, porém, é enganoso, pois a destruição data de muito antes do início das medições. Uma regra prática, segundo Sherwood Rowland, consiste em duplicar a perda calculada desde 1978 para obter a perda total desde que os seres humanos começaram a mudar tão profundamente a atmosfera terrestre, nos anos subsequentes à Segunda Guerra Mundial.

A referência à retratação pública do professor Lindzen quanto a sua hipótese sobre o papel do vapor de água prende-se a uma declaração que ele fez em outubro de 1991, durante a Mesa-Redonda sobre Ciências da Terra. Lindzen generosamente reconheceu que o crédito pela detecção de seu erro era do dr. Alan Betts, pesquisador em Middlebury, Vermont. Contudo, Lindzen continua a discordar da maioria dos cientistas e acha que o vapor de água pode constituir uma realimentação negativa, resultando em resfriamento.

Os três cientistas mencionados em relação ao estudo do Instituto Marshall são o dr. Robert Jastrow, o dr. William Nierenberg e o dr. Frederick Seitz. Os mesmos três autores haviam colaborado anteriormente em um estudo destinado a provar que o amplo sistema de guerra nas estrelas, com base espacial, proposto pelo presidente Reagan, era cientificamente viável. Este segundo estudo, que aparentemente visava apoiar outro objetivo político de Reagan, foi escrito principalmente por Jastrow, hoje em Dartmouth. Não foi discutido com os colegas e contou com amplo descrédito da comunidade científica. Análises subsequentes, realizadas por especialistas em radiação solar, revelaram um grande erro matemático nos cálculos dos autores, que mudou um ciclo de aquecimento previsto em atividade de manchas solares para um período que erroneamente descreveram como de resfriamento. Não obstante, o relatório recebeu bastante atenção, pois John Sununu, chefe de gabinete do presidente Bush, mencionou-o com frequência para justificar seu profundo ceticismo quanto ao aquecimento da Terra. Por ironia, embora o estudo do Instituto Marshall seja ainda encarado como uma infeliz politização da ciência, a relação entre manchas solares e flutuações de temperatura vem novamente recebendo atenção, graças a trabalhos sobre variações climáticas a curto prazo, realizados no Instituto Meteorológico Dinamarquês. Mesmo que, como espero, esses novos trabalhos sejam comprovados, prevê-se que os gigantescos e rápidos aumentos de CO_2 sobrepujem completamente esse efeito das manchas solares.

A discussão sobre o sistema climático da Terra como instrumento para redistribuir calor e frio foi-me explicada pela primeira vez de forma compreensível por Phil Jones, na Universidade de East Anglia, mas tem sido abordada por vários cientistas, como Stephen Schneider, Ralph Cicerone e John Firor. Deve-se observar aqui que há dois fatores que atenuam o aquecimento acelerado nos polos. Na Antártica, o impacto ampliador do derretimento das extremidades do gelo é atenuado pela mistura de águas frias das profundezas com a água superficial do degelo; e, nos dois polos, mas principalmente no Ártico, a maior evaporação forma nuvens responsáveis por complicar os cálculos que, de outra forma, poderiam ser simples.

Capítulo 5. O cálculo da "fórmula de vida" deriva de informações fornecidas pelos Institutos Nacionais de Saúde.

A esteira transportadora oceânica foi descrita em detalhes por Wallace Broecker e Peter Schlosser, além de outros. Depois de ler seu trabalho, convidei Broecker para dar um depoimento em uma audiência sobre o papel dos oceanos nas mudanças climáticas e em seguida fiz uma visita a ele e sua equipe no Observatório Geológico Lamont Doherty, da Universidade de Columbia. Muito ainda se desconhece sobre o funcionamento da esteira: por exemplo, ainda não foi calculado o volume de água quente que se desloca para oeste, do Oceano Pacífico para o Índico. Novas pesquisas têm-se concentrado no movimento de água quente do Oceano Índico para o Atlântico, em torno do Cabo Horn. Ainda outros cientistas aventaram a existência de uma esteira de águas mais rasas no Pacífico, vinculada à atividade convectiva nos trópicos.

A discussão dos padrões hídricos da Califórnia e o efeito do aquecimento sobre a massa de neve deriva, em parte, de uma audiência que o senador Tim Wirth e eu tivemos em Los Angeles em 1989.

A discussão sobre a elevação do nível dos mares baseou-se em análises de Roger Revelle, Stephen Schneider, Lynn Edgerton, Michael Oppenheimer e James Hansen.

A discussão sobre a placa de gelo da Antártica Ocidental baseou-se em várias conversas com pesquisadores, durante minha visita ao local, em 1988 e, como observado no texto, no trabalho de Robert Bindschadler.

O trabalho de Lonnie e Ellen Thompson sobre geleiras ainda não havia sido publicado quando este livro foi para o prelo, mas já havia sido aceito e revisto. Parece ter uma abrangência sem precedentes e deve ser encarado como importante contribuição ao registro de temperaturas.

A discussão dos efeitos da elevação do nível dos mares sobre os aquíferos de água doce baseou-se no trabalho de Lester Brown e seus colegas, no WorldWatch Institute.

A forma pela qual as florestas atraem chuva merece discussões mais detalhadas. Embora pequenas quantidades de sulfeto de dimetila sejam produzidas nas florestas, seu principal papel é nos oceanos, onde formam os núcleos de gotículas de nuvens. Muito mais significativos na formação dessas gotículas sobre as florestas são os terpenos, que são transformados por oxidação em borrifos de partículas de sulfato. Pesquisas recentes mostram que os sulfatos produzidos industrialmente podem ter impacto semelhante; estudos vincularam os sulfatos presentes na poluição atmosférica à maior formação de nuvens sobre a plataforma continental dos Estados Unidos.

Como já observei, devo muito ao professor Eneas Salati, do Brasil, pelo material constante da discussão da hidrologia da floresta tropical Amazônica.

Recorri a relatórios oficiais do Programa para o Meio Ambiente Mundial e da Organização Mundial de Saúde para a discussão de muitos fatos relativos a moléstias transmitidas pela água. O trabalho de Sandra Postel e outros do WorldWatch Institute foi muito útil para parte da discussão sobre os problemas relativos à irrigação.

Capítulo 6. A discussão sobre a destruição de florestas tropicais baseou-se muito no trabalho do dr. Thomas Lovejoy, do Smithsonian Institution, e nas discussões com cientistas brasileiros, por ele organizadas durante minha visita à floresta tropical, em 1988.

Recorri também aos livros citados na bibliografia sobre a floresta tropical e a pesquisas compiladas por grupos como o Rain Forest Action Network.

A citação de José Lutzenberger foi tirada de seu discurso de orientação geral à Conferência Interparlamentar sobre o Meio Ambiente Global, em 29 de abril de 1990.

Recorri também a diversos relatórios oficiais do Programa das Nações Unidas para o Meio Ambiente. Quando visitei sua sede em Nairóbi, em 1991, fiquei extremamente impressionado com o extenso trabalho que os cientistas têm realizado sobre praticamente todos os problemas mencionados neste capítulo.

O número mencionado – 40 por cento de energia fotossintética consumida pelos seres humanos – foi obtido de um estudo bastante citado, de Peter M. Vitousek e outros. Embora a metodologia seja apresentada em grande detalhe, suas conclusões foram questionadas e, para muitos cientistas, continuam controversas.

O avanço do Saara merece ser discutido. Há anos, especialistas na área irritam-se com a premissa simplista de leigos, de que os desertos estão avançando constantemente, pois pesquisas de campo muitas vezes têm encontrado áreas verdes onde se supunha que o deserto houvesse avançado. Estudos mais recentes, que incluem observações por satélites, mostram que, na verdade, o Saara avança e recua irregularmente – às vezes mantendo a mesma direção durante vários anos. Mas é também evidente que a tendência geral tem sido muito mais de avanço nas últimas duas décadas.

O estudo de Mamadou foi apresentado pessoalmente em trabalho submetido à Planeterre Conférence em Paris, em 1989.

Capítulo 7. Muitas ideias deste capítulo foram inspiradas em uma série de livros citados na bibliografia. Recomendo em especial o California Lands Project, por seu equilíbrio como um todo. Além disso, recorri a conversas particulares com Norman Myers, especialista na área e, como mencionado no texto, a um excelente artigo da *Revista Geográfica Universal*. Recorri também a estudos da Academia Nacional de Cientistas e a transcrições de discussões entre especialistas, organizadas pelo Keystone Center.

Capítulo 8. Grande parte do material aqui exposto baseou-se em audiências no Congresso, que organizei durante treze anos, sobre deposição de rejeitos nos Estados Unidos e no mundo. Durante aquelas investigações adquiri enorme respeito pelo trabalho do Congressional Research Service e recorri a diversos estudos por ele realizados nessa área ao longo de anos. Além disso, recorri ao sólido trabalho do General Accounting Office, que se destaca por seus conhecimentos sobre o assunto. Recorri também a uma série excepcionalmente boa de reportagens do *Newsday*, depois publicadas em livro, e a uma série de excelentes reportagens sobre o tema, publicadas pelo *Seattle Post-Intelligence*. Recorri também a relatórios oficiais da Agência para Proteção do Meio Ambiente e do Programa das Nações Unidas para o Meio Ambiente.

O depoimento do garoto sem-teto foi publicado no *New York Times* em outubro de 1990.

Capítulo 9. Os números referentes a empréstimos vieram do Departamento de Orçamento do Congresso. As informações sobre pesquisas de opinião, citadas como prova do crescente descontentamento com a política, foram obtidas de várias fontes e, mais recentemente, da pesquisa *Washington Post*/ABC, de novembro de 1991.

A discussão sobre a estratégia coordenada entre os Estados Unidos e a Arábia Saudita baseou-se em relatos pessoais de participantes das reuniões preparatórias de negociações sobre assuntos de mudança climática, durante o ano de 1991.

As acusações contra o ministro do Meio ambiente em Sarauak foram feitas durante campanhas eleitorais na Malásia nos dois últimos anos.

Capítulo 10. A discussão sobre economia ambiental baseou-se em uma série de audiências que presidi perante o Comitê Econômico Conjunto, destinadas a examinar a questão em detalhes. Antes das audiências, em 1990, organizei uma série de mesas-redondas informais com os principais especialistas da área, inclusive Conn Nugent, dr. Mohan Munasinghe, dr. Salah El Serafy, dr. Henry Peskin, dra. Carol Carson, Barbara Brambl e dr. Peter Bartelmus.

Sou particularmente grato ao dr. Robert Reppeto, ao dr. Herman Daly, ao dr. Robert Costanza e a Stephen Viederman. Há uma diferença entre o extenso trabalho realizado por alguns economistas sobre os aspectos microeconômicos dessa questão e a relativa falta de atenção quanto aos aspectos macroeconômicos do problema.

Capítulo 11. A discussão sobre tecnologia e seu impacto na percepção e no pensamento deve muito ao trabalho de dois pensadores, Marshall McLuhan e Maurice Merleau-Ponty. O primeiro, estudei como universitário e o segundo, como pós-graduando em Teologia.

Quanto ao problema das culturas migrantes no Quênia, baseei-me em estudos pessoais e discussões com o conservacionista Richard Leakey, naquele país. O pensamento de Octavio Paz foi publicado em *The New Yorker*. O célebre experimento de Erikson com crianças e blocos de montar foi relatado em *Childhood and Society*. A citação do padre Thomas Berry veio de uma conversa pessoal, embora eu saiba que aparecerá em seu livro a ser publicado, *The Universe Story*.

As excêntricas sugestões para alteração do clima da Terra com tiras metálicas e adubação dos oceanos com ferro foram tiradas, por incrível que pareça, do relatório de um subpainel da Academia Nacional de Ciências.

Capítulo 12. Os comentários sobre Deep Ecology basearam-se em diversas discussões com seus principais representantes e em escritos como *Green Rage*, de Christopher Manes.

A discussão sobre o cérebro humano baseou-se em grande parte nas análises de Carl Sagan em *The Dragons of Eden* e *Broca's Brain*.

A discussão sobre a teoria do vício e a teoria da família disfuncional baseou-se em livros citados no corpo do texto e na bibliografia.

Capítulo 13. A abordagem à espiritualidade e meio ambiente baseou-se em parte em uma série de encontros que organizei com o Deão James Morton, da Catedral St. John the Divine, na Cidade de Nova York, e com Carl Sagan, com a enorme colaboração de meu colega senador Tim Wirth. Tais encontros entre cientistas e líderes religiosos visavam explorar o terreno comum entre os dois mundos. Recorri também aos livros citados na bibliografia – e, evidentemente, à Bíblia.

A discussão sobre filosofia grega baseou-se em minhas próprias leituras de Platão e Aristóteles e em análises de trabalhos filosóficos sobre a Renascença, como os de Paul O. Kristeller. Muito aprendi também nas discussões que mantive com o teólogo Michael Novak, com meu velho amigo Jim Wall, de Chicago, editor do *Christian Century* e com os muitos líderes religiosos que participaram dos encontros que já mencionei.

O material sobre Arno Penzias veio de conversas pessoais que com ele mantive.

As menções a outras religiões basearam-se nos respectivos textos sacros, de que tomei conhecimento nos encontros acima mencionados. Sou especialmente grato a Paul Gorman e Amy Fox, da Catedral St. John the Divine, por colaborarem comigo na localização de grande parte desse material.

A frase que encerra o capítulo, "brilhante e radiante como o sol" foi tirada de um dos mais conhecidos hinos cristãos, "Amazing Grace".

Capítulo 14. A discussão sobre o cerco de Leningrado baseou-se em informações relatadas em Shattering, por Fowler e Mooney e em um relato de Steven Witt. As histórias de outros heróis da Resistência basearam-se, em grande parte, em conversas pessoais com eles, com exceção daquela sobre Mechai Viravayda, que se baseou na descrição de Ruth Kaplan em *Our Earth, Ourselves*. Embora não tenha podido falar pessoalmente com Chico Mendes, conversei com sua viúva e seus amigos na Amazônia.

Capítulo 15. A discussão sobre o Plano Marshall baseou-se no trabalho de Charles Maier e Stanley Hoffman, ambos professores da Universidade de Harvard que, alguns anos atrás, realizaram uma impressionante análise do Plano Marshall. Sou especialmente grato ao professor Maier, que muito fez para ajudar-me a compreender o material.

O trecho escrito em 1973 por George Bush, à época embaixador junto à ONU, foi retirado de *World Population Crisis: The United States Response*, de Phyllis Piotrow.

Conclusão. A discussão sobre montes de areia baseou-se em conversas pessoais com Per Bak e no trabalho que ele escreveu com Kan Chen. Desenvolveram a teoria do monte de areia com a colaboração de outros, inclusive Kurt A. Wiesenfeld, do Georgia Tech., Chao Tang, do Instituto de Física Teórica em Santa Barbara e Glen A. Held, do Centro de Pesquisas Thomas J. Watson, da IBM.

BIBLIOGRAFIA

ABOUT Stewardship of the environment. South Deerfield, Mich.: Channing L. Bete Co., 1991.
ACKERMAN, Nathan. *The psychodynamics of family life*. New York: Basic Books, 1958.
ANDERSON, Bruce N. (Ed.). *Ecologue*: the environmental catalogue and consumer's guide for a safe eart. New York: Prentice Hall Press, 1990.
AUSUBEL, Jesse. H.; SLADOVICH, Heedy E. (Ed.). *Technology and environment*. National Academy of Engineering, Washington, DC: National Academy Press, 1989.
BARRACLOUGH, Geoffrey (Ed.). *The Times Atlas of World History*. Maplewood, New Jersey: Hammond, 1982.
BATES, Albert K. *Climate in crisis*. Summertown, Tenn.: The Book Publishing Co., 1990.
BATTAN, Louis J. *Weather*. Englewood Cliffs, New Jersey: Prentice-Hall, 1985.
BECKER, Ernest. *The denial of death*. New York: The Free Press, 1973.
BELK, K. E; HUERTA-LEIDENZ, N. O; CROSS, H. R. Factors involved in the deforestation of tropical torests. College Station, Texas: Texas A&M University, Department of Animal Science, [s.d.].
BENEDICK, Richard Elliott. *Ozone diplomacy*: new directions in safeguarding the planet. Cambridge, Mass.: Harvard University Press, 1991.
_____. et al. *Greenhouse warming*: negotiating a global regime. Washington, DC: World Resources Institute, 1991.
BERRY, Thomas. *The dream of the earth*. San Francisco: Sierra Club Books, 1988.
BONNIFIELD, Paul. *Dust Bowl*: men, dirt and depression. Albuquerque: University of New Mexico Press, 1979.
BOWEN, Murray. *Family therapy in clinical practice*. New York: J. Aronson, 1978,
BRADLEY, Raymond S. et al. Precipitation fluctuations over Northern Hemisphere land areas since the mid-nineteenth century. *Science*, v. 237, p. 171-75, 10 jul. 1987.
BRADSHAW, John. *The family*: a revolutionary war of self-discovery. Deerfield Beach, Fla.: Health Communication, 1988.
_____. *Homecoming*: reclaiming and championing your inner child. New York: Bantam Books, 1990.
BRAHN, Paul G.; VERTUT, Jean. *Images of the ice age*. New York: Facts on File, 1988.
BROECKER, Wallace S.; PENG, T.-H. *Traces in the sea*. Palisades, New York: Lamont-Doherty Geological Observatory, 1982.
BROWN, Lester. *The changing world food prospect*: the Nineties and Beyond. Washington, DC: World Watch Paper, 1988.
_____. et al. *State of the world*. New York, W. W. Norton, 1984-91.
BULLARD, Fred M. *Volcanoes of the earth*. 2. ed. Austin: University of Texas Press, 1984.

BURKITT, Denis P.; EATON S. Boyd. Putting the wrong fuel in the tank. *Nutrition,* v. 5 (3), p. 189-91, mai./jun. 1989.

CANNADINE, David. *Blood, toil, tears and sweat*: the speeches of Winston Churchill. Boston: Houghton Mifflin, 1989.

CAPLAN, Ruth et al. *Our earth, ourselves.* New York: Bantam, 1990.

CAPRA, Fritjof. *The turning point.* New York: Bantam, 1982.

CARSON, Rachel. *Silent spring.* Boston: Houghton Mifflin, 1962.

CARTER, Vernon Gill; DALE, Tom. *Topsoil and civilization.* ed. rev. Norman: University of Oklahoma Press, 1974.

COHEN, Michael J. *A field guide to connecting with nature.* Eugene, Ore: World Peace University, 1989.

COMMISSION FOR RACIAL JUSTICE. *Toxic wastes and race in the United States*: a national report on the racial and socio-economic characteristics of communities with hazardous waste sites. New York: United Church of Christ, 1987.

COMMITTEE ON EARTH SCIENCES. *Our changing planet*: the FY 1991 U.S. Global Change Research Program. Reston, Va.: U.S. Geological Survey, 1991.

CULBERT, T. Patrick (Ed.). *The classic Maya collapse.* Albuquerque: University of New Mexico Press, 1973.

DALY, Herman E.; COBB JR., John B. *For the common good*: redirecting the economy toward community, the environment, and a sustainable future. Boston: Beacon Press, 1989.

DE CHARDIN, Pierre T. *The phenomenon of man.* New York: Harper & Brothers, 1959.

DELPHOS, William A. *Environment money*: the international business executive's guide to government resources. Washington, DC: Venture Publishing, 1990.

DICKINSON, Robert E. (Ed.). *The geophysiology of Amazonia*: vegetation and climate interactions. New York: John Wiley, 1987.

DONALDSON, Peter J. *Nature against Us*: the US and the world population crisis, 1965-1980. Chapel Hill, N.C.: University of North Carolina Press, 1990.

_____.; TSUI, Amy Og. The international family planning movement. *Population Bulletin,* v. 45 (3), nov. 1990.

DOYLE, Jack. *Altered Harvest*: the fate of the world's food supply. New York: Viking, 1985.

DUBOS, René. *Man, medicine and environment.* New York: Praeger, 1968.

EATON, S. Boyd. Primitive health. *Journal of MAG,* v. 80, p. 137-140, mar. 1991.

_____.; KONNER, Melvin. Paleolithic nutrition. *New England Journal of Medicine,* p. 283-289, 31 jan. 1985.

EDGERTON, Lynne. *The rising tide*: global warming and world sea levels. Washington, DC: Island Press, 1991.

EHRLICH, Paul R.; EHRLICH, Anne H. *The population explosion.* New York: Simon & Schuster, 1990.

EISLER, Riane. *The chalice and the blade*: our history our future. San Francisco: Harper & Row, 1987.

ERIKSON, Erik H. *Childhood and society.* New York: W. W. Norton, 1950.

_____. *Insight and responsibility.* New York: W. W. Norton, 1964.

FAGAN, Brian M. *The journey from Eden*: peopling our world. New York: Thames & Hudson, 1990.

FALK, Richard A. *This endangered planet*: prospects and proposals for human survival. New York: Vintage Books, 1971.

FELIKS, Yehuda. *Nature and man in the Bible.* London: Soncino Press, 1981.

FERTILITY behavior in the context of development: evidence from the world fertility survey. *Population Studies*, n. 100, New York: United Nations, 1987.

FIROR, John. *The changing atmosphere*: a global challenge. New Haven: Yale University Press, 1990.

FISHER, Ron et al. *The emerald realm*: earth's precious rain forests. Washington DC: National Geographic Society, 1990.

FLAVIN, Christopher. *Slowing global warming*: a worldwide strategy. Washington, DC: Worldwatch Institute, 1989.

FLETCHER, Susan. Briefing book: selected major international environmental issues. *CRS*, 22 mar. 1991.

_____. International environmental issues: overview. *CRS Issue Brief*, 3 jun. 1991.

FOWLER, Cary; MONEY, Patb. *Shattering*: food, politics, and the loss of genetic diversity. Tucson: University of Arizona Press, 1990.

GERSHON, David; GILMAN, Robert. *Household Ecoteam Workbook.* Olivebridge, New York: Global Action Plan for the Earth, 1990.

GIMBUTAS, Marija. *The language of the goddess.* San Francisco: Harper & Row, 1989.

GLEICK, James. *Chaos*: making a new science. New York: Viking, 1987.

GOLDSTEIN, Eric A.; IZEMAN, Mark A. *The New York environmental book.* Washington, DC: Island Press, 1990.

GORDON, Anita; SUZUKI, David. *It's a matter of survival.* Cambridge, Mass.: Harvard University Press, 1991.

GRIBBIN, John. *The hole in the sky.* New York: Bantam, 1988.

HALBERSTAM, David. *The next century.* New York: Morrow, 1991.

HARMON, Leon D. The recognition of faces. *Scientific American*, v. 229 (5), p. 70-82, nov. 1973.

HOFFMAN, Stanley; MAIER, Charles (Ed.). *The Marshall Plan*: a retrospective. Boulder, Colo.: Westview Press, 1984.

HONG, Evelyne. *Natives of Sarawak*: survival in Borneo's vanishing forests. Malaysia: Institut Masyarakat, 1987.

HUGHES, Donald J. *Ecology in ancient civilizations.* Albuquerque: University of New Mexico Press, 1975.

HULTEEN, Bob; JAUDON, Brian. With heart and hands. *Sojourners*, p. 26-29, fev./mar. 1990.

HUMAN Exposure Assessment for Airborne Pollutants. *Advances and opportunities.* Washington, DC: National Academy Press, 1991.

INTERPARLIAMENTARY Conference on the Global Environment. *Final Proceedings*, Washington, DC, 29 abr./2 mai. 1990.

JOHNSON, Lawrence E. *A morally deep world.* Cambridge: Cambridge University Press, 1991.

KATES, Robert W. et al. *The Hunger Report: 1988*. Providence: Alan Shawn Feinstein Hunger Program, Brown University, 1988.
KELLY, Brian; LONDON, Mark. *Amazon*. New York: Holt, Rinehart & Winston, 1983.
KORTEN, David C. *Getting to the 21st century*: voluntary action and the global agenda. West Hartford, Conn.: Kumarian Press, 1990.
KRISTELLER, Paul Oskar. *Renaissance concepts of man and other essays*. New York: Harper Torchbooks, 1972.
_____. *Renaissance philosophy and the medieval tradition*. Latrobe, Pa.: Archabbey Press, 1966.
_____. *Renaissance thought and its sources*. New York: Columbia University Press, 1979.
_____.; WIENER, Philip. *Renaissance essays from the Journal of the History of Ideas*. New York: Harper Torchbooks, 1968.
LADURIE, Emmanuel Le Roy. *Times of feast, times of famine*: a history of climate since the year 1000. Garden City, New York: Doubleday, 1971.
LAING, Ronald D. *The politics of the family and other essays*. New York: Vintage Books, 1972.
LAMB, Hubert H. *Climate, history and the modern world*. New York: Methuen, 1982.
_____. *Weather, climate, history affairs*: a book of essays and other papers. London: Routledge, 1988.
LEE, Charles. The integrity of Justice. *Sojourners*, p. 22-25, fev./mar. 1990.
LIPSKE, Michael. Who runs America's forests. *National Wildlife*, p. 24-28, set./nov., 1990.
LUDLUM, David M. *The weather factor*. Boston: Houghton Mifflin, 1984.
LYMAN, Francesca et al. *The greenhouse trap*. Boston: Beacon Press, 1990.
McCARTHY, James E. Hazardous waste fact book. *CRS*, 30 jan. 1987.
_____. Hazardous waste management: RCRA oversight in the 101st Congress. *CRS*, 12 out. 1990.
_____. Solid e hazardous waste management. *CRS Issue Brief*, 5 mar. 1991.
_____ et al. Interstate shipment of municipal solid waste. *CRS*, 8 ago. 1990.
MacINTYRE, Alasdair. *Three rival versions of moral enquiry*: encyclopedia, genealogy and tradition. Notre Dame, Ind.: University of Notre Dame Press, 1990.
McKIBBEN, John. *End of nature*. New York: Random House, 1989.
MANAGING global genetic resources. *Forest trees*. Washington, DC: National Academy Press, 1991.
_____. *The U.S. National Plant Germplasm System*. Washington, DC: National Academy Press, 1991.
MANAGING planet earth. *Scientific American*. Special Issue, set. 1989.
MANES, Christopher. *Green rage*: radical environmentalism and the unmaking of civilization. Boston: Little, Brown, 1990.
MATTHEWS, Jessica Tuchman (Ed.). *Preserving the global environment*: the challenge of shared leadership. New York: W. W. Norton, 1991.
MERLEAU-PONTY, Maurice. *Phenomenology of perception*. London: Routledge & Kegan Paul, 1962.

MERRICK, Thomas W. World population in transition. *Population Bulletin*, v. 41(2). Population Reference Bureau, Washington DC, abr. 1986.

MILLER, Alice. *The drama of the gifted child*: the search for the true self. New York: Basic Books, 1981.

MOKYR, Joel. *The lever of riches*: technological creativity and economic progress. New York: Oxford University Press, 1990.

MONTAGU, Ashley. *Human heredity.* Cleveland: World, 1959.

MYERS, Norman. *The Gaia atlas of future worlds*: challenge and opportunity in a time of change. New York: Doubleday, 1990.

_____. *A wealth of wild species*: storehouse for human welfare. Boulder, Colo.: Westview Press, 1983.

NAAR, John. *Design for a livable planet*: how you can clean up the environment. New York: Harper & Row, 1990.

NASR, Seyyed Hossein. *The encounter of man and nature*: the spiritual crisis of modern man. London: George Allen and Unwin, 1968.

NEWSDAY staff. *Rush to burn*: solving America's garbage crisis? Washington, DC: Island Press, 1989.

NORSE, Elliot A. *Ancient forest of the Pacific Northwest.* Washington, DC: Island Press, 1990.

NOVAK, Michael. *The experience of nothingness.* New York: Harper & Row, 1970.

OELSCHLAEGER, Max. *The idea of wilderness*: from prehistory to the age of ecology. New Haven: Yale University Press, 1991.

O'GRADA, Cormac. *The great irish famine.* Dublin: Gill & Macmillan, 1989.

OPPENHEIMER, Michael; BOYLE, Robert H. *Dead heat*: the race against the greenhouse effect. New York: Basic Books, 1990.

ORNSTEIN, Robert; EHRLICH, Paul. *New world, new mind*: moving toward conscious evolution. New York: Doubleday, 1989.

PALAIS, Julie M. Polar ice cores. *Oceanus,* v. 29 (4), p. 55-63, winter 1986-87. Cidade

PANG, Kevin D. The legacies of eruption. *The Sciences*, v. 31 (1), p. 30-35, jan. 1991.

PARRY, Martin. *Climate change and world agriculture.* London: Earthscan Publications. 1990.

PAUL II, John. *The ecological crisis a common responsibility.* Message of his holiness for the celebration of the World Day of Peace, 1 jan. 1990.

PIOTROW, Phyllis Tilson. *World population crisis*: the United States response. New York: Praeger, 1973.

POLICIES for fertility reduction. Asia-Pacific population & policy. Honolulu: East-West Center Population Institute, jun. 1989.

POLICY implication of greenhouse warming. Washington, DC: National Academy Press, 1991.

POST, John Dexter. *The last great subsistence crisis in the western world.* Baltimore: Johns Hopkins University Press, 1977.

PYNE, Stephen J. *The ice*: a journey to Antarctica. New York: Ballatine Books, 1986.

REDFORD, Kent. The ecologically noble savage. *Cultural Survival Quarterly*, v. 15 (1), p. 46-48, 1991.
REISNER, Marc. *Cadillac desert*: the American West and its disappearing water, New York: Viking, 1986.
REPETTO, Robert; GILLIS, Malcolm. *Public policies and the misuse of forest resources*. Cambridge: Cambridge University Press, 1988.
_____ et al. *Wasting assets*: natural resources in the national income accounts. Washington, DC: World Resources Institute, 1989.
REVKIN, Andrew. *The burning season*: the murder of Chico Mendes and the fight for the Amazon rain Forest. Boston: Houghton Mifflin, 1990.
RHOADES, Robert E. The world's food supply at risk. *National Geographic*, p. 74-105, abr. 1991.
ROAN, Sharon L. *Ozone crisis*: the 5-year evolution of a sudden global emergency. New York: John Wiley, 1989.
RUSSIA'S Greens. *The Economist*, p. 23-26, 4 nov. 1989.
SAGAN, Carl. *Broca's Brain*: reflections on the romance of science. New York: Random House, 1974.
_____. *The dragons of Eden*: speculations on the evolution of human intelligence. New York: Random House, 1977.
SARNA, Nahum M. *Exploring exodus*. New York: Schocken Books, 1986.
SATIR, Virginia. *The new peoplemaking*. Mountain View, Calif.: Science and Behavior Books, 1988.
SCHAEF, Anne W. *When society becomes an addict*. San Francisco: Harper & Row, 1987.
SCHEFFER, Victor B. *The shaping of environmentalism in America*. Seattle: University of Washington Press, 1991.
SCHINDLER, Craig; LAPID, Gary. *The great turning*. Santa Fe, N. Mex.: Bear & Company, 1989.
SCHNEIDER, Stephen H. *Global warming*: are we entering the greenhouse century? San Francisco: Sierra Club Books, 1989.
_____; LONDER, Randi. *The coevolution of climate and life*. San Francisco: Sierra Club Books, 1984.
_____; MESIROW, Lynne E. *The genesis strategy*: climate and global survival. New York: Plenum, 1976.
SCHUMACHER. Ernest F. *Small is beautiful*. New York: Harper & Row, 1973.
SHELDRAKE, Rupert. *The rebirth of nature*. New York: Bantam, 1991.
SHOUMATOFF, Alex. *The world is burning*: murder in the rain forest. Boston: Little, Brown, 1990.
SMITH, W. Eugene. *Minamata*. New York: Holt, Rinehart & Winston, 1975.
SOCIO-ECONOMIC development and fertility decline: a review of some theoretical approaches. *United Nations. Department of International Economic and Social Affairs*. Population Division. New York: United Nations, 1990.
SOLKOFF, Joel. *The politics of food*. San Francisco: Sierra Club Books, 1985.
TICKELL, Crispin. Environmental refugees: the human impact of global climate change. In: PALESTRA (não publicada) FEITA PARA A ROYAL SOCIETY, 5 jun. 1989.

UNITED Nations Environment Programme. *The African Elephant.* Nairóbi, Kenya: Unep/Gems, 1989.

_____. *The greenhouse gases.* Nairóbi, Kenya: Unep/Gems, 1987.

_____. *The ozone layer.* Nairóbi, Kenya: Unep/Gems, 1987.

_____. *Profile.* Nairóbi, Kenya: Unep/Gems, 1987.

UNITED Nations Environment Programme Environment Brief n. 4. *Hazardous chemicals.* Nairóbi, Kenya: Unep/Gems, 1987.

VAN ANDEL, Tjeerd H.; RUNNELS, Curtis. *Beyond the Acropolis*: a rural greek past. Stanford: Stanford University Press, 1987.

VITOUSEK, Peter M. et al. Human Appropriation of Products of Photosynthesis. *BioScience,* v. 36 (6), p. 368-73, jun. 1986.

WANN, David. *Biologic:* environmental protection by design. Boulder, Colo.: Johnson Books, 1990.

WEISMAN, Steven B. Where birth are kept down and women aren't. *New York Times,* 29 jan. 1988.

WESTBROEK, Peter. *Life as a geological force*: dynamics of the earth. New York: W. W. Norton, 1991.

WHITE, Randall. *Dark caves, bright visions*: life in ice age Europe. New York: American Museum of Natural History e W. W. Norton, 1986.

WIGLEY, T.M.L.; INGRAM, M.J.; Farmer, G. (Ed.). *Climate and history*: studies in past climates and their impact on man. Cambridge: Cambridge University Press, 1981.

WILSON, Edward O. (Ed.) *Biodiversity.* Washington DC: National Academy of Sciences, 1988.

WITT, Steven C. *Brief Book*: biotechnology and genetic diversity. San Francisco: California Agricultural Lands Project, 1985.

WOODHAM-SMITH, Cecil. *The great hunger*: Ireland 1845-1849. London: Hamish Hamilton, 1962.

WORLD Meteorological Organization. *Scientific Assessment of Climate Change.* Genebra: Intergovernmental Panel on Climate Change, 1990.

WORLD Rainforest Movement and Sahabat Alam Malaysia. *The Battle for Sarawak's Forests.* Malaysia: Jutaprint, 1989.

WORLD Resources Institute. *World Resources. 1988-1989*: An Assessment of the Resource Base That Supports the Global Economy, [s.d.].

WORSTER, Donald. *Nature's economy*: a history of ecological ideas. Cambridge: Cambridge University Press, 1977.

YOUNG, Louise B. *Sowing the wind*: reflections on the earth's atmosphere. New York: Prentice Hall Press, 1990.

Programas de televisão

BURKE, James. *After the warming.* PBS, 21 nov. 1990.

MOYERS, Bill. *Spirit and nature.* PBS, 5 jun. 1991.

ÍNDICE

2,4-D, 130
3M, empresa, 171, 289
Aborto, e controle da natalidade, 266-68
Academia Nacional de Ciências,
  estudos pela, 122, 274
Ackerman, Nathan, 197
Acordo Geral sobre Tarifas e Comércio,
  e padrões ambientais, 290
Acordos internacionais, sob o Plano
  Marshall Global, 260, 290, 297-98
Adaptação a riscos ambientais, 206-08
Administração: da liberdade, 160
  e a relação com a Terra, 190
  e a tradição judaico-cristã, 209-14, 225
  e bônus empresariais, 289
  liberdade como condição da, 160;
  vs. imperativos competitivos, 234;
  vs. padrões disfuncionais, 204-05
Adoração à deusa, 223
África, e deposição de rejeitos, 142
Agência para a Proteção do Meio
  Ambiente, 155
Agente laranja, 19
Agressão a crianças, 198, 204
Agressão futura, 204
Agricultura: e ameaças a reservas
  de alimentos, 123, 132-33
  e bancos de genes, 129;
  e diversidade genética, 122-23, 128;
  e erosão genética, 127, 133;
  e indústria de sementes, 129
  e locais de origem genética, 122-26;
  e vulnerabilidade genética das
  lavouras, 119-22;
  fertilizantes na, 131-32;
  história da, 118-19;
  hormônios e antibióticos na, 130-31;
  pesticidas na, 19, 130;
  problemas no futuro da, 119;
  sob IAE, 271-72;
  subsídios para, 287-88
Água, significado religioso da, 223
Água gasosa, 135
Aids, e a Terra, 189

Akhenaton, 219
Alasca, 113
Alcalinização, 117
Alemanha nazista: perseguição dos
  judeus pela, 158;
  esforço de guerra contra a, 232-33
Alemanha: e padrões ambientais, 290;
  e rejeitos nos rios, 137
Alexandre, o Grande, 67, 214
Alfabetização, e população, 264, 265
Aliança ocidental, 257-58
Alienação, da família disfuncional ou
  civilização, 204-05
Alimentos, 118-19;
  deposição em aterros sanitários, 139;
  reserva ameaçada, 126, 131
  (*ver também* Agricultura)
Alquimia: tecnológica, 182
Amazônia, 255
Ambientalismo do espírito, 209
Ambientalismo: e grupos oprimidos,
  160, 247;
  como princípio organizador, 233-36,
  249, 251
Ameaças ambientais, classificação das, 40
  (*ver também* Ameaças e crise
  ambiental global)
Ameaças ambientais locais, 21, 40
Ameaças ao meio ambiente regional, 40
Ameaças e crise ambiental global, 20,
  21, 40;
  CO_2 como, 20-21, 46, 295-96;
  como ciclos de realimentação, 57-60;
  como civilização disfuncional, 204
  Conferência Interparlamentar sobre,
  24-25;
  e consciência política, 55-56, 159,
  230-31;
  e crise espiritual, 26, 308;
  e valores, 209
  padrão de, 48, 50, 53;
  percepção da, 45, 46-47, 48-54;
  perguntas não respondidas sobre,
  45-46;

pesquisa vs. medidas sobre, 45-47;
reação necessária a, 251;
resistência a, 230 (*ver também*
Resistência a agressões ambientais)
Ameaças estratégicas ao meio ambiente,
40-41 (*ver também* Ameaças e a crise
ambiental global)
Americanos nativos, e a terra, 221-22
Amigos da Terra, 241
Antártica: buraco na camada de ozônio
sobre a, 23, 84-85, 248, 307;
gelo da, 96, 100-01;
registro climático na, 62;
registro da poluição na, 34;
registro de CO_2 na, 91;
tratado de proteção à, 298-99
Antibióticos, e gado, 130-31
Anticomunismo, como princípio
organizador, 230-32
Aprendiz de Feiticeiro, O, 180
Aquecimento da Terra, 20-21, 40, 47-48, 86;
argumentos contra, 86-88, 91, 92;
como experimento sem precedentes, 88;
Conselho de Consultores
Econômicos sobre o, 173, 293;
desinformação sobre o, 303;
e a calota de gelo polar, 35;
e a campanha presidencial (1987-88), 22-24;
e a destruição das florestas, 57-58;
e a diminuição da camada de ozônio
na estratosfera, 59-60;
e a energia nuclear, 277;
e a tundra siberiana, 58-59;
e Bangladesh, 74;
e CO_2, 90-93;
e o equilíbrio climático, 93-95;
e o governo Bush, 24, 47, 154-58;
e o metano, 38;
e o nível dos mares, 100-01;
e perda de umidade, 169-70;
e precipitações pluviométricas, 77;
e produção de alimentos, 132-33;
e radiação infravermelha, 83, 87;
e sistema hídrico, 96, 97 (*ver também*
Efeito estufa);
impacto futuro do, 79;
migração de espécies devido ao, 207;

na metáfora da doença, 189;
nuvens como defesa contra o, 45, 87-88;
programa japonês contra o, 283
Arábia Saudita, e a discussão sobre o
aquecimento da Terra, 156
Áreas montanhosas, erosão nas, 116
Arendt, Hannah, 220
Argumentos sobre termostatos no
aquecimento global, 87-88, 92
Aristóteles, 214-15, 216, 310
Armas nucleares, controle, 22;
e o Tratado de Suspensão dos Testes
Nucleares na Atmosfera, 81;
e preocupações ambientais, 22
Armas nucleares: e a visão estreita, 18;
e a guerra, 43, 181
Arquimedes, 53
Associação Nacional do Carvão, 303
Associação Nacional Norte-Americana
contra o Mau Uso de Pesticidas, 130
Assuã, represa, 106
Aterros sanitários, 138-40;
e a barcaça do lixo, 141
vs. incineração, 142-43
Atmosfera, tamanho limitado da, 81
Austin, Richard Cartwright, 210
Austrália, câncer de pele na, 83
Bacon, Sir Francis, 190, 200, 216, 217, 218, 219
Bactérias, defesas desenvolvidas por, 131
Baha'i, 224
Baía de Bengala, 78, 116
Bak, Per, 304, 305, 307
Baker, James, 156
Baleias, presas no Mar de Beaufort, 39
Banco Mundial, 164, 169, 287
(*ver também* Programas de
Desenvolvimento no Terceiro Mundo)
Bangladesh: inundação de, 238;
e aquecimento da Terra, 74;
e conflito pela água, 107
Barcaça de lixo, viagem da, 141
Barnett, Tos, 241
Bateson, Gregory, 197
Baucus, Max, 25
Bayou, Jean Lafitte, 101
Beijing, lençol de água, 105
Benefícios da Prevenção da Poluição

(3M), 171, 289
Benjamin, Walter, 179
Berra Yogi, citação de, 49
Berry, Thomas, 79, 187
Bindshadler, Robert, 100
Bioacumulação, 144
Biodiversidade, Arca de Noé para a, 211 (*ver também* Diversidade genética)
Boggess, William, 99
Bopal, tragédia, 80
Boschwitz, Rudy, 25
Bowen, Murray, 197
Bradley, Omar, 258
Bradshaw, John, 197
Brasil: e a Eco-92, 298;
   e centros de diversidade do café, 123;
   fim do monopólio da borracha, 128
   floresta tropical amazônica, 35, 36, 57, 102, 110, 243, 287;
   trocas de dívidas por natureza no, 291
Broecker, Wallace, 98
Bronoxinil, 130
Brown, A. Whitney, 196
Browning & Ferris, Indústrias, 244
Bryant, John, 243
Bryant, Pat, 246-47
Buda, e água, 223
Bullock, Marilyn, 246
Buraco Negro, 54, 55
Bush, George, e governo Bush: e a crise ambiental, 155, 161, 170, 171, 172-73;
   e controle da natalidade, 266-67;
   e eletrodomésticos que economizam energia, 281;
   e informações ambientais, 301;
   e mudanças econômicas, 293;
   e negociações sobre os gases causadores do efeito estufa, 297;
   e o aquecimento da Terra, 23, 47, 154-55;
   e padrões para eletrodomésticos, 295;
   e política industrial, 284;
   e tratado da Antártica, 298
Café, centro de diversidade do, 123
Cairo, lixo em, 142
Cálculo econômico: PNB como, 163-64, 285, 292;
   produtividade como, 165-66, 286, 292;
   revisão pela ONU do, 164

Califórnia: delta do Rio Sacramento na, 105;
   distribuição de água na, 77-78, 99, 107
   jardins e incêndios na, 195;
   perda da umidade na, 169-70
Calota de gelo polar, e o aquecimento da terra, 34-35 (*ver também* Oceano Ártico)
Camada superficial do solo, erosão da, 19, 73, 78, 113 (*ver também* Erosão)
Campanha presidencial (1987-88), e o aquecimento da Terra
Câncer de pele, na Austrália, 83;
   e diminuição da camada de ozônio, 84
Capitalismo, 162;
   como processamento descentralizado de informações, 302;
   e agressões ao meio ambiente, 235
Carros elétricos, 284
Carson, Rachel, 19, 130
Carvão (*ver* Combustíveis fósseis)
Cáucaso, deserto no, 115
Centro das cidades, 183-84 (*ver também* Pobreza; Raça)
Centros de treinamento, para tecnologia ambiental, 271
Cérebro, 191
CFCs (*ver* Clorofluorcarbonos)
Chafee, John, 25
Chamberlain, Neville, 233
Chen, Kan, 304, 305, 307
China: abortos na, 268;
   e a peste bubônica, 70;
   e deposição de rejeitos no Tibete, 141-42
   lençol de água de Beijing, 105;
   período de aquecimento e expansão da, 67;
   salinização na, 106
Churchill, Winston: apazigamento no Acordo de Munique, 233
   sobre a falta de resolução, 173;
Chuva ácida, 81
Ciclo hidrológico, 102, 40
Ciclos de realimentação, 56-60
Cidade de Nova York, e aterros sanitários, 138
Cidade do México: nível da água, 105
   poluição atmosférica na, 81;
"Cidades Negras", 158

Ciência, e religião, 216-18
Cinzas tóxicas, 144;
  viagem do cargueiro com, 141-42
Cisma moral, 220-21
Civilização anasazi, desaparecimento da, 78
Civilização hindu, desaparecimento da e clima, 67
Civilização maia, desaparecimento da, 68
Civilização mali, desaparecimento da, 67
Civilização: ameaças à, 307
  Baha'i na, 223;
  disfuncional, 199-205;
  e a relação com o mundo, 17, 43, 189;
  e agricultura, 118;
  e clima, 62, 65, 99;
  impacto ambiental sobre a, 41, 42, 43;
  movimento constante da, 25
Clark, Colin, 168
Cleveland, poluição do rio em, 104
Clima, 63-64; de 1816, 61-62, 79;
  de 1990, 59;
  e a administração estatal, 73;
  e a bomba oceânica, 97-99;
  e a civilização maia, 68, 69;
  e a colonização escandinava na América, 69;
  e a fome na Europa medieval, 70;
  e a fome no Sahel, 77;
  e a peste negra, 70, 71;
  e a relação com a natureza, 72;
  e a situação atual, 76-77, 78;
  e antigas civilizações, 66-67;
  e CO_2, 90-91;
  e erupções vulcânicas, 62-64;
  e evolução, 65-66;
  e migrações, 64, 67, 70-71, 72-74;
  e o aquecimento da Sibéria, 59;
  e o aquecimento da Terra, 74, 75, 86-92;
  e o Saara, 114;
  e população, 75, 77, 78;
  e primórdios da civilização, 64-65, 99-100;
  e reservas de água, 100
  impacto da mudança sobre o, 87;
  Pequena Era Glacial, 70-71
Clinger, Bill, 141

Cloro: e CFCs, 40, 102, 248;
  e diminuição da camada de ozônio, 82, 84
Clorofluorcarbonos (CFCs), 19, 102, 248; como não tóxico, 269;
  e a campanha presidencial (1987-88), 23;
  e a diminuição da camada de ozônio, 59, 84, 85;
  e concentração de cloro, 40, 102, 248;
  e emissão de, pela GE, 248-49;
  e o Protocolo de Montreal, 270, 297;
  hipocrisia no uso dos, 28;
  substitutos para os, 269-270
Co-dependência, 199
Coalizão para uma Economia Ambientalmente Responsável, 289
Códigos de obras, 282
Coeficiente tecnológico, 183
Co-geração, 282, 295
Colombo, Cristóvão, 121
Colorado, e uso da água, 107
Combustíveis fósseis: aumento de impostos rejeitado, 155
  e aquecimento da Terra, 21
Comércio internacional, 290
Comitê Bruntland, 169
Computadores, 301-02
Comunidade científica, e percepção da ameaça ao meio ambiente, 46-47
Comunidade Econômica Europeia (CEE), 253
Comunidade: dissociação da, 147, 236
  e Niemoller sobre o isolamento contra os nazistas, 242;
Comunismo: coalizão contra, 230-32;
  como processador centralizado, 302;
  confiança resultante da vitória sobre o, 172;
  e destruição ambiental, 213-14;
  fim do, 159, 162, 180;
  Plano Marshall contra o, 254
Condado de Henderson, Tenn., problemas de deposição de rejeitos no, 246-47
Conferência Interparlamentar sobre o Meio Ambiente Global, 24
Conflito militar, níveis de, 40
Congresso Ambiental do Sul, 246

Conhecimento, 174 (*ver também* Informações)
Conrad, Joseph, 195
Conselho de Consultores Econômicos, sobre o aquecimento da Terra, 173, 293
Consenso, sob o Plano Marshall Global, 260, 299-303
  sobre princípios políticos e econômicos básicos, 254;
Constituição, dos EUA: como instrumento de governo democrático, 153;
  e tecnologia, 183-84
Consumo: e cálculos econômicos, 166;
  e rejeitos, 135, 146-47
  ideologia do, 234;
  vício de, 192-97
Contaminantes de metais pesados, 136
Controles de exportação, sobre tecnologia, 271
Convenção de Basileia, 142
Coração das Trevas, O, 195
Corredor do Câncer, 246
Corrida armamentista nuclear: protesto contra, 56;
  e relações entre países, 43-44
Corrupção, 236;
  em Papua Nova Guiné, 240
Coruja pintada, controvérsias sobre a, 114, 172
Costanza, Robert, 164
Cousteau, Jacques, 103
Crianças descartáveis, 147
Crise ambiental: como espelho, 146;
  custos da, 169-71;
  e a campanha presidencial (1987-88), 23-24;
  e adaptação, 206-08;
  e o cisma moral, 220-21;
  e o governo Bush, 154, 161, 170-71, 172-73;
  e perspectiva a curto prazo, 18, 19, 25, 116, 170, 172, 296;
  EUA como líder na, 154-55, 158-59 (*ver também* Ameaças e crise ambiental global)
  João Paulo II sobre a, 224-25;
  reação das empresas a, 171;
  resistência a, 230;
  sintomas não percebidos, 185-86;

Crise de identidade, 308
Crise espiritual, 308;
  e a crise ambiental, 25
Cristianismo: e a filosofia grega, 214-15;
  e ciência, 216-18 (*ver também* Religiões)
  renúncia apocalíptica no, 225;
  visão católica da ecologia, 224-25;
  visão católica sobre problemas populacionais, 268
Criticalidade auto-organizada, 304-05, 307
Cultivo de plantas, 120-21, 128
Cultura: e informação, 174;
  e visão do mundo, 199
  tecnológica, 208;
Daly, Herman, 162, 163, 169
Darwin, Charles, 217
DDT, 19, 102
"Deep Ecology", 189-90
Democracia: como processador descentralizado de informações, 302;
  consenso sobre, 254;
  e administração, 159, 160
  e agressões ao meio ambiente, 234-35;
  e liderança, 161;
  e tecnologia política, 151
Deposição de esgotos, 104, 137, 282-83
Deposição de lixo, 138-44;
  e reciclagem, 145-46
  por incineração, 144-45
Derramamento de petróleo, 103;
  no Estreito Prince William, 33, 103, 166
Descartes, René, 190-91, 199, 214, 216, 217, 218
Desertificação, 114-16;
  causas da, 132
Desinformação, 303
Desmatamento, 109-10;
  consequências do, 58;
  (e cálculo econômico, 163-64;
  na Etiópia, 203;
  no Haiti, 113;
  nos sopés do Himalaia, 78, 116;
  em Papua Nova Guiné, 240-41);
  e CO_2, 57-58, 91, 114;
  e crescimento populacional, 263;
  e sistema hídrico, 101-02, 113
  erosão, 113;
  nas florestas tropicais, 110-13;

nas nações desenvolvidas, 112-13;
no Terceiro Mundo, 264-65
Deus: como Criador, 219;
e a visão científica, 197
fé em, 309;
imagem de, 226-27
Dia da Terra, 1990, e Bush sobre o efeito estufa, 47
Diminuição da oxidação, 82, 85-86
Dióxido de carbono (CO_2): ameaça representada pelo, 19-21, 46, 295;
de eletrodomésticos, 281;
direitos de emissão de, 292, 293;
e a IAE, 274;
e a Lei do Ar Puro, 155-56;
e a Revolução Industrial, 34;
e as regiões polares, 38;
e automóveis, 276;
e desmatamento, 74, 91, 113-14;
e efeitos da radiação sobre a vegetação, 58-59;
e florestas, 109-10;
e irrigação inadequada, 116-17;
e o aquecimento da Terra, 90-93;
e o Fundo de Segurança Ambiental, 294;
e o Protocolo de Montreal, 297;
e projetos de dessalinização, 107;
porcentagem nos Estados Unidos, 158
processo de conversão de oxigênio em, 177;
quantidade por pessoa, 134-35
Direitos, vs. responsabilidades, 236
Direitos autorais, para tecnologias adequadas, 271-72
Direitos das mulheres: compreensão da necessidade de conquistar, 235-36
e a Constituição, 235
Direitos de propriedade intelectual, em tecnologias adequadas, 271-72
Distúrbios mentais, predomínio dos, 193
Diversidade genética: centros de, 122-26;
durante o cerco de Leningrado, 239;
e fertilizantes, 131-32;
e plantas autóctones, 127;
erosão da, 127, 133;
importância da, 128-29
Doença, a relação Terra-humanidade como, 189-90
Downey, Tom, 22

Draper, Lynda, 248-49
Du Pont, empresa, 289
Dust Bowl, 72-74;
e atuais mudanças no uso da Terra, 77
Eco-92, 298
Eco-nomia, e o Plano Marshall Global, 260, 285-96
Ecologia: e sistema político, 25
interna, 309;
Economia clássica (de livre mercado), 162-63, 164-65;
e a destruição ambiental, 162, 164, 165-68, 285-86;
e equidade entre gerações, 169
Economia de livre mercado(*ver* Economia clássica)
Edler, Lars, 133
Educação: desvalorização da, 146;
informações, 177
para a compreensão ambiental, 260, 299-301, 303;
Efeito estufa, 21, 22-23, 81;
e a campanha presidencial (1987-88), 22;
e o vapor de água, 97(*ver também* Aquecimento da Terra)
manipulações propostas para enfrentar o, 188
Egito: crescimento populacional no, 262;
e água do Nilo, 105;
lixo no Cairo, 142;
represa de Assuã, 106;
salinização no, 106
Eichmann, Adolf, 220
Einstein, Albert, citação de, 55
Eisler, Riane, 222
Elefantes, matança dos, 36, 38
Eletrodomésticos, 281, 295
Emerson, Ralph Waldo, 50
Emoção, repressão da, 191
Empresas, e responsabilidade ambiental, 288-89
Empresas energéticas, e co-geração, 278, 295
Energia, nuclear, 21-22, 276-77
Energia eólica, 279
Energia nuclear, 276-77;
e o aquecimento da Terra, 21
Energia solar, 182, 276, 283
Energia: de rejeitos, 143

sob a IAE, 274-75
Engenharia genética: como adaptação, 207; de animais, 132
Entidades pós-nacionais, 255
Epidemias, 261
Equidade, entre gerações, 169;
vs. danos a indivíduos, 236
Equilíbrio, e Teoria do Caos, 55
Equilíbrio ambiental, 26;
e a civilização humana, 42, 43;
interdependência no, 56 (*ver também* Relação com o mundo natural)
Era Cenozoica, fim da, 79
Era da informação, 176, 179
Era Glacial, 65;
reinício da, na Europa, 99
Era Glacial, Pequena, 70, 71
Era pós-industrial, 184
Eric, o Vermelho, 69
Erickson, Erik, 186, 306, 308
Erickson, Milton, 197
Eriksson, Leif, 69
Erosão: costeira, 101;
e crescimento populacional, 263;
e desmatamento, 113;
e o cálculo econômico, 162-63;
e o Dust Bowl, 72-74;
em áreas montanhosas do Terceiro Mundo, 116;
em fazendas, 17, 18, 19;
genética, 127, 133
Erupções vulcânicas, 61-65;
e a Revolução Francesa, 63-64
e o clima em 1816, 62
Escravidão: abolição da, 235;
e a Constituição, 235
Espécies, desaparecimento das, 35, 39, 132
Espécies animais, 113;
"Espírito na máquina", 217
Estado administrativo, 74
Estados Unidos: como líder mundial, 153-54;
e a economia global, 293-97;
e a estabilização da população mundial, 266-69 (*ver também* Bush, George e governo Bush)
e a IAE, 283-85;
e a perseguição dos judeus na Alemanha, 158;

e problemas ambientais, 154-55, 158-60;
governo democrático nos, 153-54
Estágios de vida, 306
Estatismo: e a degradação ambiental, 213;
e a teologia conservadora, 212
Estoques eletrônicos, 279
Estratégia de negação, 194-95
Estreito Prince William, derramamento de petróleo, 33, 103, 166
Etiópia: centro de diversidade do café na, 123;
desmatamento na, 102;
e acervo de sementes ameaçado na, 127;
e padrão disfuncional, 203;
invasão de Mussolini na, 242, 249;
verbas para desenvolvimento mal usadas na, 265
Etna, monte, erupção do, 63
Etnia: e Corredor do Câncer, 246;
e instalações de rejeitos perigosos, 136-37
Evangelho Social, 212
Evapotranspiração, 102
Evasão de Capitais, 291-92
Everglades, destruição dos, 287;
incêndios nos, 100
Evolução humana, e clima, 65-66
Exon, Jim, 141
Experimento, sem precedentes: agressões ambientais como, 220;
aquecimento da Terra como, 90
Externalidades, 167-68, 293
Exxon Waldez, acidente com, 33, 103, 166
Faixa de Gaza, "catástrofe de água", 105
Família, disfuncional, 197-202
Fatehpur Sikri, Índia, 67
Fé, 309
Fertilizantes, 131-32;
na Revolução Verde, 272
Filipinas, montanha de lixo nas, 142-43
Filosofia grega, 214-16 (*ver também* Aristóteles, Platão)
Filosofia: de Descartes, 190-91, 214, 216, 217, 218, 219;
grega, 214-16
moderna, 220
Fitzgerald, F. Scott, 153

Floresta tropical amazônica, 110;
  destruição da, 36, 57, 102;
  e Chico Mendes, 210, 243-44;
  e subsídios do Banco Mundial, 287
  (*ver também* Brasil; Floresta Tropical)
Florestas, 109-10;
  e a controvérsia sobre a coruja pintada, 114, 172;
  e CO_2, 109-10;
  e poluição atmosférica na Europa, 113-14;
  e programas de reflorestamento, 116;
  úmida tropical vs. temperada decídua, 109-10 (*Ver também* Desmatamento)
Florestas tropicais úmidas, 109-10;
  água armazenada nas, 102;
  amazônica, 36, 57, 102, 110;
  ataque às, 110-13;
  benefícios potenciais das, 112-13;
  devastação das, 77;
  e os gases causadores do efeito estufa, 257;
Florestas tropicais úmidas (*ver* Floresta tropical amazônica)
Flórida: e os Everglades, 287;
  migração haitiana para, 74
Florio, Jim, 22
Focas, morte de (Mar do Norte), 33
Fome: como endemia, 262;
  devido a erupções vulcânicas, 63;
  devido ao clima de 1300, 70;
  e migração do Maine, 72;
  e o clima em 1816, 61-62;
  na Irlanda, 70-71, 76, 127;
  no norte da África, 76
Forças de mercado (livre mercado): consenso sobre, 254;
  e Bush, sobre a política industrial, 284;
  e consequências ambientais, 293;
  intervenção governamental oculta, 171
  vs. eletrodomésticos que economizam energia, 281
Foreman, Dave, 189
Fotovoltaica, tecnologia, 277
Franklin, Benjamin: introdução da soja por, 121
  sobre efeitos climáticos, 64
Freud, Sigmund, 217
Fuller, Buckminster, 279

Fundamentalismo, ressurgimento do, 308
Fundo de Segurança Ambiental, 294-95
Fundo Monetário Internacional, 164
  (*ver também* Programas de desenvolvimento no Terceiro Mundo)
Furacões, e o aquecimento dos oceanos, 101
Glaciações: e a floresta temperada, 110-11
  e o CO_2, 90-91;
  queda de temperaturas nas, 87
Galileu, 48
Gandhi, Mahatma, 27
Garrett, Duane, 132
Gás metano: de aterros sanitários, 278;
  de rejeitos, 140;
  de vazamentos de gasodutos, 278;
  e fertilizante de nitrogênio, 131;
  e o aquecimento do Oceano Ártico, 59;
  e o degelo da tundra, 58-59;
  e o desmatamento, 57, 114;
  e oxidação, 85-86;
  nuvens luminescentes de, 38
Gás natural, 38 (*ver também* Gás metano)
Gases causadores do efeito estufa: e as florestas tropicais, 257 (*ver também* Dióxido de carbono)
Gás metano e o Protocolo de Montreal, 297;
  furacões causados por, 225
Gasodutos de gás natural, 278
Geleiras, 100, 101
General Electric, 248
General Motors, 284
Genes: bancos, 129;
  criação vs. recombinação de, 133
Germes, defesas adquiridas por, 131
Gibbs, Lois, 210
Gimbutas, Marija, 222
Gnau "Harrison", 210
Gnosticismo, 214, 221
Golfinhos, morte de, 33
Golfo Pérsico, crise, e a água, 107
Gore, Albert III, 26-27, 305
Gore, Tipper, 27
Gorton, Slade, 141
Governo mundial, 256
Grine, Frederick E., 66
Groenlândia: e as explorações escandi-

navas, 69
  placa de gelo na, 96, 100;
  registros climáticos da, 62
Grupo de Observadores do Senado, 298
Grupo de Pesquisas de Interesse Público, 249
Guerra da Coreia, 231
Guerra do Vietnã: e o Agente Laranja, 19-20;
  e o anticomunismo como princípio organizador, 231;
  e os EUA como líder, 258
Guerra Fria, controle tecnológico, 271
Hailé Selassié, 249
Haiti: desmatamento no, 113;
  migração de, 74, 113
Halberstam, David, 29
Hansen, James, 157
Harriman, Averell, 253
Hatshephut (faraó), 121
Havel, Václav, 153
Hayes, Denis, 288
Heinz, John, 25, 243
Heisenberg, princípio de, 217
Hekla, erupção do vulcão, 63
Herbicidas, 19;
  perigo dos, 19;
  plantas resistentes, 129;
  possível redução no uso dos, 131
Hidroxila, 86
Himalaia, sopés do, desmatamento, 78, 116
Hinduísmo, e água, 223
Hipertensão, 192
Hipótese de Gaia, 226
Hoffman, Stanley, 253
Holanda, e o mar, 100
Hollings, Fritz, 25
Hologramas, 25, 226
"Homem Econômico", 166
Hormônios: produzidos pela engenharia, 129-30;
  uso no gado, 131
"Humans Against Lethal Trash" (HALT), 246
Hungria, invasão soviética da, 242
Husayn Ali, Mirza, 224
IAE (*ver* Iniciativa Ambiental Estratégica)

Icebergs, degelo dos, 100
Ickes, Harold, 73
Illich, Ivan, 54
Império Romano, e o clima, 67
Incentivos fiscais, para tecnologias adequadas, 271
Incineração de rejeitos, 143-44
Índia: controle populacional na província de Kerala, 265;
  e conflitos pela água, 107-08;
  e contaminação da água, 104-05;
  erosão e inundação na, 116;
  salinização na, 106
Índios, da América do Norte, e relação com a terra, 221-22
Indonésia, progresso vs. diminuição dos recursos naturais na, 164
Indústria de sementes, 129-30
Indústria madeireira, 160, 163, 241-42
  (*ver também* Desmatamento)
Indústria pesqueira, 132, 288-89
Informações, 174-75;
  coleta de, 299-300;
  comunicação das, 177-78;
  e a imprensa, 182;
  percepção limitada da, 185;
  sobre as consequências ambientais, 288
Iniciativa Ambiental Estratégica (IAE) 271, 296-97;
  e agricultura, 272;
  e água, 281-82;
  e energia, 274-81;
  e silvicultura, 273-74;
  papel dos EUA na, 283-85
Iniciativa de Defesa Estratégica (IDE), 271, 284
Injustiça social, 237
Integração vertical, 289
Interdependência, 56
Inundação, de rios indianos, 78, 116
Invasão iraquiana do Kuwait, 292
Iowa: contaminação de poços em, 105;
  erosão do solo em, 18, 163
Irlanda, clima e fome na, 70-71, 76, 128
Iroquesa, Nação, 287
Irrigação, 105, 116, 119
Ishai, Zemah, 105
Islamismo, 223
Islândia, erupções vulcânicas na, 63-64

Israel: e o plantio de árvores, 274
  e o Rio Jordão, 107
Ivanov, Dmytry, S., 239
James VI (Escócia), 71
Japão: e negociações sobre os gases causadores do efeito estufa, 298;
  e novas tecnologias, 275, 283;
  envenenamento por mercúrio no, 104, 137-38;
  esforço de guerra contra, 232-33;
  tecnologia ambientalmente favorável do, 172;
Jefferson, Thomas, 121, 179, 230
Jericó, 65, 118
João Paulo II, 224
Johnson, Samuel, 22
Juros, compostos, ciclo de realimentação, 57
Keeling, C. D., 20
Kerala, Índia, 265
Kerry, John, 25
Keynes, John Maynard, 165
Khian Sea, 141
Klein, Richard G., 66
Laing, R. D., 197
Lamb, Hubert, 70, 77
Lâmpadas, para economizar energia, 280-81, 295
Landsat, programa de fotografias por satélite, 177, 301
Lapid, Gary, 27
Lares genéticos, 122-23
Legislação federal, para reciclagem, 145
Lei "Superfund", 22
Lei do Ar Puro, 155, 168;
  e registro no gelo da Antártica, 34;
  e zonas mortas, 247
Lei da Água Pura (1972), 104
Leis antitruste, 289, 293
Leningrado, cerco de, 239-40
LeRoy Ladurie, Emmanuel, 63, 70
Leste europeu: poluição no, 80, 104, 113
  (*ver também* países específicos)
  vazamentos dos gasodutos no, 277-78
Lincoln, mosaico de, 51
Lindzen, Richard, 47, 87
Lixo hospitalar, 136
Londres, poluição do ar em, 80-81;
  poluição da água em, 104

Loteamentos: e inundações no Tennessee, 78;
  e vida silvestre, 37
Love, Canal, 20, 183
Love, William, 184
Lovejoy, Tom, 36, 291
Lovelock, James, 225
Lovins, Amory, 130, 281
Lovins, Hunter, 281
Luisiana, projeto contra poluentes, 247
Lutzenberger, José, 112
Luz solar, reflexão vs. absorção, 94, 109
MacArthur, Douglas, 231
Maquiavel, Nicolau, 151
Maier, Charles, 253, 258
Maimônides, 215
Major, John, 157
Mal, banalidade do, 220, 221
Malthus, Thomas, 119
Mamadou, Amadou, 115
Mar Branco, morte de estrelas-do-mar no, 32-33
Mar de Aral, 32-33, 50, 58, 77, 78, 106, 255
Mar de Beaufort, e baleias aprisionadas, 39
Marfim, e matança de elefantes, 36
Marshall, George, 251
Marshall, ilhas, como deposição de rejeitos, 141
Material genético, 119-20
Materialismo, 192-93
Matthai, Wangari, 243, 244, 274
Mauritânia, desertificação na, 115
McClure, Jessica, 39
McNamara, Robert, 60
Meio Ambiente, respeito necessário ao, 177
Mendes, Chico, 210, 241, 245
Mendes, Ilzamar, 243
Metano, gás. (*ver* gás metano)
Mercúrio, 143-44;
  envenenamento por, no Japão, 104, 137
Mesopotâmia: local de origem do trigo na, 126
  primeira civilização na, 65
Método científico, 176-77
México: cólera no, 142;
  poluição de rios no, 105;

salinização no, 106
Micenas, colapso de, 68
Mídia, tecnologias rivais, 185;
    e percepção da ameaça ambiental, 47;
    e questões ambientais, 24
Mikulski, Barbara, 301
Milho, centros de diversidade do, 123
Mill, John Stuart, 176
Miller, Alice, 196, 198, 205, 261
Minimata, intoxicação com mercúrio, 104, 137
Minóica, civilização, e a explosão do Santorini, 62
Missão ao Planeta Terra, 177, 299-300, 301-02, 303
Mitchell, George, 24
Mitchellville, Tenn., 140-41
Mitsubishi, 289
Moeda, forte vs. fraca, 291
Maomé, 223
Molina, Mario, 248
Mongólia, poluição atmosférica, 80
Monocultura, 72;
    agricultura de subsistência substituída por, 127
    de florestas coníferas, 113;
    mudança para a dependência de, 77;
    na fome das batatas, 72-73;
    na Revolução Verde, 272
Monoteísmo, 219
Monóxido de carbono, e oxidação, 85
Monsanto, 246
Montagu, Ashley, 199
Montes de areia, e mudança, 304-05, 307
Mortalidade infantil, e população, 263, 265-66
Motores de automóveis, e conservação de energia, 274-76, 283, 295
Movimento Cinturão Verde (Matthai), 243, 274
Mudança de combustível, 277
Mudança: dinâmica da, 304-05, 307;
    e Teoria do Caos, 54;
    reconhecimento da, 48-53
Mundo, relação com o (*ver* Relação com o mundo natural)
Murray, W. H., 29
Myers, Norman, 123, 126
Nações em desenvolvimento (*ver* Nações subdesenvolvidas)
Nações subdesenvolvidas (nações em desenvolvimento; Terceiro Mundo):
    aumento populacional nas, 263;
    compra de armas por, 291;
    e cultivo de plantas, 127-28;
    e deposição de rejeitos, 141;
    e evasão de capitais, 290-91;
    e o Plano Marshall Global, 253, 255-58;
    em trocas de dívidas por natureza, 237, 291, 292;
    empréstimos como ciclo de realimentação, 59-60, 112;
    erosão em áreas montanhosas das, 116;
    extração madeireira nos cálculos econômicos, 164;
    fogões energeticamente eficientes nas, 275;
    justiça social nas, 237;
    poluição da água nas, 104-05
    programas de desenvolvimento nas, 127, 164, 238, 290;
    tecnologias adequadas a, 206
Nações Unidas: e acordos internacionais, 297
    e medições econômicas, 127;
    e o Plano Marshall Global, 257;
    Painel Intergovernamental sobre Mudanças Climáticas das, 24
Naess, Arne, 190
Nanak, Guru, 224
Nangis, Guillaume de, 69
"Não no meu quintal", reação, 246, 247, 248
Nasa: e a Missão ao Planeta Terra, 300-02, 303
    Programa Apollo, 232, 284, 285
Nashville, poluição atmosférica em, 80
Natalidade, controle da, 263-64;
    adversários norte-americanos do, 265-66, 267-68;
    e Viravayda, 244
    no Plano Marshall Global, 265-68
Natureza, relação com a (*ver* Relação com o mundo natural)
Névoa ártica, 82
New Deal, e o Dust Bowl, 74
Newton, Sir Isaac, 162

Niemoller, Martin, 242
Nigéria, crescimento populacional na, 262
Nível dos mares: e o sistema hídrico, 100-01;
    impacto da mudança no, 74
Novak, Michael, 214
Nunn, Sam, 25
Nuvens luminescentes, 38
Nuvens: da floresta tropical amazônica, 56;
    e absorção de raios solares, 94;
    e florestas, 102;
    e o aquecimento da Terra, 45, 87-88;
    luminescentes, 38
Nyerere, Julius, 266
Oceano Ártico: degelo no, 45
    diminuição da calota polar, 34-35;
    e diminuição da camada de ozônio, 85;
    metano do, 60;
    visita ao Polo Norte, 34-35, 39
Oceanos: CO_2 nos, 60;
    e distribuição de temperatura, 97-99
neuston dos, 103
Ogallala, aquífero, 105-06
Organização pela Unidade Africana, e a deposição de rejeitos, 141
Orgulho, mito grego, 181
Orgulho tecnológico, 181
Otan, 231
Óxido nitroso, e fertilizante de nitrogênio, 132
Ozônio, buraco na camada de, 84-85, 307;
    e a campanha de 1987-88, 23;
    e a pesquisa de Rowland, 248
Ozônio, diminuição da camada de, 83-86
    e a campanha presidencial (1987-88), 23;
    e a erupção do Pinatubo, 62;
    e a Lei do Ar Puro, 156;
    e o aquecimento da Terra, 59;
    e radiações ultravioleta, 82, 84, 132
Pacto de Munique (1938), 233
Paine, Thomas, 183
Pan Ku, 63
Papel, e reciclagem, 145, 171
Papua Nova Guiné (PNG): e Tos Barnett, 241
    floresta tropical na, 110

Parakrama Bahu I (Sri Lanka), 106
Parker, Dorothy, 256
Patagônia, rarefação do ozônio sobre, 83, 84, 85
Patentes, para tecnologias adequadas, 271-72
Paz, Octavio, 185
PCBs, 103, 143
Pearson, Drew, 267
Pele, superfície da terra como, 109
Penan, povo, destruição das florestas do, 241-42
Pensamento disfuncional, 216
Penzias, Arno, 218
Perda de safras em 1816, 61
Perspectiva a curto prazo, 17, 18, 25, 118, 169, 172, 296
Perspectiva ambiental, 17;
    e equidade entre gerações, 168;
    e teoria econômica, 163;
    necessidade da, 60
    vs. premissa sobre a natureza poderosa, 20, 49
Peru: Centro Internacional da Batata atacado no, 126
    epidemia de cólera no, 105, 142-43
Pesquisa, e ação sobre o meio ambiente, 46
Pesquisa e desenvolvimento, fundos para, 271
Peste negra e Peste bubônica, 70, 130
Pesticidas: *A Primavera Silenciosa*, sobre, 19
    diminuição no uso, 130;
    e os cálculos econômicos, 163;
    e os ciclos de realimentação, 57;
    na Revolução Verde, 272;
    nos lençóis freáticos, 119;
    perigo dos, 19, 20, 103, 130
Petróleo (*ver* Combustíveis fósseis)
Pierce, Franklin, 221
Pilbeam, David, 66
Pinatubo, Monte, erupção do, 62
Pittsburgh, e a poluição atmosférica, 80
Plano Marshall, 154, 155, 231, 251-53;
    e as relações entre EUA e Grã-Bretanha, 257, gastos dos EUA com, 258;
Plano Marshall Global, 251, 258-61, 296-97;
    acordos internacionais, 260, 296-98;
    consenso ambiental, 260-61, 298-303;

desenvolvimento tecnológico, 260, 268-85
  e as Nações Unidas, 257;
  e cooperação de grandes potências, 257-58;
  e economia avançada, 254-55;
  e o Plano Marshall original, 253-55, 258;
  economia, 260, 285-96;
  estabilização populacional, 259-60, 260-68;
  vs. governo mundial, 255-56
Plantas, desaparecimento de espécies, 35 (*ver também* Genética)
Plantas autóctones (primitivos cultivares), 127-28
Plantio de árvores, programas, 243, 274, 295
Platão, 213, 214, 215, 216, 218, 219, 221, 226
Pobreza, e desposição de rejeitos perigosos, 160
Política, 150, 230;
  crise na, 152-53;
  e a administração da liberdade, 161;
  e a crise ambiental, 55-56, 159-60, 230;
  e comunicação, 151;
  e subsídios, 287-88;
  e tecnologia, 150-51, 152, 182-84;
  e tecnologias de mídia rivais, 185;
  falta de diálogo na, 152;
Política industrial, 284
Polo Norte, visita ao, 34, 35, 36 (*ver também* Oceano Ártico)
Polônia: poluição atmosférica na, 80; Vístula poluído na, 104
Poluição, água (*ver* Sistema hídrico)
Poluição atmosférica global, 81, 82;
  e aquecimento da Terra, 86-95;
  e diminuição da camada de ozônio, 82-85
  e diminuição da oxidação, 85-86
Poluição do ar, 80-83;
  e a Floresta Negra, 113;
  e as "zonas mortas", 247;
  global, 81-82 (*ver também* Aquecimento da Terra; Diminuição da oxidação; rarefação da camada de ozônio);

  no Leste Europeu, 80,113;
  tóxica, 144
Poluição: a corrupção como, 237;
  e a avaliação da produção, 167;
  e a teoria econômica ou cálculo, 163, 168;
  vidas jogadas fora, como, 147
Pontos de referência histórica, 60
População: aumento da, 41-42, 261-62;
  crescimento malthusiano da, 119;
  e área montanhosa do Terceiro Mundo, 116;
  e as florestas tropicais úmidas, 112;
  e as mudanças ambientais, 74, 77, 78;
  e as terras secas, 115;
  e o controle da natalidade, 244, 263-64, 265-66, 267, 268-69;
  e o sistema hídrico, 104-07;
  estabilização da, 259-60, 261-69;
  pressão sobre a agricultura, 122
Post, John D., 62
Postel, Sandra, 106
Praias, detritos ambientais nas, 34
Práticas comerciais, 290
Premissas: da estabilidade ambiental, 41
  de ausência de mudança, 47;
  de toda a natureza, 21, 47
Primavera Silenciosa, 19, 130
Princípio organizador: a vitória da Segunda Guerra como, 232-33, 249;
  o ambientalismo como, 234, 235, 236, 249, 250;
  o anticomunismo como, 230-32
Princípios Valdez, 289
Produtividade: definição de, 292;
  e externalidades ambientais, 167-68;
  e maus resultados, 164-66, 167;
  e o meio ambiente saudável, 172;
  necessidade de mudar a avaliação da, 286-87
Produto Nacional Bruto (PNB): e redução dos recursos naturais, 163-64, 285
  nova definição necessária do, 292;
Programa Apollo, 252, 284, 285, 297
Programa de Recuperação Europeia (PRE) (*ver* Plano Marshall)
Programa de Testes Atmosféricos, 103
Programa Terra Digital, 301
Programas de Desenvolvimento no

Terceiro Mundo, 163, 289-90;
  a curto prazo, 169;
  como errôneos, 127-28, 238;
  desmatamento, 265;
  e exigências ambientais, 237, 238, 293;
  necessidade dos, 237
Progresso, econômico, produtividade como medida do, 167
Projeto Californiano de Terras Aráveis (CALP), 129
Proliferação nuclear, 238
Propaganda, 303
Protocolo de Montreal, 271, 297
Quênia: crescimento populacional no, 262
  migração no, 184;
  Movimento Cinturão Verde no (Matthai), 243, 274
Raça: e desposição de rejeitos perigosos, 137, 160
  e o Corredor do Câncer, 246
Radiação, infravermelha, e o aquecimento da Terra, 83, 86
Radiação, ultravioleta: e CFCs, 40;
  e "smog", 85;
  e a diminuição da camada de ozônio, 83, 85, 132;
  e absorção de CO_2, 59;
  e ameaça às lavouras, 132;
  e o aquecimento da Terra, 86;
  efeitos da, 82-83;
  enfraquecimento do sistema imunológico pela, 75, 83;
  paliativos para, 233
Rafael, e Platão – Aristóteles, 215
Rathje, W. L., 139
Reagan, Ronald, 267
Reciclagem, 144-45;
  durante a Segunda Guerra Mundial, 232
  e papel, 145, 171-72;
  e taxas de coleta de lixo, 293;
  na IAE, 282
Recifes de coral: ameaça da poluição aos, 102
  descoramento dos, 37
Redução de rejeitos, na IAE, 282
Reflorestamento, programas de, 116-17
Reforma agrária, 272
Rejeitos, 134-35;

deposição imprópria de, 137-38, 282;
e a revolução química, 135-36, 282;
e a vida humana, 146-47;
e cálculos econômicos, 165-66;
e o consumo, 135, 146-47;
e sistemas naturais, 146;
gasosos, 135-36;
hospitalares, 136;
industriais, 105, 135-36; 138
nucleares, 136-37, 278
perigosos, 19, 135, 136;
quantidade por habitante, 135;
urbanos sólidos, 135, 138-43 (incineração de, 143-44; reciclagem de, 144-45, 294)
Rejeitos militares radioativos, e a morte de estrelas-do-mar no Mar Branco, 32-33
Relação com o mundo natural, 22, 44, 133, 147-48, 197;
  administração, 190, 210-13, 225;
  cegueira quanto à, 233;
  como doença, 189-90;
  como imagem de Deus, 148;
  e a civilização, 17, 44, 189;
  e a civilização disfuncional, 200, 201-05;
  e a dissociação da comunidade, 236;
  e a família disfuncional, 196-201;
  e a fé, 309;
  e a filosofia grega, 214-15, 219;
  e a hipótese de Gaia, 225;
  e a simetria bilateral, 187;
  e a visão cartesiana do ser humano, 190, 191, 199, 214, 215;
  e descobertas científicas, 216;
  e o argumento do termostato, 86-87
  e o consumo, 193-97;
  e o Criador monoteísta, 218;
  e o sistema hídrico global, 96-97;
  e pontos de vista religiosos, 221-26;
  e tecnologia, 178-79, 181-82;
  e tecnologia adequada, 206;
  fases da vida da, 186, 306;
  modificações artificiais na, 72;
  na tradição cristã, 214;
  nova visão da necessidade, 190;
  visão de Bacon sobre, 215;
  visão masculina vs. feminina da, 186;

vs. efeitos sobre o meio ambiente, 43
Relação dos seres humanos com a natureza (*ver* Relação com o mundo natural)
Relações Norte-Sul, 237
Religiões: americana nativa, 222;
Baha'i, 224;
    deusa da terra, 222;
    e a água, 223 (*ver também* Cristianismo)
    e a perspectiva pan-religiosa, 221;
    islamismo, 223;
    judaico-cristã, 208-13, 224;
Remédios, das florestas tropicais, 123
Repetto, Robert, 164, 167
Resistência a agressões ambientais, 230, 239-40, 248-49; e o cerco de Leningrado, 239-40;
    em Sarauak, 241-42;
    no Condado de Henderson, Tenn., 246;
    por Chico Mendes, 210, 268;
    por Christine e Woodrow Sterling, 210, 244;
    por Lynda Draper, 248-49;
    por Mechai Viravayda, 244;
    por Pat Bryant, 246-47;
    por Sherwood Rowland, 248-49, 301;
    por Tos Barnett, 241;
    por Wangari Matthai, 243-44
Responsabilidade pessoal: fuga à, 152;
    e a dificuldade de reação eficaz, 40;
    e o meio ambiente global, 25-26, 307-08, 309;
    Niemoller, sobre, 242;
    vs. direitos, 235 (*ver também* Resistência a agressões ambientais)
Retórica visual, 151
Revelle, Roger, 20-21, 88
Revolução científica e tecnológica, 180-81;
    aceleração da, 41, 42;
    e cruel eficiência, 219-20;
    e o aumento populacional, 119 (*ver também* Tecnologia)
    e seres humanos como intelecto sem corpo, 196-97;
    impacto da, 208
Revolução francesa, e erupções vulcânicas, 63-64, 65

Revolução Industrial, 34
Revolução química, 134-36
Revolução tecnológica (*ver* Revolução científica e tecnológica)
Revolução verde, 129, 232, 272;
    centros de pesquisa agrícola na, 271;
    nova versão IAE de, 273
Ride, Sally, 300
Rio de Janeiro, Eco-92 em 1992, 298
Rio Eufrates, 106, 262
Rio Jordão, conflito pela água do, 108
Rio Mississipi e a erosão da camada superficial do solo, 18
Rio Nilo, 105, 262
Rio Reno, despejo de produtos químicos no, 103
Rio Tigre, 106, 107, 262
Rios: como suprimento de água, 106, 262;
    inundações de, 78, 116;
    Mississippi (erosão), 18;
    poluição dos, 103, 104;
    uso como esgoto, 103, 104, 137, 283
Rodovias de informação, 277
Rogers, Bill, 140
Rogers, Ed, 157
Rogers, Will, 276
Romênia, poluição atmosférica na, 80
Roosevelt, Franklin, e o Dust Bowl, 74
Roselle, Mike, 189
Rota da Seda, abertura da, 67
"Rótulo Verde", 288
Rowland, Joanne, 248
Rowland, Sherwood, 248, 249, 301
Saara, avanço do, 115-16
Sahel, 115-16;
    fome como endemia no, 262;
    fome e chuva no, 76
Salinização, 106, 116
Santo Agostinho, 214
Santorini, explosão do, 62
São Tomás de Aquino, 215
Sarauak: corrupção ambiental em, 161;
    resistência em, 241-42
Satir, Virginia, 197
Schlosser, Peter, 97
Schmetzer, Uli, 142
Schrödinger, Erwin, 218
Schumacher, E. F., 206
Seattle, Cacique, 221

Seca: e desaparecimento da civilização anasazi, 77;
  e desmatamento, 58;
  em Micenas, 67-68;
  na Califórnia, 77, 99, 169;
  na Etiópia, 102;
  terras secas, 115-16
Segunda Guerra Mundial, 232, 249
Sentimentos, repressão dos, 191-92
Separação continental, e falsas premissas, 48
Seres humanos: e a ecologia interior, 209
  e a família disfuncional, 197-98;
  relação sentimento-intelecto nos, 190-91;
  visão da "Deep Ecology", 189;
  visão de Descartes, 190-91, 199, 216, 217;
Seringueiras, monopólio brasileiro perdido, 128
Sexo e vivência do mundo, 186
Sexton, Brendan, 144
Schindler, Craig, 27
Sibéria, aquecimento da tundra na, 58-59
Sikhs, religião, 224
Sikorski, Gerry, 243
Silvicultura, sob IAE, 272-73
Simetria, bilateral, 187
Singh, Karan, 223
Sistema de Contas Nacionais das Nações Unidas, 286
Sistema hídrico, 97;
  e a bomba oceânica, 97;
  e o clima, 99;
  e o crescimento populacional, 105-06;
  e o desmatamento, 101, 112;
  e o nível do mar, 100-01;
  e usinas de dessalinização, 107;
  poluição do, 101-05, 106;
  possível guerra por, 237;
  sob a IAE, 281-82
Sistemas climáticos, e a calota de gelo polar, 34
Skaptar Jokul, 64
Smith, Adam, 162, 172
Smith, W. Eugene, 104
Smog, 81
Sociedade ou mentalidade descartável, 134, 147

Sociedade totalitarista, 201, 202-03
Sociedades antigas, desaparecimento das, 111
Solomon, Susan, 248
Sputnik, 232
Starr, Joyce, 107
Sterling, Christine, 210, 244-45
Sterling, Woodrow, 210, 244-45
Stevens, William K., 66
Stockton, Charles, 99
Sulfeto de dimetila, 102
Sununu, John, 156, 157
Supercondutividade, 278
Superfície terrestre, 109
Szu-ma Ch'ien, 63
Tailândia, e Viravayda, 244
Tambor, vulcão, 61, 72
Taxa de desconto: mudanças em, 292;
  e desenvolvimento de recursos, 169, 286
Taxa sobre Materiais Virgens, 295
Tcheco-Eslováquia, poluição atmosférica na, 80
Te-Tzu Chang, 120
Técnicas solares, passiva, 280
Tecnologia: "baixa" vs. "alta", 271;
  adequada, 206, 271;
  ambientalmente favorável, 172;
  definição de, 185;
  desenvolvimento de, 260, 269-85;
  e a relação com a natureza, 179, 181-82
  e falta de objetivo, 179;
  e o meio ambiente global, 44;
  e vivência do mundo, 188;
  e vivência feminina vs. masculina, 187;
  impacto da mudança na, 183-84;
  informacional, 174, 177, 180;
  interação de, 184-85;
  mudanças necessárias na, 180;
  na política, 150-51, 152, 180-81;
  o governo como, 153
Teilhard de Chardin, Padre, 225
Teixo, como cura do câncer, 112
Tempo geológico, vs. tempo de vida humana, 49-50
Teoria da Relatividade de Einstein, 55
Teoria do Caos, 55
Teoria econômica, e destruição ambiental, 162

Terceiro Mundo (*ver* Nações subdesenvolvidas)
Terpenos, 102
Terra, relação com (*ver* Relação com o mundo natural)
Terras aráveis, degradação das, 129
Terras úmidas, 114
Tesla, Nikola, 184
Testes de efeitos ambientais, e os CFCs, 85
Thompson, Ellen, 101
Thompson, Lonnie, 101
Tibete: como depósito de rejeitos, 141
   erosão no, 115
Tickell, Sir Crispin, 74
Toone, Tenn., no caso de rejeitos tóxicos, 19, 244-45
Tradição judaico-cristã: como profética, 225 e dominação da natureza, 208-09
Tratado de Suspensão de Testes Nucleares na Atmosfera, 81
Tratados, sob o Plano Marshall Global, 269, 290, 297
Triangulação espiritual, 219
Trigo, centro de diversidade do, 122-23
Trocas de dívidas por natureza, 237, 291, 293
Truman, Harry S., 155, 231, 251
União Soviética: aquecimento da tundra siberiana, 58
   deserto do Cáucaso, 115;
   poluição na, 104;
   vazamento de gasodutos na, 278

Union Carbide, 246
Universo, criação do: e a concepção monoteísta da, 219
   e a Teoria do Big Bang, 218
Usinas de dessalinização, 107
Usinas elétricas, a carvão, 168
Valores, e a crise ambiental, 26, 209
Vavilov, Nikolai Ivanovich, 123, 126, 127, 239
Vênus, e o efeito estufa, 90
Vício: em consumo, 192-95;
   como distração, 192
Vida silvestre, e o desenvolvimento urbano, 37
Vidas jogadas fora, 147, 184
Viravayda, Mechai, 244
Vrba, Elisabeth S., 66
Vulcão Asama, 64
Vulnerabilidade genética de lavouras, 119-23
Watson, Robert, 248
Watt, James, 225
Whitney, Eli, 284
Wilde, Oscar, sobre o cinismo, 171
Will, George, 23, 24
Wilson, Woodrow, 154
Wirth, Tim, 24, 243
Witt, Steve, 119
Xerox, 171
Yablokov, Alexei, 32, 103
Zollikofer, Ruprecht, 61
"Zonas mortas", 247

CRÉDITOS

O autor agradece a permissão de reproduzir as ilustrações e fotografias nas seguintes páginas:

Página 20: C. D. Keeling, R. B. Lacastow, A. F. Carter, S. C. Piper, T. P. Whorf, M. Heimann, W. G. Mook e H. Roeloffzen, "A Three-Dimensional Model of Atmospheric CO_2 Transport Based on Observed Winds: Observational Data and Preliminary Analysis", Apêndice A de Aspects of Climate Variability in Pacific and the Western Americas, Geophysical Monograph, American Geophysical Union, vol. 55, 1989 (nov.). Página 33: David C. Turnley/Black Star. Página 36: Global Tomorrow Coalition, The Global Ecology Handbook. Copyright © 1990 de Global Tomorrow Coalition. Reproduzido com permissão de Beacon Press, Boston. Página 44: Os números populacionais foram baseados em dados e estimativas históricos fornecidos pelo Fundo para Atividades Populacionais e pelo Bureau para Referências Populacionais, das Nações Unidas. Página 52: Mosaico por computador, por Todd Gipstein, Gipstein Multi-Media Productions, a partir de uma fotografia de 1865, por Alexander Gardner. Página 54: Reproduzida com permissão de William J. Kaufman, Black Holes and Warped Spacetime. Copyright © 1979, de W. H. Freeman & Company. Página 75: R. S. Bradley, "Precipitation Fluctuations over Northern Hemisphere Land Areas Since the Mid-Nineteenth Century". De Science, vol. 237, p. 171, 10 de julho de 1987. Copyright © 1987, da American Association for the Advancement of Science. Página 89: J. M. Barnola, D. Raynaud, C. Lorius e Y. S. Korotkevich, 1991. CO_2 atmosférico – Atmospheric CO_2 from Ice Cores, Vostok, p. 4-7. In T. A. Boden, R. J. Sepanski e F. W. Stoss, eds., Trends '91: A Compendium of Data on Global Change, ORNI/CDIAC-46. Carbon Dioxide Information Analysis Center, Oak Ridge National Laboratory, Oak Ridge, Tennessee. Página 91: P. D. Jones e T. M. L. Wigley, 1991. Temperature, Global and Hemispheric Anomalies, p. 512-17. In T. A. Boden, R. J. Speanski e F. W. Stoss, eds., Trends '91: A Compendium of Data on Global Change, ORNI/CDIAC-46, Carbon Dioxide Information Analysis Center, Oak Ridge National Laboratory, Oak Ridge, Tennessee. Página 111: James P. Blair. Copyright © National Geographic Society. Página 143: Reproduzido com permissão da National Broadcasting Company, Inc. Fotografia de Todd Gipstein, Gipstein Multi-Media Productions. Página 159: James Natchwey/Magnum. Página 170: Global Stewardship: A Statement of the Context and Challenges Facing the White House Conference on Science and Economics Research Related to Global Change; fotografia de Todd Gipstein, Gipstein Multi-Media Productions. Página 175: cortesia de Culver Pictures. Página 202: Steve Raymer. Copyright © National Geographic Society. Página 215: Alinari/Art Resource, New York. 1 (e .1104) Rafael, A Escola de Atenas: detalhe de Aristóteles e Platão. Vaticano, Stanza della Segnatura. Página 245: Copyright © 1988, de Miranda Smith Productions, Inc. Página 252: Nasa. Páginas 31, 149, 229, 311: mosaicos por computador, por Todd Gipstein, Gipstein Multi-Media Productions. Foto: Nasa. Foto da capa: Vista aérea da Península de Yucatán, México. Copyright © Corbis/LatinStock.